UMA HISTÓRIA
DA LEITURA

ALBERTO MANGUEL

UMA HISTÓRIA DA LEITURA

Tradução
Pedro Maia Soares

Copyright © 1996, 2021 by Alberto Mangel
Primeira edição no Canadá pela Alfred A. Knopf, nos Estados Unidos pela
Penguin USA, e no Reino Unido pela Harper Collins.

*Grafia atualizada segundo o Acordo Ortográfico da Língua Portuguesa de 1990,
que entrou em vigor no Brasil em 2009.*

Título original
A History of Reading

Capa
Jeff Fisher

Preparação
Denise Pegorim
Maria Luísa Favret

Revisão
Renato Potenza Rodrigues
Jasceline Honorato

Índice remissivo
Verba Editorial

Dados Internacionais de Catalogação na Publicação (CIP)
(Câmara Brasileira do Livro, SP, Brasil)

Manguel, Alberto
    Uma história da leitura / Alberto Manguel ; tradução Pedro
Maia Soares. — 1ª ed. — São Paulo : Companhia de Bolso, 2021.

Título original: A History of Reading
ISBN 978-65-5921-285-9

1. Hábito de leitura 2. Livros e leitura – História I. Título.

21-84157   CDD-028

Índice para catálogo sistemático:
1. Livros e leitura : História 028

Maria Alice Ferreira – Bibliotecária – CRB-8/7964

2021

Todos os direitos desta edição reservados à
EDITORA SCHWARCZ S.A.
Rua Bandeira Paulista, 702, cj. 32
04532-002 — São Paulo — SP
Telefone: (11) 3707-3500
www.companhiadasletras.com.br
www.blogdacompanhia.com.br
facebook.com/companhiadasletras
instagram.com/companhiadasletras
twitter.com/cialetras

Para Craig Stephenson,

No dia em que uniu nossas cabeças,
A Fortuna trazia a imaginação ao lado dela,
Minha cabeça tão voltada para o tempo lá fora,
A sua para o tempo de dentro.

À maneira de Robert Frost

AO LEITOR

A leitura tem uma história.

ROBERT DARNTON
O beijo de Lamourette, 1990

Pois o desejo de ler, como todos os outros desejos que distraem nossas almas infelizes, é capaz de análise.

VIRGINIA WOOLF
"Sir Thomas Browne", 1923

Mas quem deverá ser o mestre? O escritor ou o leitor?

DENIS DIDEROT
Jacques, o fatalista, 1796

SUMÁRIO

Agradecimentos 11
Introdução à nova edição brasileira 13

A ÚLTIMA PÁGINA
A última página *20*

ATOS DE LEITURA
Leitura das sombras *46*
Os leitores silenciosos *59*
O livro da memória *74*
O aprendizado da leitura *85*
A primeira página ausente *102*
Leitura de imagens *113*
A leitura ouvida *125*
A forma do livro *141*
Leitura na intimidade *161*
Metáforas da leitura *174*

OS PODERES DO LEITOR
Primórdios *188*
Ordenadores do universo *198*
Leitura do futuro *212*
O leitor simbólico *225*
Leitura intramuros *237*
Roubo de livros *249*
O autor como leitor *260*
O tradutor como leitor *274*

Leituras proibidas *293*
O louco dos livros *304*

PÁGINAS DE GUARDA
Páginas de guarda *320*

Notas 333
Índice remissivo 367
Sobre o autor 381

AGRADECIMENTOS

AO LONGO DOS SETE ANOS em que este livro foi escrito, acumulei um bom número de dívidas de gratidão. A ideia de escrever uma história da leitura começou com uma tentativa de escrever um ensaio; Catherine Yolles sugeriu que o assunto merecia um livro inteiro — minha gratidão por sua confiança. Agradecimentos aos meus editores — Louise Dennys, a mais graciosa das leitoras, que me apoiou com sua amizade desde os dias longínquos do *The Dictionary of Imaginary Places*; Nan Graham, que acompanhou o livro desde o início, e Courtney Hodell, cujo entusiasmo não diminuiu até o fim; Philip Gwyn Jones, cujo estímulo ajudou-me a ler passagens difíceis. Com todo o cuidado, com uma perícia de Sherlock, Gena Gorrell e Beverley Beetham Endersby editaram o manuscrito: a elas, meus agradecimentos, mais uma vez. Paul Hodgson fez a programação gráfica do livro com uma atenção inteligente. Jennifer Barclay e Bruce Westwood, meus agentes, mantiveram lobos, gerentes de banco e coletores de impostos longe da minha porta. Vários amigos fizeram sugestões gentis — Marina Warner, Giovanna Franci, Dee Fagin, Ana Becciú, Greg Gatenby, Carmen Criado, Stan Persky, Simone Vauthier. Os professores Amos Luzzatto e Roch Lecours, M. Hubert Meyer e frei F. A. Black concordaram generosamente em ler e corrigir determinados capítulos; os erros remanescentes são todos meus. Sybel Ayse Tuzlac fez um pouco da pesquisa inicial. Meus profundos agradecimentos aos funcionários que desenterraram velhos livros para mim e responderam pacientemente às minhas perguntas não acadêmicas nas bibliotecas Metro Toronto Reference, Robarts e Thomas Fisher Rare Book — todas em Toronto —, bem como a Bob Foley e à equipe da biblioteca do Banff Centre for the Arts, à Bibliothèque Humaniste de Sélestat, à Bibliothèque Nationale de Paris, à Bibliothèque Historique de la Ville de Paris, à American Library de Paris, à Bibliothèque de l'Université de Strasbourg, à Bibliothèque Municipale de Colmar, à Huntington Library de Pasadena, Califórnia, à Biblioteca Ambrosiana de Milão, à London Library e à Biblioteca Nazionale Marciana de Veneza. Quero agradecer também ao Maclean Hunter Arts Journalism Programme, ao Banff Centre for the Arts e ainda à livraria Pages, em Calgary, onde partes deste livro foram lidas pela primeira vez.

Teria sido impossível para mim completar este livro sem o auxílio financeiro do pre-Harris Ontario Arts Council e do Canada Council, bem como do fundo George Woodcock.

In memoriam Jonathan Warner —
seu apoio e seu conselho me fazem muita falta.

INTRODUÇÃO À
NOVA EDIÇÃO BRASILEIRA

CHAMAR A LEITURA DE PRAZER É, sem dúvida, subestimá-la. Para mim, a leitura é a fonte de todo o prazer, que influencia toda a experiência, tornando-a de alguma forma mais suportável, mais razoável. Em inglês, o verbo "to read" compartilha felizmente sua etimologia com o verbo "to reason". Quando alguma coisa me acontece, para entendê-la, minha mente a compara com algo que li. Nem sempre consigo encontrar um modelo para um evento, mas a falha, creio eu, não está na minha leitura, mas em mim mesmo, por ainda não ter chegado à página adequada, ou por tê-la lido outrora e depois esquecido. Talvez, para um leitor mais sábio, qualquer página de qualquer livro contenha uma resposta ou explicação específica; talvez não haja texto, por mais pobre que seja, que não reflita o universo. Minha leitura é muito mais limitada, e os livros nos quais procuro dicas úteis com mais frequência são *Alice no País das Maravilhas*, os contos de Borges, *Dom Quixote* e os poemas de Mahmoud Darwich. Não consigo imaginar a vida sem eles.

Acho úteis essas listas de leitura porque podem nos dizer quem é nosso amigo e quem não é. Por exemplo, sei que serei amigo do leitor que confessa ser louco por Montaigne e que levaria seus *Ensaios* para uma ilha deserta ou para seu leito de morte. Sei também que nem mesmo consideraria frequentar o mesmo café de um leitor que acha decepcionante *O médico e o monstro*, de Stevenson. Podemos saber de quem se trata e se queremos conhecer tal pessoa examinando a lista de seus livros preferidos. Toda biblioteca é uma autobiografia.

Claro, nem todo mundo pode ou deseja ler tudo. Embora nossos tempos megalomaníacos exijam que abracemos totalidades, nossas escolhas individuais são distintas, particulares, caprichosas. Minha biblioteca é (sempre foi) um lugar singular, um espelho microscópico da biblioteca universal em que há pelo menos um livro para cada leitor. Nem todo livro serve, e certamente nem todos os livros se destinam a todos os leitores. Eu mesmo prefiro Flaubert a Stendhal, os irmãos Grimm a Andersen, Platão a Aristóteles. Em séculos anteriores, um estudioso poderia se esforçar para ler todos os livros escritos em sua época, ou pelo menos saberia da existência deles. Hoje, quando esse feito heroico está totalmente além de qualquer consideração, nós, no entanto, insistimos, como meros consumidores, que todos os livros publicados sejam colocados à nossa disposição on-line. Mas para o leitor que tem menos certeza de saber, antes que a última página seja alcançada, o que de bom um livro pode guardar, essa despensa abrangente e excessivamente organizada é indiscriminada demais, diretiva demais, pouco aventureira demais. Os verdadeiros leitores requerem reinos menos ambiciosos e mais pessoais para vagar, campos menores nos quais colher provisões, para encontrar palavras com as quais efetuar mudanças em seu hesitante conhecimento do mundo.

Uma biblioteca, antes que o leitor faça uma escolha, é como a sopa primordial de átomos da qual surgiu toda a vida. Tudo está à sua disposição: cada ideia, cada metáfora, cada história, bem como a identidade de cada leitor individual. As escolhas que faço numa biblioteca, a seleção dos livros de que mais gosto, reúnem não apenas minha visão do paraíso, mas também minha identidade. A verdade é que sempre senti que minha experiência cotidiana, bem como uma certa quantidade de compreensão dessa experiência, chega até mim por meio da leitura. Quando criança, aprendi sobre o amor lendo histórias das *Mil e uma noites*, sobre a morte em romances policiais, sobre o mar em Stevenson, sobre a selva em Kipling, sobre a possibilidade de aventuras extraordinárias em Júlio Verne. A experiência tangível veio, na maioria dos casos, muito mais tarde, mas quando veio, eu tinha palavras para nomeá-la.

Apenas alguns séculos após a invenção da escrita, cerca de 6 mil anos atrás, em um canto esquecido da Mesopotâmia, os poucos que possuíam a habilidade de decifrar palavras escritas eram conhecidos como escribas, não como leitores. Talvez a razão disso fosse dar menos ênfase ao maior de seus dons: ter acesso aos arquivos da memória humana e resgatar do passado a voz de nossa experiência. Desde aqueles começos distantes, o poder dos leitores tem produzido em suas sociedades todos os tipos de medo: por ter a arte de trazer de volta à vida uma mensagem do passado, por criar espaços secretos nos quais ninguém mais pode entrar enquanto a leitura acontece, por poder redefinir o universo e se rebelar contra a injustiça, tudo por meio de uma determinada página. Desses milagres somos capazes, nós, os leitores, e eles talvez possam ajudar a resgatar-nos da abjeção e da estupidez às quais parecemos tantas vezes condenados.

E, no entanto, a banalidade é tentadora. Para nos dissuadir da leitura, inventamos estratégias de distração que nos transformam em consumidores bulímicos para os quais a novidade, e não a memória, é essencial. Recompensamos a trivialidade e a ambição monetária enquanto despojamos o ato intelectual de seu prestígio, substituímos as noções éticas e estéticas por valores puramente financeiros e propomos entretenimentos que ofereçam gratificação imediata e a ilusão de um bate-papo universal, em vez do desafio prazeroso e da lentidão amistosa da leitura. Opomos a imprensa à tela eletrônica e substituímos as bibliotecas de papel, enraizadas no tempo e no espaço, por redes quase infinitas cujas qualidades mais notórias são a instantaneidade e a imoderação.

Essas oposições não são novas. Perto do final do século XV, em Paris, no alto das torres do sino onde Quasímodo se esconde, numa cela de monge que serve tanto de estúdio quanto de laboratório de alquimia, o arquidiácono Claude Frollo estende uma das mãos em direção ao volume impresso em sua mesa e, com a outra, aponta em direção aos contornos góticos de Notre Dame que pode ver abaixo dele, através de sua janela. "Isto", diz o infeliz clérigo, "vai matar aquilo." Segundo Frollo, contempo-

15

râneo de Gutenberg, o livro impresso destruirá o edifício-livro; a imprensa vai acabar com a letrada arquitetura medieval em que cada coluna, cada arquitrave, cada portal é um texto que pode e deve ser lido.

Naquele tempo, como hoje, essa profecia era obviamente falsa. Cinco séculos depois, e *graças* ao livro impresso, temos acesso ao conhecimento dos arquitetos medievais, comentado por Viollet-le-Duc e John Ruskin e reimaginado por Le Corbusier e Frank Gehry. Frollo teme que a nova tecnologia aniquile a anterior; ele esquece que nossas capacidades criativas são prodigiosas e que sempre podemos encontrar uso para mais um instrumento. Ambição não nos falta.

Aqueles que estabelecem oposições entre a tecnologia eletrônica e a da imprensa perpetuam a falácia de Frollo. Querem que acreditemos que o livro — um instrumento tão perfeito como a roda ou a faca, capaz de guardar a memória e a experiência, um instrumento verdadeiramente interativo, que nos permite começar e terminar um texto onde quisermos, anotar nas margens, dar um ritmo à sua leitura — deve ser descartado em favor de uma ferramenta mais nova. Essas escolhas intransigentes resultam em extremismo tecnocrático. Em um mundo inteligente, aparelhos eletrônicos e livros impressos compartilham o espaço de nossas mesas de trabalho e oferecem a cada um de nós diferentes qualidades e possibilidades de leitura. O contexto, seja intelectual ou material, é importante, como a maioria dos leitores sabe.

Ler sempre foi para mim uma espécie de cartografia prática. Tenho absoluta confiança nessa capacidade que a leitura tem de mapear meu mundo. Sei que numa página, em algum lugar de minhas prateleiras, olhando para mim agora, se encontra a questão com a qual estou lutando hoje, colocada em palavras, talvez há muito tempo, por alguém que não poderia saber da minha existência. A relação entre o leitor e o livro é aquela que elimina as barreiras do tempo e do espaço, e permite o que Francisco de Quevedo, no século XVI, chamou de "conversas com os mortos". Nessas conversas sou revelado. Essas conver-

16

sas me moldam. E agora que minha biblioteca está embalada em caixas e que meus livros clamam por mim de sua prisão à noite, minha esperança ainda é de que um dia encontrarei uma maneira de trazê-los de volta à vida, e que encontrarei um lar para eles em outras prateleiras futuras.

Em algum momento dos primeiros séculos antes de Cristo, apareceu um texto curioso que pretendia ser uma biografia de Adão e Eva. Os leitores sempre gostaram de imaginar uma pré--história ou uma sequência de suas histórias favoritas, e as histórias da Bíblia não são exceção. Tomando como ponto de partida as poucas páginas do livro do Gênesis que se referem aos nossos ancestrais lendários, um escriba anônimo compôs uma *Vida de Adão e Eva* recontando suas aventuras e (principalmente) desventuras após o banimento do Éden. No final do livro, numa daquelas reviravoltas pós-modernistas tão comuns em nossas literaturas mais antigas, Eva pede a seu filho Seth que escreva um relato verdadeiro da vida de seus pais: o livro que o leitor tem em suas mãos é esse relato. O que Eva diz a Seth é o seguinte: "Mas ouça-me, meu filho! Faça tábuas de pedra e outras de barro, e escreva nelas toda a minha vida e a de seu pai e tudo o que você ouviu e viu de nós. Se pela água o Senhor julgar nossa raça, as tábuas de barro serão dissolvidas e as tábuas de pedra permanecerão; mas se pelo fogo, as tábuas de pedra serão quebradas e as tábuas de barro serão cozidas [duras]". Eva sabiamente não escolhe entre tábuas de pedra e tábuas de argila: o texto pode ser o mesmo, mas cada substância lhe confere uma qualidade diferente, e ela quer as duas.

Quase vinte anos se passaram desde que terminei (ou abandonei) *Uma história da leitura*. Na época, pensei que estava explorando o ato de ler, as características percebidas dessa arte e como elas surgiram. Eu não sabia que estava, de fato, afirmando nosso direito como leitores de buscar nossa vocação (ou paixão) além das preocupações econômicas, políticas e tecnológicas, em um reino ilimitado e imaginativo onde o leitor não é forçado a escolher e, como Eva, pode ter tudo. A literatura não é um dogma: ela oferece perguntas, não respostas conclusivas. As biblio-

17

tecas são essencialmente lugares de liberdade intelectual: quaisquer restrições impostas a elas são nossas próprias. Ler é, ou pode ser, o meio ilimitado pelo qual conhecemos um pouco mais sobre o mundo e sobre nós mesmos, não por oposição, mas pelo reconhecimento de palavras dirigidas a nós individualmente, de longe e há muito tempo.

Aproveito essa oportunidade para agradecer ao meu editor de longa data e querido amigo Luiz Schwarcz, que tanto fez para que a minha *História da leitura* se tornasse conhecida entre os leitores brasileiros.

A ÚLTIMA PÁGINA

Ler para viver.

GUSTAVE FLAUBERT,
Carta a mlle. de Chantepie, junho de 1857

A ÚLTIMA PÁGINA

COM UMA DAS MÃOS PENDENDO ao lado do corpo e a outra apoiando a cabeça, o jovem Aristóteles lê languidamente um pergaminho desdobrado no seu colo, sentado numa cadeira almofadada, com os pés confortavelmente cruzados. Segurando um par de óculos sobre o nariz ossudo, um Virgílio de turbante e barba vira as páginas de um volume rubricado, num retrato pintado quinze séculos depois da morte do poeta. Descansando sobre um degrau largo, a mão direita segurando de leve o rosto, são Domingos está absorto no livro que segura frouxamente entre os joelhos, distanciado do mundo. Dois amantes, Paolo e Francesca, comprimem-se sob uma árvore, lendo um verso que os levará à perdição: Paolo, tal como são Domingos, toca o rosto com a mão; Francesca segura o livro aberto, marcando com dois dedos uma página que jamais será alcançada. A caminho da escola de medicina, dois estudantes islâmicos do século XII param para consultar uma passagem num dos livros que carregam. Apontando a página da direita do livro que traz aberto no colo, o Menino Jesus explica sua leitura para os anciãos no templo, enquanto eles, espantados, não convencidos, viram inutilmente as páginas de seus respectivos tomos em busca de uma refutação.

Tão bela quanto em vida, observada por um cão de guarda, a nobre milanesa Valentina Balbiani folheia seu livro de mármore sobre a tampa de um sepulcro onde está esculpida, em baixo-relevo, a imagem de seu corpo descarnado. Longe da cidade turbulenta, em meio a areia e rochas crestadas, são Jerônimo, tal como um velho passageiro à espera do trem, lê um manuscrito do tamanho de um tabloide; em um canto, um leão escuta deitado. O grande humanista e erudito Desidério Erasmo compartilha com seu amigo Gilbert Cousin uma anedota do livro que está lendo e que repousa aberto sobre o atril à sua frente. Ajoelhado entre flores de oleandro, um poeta indiano do século XVII cofia a barba e, segurando na mão esquerda o livro ricamente encadernado, reflete sobre os versos que acaba de ler em voz alta para captar-lhes plenamente o sabor. Junto a uma longa fileira de prateleiras grosseiramente talhadas, um monge coreano puxa uma das 80 mil tabuinhas de madeira da *Tripitaka coreana*, obra com sete séculos de idade, e segura-a diante de si, lendo com atenção silenciosa. "Estude para ser sereno", é o conselho dado pelo vitralista anônimo que retratou o pescador e ensaísta Izaak Walton lendo um pequeno livro às margens do rio Itchen, perto da catedral de Winchester.

Completamente nua, uma Maria Madalena bem penteada e, ao que parece, não arrependida, lê um grande volume ilustrado, estendida num pano jogado sobre uma rocha no deserto. Usando seus talentos de ator, Charles Dickens segura um exemplar de um de seus romances, do qual irá ler um trecho para um público que o adora. Encostado num parapeito de pedra às margens do Sena, um jovem mergulha em um livro (qual será?) mantido aberto em sua mão. Com impaciência, ou apenas entediada, uma mãe segura um livro diante de seu filho ruivo, enquanto ele tenta seguir as palavras com a mão direita sobre a página. Cego, Jorge Luis Borges aperta os olhos para melhor escutar as palavras de um leitor que não se vê. Numa floresta de manchas de cor, sentado sobre um tronco coberto de musgo, um menino segura com ambas as mãos um pequeno livro que lê em doce quietude, senhor do tempo e do espaço.

Todos esses são leitores, e seus gestos, sua arte, o prazer, a responsabilidade e o poder que derivam da leitura, tudo tem muito em comum comigo.

Não estou sozinho.

Aos quatro anos de idade descobri pela primeira vez que podia ler. Eu tinha visto uma infinidade de vezes as letras que sabia (porque tinham me dito) serem os nomes das figuras colocadas sob elas. O menino desenhado em grossas linhas pretas, vestido com calção vermelho e camisa verde (o mesmo tecido vermelho e verde de todas as outras imagens do livro, cachorros, gatos, árvores, mães altas e magras), era também, de algum modo, eu percebia, as formas pretas e rígidas embaixo dele, como se o corpo do menino tivesse sido desmembrado em três figuras distintas: um braço e o torso, *b*; a cabeça isolada, perfeitamente redonda, *o*; e as pernas bambas e caídas, *y*. Desenhei os olhos e um sorriso no rosto redondo e preenchi o vazio do círculo do torso. Mas havia mais: eu sabia que essas formas não apenas espelhavam o menino acima delas, mas também podiam me dizer exatamente o que o menino estava fazendo com os braços e as pernas abertos. *O menino corre*, diziam as formas. Ele não estava pulando, como eu poderia ter pensado, nem fingindo estar congelado no lugar, ou jogando um jogo cujas regras e objetivos me eram desconhecidos. *O menino corre*.

E, contudo, essas percepções eram atos que podiam acontecer com um estalar de dedos — menos interessantes porque alguém os havia realizado para mim. Outro leitor — minha babá, provavelmente — tinha explicado as formas, e, agora, cada vez que as páginas revelavam a imagem daquele menino exuberante, eu sabia o que significavam as formas embaixo dele. Havia um prazer nisso, mas cansou. Não havia nenhuma surpresa.

Então, um dia, da janela de um carro (o destino daquela viagem está agora esquecido), vi um cartaz na beira da estrada. A visão não pode ter durado muito; talvez o carro tenha parado por um instante, talvez tenha apenas diminuído a marcha, o suficiente para que eu lesse, grandes, gigantescas, certas formas semelhantes às do meu livro, mas formas que eu nunca vira antes. E, contudo, de repente eu sabia o que eram elas; escutei--as em minha cabeça, elas se metamorfosearam, passando de linhas pretas e espaços brancos a uma realidade sólida, sonora, significante. Eu tinha feito tudo aquilo sozinho. Ninguém realizara a mágica para mim. Eu e as formas estávamos sozinhos juntos, revelando-nos em um diálogo silenciosamente respeitoso. Como conseguia transformar meras linhas em realidade viva, eu era todo-poderoso. Eu podia ler.

Qual a palavra que estava naquele cartaz longínquo, isso eu já não sei (parece que me lembro vagamente de uma palavra com muitos *as*), mas a impressão de ser capaz, de repente, de compreender o que antes só podia fitar é tão vívida hoje como deve ter sido então. Foi como adquirir um sentido inteiramente novo, de tal forma que as coisas não consistiam mais apenas no que os meus olhos podiam ver, meus ouvidos podiam ouvir, minha língua podia saborear, meu nariz podia cheirar e meus dedos podiam sentir, mas no que o meu corpo todo podia decifrar, traduzir, dar voz a, ler.

Os leitores de livros, uma família em que eu estava entrando sem saber (sempre achamos que estamos sozinhos em cada descoberta e que cada experiência, da morte ao nascimento, é aterrorizantemente única), ampliam ou concentram uma função comum a todos nós. Ler as letras de uma página é apenas um de seus muitos disfarces. O astrônomo lendo um mapa de estrelas que não existem mais; o arquiteto japonês lendo a terra sobre a qual será erguida uma casa, de modo a protegê-la das forças malignas; o zoólogo lendo os rastros de animais na floresta; o jogador lendo os gestos do parceiro antes de jogar a carta vencedora; a dançarina lendo as notações do coreógrafo e o público lendo os movimentos da dançarina no palco; o tecelão lendo o desenho intrincado de um tapete sendo tecido; o organista lendo várias linhas musicais simultâneas orquestradas na página; os pais lendo no rosto do bebê sinais de alegria, medo ou admiração; o adivinho chinês lendo as marcas antigas na carapaça de uma tartaruga; o amante lendo cegamente o corpo amado à noite, sob os lençóis; o psiquiatra ajudando os pacientes a ler seus sonhos perturbadores; o pescador havaiano lendo as correntes do oceano ao mergulhar a mão na água; o agricultor lendo o tempo no céu — todos eles compartilham com os leitores de livros a arte de decifrar e traduzir signos. Algumas dessas leituras são coloridas pelo conhecimento de que a coisa lida foi criada para aquele propósito específico por outros seres huma-

23

nos — a notação musical ou os sinais de trânsito, por exemplo — ou pelos deuses — o casco da tartaruga, o céu à noite. Outras pertencem ao acaso.

E, contudo, em cada caso é o leitor que lê o sentido; é o leitor que confere a um objeto, lugar ou acontecimento uma certa legibilidade possível, ou que a reconhece neles; é o leitor que deve atribuir significado a um sistema de signos e depois decifrá-lo. Todos lemos a nós e ao mundo à nossa volta para vislumbrar o que somos e onde estamos. Lemos para compreender, ou para começar a compreender. Não podemos deixar de ler. Ler, quase como respirar, é nossa função essencial.

Só aprendi a escrever muito tempo depois, aos sete anos de idade. Talvez pudesse viver sem escrever, mas não creio que pudesse viver sem ler. Ler — descobri — vem antes de escrever. Uma sociedade pode existir — existem muitas, de fato — sem escrever,[1] mas nenhuma sociedade pode existir sem ler. De acordo com o etnólogo Philippe Descola,[2] as sociedades sem escrita têm um sentido linear do tempo, enquanto nas sociedades ditas letradas o sentido do tempo é cumulativo; ambas sociedades movem-se dentro desses tempos diferentes mas igualmente complexos, lendo uma infinidade de sinais que o mundo tem a oferecer. Mesmo em sociedades que deixaram registros de sua passagem, a leitura precede a escrita; o futuro escritor deve ser capaz de reconhecer e decifrar o sistema social de signos antes de colocá-los no papel. Para a maioria das sociedades letradas — para o islã, para sociedades judaicas e cristãs como a minha, para os antigos maias, para as vastas culturas budistas —, ler está no princípio do contrato social; aprender a ler foi meu rito de passagem.

Depois que aprendi a ler minhas letras, li de tudo: livros, mas também notícias, anúncios, os tipos pequenos no verso da passagem do bonde, letras jogadas no lixo, jornais velhos apanhados sob o banco do parque, grafites, a contracapa das revistas de outros passageiros no ônibus. Quando fiquei sabendo que Cervantes, em seu apego à leitura, lia "até os pedaços de papel rasgado na rua",[3] entendi exatamente que impulso o levava a isso. Essa adoração do livro (em pergaminho, em papel ou na tela) é um dos alicerces de uma sociedade letrada. O islã leva a noção ainda mais longe: o Corão não é apenas uma das criações de Deus, mas um de seus atributos, tal como a onipresença ou a compaixão.

A experiência veio a mim primeiramente por meio dos livros. Mais tarde, quando me deparava com algum acontecimento, circunstância ou tipo semelhante àquele sobre o qual havia lido, isso me causava o sentimento um tanto surpreendente mas desapontador de *déjà vu*, porque imaginava que aquilo que estava acontecendo agora já havia me acontecido em palavras, já havia sido nomeado. Dos textos hebraicos preservados, o mais antigo em que se encontra um pensamento sistemático e especulativo — o *Sefer Yezirah*, escrito em algum momento do século III — afirma que Deus criou o mundo mediante 32 caminhos secretos de sabedoria, dez *Sefirot* ou números e 22 letras.[4] Do *Sefirot* criaram-se todas as coisas abstratas; das 22 letras foram criados todos os seres reais e as três camadas do cosmo — o mundo, o tempo e o corpo humano. O universo, na tradição judaico-cristã, é concebido como um Livro feito de números e letras. A chave para compreender o universo está em nossa capacidade de lê-los adequadamente e dominar suas combinações e, assim, aprender a dar vida a alguma parte daquele texto colossal, numa imitação de nosso Criador. (Segundo uma lenda medieval, Hanani e Hoshaiah, profundos conhecedores do Talmude, estudavam uma vez por semana o *Sefer Yezirah* e, mediante a combinação correta de letras, criavam um bezerro de três anos que então comiam no jantar.)

Meus livros eram para mim transcrições ou glosas daquele outro Livro colossal. Miguel de Unamuno,[5] em um soneto, fala do Tempo, cuja fonte está no futuro; minha vida de leitor deu-me a mesma impressão de nadar contra a corrente, vivendo o que tinha lido. A rua lá fora estava cheia de homens maus fazendo negócios sujos. O deserto, que não ficava longe de nossa casa em Tel Aviv, onde morei até os seis anos de idade, era prodigioso, porque eu sabia que havia uma Cidade de Bronze enterrada sob suas areias, logo adiante da estrada asfaltada. A geleia era uma substância misteriosa que eu jamais tinha visto, mas que conhecia dos livros de Enid Blyton e que jamais teria, quando finalmente a experimentei, a qualidade daquela ambrosia literária. Escrevi para minha avó distante, queixando-me de algum infortúnio menor e pensando que ela seria a fonte da mesma liberdade majestosa que meus órfãos literários descobriam quando encontravam pais perdidos havia muito tempo; em vez de salvar-me de minhas aflições, ela mandou a carta para meus pais, que acharam minhas lamúrias engraçadas. Eu acreditava em bruxaria e estava certo de que um dia me seriam concedidos três desejos que incontáveis histórias tinham me ensinado a não desperdiçar. Preparava-me para encontros com fantasmas, com a morte, com animais falantes, com batalhas; fazia planos mirabolantes para viajar a terras aventurosas nas quais Sinbad se tornaria meu amigo do peito. Somente anos depois, quando toquei pela primeira vez o corpo amado, foi que percebi que às vezes a literatura podia ficar aquém do evento real.

O ensaísta canadense Stan Persky disse-me uma vez que, "para os leitores, deve haver um milhão de autobiografias", pois parece que encontramos, livro após livro, os traços de nossas vidas. "Anotar as impressões que temos de *Hamlet* à medida que o lemos, ano após ano, seria praticamente registrar nossa autobiografia, pois, quanto mais sabemos da vida, mais Shakespeare faz comentários sobre o que sabemos", escreveu Virginia Woolf.[6] Comigo era um pouco diferente. Se os livros eram autobiografias, eram-no antes do acontecimento, e mais tarde eu reconhecia eventos a partir do que lera antes em H. G. Wells, em *Alice no país das maravilhas*, no lacrimoso *Cuore* de Edmondo De Amicis, nas aventuras de Bomba, o menino da selva. Sartre, em suas memórias, confessou ter vivido a mesma experiência. Comparando a flora e a fauna descobertas nas páginas da *Encyclopédie Larousse* com as dos jardins do Luxemburgo, descobriu que "os macacos do zoológico eram menos macacos, as pessoas nos jardins do Luxemburgo eram menos gente. Tal como Platão, passei do conhecimento para seu objeto. Via mais realidade na ideia do que na coisa. Era nos livros que eu encontrava o universo: digerido, classificado, rotulado, meditado, ainda assim formidável".[7]

Evidentemente, nem todo leitor se desaponta com a vida após conhecer a ficção. No começo do século XVII, o cronista português Francisco Rodrigues Lobo relatou um episódio no qual, durante o cerco de uma cidade na Índia, os soldados levavam consigo uma certa novela de cavalaria para passar o tempo. "Um dos homens, que conhecia menos do que os outros esse tipo de literatura, achava que tudo o que ouvia nas leituras era verdade (pois há gente ingênua que pensa que não há mentiras impressas). Seus companheiros, brincando com sua ingenuidade, confirmavam sempre que era tudo verdadeiro. Quando chegou o momento de um ataque, esse bom sujeito, estimulado pelo que ouvira nas leituras e ansioso por imitar os heróis do livro, ardia de desejo de demonstrar sua bravura e realizar uma façanha de cavaleiro que jamais fosse esquecida. Assim, entrou impetuosamente na refrega e começou a dar golpes de espada à esquerda e à direita com tanta fúria, que somente com grande esforço e muito perigo seus camaradas e numerosos soldados conseguiram salvar sua vida, carregando-o coberto de glória e não poucos ferimentos. Quando seus amigos o repreenderam por sua imprudência, ele respondeu: 'Ah, deixem-me em paz! Não fiz a metade do que qualquer cavaleiro fez no livro que vocês me liam todas as noites'. E a partir de então ele foi extremamente corajoso."[8]

A leitura deu-me uma desculpa para a privacidade, ou talvez tenha dado um sentido à privacidade que me foi imposta, uma vez que durante a infância, depois que voltamos para a Argentina, em 1955, vivi separado do resto da família, cuidado por uma babá numa seção separada da casa. Então, meu lugar favorito de leitura era o chão do meu quarto, deitado de barriga para baixo, pés enganchados sob uma cadeira. Depois, tarde da noite, minha cama tornou-se o lugar mais seguro e resguardado para ler naquela região nebulosa entre a vigília e o sono. Não me lembro de jamais ter me sentido sozinho. Na verdade, nas raras ocasiões em que encontrava outras crianças, achava suas brincadeiras e conversas menos interessantes do que as aventuras e diálogos que lia em meus livros. O psicólogo James Hillman afirma que a pessoa que leu histórias ou para quem leram histórias na infância "está em melhores condições e tem um prognóstico melhor do que aquela à qual é preciso apresentar as histórias. [...] Chegar cedo na vida já é uma perspectiva de vida". Para Hillman, essas primeiras leituras tornam-se "algo vivido e por meio do qual se vive, um modo que a alma tem de se encontrar na vida".[9] A essas leituras, e por esse motivo, voltei repetidamente, e ainda volto.

Como meu pai era diplomata, viajávamos muito. Os livros davam-me um lar permanente, e um lar que eu podia habitar exatamente como queria, a qualquer momento, por mais estranho que fosse o quarto em que tivesse de dormir ou por mais ininteligíveis que fossem as vozes do lado de fora da minha porta. Muitas vezes, à noite, eu acendia a lâmpada de cabeceira e, enquanto a babá trabalhava em sua máquina de costura elétrica ou dormia roncando na cama ao lado, tentava chegar ao fim do livro que estava lendo e, ao mesmo tempo, retardar o fim o mais possível, voltando algumas páginas, procurando um trecho de que gostara, verificando detalhes que achava terem me escapado.

Jamais falava com alguém sobre minhas leituras. A necessidade de compartilhar veio mais tarde. Na época, eu era soberbamente egoísta e identificava-me completamente com os versos de Stevenson:

> *Este era o mundo e eu era rei;*
> *Para mim vinham as abelhas cantar,*
> *Para mim as andorinhas voavam?*[10]

Cada livro era um mundo em si mesmo e nele eu me refugiava. Embora eu me soubesse incapaz de inventar histórias como as que meus autores favoritos escreviam, achava que minhas opiniões frequentemente coincidiam com as deles e (para usar a frase de Montaigne) "Passei a seguir-lhes o rastro, murmurando: 'Ouçam, ouçam'".[11] Mais tarde, fui capaz de me dissociar da ficção deles; mas na infância e em boa parte da adolescência, o que os livros me contavam, por mais fantástico que fosse, era verdade no momento da leitura, e tão tangível quanto o material de que o próprio livro era feito. Walter Benjamin descreveu a mesma experiência. "O que meus primeiros livros foram para mim — para lembrar isso eu deveria primeiramente esquecer todo o conhecimento sobre livros. É certo que tudo o que sei deles hoje baseia-se na presteza com que eu então me abria para eles, mas se conteúdo, tema e assunto agora são extrínsecos ao livro, antes estavam exclusiva e inteiramente dentro dele, não sendo mais externos ou independentes do que são hoje seu número de páginas ou seu papel. O mundo que se revelava no livro e o próprio livro jamais poderiam ser, de forma alguma, separados. Assim, junto com cada livro, também seu conteúdo, seu mundo, estava ali, à mão, palpável. Mas, igualmente, esse conteúdo e esse mundo transfiguravam cada parte do livro. Queimavam dentro dele, lançavam chamas a partir dele; localizados não somente em sua encadernação ou em suas figuras, estavam entesourados em títulos de capítulos e capitulares, em parágrafos e colunas. Você não lia livros; habitava neles, morava entre suas linhas e, reabrindo-os depois de um intervalo, surpreendia-se no ponto onde havia parado".[12]

Mais tarde, adolescente na biblioteca amplamente sem uso de meu pai em Buenos Aires (ele dera instruções a sua secretária para mobiliar a biblioteca: ela comprara livros a metro e os mandara encadernar para que ficassem da mesma altura das estantes, de forma que em muitos casos os títulos no topo da página estavam cortados e às vezes faltavam até as primeiras linhas), fiz outra descoberta. Eu começara a procurar na elefantina enciclopédia espanhola Espasa-Calpe os verbetes que de alguma forma eu imaginava relacionados com sexo: "Masturbação", "Pênis", "Vagina", "Sífilis", "Prostituição". Estava sempre sozinho na biblioteca, pois meu pai a usava apenas nas raras ocasiões em que tinha de encontrar alguém em casa, e não no escritório. Eu tinha doze ou treze anos; estava enrodilhado em uma daquelas enormes poltronas, absorto em um artigo sobre os efeitos devastadores da gonorreia, quando meu pai entrou e sentou-se à escrivaninha. Por um instante fiquei aterrorizado com a possibilidade de ele perceber o que eu estava lendo, mas então me dei conta de que ninguém — nem mesmo meu pai, sentado a alguns passos de distância — poderia entrar em meu espaço de leitura, de que ninguém poderia decifrar o que estava sendo lascivamente contado pelo livro que eu tinha nas mãos e que nada, exceto minha própria vontade, poderia permitir que alguém ficasse sabendo. O pequeno milagre foi silencioso, e conhecido apenas por mim. Terminei o artigo sobre gonorreia mais eufórico do que chocado. Um tempo depois, naquela mesma biblioteca, para completar minha educação sexual li *O conformista*, de Alberto Moravia, *O impuro*, de Guy des Cars, *Peyton Place*, de Grace Metalious, *Rua Principal*, de Sinclair Lewis, e *Lolita*, de Vladimir Nabokov.

Havia privacidade não apenas em minha leitura, mas também na determinação do que eu iria ler, na escolha dos livros naquelas livrarias há muito desaparecidas de Tel Aviv, de Chipre, de Garmisch-Partenkirchen, de Paris, de Buenos Aires. Muitas vezes, escolhia livros pela capa. Havia momentos de que me lembro ainda agora: por exemplo, ver as sobrecapas dos Rainbow Classics (oferecidos pela World Publishing Company de Cleveland, Ohio) e ficar deliciado com as encadernações estampadas que estavam por baixo, e ir embora com *Hans Brinker* ou *The Silver Skates* [Os patins de prata] (que nunca me agradou e que nunca terminei), *Mulherzinhas* e *Huckleberry Finn*. Todos esses livros tinham introduções de May Lamberton Becker, chamadas "Como este livro foi escrito", e seus mexericos ainda me parecem uma das maneiras mais emocionantes de falar sobre livros. "Assim, numa fria manhã de setembro de 1880, com uma chuva escocesa martelando nas janelas, Stevenson aproximou-se do fogo e começou a escrever", dizia a introdução dela à *Ilha do tesouro*. Aquela chuva e aquele fogo acompanharam-me durante todo o livro.

Lembro-me, numa livraria de Chipre, onde nosso navio se detivera por uns dias, de uma vitrine cheia de histórias de Noddy, com suas capas de cores berrantes, e do prazer de me imaginar construindo a casa de Noddy junto com ele, com uma caixa de blocos de construir desenhada na página. (Mais tarde, sem nenhuma vergonha, deliciei-me com a coleção The Wishing Chair, de Enid Blyton, que eu então não sabia ter sido classificada de "sexista e esnobe" pelos bibliotecários ingleses.) Em Buenos Aires, descobri a coleção em papelão de Robin Hood, com o retrato de cada herói delineado em preto contra o fundo amarelo, e li as aventuras de piratas de Emilio Salgari — *Os tigres da Malásia* —, os romances de Júlio Verne e *O mistério de Edwin Drood*, de Dickens. Não me lembro de jamais ter lido uma contracapa para saber do que tratava o livro; não sei se os livros da minha infância tinham isso.

Acho que lia no mínimo de duas maneiras. Primeiro, seguindo ofegante os eventos e as personagens, sem me deter nos detalhes, o ritmo acelerado da leitura às vezes arremessando a história para além da última página — como quando li Rider Haggard, a *Odisseia*, Conan Doyle e Karl May, autor alemão de histórias do oeste selvagem. Em segundo lugar, explorando cuidadosamente, examinando o texto para compreender seu sentido emaranhado, descobrindo prazer no simples som das palavras ou nas pistas que as palavras não queriam revelar, ou no que eu suspeitava estar escondido no fundo da própria história, algo terrível ou maravilhoso demais para ser visto. Esse segundo tipo de leitura — que tinha algo da qualidade da leitura de histórias policiais — eu descobri em Lewis Carroll, Dante, Kipling, Borges. Eu lia também baseando-me no que supunha que um livro fosse (rotulado pelo autor, pelo editor, por outro leitor). Aos doze anos de idade, li *A caçada* de Tchekov numa coleção de romances policiais, e, acreditando ser Tchekov um escritor russo desse gênero, li depois "Senhora com cachorrinho" como se tivesse sido escrita por um concorrente de Conan Doyle — e gostei da história, embora julgasse o mistério um tanto ralo. Da mesma forma, Samuel Butler fala de um certo William Sefton Moorhouse, que "imaginava estar sendo convertido ao cristianismo ao ler a *Anatomia da melancolia* de Burton, que ele confundira com a *Analogia* de Butler, por recomendação de um

31

amigo. Mas o livro o intrigou bastante".[13] Numa história publicada na década de 1940, Borges sugeriu que ler *A imitação de Cristo*, de Thomas à Kempis, como se tivesse sido escrito por James Joyce "seria uma renovação suficiente para aqueles exercícios espirituais tênues".[14]

Espinosa, em seu *Tractatus theologico-politicus*, de 1650 (denunciado pela Igreja Católica Romana como obra "forjada no inferno por um judeu renegado e pelo diabo"), já observara: "Acontece com frequência que em livros diferentes lemos histórias em si mesmas semelhantes, mas que julgamos de forma muito diferente, segundo as opiniões que formamos sobre os autores. Lembro de ter lido certa vez em algum livro que um homem chamado Orlando Furioso costumava montar uma espécie de monstro alado pelos ares, voar sobre qualquer terra que quisesse, matar sem ajuda um vasto número de homens e gigantes e outras fantasias desse tipo, as quais, do ponto de vista da razão, são obviamente absurdas. Li uma história muito parecida em Ovídio, sobre Perseu, e também no livro dos Juízes e Reis, sobre Sansão, que sozinho e desarmado matou milhares de homens, e sobre Elias, que voou pelo ar e foi finalmente ao céu, num carro de fogo com cavalos ígneos. Todas essas histórias são obviamente parecidas, mas julgamo-las de modo muito diferente. A primeira buscava divertir, a segunda tinha um objetivo político, a terceira, um motivo religioso".[15] Eu também, durante tempo demais, atribuí objetivos aos livros que lia, esperando, por exemplo, que o *Pilgrim's Progress* de Bunyan me faria uma pregação porque haviam me dito que era uma alegoria religiosa — como se eu fosse capaz de ouvir o que estava acontecendo na mente do autor no momento da criação e de obter provas de que o autor estava, com efeito, falando a verdade. A experiência e uma dose de senso comum ainda não me curaram completamente desse vício supersticioso.

Às vezes, os livros em si mesmos eram talismãs: um *Tristram Shandy* em dois volumes, uma edição da Penguin de *The Beast Must Die* [A besta deve morrer], de Nicholas Blake, um exemplar esfarrapado de *The Annotated Alice* [A Alice anotada], de Martin Gardner, que eu encadernara (ao custo de uma mesada inteira) num livreiro de reputação duvidosa. Esses eu lia com atenção especial e reservava-os para momentos especiais. Thomas à Kempis instruía seus alunos a tomar "um livro em tuas mãos como Simeão, o Justo, tomou o Menino Jesus nos braços para carregá-lo e beijá-lo. E tu que terminaste a leitura, fecha o livro e dá graças pelas palavras pronunciadas por Deus; porque no campo do Senhor encontraste um tesouro escondido".[16] E são Bento, escrevendo numa época em que os livros eram comparativamente raros e caros, mandou que seus monges, "se possível", segurassem os livros que liam "na mão esquerda, enrolados na manga da túnica e descansando sobre os joelhos; a mão direita deve ficar descoberta para segurar e virar as páginas".[17] Minhas leituras adolescentes não comportavam tamanha veneração nem rituais tão minuciosos, mas possuíam uma certa solenidade e uma importância secretas que não irei negar agora.

Eu queria viver entre livros. Quando tinha dezesseis anos, em 1964, arranjei um emprego depois da escola na Pygmalion, uma das três livrarias anglo-germânicas de Buenos Aires. A dona era Lily Lebach, uma judia alemã que fugira do nazismo e se estabelecera em Buenos Aires no final da década de 1930; ela me confiou a tarefa diária de tirar o pó de cada um dos livros da loja — método que, julgava Lily (com razão), faria com que eu ficasse conhecendo rapidamente o estoque e sua localização nas prateleiras. Infelizmente, muitos dos livros tentavam-me para além da limpeza; eles queriam que alguém os segurasse, queriam ser abertos e inspecionados, e, às vezes, nem isso era suficiente. Umas poucas vezes roubei um livro tentador; levei-o para casa, enfiado no bolso do casaco, porque eu não tinha apenas de lê-lo: tinha de tê-lo, chamá-lo de meu. A romancista Jamaica Kincaid, confessando crime semelhante de roubar livros da biblioteca de sua infância, em Antigua, explicou que sua intenção não era roubar: acontece que, "depois de ler um livro, eu não conseguia ir embora sem ele".[18] Eu também descobri logo que não se lê simplesmente *Crime e castigo* ou *A Tree Grows in*

33

Brooklyn [Uma árvore cresce no Brooklyn]. Lê-se uma certa edição, um exemplar específico, reconhecível pela aspereza ou suavidade do papel, por seu cheiro, por um pequeno rasgão na página 72 e uma mancha de café no canto direito da contracapa. A regra epistemológica para a leitura, estabelecida no século II, segundo a qual o texto mais recente substitui o anterior, já que supostamente o contém, quase nunca foi verdadeira no meu caso. No início da Idade Média, partia-se do princípio de que os escribas "corrigiam" os erros que percebiam no texto que estavam copiando, produzindo assim um texto "melhor"; para mim, no entanto, a edição em que havia lido um livro pela primeira vez tornava-se a *editio princeps*, com a qual todas as outras deveriam ser comparadas. A imprensa deu-nos a ilusão de que todos os leitores do *Dom Quixote* estão lendo o mesmo livro. Para mim, ainda hoje, é como se a invenção da imprensa jamais tivesse acontecido, e cada exemplar de um livro continua a ser tão singular quanto a fênix.

E, contudo, a verdade é que livros determinados emprestam certas características a leitores determinados. Implícita na posse de um livro está a história das leituras anteriores do livro — ou seja, cada novo leitor é afetado pelo que imagina que o livro foi em mãos anteriores. Meu exemplar de segunda mão da autobiografia de Kipling, *Something of Myself* [Algo de mim], que comprei em Buenos Aires, tem um poema manuscrito na folha de guarda, datado do dia da morte de Kipling. O poeta improvisado que possuía esse exemplar seria um imperialista ardoroso? Um amante da prosa de Kipling que via o artista através da pátina jingoísta? Meu predecessor imaginado afeta minha leitura porque me vejo dialogando com ele, defendendo essa ou aquela posição. Um livro traz sua própria história ao leitor.

A srta. Lebach devia saber que seus empregados surrupiavam livros, mas suspeito que permitia o crime, desde que achasse que não estávamos excedendo certos limites implícitos. Uma ou duas vezes ela me viu absorto em algum livro recém-chegado e simplesmente me mandou voltar ao trabalho e levar o livro para casa, para lê-lo em algum horário livre. Livros maravilhosos vieram a mim em sua livraria: *José e seus irmãos*, de Thomas Mann, *Herzog*, de Saul Bellow, *O anão*, de Pär Lagerkvist, *Nove histórias*, de Salinger, *A morte de Virgílio*, de Broch, *The Green Child* [A criança verde], de Herbert Read, *A consciência de Zeno*, de Italo Svevo, os poemas de Rilke, de Dylan Thomas, de Emily Dickinson, de Gerard Manley Hopkins, a lírica amorosa egípcia traduzida por Ezra Pound, a epopeia de Gilgamesh.

Uma tarde, Jorge Luis Borges veio à livraria acompanhado de sua mãe, de 88 anos de idade. Era famoso, mas eu lera apenas alguns de seus poemas e contos e não me sentia arrebatado por sua literatura. Estava quase completamente cego, mas recusava-se a usar bengala e passava a mão sobre as estantes como se seus dedos pudessem ler os títulos. Estava procurando livros que o ajudassem a estudar o anglo-saxão, que se tornara sua última paixão, e tínhamos encomendado para ele o dicionário de Skeat e uma versão comentada de *Battle of Maldon* [A batalha de Maldon]. A mãe de Borges impacientou-se: "Oh, Georgie, não sei por que você perde tempo com o anglo-saxão, em vez de estudar algo útil como latim ou grego!". No final, ele se virou e pediu-me vários livros. Achei alguns e anotei os outros, e então, quando estava para sair, perguntou-me se eu estava ocupado no período da noite, porque precisava (disse isso pedindo muitas desculpas) de alguém que lesse para ele, pois sua mãe agora se cansava com muita facilidade. Eu respondi que leria para ele.

Nos dois anos seguintes, li para Borges, tal como o fizeram muitos outros conhecidos afortunados e casuais, à noite ou, quando a escola permitia, pela manhã. O ritual era quase sempre o mesmo. Ignorando o elevador, eu subia pelas escadas até o apartamento (escadas semelhantes àquelas que uma vez Borges subira levando um exemplar recém-adquirido das *Mil e uma noites*; ele não viu uma janela aberta e fez um corte profundo que infeccionou, levando-o ao delírio e à crença de que estava ficando louco); tocava a campainha; era conduzido por uma criada, através de uma entrada acortinada, até uma pequena sala de estar onde Borges vinha ao meu encontro, a mão macia estendida. Não havia preliminares: enquanto eu me acomodava na poltrona, ele se sentava ansioso no sofá e, com uma voz levemente asmática, sugeria a leitura daquela noite. "Deveríamos escolher Kipling hoje? Hein?" E é claro que não esperava realmente uma resposta.

Naquela sala de estar, sob uma gravura de Piranesi representando ruínas romanas circulares, li Kipling, Stevenson, Henry James, vários verbetes da enciclopédia alemã *Brockhaus*, versos de Marino, Enrique Banchs, Heine (mas esses últimos ele sabia de cor, de forma que eu mal começava a ler e sua voz hesitante passava a recitá-los de memória; a hesitação estava apenas na cadência, não nas palavras, que lembrava corretamente). Eu não lera muitos desses autores antes, e assim o ritual era curioso. Eu descobria um texto lendo-o em voz alta, enquanto Borges usava seus ouvidos como outros leitores usam os olhos, para esquadrinhar a página em busca de uma palavra, de uma frase, de um parágrafo que confirme alguma lembrança. Enquanto eu lia, ele interrompia, fazendo comentários sobre o texto a fim de (suponho) tomar notas em sua mente.

Detendo-me depois de uma linha que achou hilariante em *New Arabian Nights* [Novas noites árabes], de Stevenson ("vestido e pintado para representar uma pessoa na penúria ligada à imprensa" — "Como pode alguém se vestir assim, hein? No que você acha que Stevenson estava pensando? Em ser impossivelmente preciso? Hein?"), passou a analisar o procedimento estilístico de definir alguém ou algo por meio de uma imagem ou categoria que, ao mesmo tempo em que parece ser exata, força o leitor a criar uma definição pessoal. Ele e seu amigo Adolfo Bioy Casares tinham brincado com essa ideia em um conto de dez palavras: "O estranho subiu as escadas no escuro: tic-toc, tic-toc, tic-toc".

Ouvindo-me ler uma história de Kipling, "Beyond the Pale" [Fora dos limites], Borges interrompeu-me após uma cena em que uma viúva hindu manda uma mensagem a seu amante, feita de diferentes objetos reunidos numa trouxa. Chamou a atenção para a adequação poética disso e perguntou-se em voz alta se Kipling teria inventado aquela linguagem concreta e, não obstante, simbólica.[19] Depois, como que consultando uma biblioteca mental, comparou-a com a "linguagem filosófica" de John Wilkins, na qual cada palavra é uma definição de si mesma. Por exemplo, Borges observou que a palavra *salmão* não nos diz nada sobre o objeto que representa; *zana*, a palavra correspondente na língua de Wilkins, baseada em categorias preestabelecidas, significa "um peixe de rio escamoso e de carne vermelha":[20] z para peixe, *za* para peixe de rio, *zan* para peixe de rio escamoso e *zana* para peixe de rio escamoso e de carne vermelha. Ler para Borges resultava sempre em um novo embaralhamento mental dos meus próprios livros; naquela noite, Kipling e Wilkins ficaram lado a lado na mesma estante imaginária.

Em outra ocasião (não me lembro do que me pedira para ler), começou a compilar uma antologia improvisada de versos ruins de autores famosos, incluindo "A coruja, apesar de todas as suas penas, estava com frio", de Keats, "Oh, minha alma profética! Meu tio!", de Shakespeare (Borges achava a palavra "tio" não poética, inadequada para Hamlet pronunciar — teria preferido "Irmão de meu pai!" ou "Parente de minha mãe!"), "Somos apenas as bolas de tênis das estrelas", de Webster, em *The Duchess of Malfi* [A duquesa de Malfi], e as últimas linhas de Milton em *Paraíso reconquistado*, "ele, sem ser observado,/ para o lar de sua Mãe solitário voltou" — o que, pensava Borges, fazia de Cristo um cavalheiro inglês de chapéu-coco retornando para casa a fim de tomar chá com a mamãe.

Às vezes, fazia uso das leituras para seus escritos. Descobrir um tigre fantasma em "The Guns of Fore and Aft" [Os canhões de popa a proa], de Kipling, que lemos pouco antes do Natal, levou-o a compor uma de suas últimas histórias, "Tigres azuis"; "Duas imagens em um lago", de Giovanni Papini, inspirou o seu "24 de agosto de 1982", uma data que ainda estava no futuro; sua irritação com Lovecraft (cujas histórias me fez começar e abandonar meia dúzia de vezes) levou-o criar uma versão "corrigida" de um conto de Lovecraft e a publicá-la em *O informe de Brodie*. Pedia-me amiúde para escrever algo na guarda do livro que estávamos lendo — uma referência a algum capítulo ou um pensamento. Não sei como fazia uso dessas anotações, mas o hábito de falar de um livro nas costas de sua capa tornou-se meu também.

Há uma história de Evelyn Waugh na qual um homem, resgatado por outro em plena floresta amazônica, é forçado por seu salvador a ler Dickens em voz alta pelo resto da vida.[21] Jamais tive a sensação de apenas cumprir um dever durante minhas leituras para Borges; ao contrário, era como se fosse uma espécie de cativeiro feliz. Eu ficava fascinado não tanto pelos textos que me fazia descobrir (muitos dos quais acabaram por se tornar meus favoritos também), mas por seus comentários, nos quais havia uma erudição imensa mas discreta e que podiam ser muito engraçados, às vezes cruéis, quase sempre indispensáveis. Sentia-me como o único dono de uma edição cuidadosamente anotada, compilada para meu uso exclusivo. Evidentemente, não o era; eu (como muitos outros) era um simples caderno de notas, um *aide-mémoire* de que o homem cego precisava para reunir suas ideias. Eu estava mais do que disposto a ser usado.

Antes de encontrar Borges, eu lia em silêncio, sozinho, ou alguém lia em voz alta para mim um livro de minha escolha. Ler para um cego era uma experiência curiosa, porque, embora com algum esforço eu me sentisse no controle do tom e do ritmo da leitura, era todavia Borges, o ouvinte, quem se tornava o senhor do texto. Eu era o motorista, mas a paisagem, o espaço que se desenrolava, pertenciam ao passageiro, para quem não havia outra responsabilidade senão a de apreender o campo visto das janelas. Borges escolhia o livro, Borges fazia-me parar ou pedia que continuasse, Borges interrompia para comentar, Borges permitia que as palavras chegassem até ele. Eu era invisível.

Aprendi rapidamente que ler é cumulativo e avança em progressão geométrica: cada leitura nova baseia-se no que o leitor leu antes. Comecei fazendo suposições sobre as histórias que Borges escolhia para mim — que a prosa de Kipling seria afetada, a de Stevenson infantil, a de Joyce ininteligível —, mas logo o preconceito deu lugar à experiência, e a descoberta de uma história deixava-me na expectativa de outra que, por sua vez, era enriquecida com as lembranças das reações de Borges e das minhas. O avanço de minha leitura jamais seguia a sequência convencional do tempo. Por exemplo, ler em voz alta para ele textos que eu já lera antes modificava aquelas leituras solitárias anteriores, alargava e inundava minha lembrança dos textos, fazia-me perceber o que não percebera então mas que agora parecia recordar, sob o impulso da reação dele. "Existem aqueles que, enquanto leem um livro, recordam, comparam, trazem à tona emoções de outras leituras anteriores", observou o escritor argentino Ezequiel Martínez Estrada. "Trata-se de uma das formas mais delicadas de adultério."[22] Borges não acreditava em bibliografias sistemáticas e estimulava essa leitura adúltera.

Além de Borges, alguns amigos, vários professores e uma resenha aqui e acolá sugeriam-me títulos de vez em quando, mas, em larga medida, meus encontros com livros foram uma questão de acaso, tal como o encontro com aqueles estranhos passantes que no décimo quinto círculo do Inferno de Dante "olham uns para os outros quando a luz do dia se torna penumbra e uma lua nova está no céu" e que num semblante descobrem subitamente um vislumbre, uma palavra, uma atração irresistível.

De início, mantinha meus livros em rigorosa ordem alfabética, por autor. Depois passei a separá-los por gênero: romances, ensaios, peças de teatro, poemas. Mais tarde tentei agrupá-los por idioma, e quando, durante minhas viagens, era obrigado a ficar apenas com alguns, separava-os entre os que dificilmente lia, os que lia sempre e aqueles que esperava ler. Às vezes minha biblioteca obedecia a regras secretas, nascidas de associações idiossincráticas. O romancista espanhol Jorge Semprún mantinha *Carlota em Weimar*, de Thomas Mann, entre seus livros sobre Buchenwald, o campo de concentração em que estivera, porque o romance começa com uma cena no Hotel Elefante, em Weimar, para onde Semprún foi levado depois de sua libertação.[23] Certa vez, pensei que seria divertido construir uma história da literatura a partir de agrupamentos como esse, explorando, por exemplo, as relações entre Aristóteles, Auden, Jane Austen e Marcel Aymé (em minha ordem alfabética), ou entre Chesterton, Sylvia Townsend Warner, Borges, são João da Cruz e Lewis Carroll (dentre os que mais gosto). Parecia-me que a literatura ensinada na escola — na qual se explicavam as ligações entre Cervantes e Lope de Vega com base no fato de serem do mesmo século e na qual *Platero e eu*, de Juan Ramón Jiménez (uma história floreada da paixão tola de um poeta por um burro), era considerado uma obra-prima — era tão arbitrária ou constituía uma escolha tão aceitável quanto a literatura que eu mesmo podia construir, baseado nas minhas descobertas ao longo da estrada sinuosa de minhas próprias leituras e no tamanho de minhas próprias estantes. A história da literatura, tal como consagrada nos manuais escolares e nas bibliotecas oficiais, parecia-me não passar da história de certas leituras — mais velhas e mais bem informadas que as minhas, porém não menos dependentes do acaso e das circunstâncias.

Em 1966, um ano antes de terminar o colégio, quando se instalou o governo militar do general Onganía, descobri um outro sistema de organização dos livros. Sob suspeita de serem comunistas ou obscenos, certos títulos e determinados autores foram colocados na lista dos censores, e, nas batidas policiais cada vez mais frequentes em cafés, bares, estações de trem ou simplesmente na rua, tornou-se tão importante não ser visto com um livro suspeito nas mãos quanto estar com os documentos apropriados. Os autores proibidos — Pablo Neruda, J. D. Salinger, Maximo Gorki, Harold Pinter — formavam uma outra e diferente história da literatura cujas ligações não eram evidentes nem duradouras e cuja comunhão revelava-se exclusivamente pelos olhos meticulosos do censor.

Mas não são apenas os governos totalitários que temem a leitura. Os leitores são maltratados em pátios de escolas e em vestiários tanto quanto nas repartições do governo e nas prisões. Em quase toda parte, a comunidade dos leitores tem uma reputação ambígua que advém de sua autoridade adquirida e de seu poder percebido. Algo na relação entre um leitor e um livro é reconhecido como sábio e frutífero, mas é também visto como desdenhosamente exclusivo e excludente, talvez porque a imagem de um indivíduo enroscado num canto, aparentemente esquecido dos grunhidos do mundo, sugerisse privacidade impenetrável, olhos egoístas e ação dissimulada singular. ("Saia e vá viver!", dizia minha mãe quando me via lendo, como se minha atividade silenciosa contradissesse seu sentido do que significava estar vivo.) Alfonso, em *Os maias*, de Eça de Queirós, compartilha dessa opinião, censurando o padre que acredita que as crianças deveriam ler e estudar os clássicos: "Que clássicos?", pergunta Alfonso com desdenho. "O primeiro dever de um homem é viver, e para isso precisa ser saudável e forte. Toda a educação razoável consiste nisso: propiciar saúde, força e valores afins, desenvolvendo exclusivamente as virtudes animais, preparando o homem com superioridade física, como se não tivesse alma. A alma vem mais tarde..."[24] O medo popular do que um leitor possa fazer entre as páginas de um livro é semelhante ao medo intemporal que os homens têm do que as mulheres possam fazer em lugares secretos de seus corpos, e do que as bruxas e os alquimistas possam fazer em segredo, atrás de portas trancadas. O marfim, de acordo com Virgílio, é o material de que é feito o Portal dos Sonhos Falsos; segundo Sainte-Beuve, é também o material de que é feita a torre do leitor.

Borges disse-me certa vez que, durante uma das manifestações populistas organizadas pelo governo de Perón em 1950 contra os intelectuais da oposição, os manifestantes gritavam: "Sapatos sim, livros não". A resposta — "Sapatos sim, livros sim" — não convenceu ninguém. Considerava-se a realidade — a dura, a necessária realidade — em conflito irremediável com o mundo evasivo e onírico dos livros. Com essa desculpa, e com efeito cada vez maior, a dicotomia artificial entre vida e leitura é ativamente estimulada pelos donos do poder. Os regimes populares exigem que esqueçamos, e portanto classificam os livros como luxos supérfluos; os regimes totalitários exigem que não pensemos, e portanto proíbem, ameaçam e censuram; ambos, de um modo geral, exigem que nos tornemos estúpidos e que aceitemos nossa degradação docilmente, e portanto estimulam o consumo de mingau. Nessas circunstâncias, os leitores não podem deixar de ser subversivos.

E assim passei ambiciosamente da minha história de leitor à história do ato de ler. Ou, antes, a *uma* história da leitura, uma vez que tal história — feita de intuições privadas e circunstâncias particulares — só pode ser uma entre muitas, por mais impessoal que tente ser. Em última instância, talvez, a história da leitura é a história de cada um dos leitores. Até mesmo seu ponto de partida tem de ser fortuito. Fazendo a resenha de uma história da matemática publicada na década de 1930, Borges escreveu que ela sofria "de um defeito grave: a ordem cronológica de seus eventos não corresponde à sua ordem lógica e natural. A definição de seus elementos vem, com muita frequência, no fim, a prática precede a teoria, os trabalhos intuitivos de seus precursores são menos compreensíveis para o leitor leigo do que aqueles dos matemáticos modernos".[25] Em ampla medida, a mesma coisa pode ser dita de uma história da leitura. Sua cronologia não pode ser a mesma da história política. O escriba sumério para quem a leitura era uma prerrogativa muito valorizada tinha um sentimento mais intenso de responsabilidade do que o leitor de hoje em Nova York ou Santiago, pois um artigo da lei ou um acerto de contas dependia de sua exclusiva interpretação. Os métodos de leitura da Idade Média, definindo quando e como ler, distinguindo, por exemplo, entre o texto a ser lido em voz alta e aquele a ser lido em silêncio, estavam muito mais claramente estabelecidos do que aqueles ensinados na Viena *fin-de-siècle* ou na Inglaterra eduardiana. Uma história da leitura também não pode seguir a sucessão coerente da história da crítica literária; os receios expressos pela mística do século XIX Anna Katharina Emmerich (de que o texto impresso jamais se equipararia à sua própria experiência)[26] foram expressos de forma muito mais forte 2 mil anos antes, por Sócrates (para quem os livros eram um empecilho à aprendizagem),[27] e, em nossa época, pelo crítico alemão Hans Magnus Enzensberger (que elogiou o analfabetismo e propôs a volta à criatividade original da literatura oral).[28] Essa posição foi refutada, entre outros, pelo ensaísta americano Allan Bloom.[29] Com esplêndido anacronismo, Bloom foi emendado e melhorado por seu precursor, Charles Lamb, o qual confessou, em 1833, que amava perder-se "na mente de outros homens. Quando não estou andando, estou lendo; não posso sentar e pensar. Os livros pensam para mim".[30] A história da leitura também não corresponde às cronologias das histórias da literatura, pois a história da leitura de um determinado autor encontra muitas vezes um começo não com o primeiro livro desse autor, mas com um dos futuros leitores dele: o marquês de Sade foi resgatado das estantes condenadas da literatura pornográfica, onde seus livros jaziam havia mais de 150 anos, pelo bibliófilo Maurice Heine e pelos surrealistas franceses. William Blake, ignorado por mais de dois séculos, começa em nossa época com o entusiasmo de sir Geoffrey Keynes e Northrop Frye, que o tornaram leitura obrigatória em todos os currículos escolares.

Dizem que nós, leitores de hoje, estamos ameaçados de extinção, mas ainda temos de aprender o que é a leitura. Nosso futuro — o futuro da história de nossa leitura — foi explorado por santo Agostinho, que tentou distinguir entre o texto visto na mente e o texto falado em voz alta; por Dante, que questionou os limites do poder de interpretação do leitor; pela sra. Murasaki, que defendeu a especificidade de certas leituras; por Plínio, que analisou o desempenho da leitura e a relação entre o escritor que lê e o leitor que escreve; pelos escribas sumérios, que impregnaram o ato de ler com poder político; pelos primeiros fabricantes de livros, que achavam os métodos de leitura de rolos (como os métodos que usamos agora para ler em nossos computadores) limitadores e complicados demais, oferecendo-nos a possibilidade de folhear as páginas e escrevinhar nas margens. O passado dessa história está adiante de nós, na última página daquele futuro admonitório descrito por Ray Bradbury em *Fahrenheit 451*, no qual os livros não estão no papel, mas na mente.

Tal como o próprio ato de ler, uma história da leitura salta para a frente até o nosso tempo — até mim, até minha experiência como leitor — e depois volta a uma página antiga em um século estrangeiro e distante. Ela salta capítulos, folheia, seleciona, relê, recusa-se a seguir uma ordem convencional. Paradoxalmente, o medo que opõe a leitura à vida ativa, que fazia minha mãe tirar-me da minha cadeira e do meu livro e empurrar-me para o ar livre, esse medo reconhece uma verdade solene: "Você não pode embarcar de novo na vida, esta viagem de carro única, quando ela termina", escreve o romancista turco Orhan Pamuk em *O castelo branco*, "mas, se tem um livro na mão, por mais complexo ou difícil que seja compreendê-lo, ao terminá-lo você pode, se quiser, voltar ao começo, ler de novo, e assim compreender aquilo que é difícil, assim compreendendo também a vida".[31]

ATOS DE LEITURA

Ler significa aproximar-se de algo que acaba de ganhar existência.

ITALO CALVINO,
Se um viajante numa noite de inverno, 1979

LEITURA DAS SOMBRAS

Em 1984, duas pequenas placas de argila de formato vagamente retangular foram encontradas em Tell Brak, Síria, datando do quarto milênio antes de Cristo. Eu as vi, um ano antes da guerra do Golfo, numa vitrine discreta do Museu Arqueológico de Bagdá. São objetos simples, ambos com algumas marcas leves: um pequeno entalhe em cima e uma espécie de animal puxado por uma vara no centro. Um dos animais pode ser uma cabra, e nesse caso o outro é provavelmente uma ovelha. O entalhe, dizem os arqueólogos, representa o número dez. Toda a nossa história começa com essas duas modestas placas.[1] Elas estão — se a guerra as poupou — entre os exemplos mais antigos de escrita que conhecemos.[2]

Há algo intensamente comovente nessas placas. Quando olhamos essas peças de argila levadas por um rio que não existe mais, observando as incisões delicadas que retratam animais transformados em pó há milhares e milhares de anos, talvez uma voz seja evocada, um pensamento, uma mensagem que nos diz: "Aqui estiveram dez cabras", "Aqui estiveram dez ovelhas", palavras pronunciadas por um fazendeiro cuidadoso no tempo em que os desertos eram verdes. Pelo simples fato de olhar essas placas, prolongamos a memória dos primórdios do nosso tempo, preservamos um pensamento muito tempo depois que o pensador parou de pensar e nos tornamos participantes de um ato de criação que permanece aberto enquanto as imagens entalhadas forem vistas, decifradas, lidas.[3]

Tal como meu nebuloso ancestral sumério lendo as duas pequenas placas naquela tarde inconcebivelmente remota, eu também estou lendo, aqui na minha sala, através de séculos e mares. Sentado à minha escrivaninha, cotovelos sobre a página, queixo nas mãos, abstraído por um momento da mudança de luz lá fora e dos sons que se elevam da rua, estou vendo, ouvindo, seguindo (mas essas palavras não fazem justiça ao que está acontecendo dentro de mim) uma história, uma descrição, um argumento. Nada se move, exceto meus olhos e a mão que vira ocasionalmente a página, e contudo algo não exatamente definido pela palavra *texto* desdobra-se, progride, cresce e deita raízes enquanto leio. Mas como acontece esse processo?

A leitura começa com os olhos. "O mais agudo dos nossos sentidos é a visão", escreveu Cícero, observando que quando vemos um texto lembramo-nos melhor dele do que quando apenas o ouvimos.[4] Santo Agostinho louvou (e depois condenou) os olhos como o ponto de entrada do mundo,[5] e santo Tomás de Aquino chamou a visão de "o maior dos sentidos pelo qual adquirimos conhecimento".[6] Até aqui está óbvio para qualquer leitor: as letras são apreendidas pela visão. Mas por meio de qual alquimia essas letras se tornam palavras inteligíveis? O que acontece dentro de nós quando nos defrontamos com um texto? De que forma as coisas vistas, as "substâncias" que chegam através dos olhos ao nosso laboratório interno, as cores e formas dos objetos e das letras se tornam legíveis? O que é, na verdade, o ato que chamamos de ler?

Empédocles, no século V a.C., descreveu os olhos como nascidos da deusa Afrodite, que "confinou um fogo nas membranas e tecidos delicados; estes seguraram a água profunda que fluía em torno, mas deixaram passar as chamas internas para fora".[7] Mais de um século depois, Epicuro imaginou essas chamas como películas finas de átomos que fluíam da superfície de cada objeto e entravam em nossos olhos e mentes como uma chuva constante e ascendente, encharcando-nos de todas as qualidades do objeto.[8] Euclides, contemporâneo de Epicuro, propôs uma teoria oposta: dos olhos do observador saem raios para apreender o objeto observado.[9] Problemas aparentemente insuperáveis infestavam ambas as teorias. Por exemplo, no caso da primeira, a assim chamada teoria da "intromissão", como poderia a película de átomos emitida por um objeto grande — um elefante ou o monte Olimpo — entrar num espaço tão pequeno como o olho humano? Quanto à segunda, a teoria da "extromissão", que raio poderia sair dos olhos e, numa fração de segundo, alcançar as longínquas estrelas todas as noites?

Algumas décadas antes, Aristóteles sugerira uma outra teoria. Antecipando e corrigindo Epicuro, ele afirmara que eram as qualidades das coisas observadas — e não uma película de átomos — que viajavam através do ar (ou de algum outro meio) até os olhos do observador; assim, o que se apreendia não eram as dimensões reais, mas o tamanho e a forma relativos de uma montanha. O olho humano, segundo Aristóteles, era como um camaleão, assumindo a forma e a cor do objeto observado e passando essa informação, via humores do olho, para as todo-poderosas entranhas (*splanchna*),[10] um conglomerado de órgãos que incluía coração, fígado, pulmões, bexiga e vasos sanguíneos e controlava os movimentos e os sentidos.[11]

Seis séculos mais tarde, o médico grego Galeno apresentou uma quarta solução, contradizendo Epicuro e seguindo Euclides. Galeno propôs que um "espírito visual", nascido no cérebro, cruzava o olho através do nervo óptico e saía para o ar. O próprio ar tornava-se então capaz de percepção, apreendendo as qualidades dos objetos percebidos, por mais longe que estivessem. Através do olho, essas qualidades eram retransmitidas de volta ao cérebro e desciam pela medula aos nervos dos sentidos e do movimento. Para Aristóteles, o observador era uma entidade passiva que recebia pelo ar a coisa observada, sendo esta em seguida comunicada ao coração, sede de todas as sensações, inclusive a visão. Para Galeno, o observador, tornando o ar sensível, desempenhava um papel ativo, e a raiz de onde nascia a visão estava no fundo do cérebro.

Os estudiosos medievais, para quem Galeno e Aristóteles eram as fontes do conhecimento científico, acreditavam em geral que se poderia encontrar uma relação hierárquica entre essas duas teorias. Não se tratava de uma teoria superar a outra: o importante era extrair de cada uma delas a compreensão de como as diferentes partes do corpo relacionavam-se com as percepções do mundo externo — e também como essas partes relacionavam-se umas com as outras. Gentile da Foligno, médico italiano do século XIV, sentenciou que essa compreensão era "um passo tão essencial para a medicina quanto o é o alfabeto para a leitura"[12] e recordou que santo Agostinho, um dos primeiros Pais da Igreja, já dedicara atenção cuidadosa à questão. Para ele, cérebro e coração funcionavam como pastores daquilo que os sentidos armazenavam na nossa memória, e ele usou o verbo *colligere* (significando ao mesmo tempo *coletar* e *resumir*) para descrever como essas impressões eram recolhidas de compartimentos separados da memória e "guiadas para fora de suas velhas tocas, porque não há nenhum outro lugar para onde possam ir".[13]

A memória era apenas uma das funções que se beneficiavam dessa administração zelosa dos sentidos. Era comumente aceito pelos estudiosos medievais (como Galeno sugerira) que visão, audição, olfato, gosto e tato alimentavam-se de um repositório sensorial geral localizado no cérebro, uma área conhecida às vezes como "senso comum", da qual derivava não apenas a memória, mas também o conhecimento, as fantasias e os sonhos. Essa área, por sua vez, estava conectada ao *splanchna* aristotélico, então reduzido pelos comentadores medievais exclusivamente ao coração, centro de todos os sentimentos. Assim, atribuiu-se aos sentidos um parentesco direto com o cérebro, enquanto se declarava que o coração, em última instância, era o senhor do corpo.[14] Um manuscrito em alemão do tratado de Aristóteles sobre lógica e filosofia natural, datado do final do século XIV, retrata a cabeça de um homem, olhos e boca abertos, narinas alargadas, uma orelha cuidadosamente realçada. Dentro do cérebro estão cinco pequenos círculos conectados que representam, da esquerda para a direita, a sede principal do senso comum e, na sequência, as sedes da imaginação, da fantasia, do poder cogitativo e da memória. De acordo com o comentário que acompanha a ilustração, o círculo do senso comum relaciona-se ainda com o coração, também representado no desenho. Esse esquema é um bom exemplo de como se imaginava o processo da percepção no final da Idade Média, com um pequeno adendo: embora não esteja presente nessa ilustração, supunha-se comumente (com base em Galeno) que na base do cérebro havia uma "rede maravilhosa" — *rete mirabile* — de pequenos vasos que agiam como canais de comunicação quando qualquer coisa que chegasse ao cérebro era refinada. Essa *rete mirabile* aparece no desenho de um cérebro que Leonardo da Vinci fez por volta de 1508, marcando claramente os ventrículos separados e atribuindo as várias faculdades mentais a seções diferentes. Segundo Leonardo, "o *senso comune* é que julga as impressões transmitidas pelos outros sentidos [...] e seu lugar é no meio da cabeça, entre a *impresiva* [centro das impressões] e a *memoria* [centro da memória]. Os objetos circundantes transmitem suas imagens para os sentidos e estes as passam para a *impresiva*. A *impresiva* comunica-os ao *senso comune* e dali elas são impressas na memória, onde se tornam mais ou menos fixas, de acordo com a importância e a força do objeto em questão".[15] A mente humana, na época de Leonardo, era considerada um pequeno laboratório onde o material recolhido pelos olhos, ouvidos e outros órgãos da percepção tornavam-se "impressões" no cérebro, sendo então canalizadas através do centro do senso comum e depois transformadas em uma das várias faculdades — como a memória —, sob a influência do coração supervisor. A visão de letras negras (para usar uma imagem alquímica) tornou-se, por meio desse processo, o ouro do conhecimento.

Mas uma questão fundamental continuava sem solução: somos nós, leitores, que nos estendemos e capturamos as letras numa página, de acordo com as teorias de Euclides e Galeno? Ou são as letras que vêm aos nossos sentidos, como Epicuro e Aristóteles afirmaram? Para Leonardo e seus contemporâneos, a resposta (ou indícios de resposta) poderia ser encontrada numa tradução do século XIII de um livro escrito duzentos anos antes (tão demoradas são às vezes as hesitações da erudição), no Egito, pelo estudioso de Basra al-Hasan ibn al-Haytham, conhecido no Ocidente como Alhazen.

50

O Egito floresceu no século XI sob o domínio dos fatímidas, tirando sua riqueza do vale do Nilo e do comércio com seus vizinhos do Mediterrâneo, enquanto suas fronteiras arenosas eram protegidas por um exército recrutado no exterior — berberes, sudaneses e turcos. Esse arranjo heterogêneo de comércio internacional e mercenários deu ao Egito fatímida todas as vantagens e desígnios de um estado verdadeiramente cosmopolita.[16] Em 1004, o califa al-Hakim (que assumira o poder aos onze anos de idade e desaparecera misteriosamente durante uma caminhada solitária 25 anos depois) fundou uma grande academia no Cairo — a Dar al-Ilm, ou Casa da Ciência — segundo o modelo de instituições pré-islâmicas, doando ao povo sua importante coleção de manuscritos e decretando que "todo o mundo pode vir aqui para ler, transcrever e instruir-se".[17] As decisões excêntricas de al-Hakim — proibiu o jogo de xadrez e a venda de peixes sem escamas — e sua notória sede de sangue foram temperadas, na imaginação popular, por seu sucesso administrativo.[18] Seu objetivo era tornar o Cairo fatímida não apenas o centro simbólico do poder político, mas também a capital da busca artística e da pesquisa científica; com essa ambição, convidou para a corte muitos astrônomos e matemáticos famosos, entre eles al-Haytham. A missão oficial de al-Haytham era estudar um método que regulasse o fluxo do Nilo. Isso ele fez, sem êxito, mas também gastou seus dias preparando uma refutação das teorias astronômicas de Ptolomeu (que, segundo seus inimigos, "era menos uma refutação do que um novo conjunto de dúvidas") e suas noites escrevendo o grosso volume sobre óptica que lhe asseguraria a fama.

De acordo com al-Haytham, todas as percepções do mundo externo envolvem uma certa inferência deliberada que deriva da nossa faculdade de julgar. Para desenvolver essa teoria, al-Haytham seguiu o argumento básico da teoria da intromissão de Aristóteles — segundo a qual as qualidades do que vemos entram no olho por meio do ar — e fundamentou sua escolha com explicações físicas, matemáticas e fisiológicas precisas.[19] Mas, de forma mais radical, al-Haytham fez uma distinção entre "sensação pura" e "percepção", sendo a primeira inconsciente ou involuntária — ver a luz fora da minha janela e as formas cambiantes da tarde — e exigindo a segunda um ato voluntário de reconhecimento — seguir um texto numa página.[20] A importância do argumento de al-Haytham estava em identificar pela primeira vez, no ato de perceber, uma gradação da ação consciente que vai do "ver" ao "decifrar" ou "ler".

Al-Haytham morreu no Cairo, em 1038. Dois séculos mais tarde, o erudito inglês Roger Bacon — tentando justificar o estudo da óptica ao papa Clemente IV numa época em que certas facções da Igreja Católica sustentavam violentamente que a pesquisa científica era contrária ao dogma cristão — ofereceu um resumo revisado da teoria de al-Haytham.[21] Seguindo al--Haytham (e, ao mesmo tempo, minimizando a importância da sabedoria islâmica), Bacon explicou a Sua Santidade a mecânica da teoria da intromissão. Segundo Bacon, quando olhamos para um objeto (uma árvore ou as letras *SOL*), forma-se uma pirâmide visual que tem sua base no objeto e seu ápice no centro da curvatura da córnea. Nós "vemos" quando a pirâmide entra em nosso olho e seus raios são dispostos sobre a superfície do nosso globo ocular, refratados de tal forma que não se cruzam. Ver, para Bacon, era o processo ativo pelo qual uma imagem do objeto entrava no olho e era então apreendida pelos "poderes visuais" dele.

Mas como essa percepção se torna leitura? Como o ato de apreender letras relaciona-se com um processo que envolve não somente visão e percepção, mas inferência, julgamento, memória, reconhecimento, conhecimento, experiência, prática? Al--Haytham sabia (e Bacon certamente concordava) que todos esses elementos necessários para realizar o ato de ler conferiam--lhe uma complexidade impressionante, cujo desempenho satisfatório exigia a coordenação de centenas de habilidades diferentes. E não apenas essas habilidades, mas o momento, o lugar e a plaquinha, o rolo, a página ou a tela sobre a qual o ato é realizado afetam a leitura: para o pastor sumério anônimo, a aldeia perto de onde pastoreava suas cabras e a argila arredondada; para al-Haytham, a nova sala branca da academia do Cairo e o manuscrito de Ptolomeu lido desdenhosamente; para Bacon, a cela da prisão a que fora condenado por seus ensinamentos heterodoxos e seus preciosos volumes científicos; para Leonardo, a corte do rei Francisco I, onde passou seus últimos anos, e os cadernos de anotações que mantinha em código secreto, os quais só podem ser lidos diante de um espelho. Todos esses elementos desconcertantemente diversos unem-se naquele ato único; até aí, al-Haytham presumira. Mas o modo como tudo acontecia, que conexões intrincadas e fabulosas esses elementos estabeleciam entre eles, essa era uma questão que, para al-Haytham e seus leitores, permanecia sem resposta.

Os estudos modernos de neurolinguística, a relação entre cérebro e linguagem, começaram quase oito séculos e meio depois de al-Haytham, em 1865. Naquele ano, dois cientistas franceses, Michel Dax e Paul Broca,[22] sugeriram em estudos simultâneos, mas separados, que a grande maioria da humanidade, em consequência de um processo genético que começa na concepção, nasce com um hemisfério cerebral esquerdo que se tornará a parte dominante do cérebro para codificar e decodificar a linguagem; uma proporção muito menor, em sua maioria canhotos ou ambidestros, desenvolve essa função no hemisfério direito. Em uns poucos casos (pessoas predispostas geneticamente a um hemisfério esquerdo dominante), danos precoces ao hemisfério esquerdo resultam numa "reprogramação" cerebral e levam ao desenvolvimento da função da linguagem no hemisfério direito. Mas nenhum dos hemisférios atuará como codificador e decodificador enquanto a pessoa não for exposta efetivamente à linguagem.

No momento em que o primeiro escriba arranhou e murmurou as primeiras letras, o corpo humano já era capaz de executar os atos de escrever e ler que ainda estavam no futuro. Ou seja, o corpo era capaz de armazenar, recordar e decifrar todos os tipos de sensação, inclusive os sinais arbitrários da linguagem escrita ainda por ser inventados.[23] Essa noção de que somos capazes de ler antes de ler de fato — na verdade, antes mesmo de vermos uma página aberta diante de nós — leva-nos de volta à ideia platônica do conhecimento preexistente dentro de nós antes de a coisa ser percebida. A própria fala desenvolve-se segundo um padrão semelhante. "Descobrimos" uma palavra porque o objeto ou ideia que ela representa já está em nossa mente, "pronto para ser ligado à palavra".[24] É como se nos fosse oferecido um presente do mundo externo (por nossos antepassados, por aqueles que primeiro falam conosco), mas a capacidade de apreender o presente é nossa. Nesse sentido, as palavras ditas (e, mais tarde, as palavras lidas) não pertencem a nós nem aos nossos pais, aos nossos autores: elas ocupam um espaço de significado compartilhado, um limiar comum que está no começo da nossa relação com as artes da conversação e da leitura.

De acordo com o professor André Roch Lecours, do hospital Côte-des-Neiges, em Montreal, a exposição somente à linguagem oral pode não ser suficiente para que algum dos hemisférios desenvolva plenamente as funções da linguagem; para que nosso cérebro permita esse desenvolvimento, talvez devamos ser ensinados a reconhecer um sistema compartilhado de signos visuais. Em outras palavras, precisamos aprender a ler.[25]

Na década de 1980, quando trabalhava no Brasil, o professor Lecours chegou à conclusão de que o programa genético que levava à predominância mais comum do hemisfério cerebral esquerdo era menos desenvolvido nos cérebros daqueles que não tinham aprendido a ler do que nos alfabetizados. Isso sugeriu a ele que o processo da leitura poderia ser explorado através de casos de pacientes nos quais a faculdade de ler havia sido comprometida. (Há séculos, Galeno dizia que uma doença não indica apenas a falha do corpo em seu desempenho, mas também lança luz sobre o próprio desempenho ausente.) Alguns anos depois, em Montreal, estudando pacientes que sofriam de impedimentos de fala ou leitura, o professor Lecours conseguiu fazer uma série de observações relacionadas com o mecanismo da leitura. Em casos de afasia, por exemplo, nos quais os pacientes tinham perdido parcial ou completamente a capacidade de compreender a palavra falada, ele descobriu que determinadas lesões específicas no cérebro causavam determinados defeitos de fala que eram curiosamente específicos. Alguns pacientes tornavam-se incapazes de ler ou escrever somente palavras de grafia irregular (tais como *rough* e *though* em inglês); outros não conseguiam ler palavras inventadas (*tooflow* ou *boojum*); outros ainda podiam ver, mas não pronunciar, certas palavras agrupadas de forma estranha ou palavras dispostas de maneira desigual na página. Às vezes esses pacientes podiam ler palavras inteiras, mas não sílabas; em certos casos, liam substituindo determinadas palavras por outras. Lemuel Gulliver, descrevendo os Struldbrugg de Laputa, observava que, aos noventa anos, esses ilustres anciãos não podem mais se divertir com a leitura, "porque sua Memória não consegue levá-los do Começo ao Fim de uma Frase; e, devido a esse Defeito, estão privados do único Entretenimento de que poderiam gozar".[26] Vários pacientes do professor Lecours sofriam exatamente desse problema. Para complicar as coisas, em estudos semelhantes na China e no Japão, os pesquisadores observaram que pacientes acostumados a ler ideogramas em vez de alfabetos fonéticos reagiam de forma diferente às investigações, como se essas funções de linguagem específicas fossem predominantes em áreas diferentes do cérebro.

Concordando com al-Haytham, o professor Lecours concluiu que o processo de ler compreendia pelo menos dois estágios: *ver* a palavra e *levá-la em consideração* de acordo com informações conhecidas. Tal como o escriba sumério de milhares de anos atrás, eu encaro as palavras. Eu olho as palavras, vejo as palavras, e o que vejo organiza-se de acordo com um código ou sistema que aprendi e que compartilho com outros leitores do meu tempo e lugar — um código que se estabeleceu em seções específicas do meu cérebro. Afirma o professor Lecours: "É como se as informações que os olhos recebem da página viajassem pelo cérebro através de uma série de conglomerados de neurônios especializados, cada conglomerado ocupando uma certa seção do cérebro e desempenhando uma função específica. Ainda não sabemos o que é exatamente cada uma dessas funções, mas, em certos casos de lesões cerebrais, um ou vários desses conglomerados ficam, digamos, desconectados da cadeia, de tal modo que o paciente se torna incapaz de ler certas palavras, ou determinado tipo de linguagem, ou de ler em voz alta, ou substitui um conjunto de palavras por outro. As desconexões possíveis parecem infinitas".[27]

Tampouco o ato primário de perscrutar a página com os olhos é um processo contínuo e sistemático. A suposição usual é que durante a leitura nossos olhos viajam suavemente, sem interrupções, ao longo das linhas da página, e que ao ler escritas ocidentais, por exemplo, nossos olhos vão da esquerda para a direita. Não é assim. Há um século, o oftalmologista francês Émile Javal descobriu que nossos olhos na verdade saltam pela página; esses saltos ou sofreamentos acontecem três ou quatro vezes por segundo, numa velocidade de cerca de duzentos graus por segundo. A velocidade do movimento do olho pela página — mas não o movimento em si — interfere na percepção, e é somente durante a breve pausa entre movimentos que nós realmente *lemos*. Por que nossa sensação de leitura está relacionada com a continuidade do texto sobre a página ou com o desenrolar do texto na tela, assimilando frases ou pensamentos inteiros, e não com o movimento real dos olhos, eis uma questão para a qual os cientistas ainda não têm resposta.[28]

Analisando os casos de dois pacientes clínicos — um afásico capaz de fazer discursos eloquentes numa linguagem algaraviada, e um agnóstico que conseguia usar a linguagem comum, mas era incapaz de dotá-la de inflexões ou emoção —, o dr. Oliver Sacks afirmou que "a fala — fala natural — não consiste somente de palavras. [...] Consiste de elocução — uma expressão verbal do pleno sentido de alguém combinado com o ser total de alguém —, cuja compreensão envolve infinitamente mais do que o mero reconhecimento de palavras".[29] Algo bem parecido pode-se dizer da leitura: ao seguir o texto, o leitor pronuncia seu sentido por meio de um método profundamente emaranhado de significações aprendidas, convenções sociais, leituras anteriores, experiências individuais e gosto pessoal. Lendo na academia do Cairo, al-Haytham não estava sozinho; como se lessem por sobre seus ombros pairavam as sombras dos eruditos de Basra que haviam lhe ensinado a sagrada caligrafia do Corão na mesquita, de Aristóteles e seus lúcidos comentadores, dos conhecidos casuais com quem al-Haytham teria discutido Aristóteles, dos vários al-Haythams que ao longo dos anos tornaram-se finalmente o cientista que al-Hakim convidou para sua corte.

O que tudo isso parece implicar é que, sentado diante do meu livro, eu, tal como al-Haytham antes de mim, percebo não apenas as letras e os espaços em branco entre as palavras que compõem o texto. Para extrair uma mensagem desse sistema de sinais brancos e pretos, apreendo primeiro o sistema de uma maneira aparentemente errática, com olhos volúveis, e depois reconstruo o código de sinais mediante uma cadeia conectiva de neurônios processadores em meu cérebro, cadeia que varia de acordo com a natureza do texto que estou lendo e impregna o texto com algo — emoção, sensibilidade física, intuição, conhecimento, alma — que depende de quem sou eu e de como me tornei o que sou. "Para compreender um texto", escreveu o dr. Merlin C. Wittrock na década de 1980, "nós não apenas o lemos, no sentido estrito da palavra: nós construímos um significado para ele". Nesse processo complexo, "os leitores cuidam do texto. Criam imagens e transformações verbais para representar seu significado. E o que é mais impressionante: eles geram significado à medida que leem, construindo relações entre seu conhecimento, sua memória da experiência, e as frases, parágrafos e trechos escritos".[30] Ler, então, não é um processo automático de capturar um texto como um papel fotossensível captura a luz, mas um processo de reconstrução desconcertante, labiríntico, comum e, contudo, pessoal. Os pesquisadores ainda não sabem se a leitura é independente, por exemplo, da audição, se é um conjunto único e distinto de processos psicológicos ou se consiste de uma grande variedade desses processos, mas muitos acreditam que sua complexidade pode ser tão grande quanto a do próprio pensamento.[31] Ler, segundo o dr. Wittrock, "não é um fenômeno idiossincrático, anárquico. Mas também não é um processo monolítico, unitário, no qual apenas um significado está correto. Ao contrário, trata-se de um processo generativo que reflete a tentativa disciplinada do leitor de construir um ou mais sentidos dentro das regras da linguagem".[32]

"Chegar a uma análise completa do que fazemos ao ler", admitiu o pesquisador americano E. B. Huey na virada do século, "seria o auge das realizações do psicólogo, pois seria descrever muitos dos funcionamentos mais complexos da mente humana".[33] Ainda estamos longe de uma resposta. Misteriosamente, continuamos a ler sem uma definição satisfatória do que estamos fazendo. Sabemos que a leitura não é um processo que possa ser explicado por meio de um modelo mecânico; sabemos que ocorre em certas áreas definidas do cérebro, mas sabemos também que essas áreas não são as únicas a participar; sabemos que o processo de ler, tal como o de pensar, depende da nossa capacidade de decifrar e fazer uso da linguagem, do estofo de palavras que compõe texto e pensamento. O medo que os pesquisadores parecem sentir é o de que sua conclusão possa questionar a própria linguagem na qual a expressam: que a linguagem talvez seja em si mesma um absurdo arbitrário, que talvez não possa comunicar nada exceto em sua essência tartamudeante, que talvez dependa quase inteiramente, para existir, não de seus enunciadores, mas de seus intérpretes, e que o papel dos leitores talvez seja tornar visível — na fina expressão de al-Haytham — "aquilo que a escrita sugere em alusões e sombras".[34]

OS LEITORES SILENCIOSOS

No ANO DE 383, quase meio século depois que Constantino, o Grande, primeiro imperador do mundo cristão, foi batizado em seu leito de morte, um professor de retórica latina de 29 anos de idade, a quem os séculos futuros conheceriam como santo Agostinho, chegou a Roma vindo de um dos postos avançados do império no Norte da África. Ele alugou uma casa, montou uma escola e atraiu vários estudantes que tinham ouvido falar das qualidades daquele intelectual de província, mas não demorou muito a perceber que não conseguiria ganhar a vida como professor na capital do império. Em sua Cartago natal, os alunos eram uns desordeiros turbulentos, mas pelo menos pagavam pelas aulas; em Roma, os pupilos ouviram em silêncio suas dissertações sobre Aristóteles e Cícero até chegar o momento de discutir a remuneração, quando se transferiram em massa para outro professor, deixando Agostinho de mãos vazias. Assim, quando um ano depois o prefeito de Roma ofereceu-lhe a oportunidade de ensinar literatura e elocução em Milão, incluindo as despesas de viagem na oferta, Agostinho aceitou agradecido.[1]

Talvez porque fosse um estranho na cidade e quisesse companhia intelectual ou porque sua mãe lhe pedira que assim fizesse, em Milão Agostinho visitou o bispo da cidade, o célebre Ambrósio, amigo e conselheiro de sua mãe, Mônica. Ambrósio (que, tal como Agostinho, seria canonizado) era um homem de quase cinquenta anos, rígido em suas crenças ortodoxas e sem medo dos mais altos poderes terrenos: poucos anos depois da chegada de Agostinho, obrigou o imperador Teodósio a demonstrar arrependimento público por ter ordenado o massacre dos amotinados que tinham matado o governador romano de

59

Salônica.[2] E quando a imperatriz Justina exigiu que o bispo entregasse uma igreja em sua cidade para que ela pudesse dedicar-se ao culto seguindo os rituais do arianismo, Ambrósio organizou um protesto, ocupando o local dia e noite, até que ela desistisse.

De acordo com um mosaico do século V, Ambrósio era um homem de estatura baixa e aparência inteligente, com orelhas grandes e uma barba bem cuidada que antes diminuía do que avolumava sua face angulosa. Era um orador extremamente popular; seu símbolo na iconografia cristã posterior foi a colmeia, emblemática da eloquência.[3] Agostinho, que considerava Ambrósio afortunado por merecer tanto respeito por parte de tanta gente, viu-se impossibilitado de lhe fazer perguntas sobre as questões de fé que o perturbavam, porque quando o bispo não estava fazendo suas refeições frugais ou recebendo um de seus muitos admiradores, ficava sozinho em sua cela, lendo.

Ambrósio era um leitor extraordinário. Nas palavras de Agostinho: "Quando ele lia, seus olhos perscrutavam a página e seu coração buscava o sentido, mas sua voz ficava em silêncio e sua língua quieta. Qualquer um podia aproximar-se dele livremente, e em geral os convidados não eram anunciados; assim, com frequência, quando chegávamos para visitá-lo nós o encontrávamos lendo em silêncio, pois jamais lia em voz alta".[4]

Olhos perscrutando a página, língua quieta: é exatamente assim que eu descreveria um leitor de hoje, sentado com um livro num café em frente à igreja de Santo Ambrósio em Milão, lendo, talvez, as *Confissões* de santo Agostinho. Tal como Ambrósio, o leitor tornou-se cego e surdo ao mundo, às multidões de passantes, às fachadas desbotadas dos edifícios. Ninguém parece notar um leitor que se concentra: retirado, absorto, o leitor torna-se lugar-comum.

Porém, aos olhos de Agostinho, essa maneira de ler parecia suficientemente estranha para que ele a registrasse em suas *Confissões*. A implicação é que esse método de leitura, esse silencioso exame da página, era em sua época algo fora do comum, sendo a leitura normal a que se fazia em voz alta. Ainda que se possam encontrar exemplos anteriores de leitura silenciosa, foi somente no século X que esse modo de ler se tornou usual no Ocidente.[5]

A descrição que Agostinho faz da leitura silenciosa de Ambrósio (inclusive a observação de que ele *jamais* lia em voz alta) é o primeiro caso indiscutível registrado na literatura ocidental. Exemplos anteriores são muito mais incertos. No século V a.C., duas peças mostram personagens lendo no palco: no *Hipólito*, de Eurípedes, Teseu lê em silêncio uma carta presa na mão da esposa morta; em *Os cavaleiros*, de Aristófanes, Demóstenes olha para uma tabuleta mandada por um oráculo e, sem dizer em voz alta o que contém, parece ficar surpreso com o que leu.[6] Segundo Plutarco, Alexandre, o Grande, leu em silêncio uma carta de sua mãe no século IV a.C., para espanto de seus soldados.[7] Cláudio Ptolomeu, no século II d.C., observou em *Sobre o critério* (um livro que Agostinho talvez conhecesse) que às vezes as pessoas leem em silêncio quando estão se concentrando muito, porque dizer as palavras em voz alta distrai o pensamento.[8] E em 63 d.C. Júlio César, de pé no Senado, perto de seu oponente Catão, leu em silêncio uma pequena carta de amor mandada pela própria irmã de Catão.[9] Quase quatro séculos depois, são Cirilo de Jerusalém, numa palestra catequética feita provavelmente na Quaresma de 349, suplica às mulheres na igreja que leiam enquanto aguardam as cerimônias, "porém quietas, de modo que, enquanto seus lábios falam, nenhum outro ouvido possa ouvir o que dizem",[10] uma leitura sussurrada, talvez, na qual os lábios vibravam com sons abafados.

Se ler em voz alta era a norma desde os primórdios da palavra escrita, como era ler nas grandes bibliotecas antigas? O erudito assírio consultando uma das 30 mil tabuletas da biblioteca do rei Assurbanipal, no século VII a.C., os desenroladores de documentos nas bibliotecas de Alexandria e Pérgamo, o próprio Agostinho procurando um determinado texto nas bibliotecas de Cartago e Roma, todos deviam trabalhar em meio a um alarido retumbante. Porém, ainda hoje nem todas as bibliotecas preservam o silêncio proverbial. Na década de 1970, na bela Biblioteca

Ambrosiana de Milão, não havia nada do silêncio solene que eu observara na British Library, em Londres, ou na Biblioteca Nacional de Paris. Os leitores na Ambrosiana falavam uns com outros; de tempos em tempos alguém gritava uma pergunta ou um nome, um volume pesado fechava-se com estrondo, um carrinho de livros passava chacoalhando. Atualmente, nem a British Library, nem a Biblioteca Nacional ficam em completo silêncio: a leitura silenciosa é pontuada pelos estalidos dos computadores portáteis, como se bandos de pica-paus morassem dentro das salas cheias de livros. Seria diferente então, nos dias de Atenas e Pérgamo, tentar concentrar-se com dezenas de leitores espalhando tabuletas ou desenrolando pergaminhos, murmurando para si mesmos uma infinidade de histórias diferentes? Talvez não escutassem o alarido; talvez não soubessem que era possível ler de outra maneira. De qualquer modo, não temos exemplos registrados de leitores queixando-se do barulho nas bibliotecas gregas ou romanas — como Sêneca, escrevendo no século I da era cristã, queixou-se de ter de estudar em seus alojamentos privados barulhentos.[11]

O próprio Agostinho, numa passagem essencial das *Confissões*, descreve o momento em que as duas leituras — em voz alta e em silêncio — acontecem quase simultaneamente. Angustiado pela indecisão, furioso com seus pecados do passado, assustado com o fato de que finalmente havia chegado o momento do ajuste de contas, Agostinho afasta-se do amigo Alípio, com quem estivera lendo (em voz alta) em seu jardim de verão, e joga-se ao chão, sob uma figueira, para chorar. De repente, vinda de uma casa próxima, ele ouve a voz de uma criança — menino ou menina, não consegue saber — cantando uma canção cujo estribilho é *tolle, lege*, "pega e lê".[12] Acreditando que a voz fala com ele, Agostinho corre de volta para onde Alípio ainda está sentado e pega o livro que deixara inacabado, um volume das *Epístolas* de Paulo. Agostinho diz: "Peguei o livro e o abri, e, em silêncio, li a primeira seção sobre a qual caíram meus olhos". O trecho que ele lê *em silêncio* é de Romanos 13: "Revesti-vos do Senhor Jesus Cristo, e não vos preocupeis com a carne para satisfazer os seus desejos". Estupefato, chega ao fim da frase. A "luz da fé" inunda seu coração e "a escuridão da dúvida" dispersa-se.

Alípio, surpreso, pergunta a Agostinho o que o afetou tanto. Agostinho (que, num gesto tão familiar para nós séculos depois, marcou com um dedo a página que estava lendo e fechou o livro) mostra o texto ao amigo. "Indiquei-o e ele leu [em voz alta, supostamente] adiante do trecho que eu lera. Eu não tinha ideia do que vinha depois, que era isto: *Acolhei aquele que é fraco na fé.*" Essa admoestação, Agostinho nos diz, é suficiente para dar a Alípio a força espiritual há muito buscada. Ali, naquele jardim de Milão, num certo dia de agosto do ano de 386, Agostinho e seu amigo leram as *Epístolas* de Paulo de uma maneira muito parecida com a que leríamos o livro hoje: um em silêncio, para o aprendizado privado; o outro em voz alta, para compartilhar com sua companhia a revelação do texto. Curiosamente, enquanto a prolongada leitura silenciosa de Ambrósio parecera inexplicável a Agostinho, ele não considerou surpreendente sua própria leitura em silêncio, talvez porque tivesse apenas olhado para algumas palavras essenciais.

Agostinho, professor de retórica versado em poética e nos ritmos da prosa, um erudito que odiava o grego mas amava o latim, tinha o hábito — comum a muitos leitores — de ler qualquer coisa escrita que achasse, pelo puro prazer dos sons.[13] Seguindo os ensinamentos de Aristóteles, sabia que as letras, "inventadas para que possamos conversar até mesmo com o ausente", eram "signos de sons" que, por sua vez, eram "signos das coisas que pensamos".[14] O texto escrito era uma conversação, posta no papel para que o parceiro ausente pudesse pronunciar as palavras destinadas a ele. Para Agostinho, a palavra falada era uma parte intrincada do próprio texto — tendo-se em mente a advertência de Marcial, pronunciada três séculos antes: "O verso é meu; mas, amigo, quando o declamas,/ Ele parece teu, tão deploravelmente o estropias".[15]

As palavras escritas, desde os tempos das primeiras tabuletas sumérias, destinavam-se a ser pronunciadas em voz alta, uma vez que os signos traziam implícito, como se fosse sua alma, um som particular. A frase clássica *scripta manent, verba volant* — que veio a significar, em nossa época, "a escrita fica, as palavras voam" — costumava expressar exatamente o contrário: foi cunhada como elogio à palavra dita em voz alta, que tem asas e pode voar, em comparação com a palavra silenciosa na página, que está parada, morta. Diante de um texto escrito, o leitor tem o dever de emprestar voz às letras silenciosas, a *scripta*, e permitir que elas se tornem, na delicada distinção bíblica, *verba*, palavras faladas — espírito. As línguas primordiais da Bíblia — aramaico e hebreu — não fazem diferença entre o ato de ler e o ato de falar; dão a ambos o mesmo nome.[16]

Nos textos sagrados, nos quais cada letra e o número de letras e sua ordem eram ditados pela divindade, a compreensão plena exigia não apenas os olhos, mas também o resto do corpo: balançar na cadência das frases e levar aos lábios as palavras sagradas, de tal forma que nada do divino possa se perder na leitura. Minha avó lia o Velho Testamento dessa maneira, pronunciando as palavras e movendo o corpo de um lado para o outro, ao ritmo da prece. Posso vê-la em seu apartamento sombrio no Barrio del Once, o bairro judeu de Buenos Aires, entoando as palavras antigas do único livro da casa, a Bíblia, cuja capa preta lembrava a textura de sua própria tez pálida amolecida pela idade. Também entre os muçulmanos o corpo inteiro participa da leitura sagrada. No islã, saber se um texto sagrado é para ser ouvido ou lido é uma questão de importância essencial. O erudito do século IX Ahmad ibn Muhammad ibn Hanbal expôs o problema nos seguintes termos: uma vez que o Corão original — a Mãe do Livro, a Palavra de Deus tal como revelada por Alá a Maomé — é incriado e eterno, torna-se ele presente apenas ao ser dito na oração ou ele se multiplica na página examinada pelo olho para ler, copiada por diferentes mãos ao longo das eras humanas? Não sabemos se obteve resposta, porque em 833 tal questão valeu-lhe a condenação do *mihnah*, ou inquisição islâmica, instituída pelos califas abássidas.[17] Três séculos depois, o estudioso de leis e teólogo Abu

Hamid Muhammad al-Ghazali estabeleceu uma série de regras para estudar o Corão, segundo as quais ler e ouvir o texto lido tornaram-se parte do mesmo ato sagrado. A regra número cinco estabelecia que o leitor deve seguir o texto lentamente e sem nenhum atropelo a fim de refletir sobre o que está lendo. A regra número seis mandava "chorar. [...] Se não consegues chorar naturalmente, então força-te a chorar", pois o pesar deve estar implícito na apreensão das palavras sagradas. A regra número nove exigia que o Corão fosse lido "alto o suficiente para que o leitor o escutasse, porque ler significa distinguir entre sons", afastando assim as distrações do mundo externo.[18]

O psicólogo americano Julian Jaynes, em um estudo controvertido sobre a origem da consciência, afirmou que a mente bicameral — na qual um dos hemisférios torna-se especializado na leitura silenciosa — é um desenvolvimento tardio da evolução da humanidade e que o processo pelo qual essa função se desenvolve ainda está mudando. Ele sugeriu que a leitura possa ter sido inicialmente uma percepção aural, e não visual. "A leitura no terceiro milênio antes de Cristo pode, portanto, ter sido uma questão de ouvir o cuneiforme, isto é, uma alucinação do discurso a partir do movimento do olhar para suas figuras-símbolos, em vez de uma leitura visual de sílabas, no nosso sentido."[19]

Essa "alucinação aural" pode ter sido verdade também no tempo de Agostinho, quando as palavras na página não apenas se "tornavam" sons quando os olhos as percebiam: elas *eram* sons. A criança que cantava a canção reveladora no jardim vizinho, tal como Agostinho antes dela, tinha certamente aprendido que ideias, descrições, histórias verdadeiras e inventadas, qualquer coisa que a mente pudesse processar possuía uma realidade física em sons, sendo simplesmente lógico que esses sons, representados na tabuleta, rolo ou página manuscrita, fossem pronunciados pela língua quando reconhecidos pelo olho. Ler era uma forma de pensar e falar. Cícero, consolando os surdos em um de seus ensaios morais, escreveu: "Se gostam de recitações, deveriam primeiro lembrar que, antes da invenção dos poemas, muitos homens sábios viviam felizes; e, em segundo lugar, que se pode ter prazer muito maior lendo e não ouvindo esses poemas".[20] Mas isso é apenas um prêmio de consolação oferecido por um filósofo que pode se regalar com o som da palavra escrita. Para Agostinho, como para Cícero, ler era uma habilidade oral: oratória, no caso de Cícero; pregação, no de Agostinho.

Até boa parte da Idade Média, os escritores supunham que seus leitores iriam escutar, em vez de simplesmente ver o texto, tal como eles pronunciavam em voz alta as palavras à medida que as compunham. Uma vez que, em termos comparativos, poucas pessoas sabiam ler, as leituras públicas eram comuns e os textos medievais repetidamente apelavam à audiência para que "prestasse ouvidos" à história. Talvez um eco ancestral dessas práticas de leitura persista em algumas de nossas expressões idiomáticas, como quando dizemos *I've heard from So-and-so* [Ouvi por aí] (significando "recebi uma carta"), ou "fulano disse" (significando "fulano escreveu"), ou "este texto não soa bem" (significando "não está bem escrito").

Se os livros eram principalmente lidos em voz alta, as letras que os compunham não precisavam ser separadas em unidades fonéticas; bastava amarrá-las juntas em frases contínuas. A direção em que os olhos deveriam seguir esses carretéis de letras variava de lugar para lugar e de época para época; o modo como atualmente lemos um texto no mundo ocidental — da esquerda para a direita e de cima para baixo — não é de forma alguma universal. Alguns escritos eram lidos da direita para a esquerda (hebreu e árabe), outros em colunas, de cima para baixo (chinês e japonês); uns poucos eram lidos em pares de colunas verticais (maia); alguns tinham linhas alternadas lidas em direções opostas, de um lado para o outro — método chamado *boustrophedon*, "como um boi dá voltas para arar", na Grécia antiga. Outros ainda serpenteavam pela página, como um jogo de trilha, sendo a direção indicada por linhas ou pontos (asteca).[21]

A antiga escrita em rolos — que não separava palavras, não distinguia maiúsculas e minúsculas nem usava pontuação — servia aos objetivos de alguém acostumado a ler em voz alta, alguém que permitiria ao ouvido desembaralhar o que ao olho parecia uma linha contínua de signos. Tão importante era essa continuidade que os atenienses supostamente ergueram uma estátua em homenagem a um certo Filácio, que inventara uma cola para unir folhas de pergaminho ou papiro.[22] Contudo, até mesmo o rolo contínuo, embora tornasse mais fácil a tarefa do leitor, não ajudava muito na separação dos agrupamentos de sentido. A pontuação, tradicionalmente atribuída a Aristófanes de Bizâncio (cerca de 200 a.C.) e desenvolvida por outros eruditos da biblioteca de Alexandria, era, na melhor das hipóteses, errática. Agostinho, tal como Cícero antes dele, com certeza tinham de ensaiar um texto antes de lê-lo em voz alta, uma vez que a leitura à primeira vista era uma habilidade incomum naquela época e levava amiúde a erros de interpretação. Sérvio, o gramático do século IV, criticou seu colega Donato por ler, na *Eneida* de Virgílio, as palavras *collectam ex Ilio pubem* ("um povo reunido de Troia"), em vez de *collectam exilio pubem* ("um povo reunido para o exílio").[23] Erros como esse eram comuns na leitura de um texto contínuo.

As *Epístolas* de Paulo, quando lidas por Agostinho, não eram um rolo, mas um códice, um papiro encadernado e manuscrito em escrita contínua, na nova letra uncial ou semiuncial que aparecera nos documentos romanos nos últimos anos do século III. O código foi uma invenção pagã. Segundo Suetônio,[24] Júlio César foi o primeiro a dobrar um rolo em páginas, para despachos a suas tropas. Os cristãos primitivos adotaram o códice porque descobriram que era muito prático para carregar, escondidos em suas vestes, textos que estavam proibidos pelas autoridades romanas. As páginas podiam ser numeradas, permitindo ao leitor acesso fácil às seções, e textos separados, como as *Epístolas*, podiam ser facilmente encadernados em um pacote conveniente.[25]

A separação das letras em palavras e frases desenvolveu-se muito gradualmente. Para a maioria das primeiras escritas —

hieróglifos egípcios, caracteres cuneiformes sumérios, sânscrito — essas divisões não tinham utilidade. Os escribas antigos estavam tão familiarizados com as convenções de sua arte que aparentemente precisavam muito pouco de auxílios visuais, e os primeiros monges cristãos amiúde sabiam de cor os textos que transcreviam.[26] A fim de ajudar os que tinham pouca habilidade para ler, os monges do *scriptorium* dos conventos usavam um método de escrita conhecido como *per cola et commata*, no qual o texto era dividido em linhas de significado — uma forma primitiva de pontuação que ajudava o leitor inseguro a baixar ou elevar a voz no final de um bloco de pensamento. (Esse formato ajudava também os estudiosos a encontrar mais facilmente algum trecho que estivessem buscando.[27]) Foi são Jerônimo que, no final do século IV, tendo descoberto esse método em cópias de Demóstenes e Cícero, descreveu-o pela primeira vez no prólogo a sua tradução do Livro de Ezequiel, explicando que "o que está escrito *per cola et commata* transmite um significado mais óbvio aos leitores".[28]

A pontuação continuava precária, mas esses dispositivos primitivos ajudaram indiscutivelmente no progresso da leitura silenciosa. No final do século VI, santo Isaac da Síria pôde descrever os benefícios do método: "Eu exercito o silêncio, que os versos de minhas leituras e orações encham-me de deleite. E quando o prazer de compreendê-los silencia minha língua, então, como num sonho, entro num estado em que meus sentidos e pensamentos ficam concentrados. Quando então, com o prolongamento desse silêncio, o tumulto das lembranças acalma-se em meu coração, ondas incessantes de satisfação são-me enviadas por pensamentos interiores, superando expectativas, elevando-se subitamente para deleitar meu coração".[29] E na metade do século VII, o teólogo Isidoro de Sevilha estava familiarizado com a leitura silenciosa a ponto de poder elogiá-la como um método para "ler sem esforço, refletindo sobre o que foi lido, tornando sua fuga da memória mais difícil".[30] Tal como Agostinho, Isidoro acreditava que a leitura possibilitava uma conversação que atravessava o tempo e o espaço, mas com uma distinção importante: "As letras têm o poder de nos transmitir *silenciosamente* os ditos daqueles que estão ausentes",[31] escreveu ele em suas *Etimologias*. As letras de Isidoro não precisavam de sons.

Os avatares da pontuação continuaram. Depois do século VII, uma combinação de pontos e traços indicava uma parada plena, um ponto elevado ou alto equivalia a nossa vírgula, e o ponto-e-vírgula era usado como o utilizamos atualmente.[32] No século IX, é provável que a leitura silenciosa fosse suficientemente comum no *scriptorium* para que os escribas começassem a separar cada palavra de suas vizinhas com vistas a simplificar a leitura de um texto — mas talvez também por motivos estéticos. Mais ou menos na mesma época, os escribas irlandeses, famosos em todo o mundo cristão por sua habilidade, começaram a isolar não somente partes do discurso, mas também os constituintes gramaticais dentro de uma frase, e introduziram muitos dos sinais de pontuação que usamos hoje.[33] No século X, para facilitar ainda mais a tarefa do leitor silencioso, as primeiras linhas das seções principais de um texto (os livros da Bíblia, por exemplo) eram comumente escritas com tinta vermelha, assim como as *rubricas* ("vermelho", em latim), explicações independentes do texto propriamente dito. A prática antiga de começar um novo parágrafo com um traço divisório (*paragraphos*, em grego) ou cunha (*diple*) continuou; mais tarde, a primeira letra do novo parágrafo passou a ser escrita um pouco maior ou em maiúscula.

Os primeiros regulamentos exigindo que os escribas ficassem em silêncio nos *scriptoriums* dos conventos datam do século IX.[34] Até então, haviam trabalhado com ditados ou lendo para si mesmos, em voz alta, o texto que estavam copiando. Às vezes o próprio autor ou um "editor" ditava o livro. Um escriba anônimo, concluindo uma cópia no século VIII, escreveu: "Ninguém pode saber que esforços são exigidos. Três dedos escrevem, dois olhos veem. Uma língua fala, o corpo inteiro labuta".[35] *Uma língua fala* enquanto o copista trabalha, enunciando as palavras que está transcrevendo.

Depois que a leitura silenciosa tornou-se norma no *scriptorium*, a comunicação entre os escribas passou a ser feita por sinais: se queria um novo livro para copiar, o escriba virava páginas imaginárias; se precisava especificamente de um Livro dos Salmos, colocava as mãos sobre a cabeça, em forma de coroa (referência ao rei Davi); um lecionário era indicado enxugando-se a cera imaginária de velas; um missal, pelo sinal da cruz; uma obra pagã, pelo gesto de coçar-se como um cachorro.[36]

A leitura em voz alta com outra pessoa na sala implicava compartilhar a leitura, deliberadamente ou não. A leitura de Ambrósio havia sido um ato solitário. "Talvez ele tivesse medo de que, se lesse em voz alta, algum trecho difícil do autor que estivesse lendo poderia suscitar uma indagação na mente de um ouvinte atento, e ele teria então de explicar o significado da passagem ou mesmo discutir sobre alguns dos pontos mais abstrusos", especulou Agostinho.[37] Mas, com a leitura silenciosa, o leitor podia ao menos estabelecer uma relação sem restrições com o livro e as palavras. As palavras não precisavam mais ocupar o tempo exigido para pronunciá-las. Podiam existir em um espaço interior, passando rapidamente ou apenas se insinuando plenamente decifradas ou ditas pela metade, enquanto os pensamentos do leitor as inspecionavam à vontade, retirando novas noções delas, permitindo comparações de memória com outros livros deixados abertos para consulta simultânea. O leitor tinha tempo para considerar e reconsiderar as preciosas palavras cujos sons — ele sabia agora — podiam ecoar tanto dentro como fora. E o próprio texto, protegido de estranhos por suas capas, tornava-se posse do leitor, conhecimento íntimo do leitor, fosse na azáfama do *scriptorium*, no mercado ou em casa.

Alguns dogmatistas ficaram desconfiados da nova moda; em suas mentes, a leitura silenciosa abria espaço para sonhar acordado, para o perigo da preguiça — o pecado da ociosidade, "a epidemia que grassa ao meio-dia".[38] Mas a leitura em silêncio trouxe com ela outro perigo que os padres cristãos não tinham previsto.

Um livro que pode ser lido em particular e sobre o qual se pode refletir enquanto os olhos revelam o sentido das palavras não está mais sujeito às orientações ou esclarecimentos, à censura ou condenação imediatas de um ouvinte. A leitura silenciosa permite a comunicação sem testemunhas entre o livro e o leitor e o singular "refrescamento da mente", na feliz expressão de Agostinho.[39]

Até o momento em que a leitura em silêncio tornou-se a norma no mundo cristão, as heresias tinham se restringido a indivíduos ou pequenos números de congregações dissidentes. Os cristãos primitivos preocupavam-se tanto em condenar os incréus (pagãos, judeus, maniqueus e, após o século VII, muçulmanos) quanto em estabelecer um dogma comum. Os argumentos dissidentes da crença ortodoxa eram veementemente rejeitados ou cautelosamente incorporados pelas autoridades da Igreja, mas porque não tinham muitos adeptos, essas heresias eram tratadas com leniência. O catálogo dessas vozes heréticas inclui várias fantasias notáveis: no século II, os montanistas reivindicavam (já então) que estavam voltando às práticas e crenças da Igreja primitiva e que tinham testemunhado a segunda vinda de Cristo na forma de uma mulher; na segunda metade daquele século, os monarquianistas concluíram, a partir da definição da Trindade, que fora Deus Pai quem sofrera na cruz; os pelagianos, contemporâneos de Agostinho e Ambrósio, rejeitavam a noção de pecado original; os apolinaristas declararam, nos últimos anos do século IV, que o Verbo, e não uma alma humana, estava unido à carne de Cristo na Encarnação; no século IV, os arianos fizeram objeção ao uso da palavra *homoousios* (da mesma substância) para descrever de que era feito o Filho e (para citar um jogo de palavras da época) "convulsionaram a Igreja com um ditongo"; no século V, os nestorianos opuseram-se aos antigos apolinaristas e insistiram que Cristo era dois seres, um deus e também um homem; os eutiquianistas, contemporâneos dos nestorianos, negavam que Cristo tivesse sofrido como todos os homens sofrem.[40]

Embora a Igreja tivesse instituído a pena de morte para heresia já em 382, o primeiro caso de condenação de um herege à

71

fogueira só ocorreu em 1022, em Orléans. Naquela ocasião, a Igreja condenou um grupo de cônegos e nobres laicos que, acreditando que uma instrução verdadeira só poderia vir diretamente da luz do Espírito Santo, rejeitavam as Escrituras como "fabricações que os homens escreveram em peles de animais".[41] Leitores independentes como esses eram obviamente perigosos. A interpretação da heresia como ofensa civil passível de ser punida com a morte só ganhou base legal em 1231, quando o imperador Frederico II assim decretou nas Constituições de Melfi, mas, no século XII, a Igreja já estava condenando entusiasticamente grandes e agressivos movimentos heréticos que defendiam não uma retirada ascética do mundo (como dissidentes anteriores haviam proposto), mas a contestação da autoridade corrupta e do clero abusivo, bem como o acerto de contas individual com a Divindade. Os movimentos espalharam-se por trilhas tortuosas e cristalizaram-se no século XVI.

Em 31 de outubro de 1517, um monge que, por meio do estudo individual das Escrituras, chegara à crença de que a graça divina de Deus suplantava os méritos da fé adquirida, pregou na porta da igreja de Todos os Santos, em Wittenberg, 95 teses contra a prática das indulgências — a venda da remissão das punições temporais por pecados condenados — e outros abusos eclesiásticos. Com esse ato, Martinho Lutero tornou-se um fora da lei aos olhos do império e um apóstata aos do papa. Em 1529, o sacro imperador romano Carlos V rescindiu os direitos concedidos aos seguidores de Lutero, e catorze cidades livres da Alemanha, junto com seis príncipes luteranos, redigiram um protesto para ser lido contra a decisão imperial. "Em questões que concernem à honra de Deus, à salvação e à vida eterna de nossas almas, cada um deve se apresentar e prestar contas diante de Deus por si mesmo", afirmavam os protestadores ou, como ficaram conhecidos mais tarde, os protestantes. Dez anos antes, o teólogo romano Silvester Prierias afirmara que o livro sobre o qual estava fundada a Igreja precisava permanecer um mistério, interpretado apenas pela autoridade e poder do papa.[42] Os heréticos, por outro lado, sustentaram que as pessoas tinham o direito de ler a palavra de Deus por si mesmas, sem testemunha ou intermediário.[43]

Séculos depois, do outro lado de um oceano que para Agostinho talvez fosse o limite da terra, Ralph Waldo Emerson, que devia sua fé àqueles antigos protestadores, aproveitou-se da arte que tanto surpreendera o santo. Na igreja, durante os longos e frequentemente tediosos sermões a que comparecia devido a seu senso de responsabilidade social, lia em silêncio as *Pensées* de Pascal. E à noite, em seu quarto frio em Concord, "com cobertores até o queixo, lia os *Diálogos* de Platão. ("Ele associava Platão, mesmo mais tarde, com o cheiro de lã", observou um historiador.[44]) Embora achasse que havia livros demais para ler, e que os leitores deviam compartilhar suas descobertas contando uns aos outros o ponto essencial de seus estudos, Emerson acreditava que ler um livro era um assunto privado e solitário. "Todos esses livros", escreveu ele, fazendo uma lista de textos "sagrados" que incluía os upanixades e as *Pensées*, "são a expressão majestosa da consciência universal e servem mais aos nossos propósitos diários do que o almanaque do ano ou o jornal de hoje. Mas eles são para o gabinete e devem ser lidos sobre os joelhos dobrados. Suas comunicações não devem ser dadas ou tomadas com os lábios e a ponta da língua, mas com o fulgor da face e o coração palpitante."[45] Em silêncio.

Observando a leitura de santo Ambrósio naquela tarde de 384, Agostinho dificilmente poderia saber o que estava diante dele. Pensou estar vendo um leitor tentando evitar visitantes intrusos, economizando a voz para o ensino. Na verdade, ele estava vendo uma multidão de leitores silenciosos que ao longo dos séculos seguintes iria incluir Lutero, Calvino, Emerson e nós, que o lemos hoje.

O LIVRO DA MEMÓRIA

ESTOU NAS RUÍNAS DE CARTAGO, na Tunísia. As pedras são romanas, pedaços de muros construídos depois que a cidade foi destruída por Cipião Emiliano, em 146 a.C., quando o império cartaginês tornou-se província de Roma e foi rebatizado de África. Aqui, santo Agostinho, quando era jovem, ensinou retórica antes de ir para Milão. Perto dos quarenta anos de idade, atravessou o Mediterrâneo novamente, para estabelecer-se em Hipo, onde hoje é a Argélia; morreu ali em 430 d.C., quando os vândalos montavam o cerco à cidade.

Trouxe comigo minha edição escolar das *Confissões*, um volume fino dos Classiques Roma, de capa cor de laranja, que meu professor de latim preferia a todas as outras edições. Nestas ruínas, com o livro nas mãos, experimento um certo sentimento de camaradagem para com o grande poeta renascentista Francesco Petrarca, que sempre levava consigo uma edição de bolso de Agostinho. Ao ler as *Confissões*, sentiu que a voz de Agostinho falava tão intimamente com ele que, perto do fim da vida, compôs três diálogos imaginários com o santo, publicados postumamente com o título de *Secretum meum*. Uma observação a lápis na margem de minha edição comenta os comentários de Petrarca, como se continuasse aqueles diálogos imaginários.

É verdade que algo no tom de Agostinho sugere uma intimidade confortável, propícia a compartilhar segredos. Quando abro o livro, minhas anotações na margem trazem-me à lembrança a ampla sala de aula do Colégio Nacional de Buenos Aires, onde as paredes tinham a cor da areia cartaginesa, e recordo a voz de meu professor recitando as palavras de Agostinho, recordo nossos debates pomposos (tínhamos catorze, quinze, dezesseis anos?) sobre responsabilidade política e realidade metafísica. O livro preserva não só a memória daquela adolescência distante, de meu professor (já morto), das leituras de Agostinho por Petrarca, que nosso professor lia com aprovação, mas também de Agostinho e suas salas de aula, da Cartago que foi construída sobre a Cartago destruída, para ser destruída novamente. A poeira dessas ruínas é muito mais velha que o livro, mas o livro também as contém. Agostinho observou e depois escreveu o que recordava. Entre minhas mãos, o livro relembra duas vezes.

Talvez tenha sido a sensualidade (que ele tanto tentou reprimir) que fez de Agostinho um observador tão agudo. Ele parece ter passado a parte final de sua vida num estado paradoxal de descoberta e distração, maravilhando-se com o que seus sentidos lhe ensinavam e, no entanto, pedindo a Deus que afastasse dele as tentações do prazer físico. O hábito de ler em silêncio de Ambrósio foi observado porque Agostinho cedeu à curiosidade de seus olhos, e as palavras no jardim foram ouvidas porque ele se entregou aos odores da relva e à canção de pássaros invisíveis.

Não foi apenas a possibilidade de ler em silêncio que surpreendeu Agostinho. Escrevendo sobre um antigo colega de escola, ele chamou a atenção para a extraordinária memória do homem, a qual lhe permitia compor e recompor textos que lera e decorara havia muito tempo. Era capaz, diz Agostinho, de citar o penúltimo verso de cada livro de Virgílio "rapidamente, em ordem e de memória. [...] Se pedíamos então que recitasse o verso anterior a cada um daqueles, fazia-o. E acreditávamos que seria capaz de recitar Virgílio de trás para a frente. [...] Se quiséssemos até mesmo trechos em prosa de discursos de Cícero que havia armazenado na memória, também isso era capaz de fazer".[1] Lendo em silêncio ou em voz alta, esse homem era capaz de imprimir o texto (na expressão de Cícero que Agostinho gostava de citar) "nas tabuletas de cera da memória",[2] para relembrá-lo e recitá-lo quando quisesse, na ordem que escolhesse, como se estivesse folheando as páginas de um livro. Ao recordar o texto, ao trazer à mente um livro que um dia teve nas mãos, esse leitor pode *tornar-se* o livro, no qual ele e os outros podem ler.

Em 1658, aos dezoito anos de idade, estudando na abadia de

Port-Royal des Champs sob o olhar vigilante dos monges cistercienses, Jean Racine descobriu por acaso um antigo romance grego, *Os amores de Teagenes e Caricleia*, cujas noções de amor trágico ele talvez tenha relembrado anos depois, ao escrever *Andrômaco* e *Berenice*. Racine levou o livro para a floresta que cercava a abadia e começara a ler com avidez quando foi surpreendido pelo sacristão, que arrancou o livro das mãos do rapaz e jogou-o numa fogueira. Pouco depois, Racine conseguiu achar um outro exemplar, que também foi descoberto e lançado às chamas. Isso o estimulou a comprar um terceiro exemplar e a decorar o romance inteiro. Então entregou-o ao feroz sacristão, dizendo: "Agora podes queimar este também, como fizeste com os outros".[3]

Essa qualidade de leitura, que permite ao leitor possuir um texto não apenas lendo atentamente as palavras, mas tornando-as parte de si mesmo, nem sempre foi considerada uma bênção. Há 23 séculos, nas proximidades das muralhas de Atenas, à sombra de um plátano junto à margem de um rio, um jovem de quem sabemos pouco mais que o nome, Fedro, lia para Sócrates um discurso de um certo Lísias, a quem Fedro admirava apaixonadamente. O jovem ouvira o discurso (cumprindo o dever de amante) várias vezes e no final obtivera uma versão escrita que estudou muito, até sabê-lo de cor. Então, ansioso por compartilhar sua descoberta (como os leitores adoram fazer), buscara um público em Sócrates. O filósofo, adivinhando que Fedro trazia o texto do discurso escondido sob o manto, pediu-lhe que lesse o original, em vez de recitá-lo. "Não vou deixar que exercite sua oratória comigo, quando o próprio Lísias está aqui presente", disse Sócrates ao jovem entusiasmado.[4]

O diálogo antigo tratava sobretudo da natureza do amor, mas a conversa foi mudando de rumo alegremente e, mais para o fim, o tema passou a ser a arte das letras. Um dia, contou Sócrates a Fedro, o deus Thot do Egito, inventor dos dados, do jogo de damas, dos números, da geometria, da astronomia e da escrita, visitou o rei do Egito e ofereceu-lhe essas invenções para que as passasse ao seu povo. O rei discutiu os méritos e as desvantagens de cada um dos presentes do deus, até que Thot chegou à arte da escrita: "Eis aqui um ramo do conhecimento que irá melhorar a memória do povo; minha descoberta proporciona uma receita para a memória e para a sabedoria". Mas o rei não ficou impressionado: "Se os homens aprenderem isso, o olvido se implantará em suas almas; eles deixarão de exercitar a memória, pois confiarão no que está escrito, e chamarão as coisas à lembrança não de dentro de si mesmos, mas por meio de marcas externas. O que descobristes não é uma receita para a memória, mas um lembrete. E não é sabedoria verdadeira o que ofereceis a vossos discípulos, mas apenas sua aparência, pois, ao lhes contar muitas coisas sem lhes ensinar nada, fareis com que pareçam saber muito, embora, em boa parte, não saibam nada. E enquanto homens cheios não de sabedoria, mas do conceito de sabedoria, eles serão um fardo para seus companheiros". Um leitor, Sócrates advertia a Fedro, "precisa ser singularmente simplório para acreditar que as palavras escritas podem fazer mais do que recordar a alguém o que ele já sabe".

Fedro, convencido pelo raciocínio do ancião, concordou. E Sócrates prosseguiu: "Sabes, Fedro, essa é a coisa esquisita em relação à escrita, aquilo que a torna realmente análoga à pintura. O trabalho do pintor ergue-se diante de nós como se as pinturas estivessem vivas, mas, se alguém as questiona, elas mantêm um silêncio majestoso. Acontece a mesma coisa com as palavras escritas: elas parecem falar contigo como se fossem inteligentes, mas, se lhes perguntas qualquer coisa sobre o que estão dizendo, por desejo de saber mais, elas ficam repetindo a mesma coisa sem parar". Para Sócrates, o texto lido não passava de palavras, nas quais signo e significado sobrepunham-se com precisão desconcertante. Interpretação, exegese, glosa, comentário, associação, refutação, sentido alegórico e simbólico, tudo advinha não do próprio texto, mas do leitor. O texto, como um retrato pintado, dizia somente "a lua de Atenas"; era o leitor quem lhe atribuía uma face de marfim cheia, um céu escuro profundo, uma paisagem de ruínas antigas ao longo das quais Sócrates outrora caminhava.

Por volta do ano 1250, no prefácio ao *Bestiaire d'amour*, o chanceler da catedral de Amiens, Richard de Fournival, discordou da posição de Sócrates e propôs que, como toda a humanidade deseja conhecer e tem pouco tempo de vida, ela deve se basear no conhecimento reunido por outros para aumentar a riqueza de seus próprios conhecimentos. Para tanto, Deus deu à alma humana o dom da memória, ao qual temos acesso por meio dos sentidos da visão e da audição. De Fournival aprofundou a noção de Sócrates. O caminho para a visão, disse ele, consistia de *peintures*, imagens; o caminho para a audição, de *paroles*, palavras.[5] O mérito delas não estava apenas em expor uma imagem ou texto sem nenhum progresso ou variação, mas em recriar no espaço e no tempo do leitor aquilo que fora concebido e expresso em imagens e palavras em outra época e sob céus diferentes. Argumentava De Fournival: "Quando alguém vê uma história pintada, seja de Troia ou outra coisa, veem-se aqueles nobres feitos que foram realizados no passado exatamente como se ainda estivessem presentes. E o mesmo acontece ao se ouvir um texto, pois, quando ouvimos uma história lida em voz alta, escutando os eventos, vemo-los no presente. [...] E, quando lês, essa escrita com *peinture* e *parole* irá tornar-me presente em tua memória, mesmo quando não estou fisicamente diante de ti".[6] Ler, segundo De Fournival, enriquecia o presente e atualizava o passado; a memória prolongava essas qualidades no futuro. Para ele, o livro, não o leitor, preservava e transmitia a memória.

O texto escrito, no tempo de Sócrates, não era um instrumento comum. Embora existissem livros em número considerável na Atenas do século V a.C. e um comércio incipiente de livros, a prática da leitura privada só se estabeleceu plenamente um século depois, no tempo de Aristóteles — um dos primeiros leitores a reunir uma coleção importante de manuscritos para uso próprio.[7] Era por meio da conversa que as pessoas aprendiam e passavam adiante conhecimentos, e Sócrates pertence a uma linhagem de mestres orais que inclui Moisés, Buda e Jesus Cristo, o qual uma única vez, dizem-nos, escreveu algumas palavras na areia apagando-as em seguida.[8] Para Sócrates, os livros eram auxílios à memória e ao conhecimento, mas os verdadeiros eruditos não deveriam precisar deles. Poucos anos depois, seus discípulos Platão e Xenofonte lembraram em um livro essa opinião depreciativa sobre livros, e a memória deles de sua memória foi assim preservada para nós, seus futuros leitores.

Na época de De Fournival, os estudantes normalmente usavam livros como auxiliares da memória, deixando as páginas abertas diante deles na classe, em geral um mesmo exemplar para vários estudantes.[9] Na escola, estudei da mesma maneira, segurando o livro aberto diante de mim enquanto o professor falava, marcando os principais trechos que mais tarde tentaria memorizar (embora uns poucos professores — seguidores de Sócrates, suponho — não gostassem que abríssemos livros em aula). Havia, no entanto, uma curiosa diferença entre meus colegas do ginásio em Buenos Aires e os estudantes representados nas ilustrações da época de De Fournival. Marcávamos trechos em nossos livros a caneta (se fôssemos corajosos) ou a lápis (se fôssemos escrupulosos), escrevendo notas nas margens para lembrar dos comentários do professor. Os estudantes do século XIII nas ilustrações antigas aparecem quase sempre sem nenhum material de escrita.[10] Estão de pé ou sentados diante de códices abertos, memorizando a posição de um parágrafo, a disposição das letras, confiando uma sequência de pontos essenciais à memória, em vez de confiá-la à página. Ao contrário de mim e de meus contemporâneos, que estudariam para um determinado exame a partir de trechos sublinhados e anotados (os quais seriam em grande parte esquecidos depois do exame na certeza de que o livro estaria ali para ser consultado, se necessário), os estudantes de De Fournival confiavam na biblioteca armazenada na mente, na qual, graças às elaboradas técnicas de memorização que aprendiam desde tenra idade, seriam capazes de encontrar um capítulo e um verso tão facilmente quanto consigo encontrar determinado assunto numa biblioteca de referência de microfichas e papel. Eles acreditavam mesmo que a memorização de um texto era benéfica ao corpo e citavam como autoridade Antilo, médico romano do século II para quem aqueles que jamais decoraram versos e precisam valer-se da leitura em livros têm às vezes grande dificuldade de eliminar, pela transpiração abundante, os fluidos nocivos que as pessoas com uma memória afiada em textos eliminam simplesmente pela respiração.[11]

De minha parte, confio plenamente na capacidade dos serviços computadorizados de caçar uma informação remota em bibliotecas mais vastas que a de Alexandria, e meu processador de texto pode "acessar" todos os tipos de livros. Empreendimentos como o Projeto Gutenberg, nos Estados Unidos, arquivam tudo em disquete, das obras completas de Shakespeare ao *CIA World Factbook* e o *Roget's Thesaurus*, e o Arquivo de Textos de Oxford, na Inglaterra, oferece versões eletrônicas dos principais autores latinos e gregos, além de vários clássicos em idiomas variados. Os estudiosos medievais confiavam na memória que tinham dos livros lidos, cujas páginas podiam invocar como se fossem fantasmas vivos.

Santo Tomás de Aquino foi contemporâneo de De Fournival. Seguindo as recomendações feitas por Cícero para aperfeiçoar a capacidade de memorização dos retóricos, ele elaborou uma série de regras de memória para seus leitores: pôr as coisas que se queria lembrar numa determinada ordem, desenvolver uma "afeição" por elas, transformá-las em "similitudes incomuns" que as tornassem fáceis de visualizar, repeti-las com frequência. Posteriormente, os eruditos da Renascença, aperfeiçoando o método do Aquinate, propuseram a construção mental de modelos arquitetônicos — palácios, teatros, cidades, os reinos do céu e do inferno — onde abrigassem o que desejavam recordar.[12] Esses modelos, construções altamente elaboradas, erguidas na mente ao longo do tempo e fortalecidas pelo uso, mostraram-se imensamente eficientes durante séculos.

Para mim, quando leio hoje, as anotações que faço durante a leitura são mantidas na memória vicária do meu computador. Tal como o estudioso renascentista que podia perambular à vontade pelas câmaras de seu palácio da memória para recuperar uma citação ou um nome, eu entro cegamente no labirinto eletrônico que zumbe atrás do monitor. Auxiliado pela memória dele, posso lembrar mais exatamente (se a exatidão é importante) e mais copiosamente (se a quantidade parece valiosa) do que meus ilustres antepassados, mas ainda preciso ser aquele que encontra uma ordem nas notas e tira conclusões. Trabalho também com medo de perder um texto "memorizado" — medo que para meus ancestrais só vinha com as dilapidações da idade, mas que para mim está sempre presente: medo de uma falta de energia, de tocar na tecla errada, de uma falha no sistema, de um vírus, de um disco defeituoso, coisas que podem apagar tudo da minha memória, e para sempre.

Cerca de um século depois que De Fournival terminou seu *Bestiaire*, Petrarca, que aparentemente seguira as técnicas mnemônicas de santo Tomás para melhor aproveitar suas leituras volumosas, imaginou no *Secretum meum* uma conversação com seu adorado Agostinho sobre o tema da leitura e da memória. Petrarca, como Agostinho, levara uma vida turbulenta quando jovem. Seu pai, amigo de Dante, tinha sido banido de sua Florença natal tal como o poeta, e, pouco depois do nascimento de Petrarca, mudara-se com a família para a corte do papa Clemente V, em Avignon. Petrarca frequentou as universidades de Montpellier e Bolonha e, aos 22 anos de idade, depois da morte do pai, estabeleceu-se novamente em Avignon como um jovem rico. Mas nem a riqueza nem a juventude duraram muito tempo. Em poucos anos de vida tumultuada dissipou toda a herança do pai e foi obrigado a entrar numa ordem religiosa. A descoberta dos livros de Agostinho e Cícero despertou o gosto pela literatura no jovem curioso, que pelo resto da vida leu com voracidade. Começou a escrever seriamente com trinta e tantos anos, compondo duas obras, *De viris illustribus* [Sobre homens ilustres] e o poema *África*, no qual reconhecia sua dívida para com os autores gregos e latinos antigos e graças ao qual recebeu uma coroa de louros do Senado e do povo de Roma, coroa que colocou mais tarde no altar principal de são Pedro. Retratos dele dessa época mostram um homem macilento, de aparência irritadiça, com um nariz grande e olhos nervosos, e pode-se imaginar que a idade fez pouco para aplacar sua inquietação.

No *Secretum meum*, Petrarca (com seu prenome cristão, Francesco) e Agostinho sentam-se e conversam em um jardim, observados pelo olhar firme da Senhora Verdade. Francesco confessa que está cansado da vã azáfama da cidade; Agostinho responde que a vida de Francesco é um livro como aqueles da biblioteca do poeta, mas um livro que ele ainda não sabe como ler, e relembra-lhe vários textos sobre o tema das multidões enlouquecidas — inclusive do próprio Agostinho. "Eles não te ajudam?" — pergunta ele. Sim, responde Francesco, durante a leitura são muito úteis, mas "assim que o livro deixa minhas mãos, todos os meus sentimentos por ele desaparecem".

> *Agostinho*: Essa maneira de ler é agora bastante comum; há uma tal multidão de homens letrados... Mas se tivesses rabiscado algumas notas no lugar adequado, poderias facilmente deleitar-te com o fruto de tua leitura.
>
> *Francesco*: A que tipo de notas fazes referência?
>
> *Agostinho*: Sempre que leres um livro e encontrares frases maravilhosas que te instiguem ou deleitem teu coração, não confies apenas no poder de tua inteligência, mas força-te a aprendê-las de cor e torná-las familiares meditando sobre elas, de tal forma que ao surgir um caso urgente de aflição terás sempre o remédio pronto, como se estivesse escrito em tua mente. Quando encontrares quaisquer trechos que te pareçam úteis, faz uma marca forte neles, que poderá servir de visco em tua memória, pois de outra forma eles poderão voar para longe.[13]

O que Agostinho (na imaginação de Petrarca) sugere é uma nova maneira de ler: nem usando o livro como um apoio para o pensamento, nem confiando nele como se confiaria na autoridade de um sábio, mas tomando dele uma ideia, uma frase, uma imagem, ligando-a a outra selecionada de um texto distante preservado na memória, amarrando o conjunto com reflexões próprias — produzindo, na verdade, um texto novo de autoria do leitor. Na introdução de *De viris illustribus*, Petrarca observou que esse livro deveria servir ao leitor como "uma espécie de memória artificial"[14] de textos "dispersos" e "raros" que ele não apenas coletara, mas, o que é mais importante, nos quais dera uma ordem e um método. Para seus leitores do século XIV, a reivindicação de Petrarca era espantosa, pois a autoridade de um texto era autoestabelecida, enquanto a tarefa do leitor era a de um observador de fora. Um par de séculos depois, a forma de ler de Petrarca, pessoal, recriadora, interpretadora, cotejadora, iria se tornar o método comum de estudo em toda a Europa. Petrarca chega a esse método à luz do que chama de "verdade divina": um sentido que o leitor deve possuir, com o qual deve ser abençoado, para escolher e interpretar seu caminho através das tentações da página. Mesmo as intenções do autor, quando presumidas, não têm nenhum valor no julgamento de um texto. Este, sugere Petrarca, deve ser feito mediante as lembranças que se tenha de outras leituras, para as quais flui a memória que o autor pôs na página. Nesse processo dinâmico de dar e receber, de separar e juntar, o leitor não deve exceder as fronteiras éticas da verdade — quaisquer que sejam elas, ditadas pela consciência do leitor (pelo senso comum, diríamos). Em uma de suas muitas cartas, Petrarca escreveu: "A leitura raramente evita o perigo, exceto se a luz da verdade divina iluminar o leitor, ensinando o que procurar e o que evitar".[15] Essa luz (para usar a imagem de Petrarca) ilumina de modo diferente a todos nós, e também varia nos diversos estágios de nossa vida. Jamais voltamos ao mesmo livro e nem à mesma página, porque na luz vária nós mudamos e o livro muda, e nossas lembranças ficam claras e vagas e de novo claras, e jamais sabemos exatamente o que aprendemos e esquecemos, e o que lembramos. O que é certo é que o ato de ler, que resgata tantas vozes do passado, preserva-as às vezes muito adiante no futuro, onde talvez possamos usá-las de forma corajosa e inesperada.

Quando eu tinha onze ou doze anos, um de meus professores em Buenos Aires deu-me aulas particulares à noite, de alemão e história da Europa. Para melhorar minha pronúncia em alemão, estimulou-me a decorar poemas de Heine, Goethe e Schiller e a balada de Gustav Schwab "Der Ritter und der Bodensee", na qual um cavaleiro atravessa o lago congelado de Constança e, ao se dar conta do que acaba de fazer, morre de medo na outra margem. Eu gostava de ler os poemas, mas não compreendia que utilidade poderiam ter. "Eles lhe farão companhia no dia em que você não tiver livros para ler", disse meu professor. Contou-me então que seu pai, morto em Sachsenhausen, fora um famoso intelectual que sabia muitos clássicos de cor e que, no período que passou no campo de concentração, oferecera-se como biblioteca para ser lido por seus companheiros de reclusão. Imaginei o velho homem naquele lugar tenebroso, inexorável, desalentador, sendo abordado com um pedido de Virgílio ou Eurípedes, abrindo-se numa determinada página e recitando as palavras antigas para seus leitores sem livros. Anos mais tarde, dei-me conta de que ele fora imortalizado como um dos peripatéticos salvadores de livros em *Fahrenheit 451* de Ray Bradbury. O escritor malinês Amadou Hampaté Bâ observou que, "na África, quando um ancião morre, uma biblioteca inteira é consumida pelas chamas".[16]

Um texto lido e lembrado passa a ser, nessa releitura redentora, como o lago congelado no poema que decorei há tanto tempo, tão sólido quanto a terra e capaz de sustentar a travessia do leitor; contudo, ao mesmo tempo, sua única existência está na mente, tão precária e fugaz como se suas letras fossem escritas na água.

O APRENDIZADO DA LEITURA

LER EM VOZ ALTA, ler em silêncio, ser capaz de carregar na mente bibliotecas íntimas de palavras lembradas são aptidões espantosas que adquirimos por meios incertos. Todavia, antes que essas aptidões possam ser adquiridas, o leitor precisa aprender a capacidade básica de reconhecer os signos comuns pelos quais uma sociedade escolheu comunicar-se: em outras palavras, o leitor precisa aprender a ler. Claude Lévi-Strauss conta-nos que no Brasil, durante sua temporada entre os nhambiquaras, ao vê-lo escrever, eles pegaram o lápis e o papel, desenharam rabiscos imitando a escrita e pediram-lhe que "lesse" o que tinham escrito. Os nhambiquaras esperavam que seus rabiscos fossem tão imediatamente significantes para Lévi-Strauss quanto os que ele mesmo fizera.[1] Para o antropólogo, que aprendera a ler numa escola europeia, a noção de que um sistema de comunicação pudesse ser *imediatamente* compreensível a qualquer outra pessoa parecia absurda. Os métodos pelos quais aprendemos a ler não só encarnam as convenções de nossa sociedade em relação à alfabetização — a canalização da informação, as hierarquias de conhecimento e poder —, como também determinam e limitam as formas pelas quais nossa capacidade de ler é posta em uso.

Morei durante um ano em Sélestat, uma pequena cidade francesa a 35 quilômetros ao sul de Estrasburgo, em plena planície alsaciana, entre o rio Reno e as montanhas do Vosges. Ali, na pequena biblioteca municipal, há dois grandes cadernos de anotações manuscritas. Um deles tem trezentas páginas, o outro, 480; em ambos os casos, o papel amarelou ao longo dos séculos, mas a escrita, em diferentes cores de tinta, ainda está surpreendentemente clara. Seus donos, depois de algum tempo, mandaram encaderná-los a fim de preservá-los melhor, mas

85

quando estavam em uso pode-se dizer que não passavam de feixes de páginas dobradas, compradas provavelmente na barraca de um livreiro de um dos mercados locais. Abertos ao olhar dos visitantes da biblioteca, eles são — como um cartão datilografado explica — os cadernos de dois estudantes que frequentaram a escola de latim de Sélestat nos últimos anos do século XV, de 1477 a 1501: Guillaume Gisenheim, de cuja vida só se conhece o que seu caderno de estudante revela, e Beatus Rhenanus, que se tornaria uma figura importante do movimento humanista e editor de muitas das obras de Erasmo.

Em Buenos Aires, nos primeiros anos de escola, também tínhamos cadernos "de leitura", laboriosamente manuscritos e ilustrados não sem dificuldade com lápis de cor. Nossas carteiras eram presas umas às outras por braços de ferro fundido e arrumadas em longas fileiras de duas, levando (o símbolo do poder não nos escapava) até a mesa do professor, colocada sobre uma plataforma de madeira atrás da qual avultava o quadro-negro. Cada carteira tinha um furo onde ficava um tinteiro de porcelana branca, onde mergulhávamos as pontas de metal de nossas penas; não tínhamos permissão para usar caneta-tinteiro antes do terceiro ano. Daqui a séculos, se algum bibliotecário escrupuloso exibisse aqueles cadernos em vitrines, como objetos preciosos, o que descobriria o visitante? Dos textos patrióticos copiados em parágrafos caprichosos, o visitante poderia deduzir que, em nossa educação, a retórica da política desbancava as sutilezas da literatura; a partir de nossas ilustrações, aprendíamos a transformar esses textos em slogans ("As Malvinas pertencem à Argentina" transformava-se em duas mãos ligadas em torno de um par de ilhas irregulares; "Nossa bandeira é o emblema do nosso torrão natal", em três faixas coloridas tremulando ao vento). A partir das anotações idênticas o visitante poderia descobrir que nos ensinavam a ler não para o prazer ou o conhecimento, mas apenas para instrução. Em um país onde a inflação viria a atingir 200% ao mês, essa era a única maneira de ler a fábula do gafanhoto e da formiga.

Em Sélestat havia várias escolas diferentes. Uma escola de latim existira desde o século XIV, alojada numa propriedade da igreja e mantida pelo juiz municipal e pela paróquia. A escola original, frequentada por Gisenheim e Rhenanus, ocupara uma casa no Marché-Vert, em frente à igreja de Saint Foy, do século XI. Em 1530, a escola ganhou mais prestígio e mudou-se para um prédio maior, diante da igreja do século XIII de Saint George, uma casa de dois andares que trazia na fachada um afresco inspirador, representando as nove musas divertindo-se na fonte sagrada de Hipocrene, no monte Helicon.[2] Com a transferência da escola, o nome da rua mudou de Lottengasse para Babilgasse, em referência ao balbucio (em dialeto alsaciano, *bablen*, "balbuciar") dos estudantes. Eu morava apenas a duas quadras de distância.

A partir de inícios do século XIV, existem registros completos das duas escolas alemãs de Sélestat; depois, em 1686, abriu-se a primeira escola francesa, treze anos depois que Luís XIV tomou posse da cidade. Essas escolas, que estavam abertas a todos, ensinavam a ler, escrever e cantar, além de um pouco de aritmética em vernáculo. Um contrato de admissão a uma das escolas alemãs, por volta do ano 1500, observa que o professor instruiria "membros das guildas e outros a partir da idade de doze anos, bem como aquelas crianças que não podiam frequentar a escola latina, tanto meninos quanto meninas".[3] Diferentemente dos que frequentavam as escolas alemãs, os estudantes eram admitidos na escola latina com seis anos de idade e ali permaneciam até estarem prontos para a universidade, aos treze ou catorze anos. Uns poucos tornavam-se assistentes do professor e ficavam até os vinte anos.

Embora o latim continuasse a ser a língua da burocracia, dos assuntos eclesiásticos e da intelectualidade de boa parte da Europa até o século XVII, no começo do século XVI as línguas vernáculas estavam ganhando terreno. Em 1521, Martinho Lutero começou a publicar sua Bíblia em alemão; em 1526, William Tyndale trouxe a lume em Colônia e Worms sua tradução inglesa da Bíblia, já que fora forçado a deixar a Inglaterra sob ameaça de morte; em 1530, na Suécia e na Dinamarca, um decreto governamental determinou que a Bíblia deveria ser lida nas igrejas em vernáculo. No tempo de Rhenanus, porém, o prestígio e o uso oficial do latim continuavam não somente na Igreja Católica, onde se exigia que os padres conduzissem os serviços em latim, mas também nas universidades, como a Sorbonne, que Rhenanus queria frequentar. Portanto, ainda havia uma grande demanda pelas escolas de latim.

As escolas, de latim e outras, proporcionavam um certo grau de ordem à existência caótica dos estudantes no final da Idade Média. Graças ao fato de a erudição ser considerada um "terceiro poder", situado entre a Igreja e o Estado, os estudantes ganharam uma série de privilégios a partir do século XII. Em 1158, o sacro imperador romano Frederico Barba-Roxa isentou-os da jurisdição das autoridades seculares, exceto em casos criminais graves, e garantiu-lhes salvo-conduto quando em viagem. Um privilégio concedido em 1200 pelo rei Filipe Augusto da França proibia o preboste de Paris de aprisioná-los sob qualquer pretexto. E, a partir de Henrique II, todos os monarcas ingleses garantiram imunidade secular aos estudantes de Oxford.[4]

Para frequentar a escola, os estudantes tinham de pagar imposto-matrícula, sendo tributados de acordo com a *bursa*, uma unidade baseada em suas despesas de cama e mesa semanais. Se não tivessem condições de pagar, tinham de jurar que não possuíam "meios de sustento", e às vezes ganhavam bolsas de estudo garantidas por subvenções. No século XV, os estudantes pobres eram 18% da população estudantil de Paris, 25% da de Viena e 19% da de Leipzig.[5] Privilegiados mas sem vintém, ansiosos por preservar seus direitos, mas sem saber como ganhar a vida, milhares de estudantes perambulavam sem rumo, vivendo de esmolas e furtos. Uns poucos sobreviviam posando de adivinhos ou mágicos, vendendo bugigangas miraculosas, anunciando eclipses ou catástrofes, invocando espíritos, prevendo o futuro, ensinando rezas para resgatar almas do purgatório, dando receitas para proteger as colheitas contra o granizo e o gado contra doenças. Alguns afirmavam descender dos druidas e jactavam-se de ter entrado na Montanha de Vênus, onde teriam se iniciado nas artes secretas; como sinal disso, usavam nos ombros capas curtas de filé amarelo. Muitos iam de cidade em cidade seguindo um velho clérigo a quem serviam e com quem buscavam instrução; o mestre era conhecido como *bacchante* (não de Baco, mas do verbo *bacchari*, "vagar"), e seus discípulos eram chamados de *Schützen* (protetores) em alemão ou *bejaunes* (jovens tolos) em francês. Somente aqueles decididos a se tornar clérigos ou a entrar para alguma forma de serviço público procurariam os meios de deixar a estrada e entrar num estabelecimento de ensino[6] como a escola de latim de Sélestat.

Os estudantes que frequentavam essa escola vinham de diferentes lugares da Alsácia-Lorena e até mesmo de mais longe, da Suíça. Os que pertenciam a famílias ricas burguesas ou nobres (como era o caso de Beatus Rhenanus) podiam escolher entre ficar na pensão dirigida pelo reitor e sua esposa, ou se instalar como hóspedes pagantes na casa de seus tutores particulares, ou ainda em uma das estalagens locais.[7] Mas aqueles que haviam jurado ser pobres demais para pagar as taxas tinham grandes dificuldades para encontrar casa e comida. O suíço Thomas Platter, que chegou à escola em 1495 com a idade de dezoito anos, "nada sabendo, incapaz até mesmo de ler [a mais conhecida cartilha medieval, a *Ars de octo partibus orationis* de Aelius] Donat" e sentindo-se entre os estudantes mais jovens "como uma galinha entre os pintos", descreveu em sua autobiografia como ele e um amigo haviam partido em busca de instrução. "Quando chegamos a Estrasburgo, encontramos muitos estudantes pobres que nos disseram que a escola não era boa, mas que havia uma excelente escola em Sélestat. Partimos para Sélestat. No caminho, encontramos um fidalgo que nos perguntou: 'Para onde vão vocês?'. Quando soube que íamos para Sélestat, ele nos preveniu, dizendo que havia muitos estudantes pobres naquela cidade e que os habitantes estavam longe de ser ricos. Ao ouvir isso, meu companheiro irrompeu em lágrimas amargas, exclamando: 'Para onde iremos?'. Confortei-o dizendo: 'Fica tranquilo. Se alguém pode encontrar os meios de obter comida em Sélestat, eu certamente conseguirei para nós dois'." Eles conseguiram ficar em Sélestat por alguns meses, mas depois de Pentecostes "chegaram novos estudantes de todas as partes e eu não pude mais achar comida para nós dois e partimos para a cidade de Soleure".[8]

Em todas as sociedades letradas, aprender a ler tem algo de iniciação, de passagem ritualizada para fora de um estado de dependência e comunicação rudimentar. A criança, aprendendo a ler, é admitida na memória comunal por meio de livros, familiarizando-se assim com um passado comum que ela renova, em maior ou menor grau, a cada leitura. Na sociedade judaica medieval, por exemplo, o ritual de aprender a ler era celebrado explicitamente. Na festa de Shavuot, quando Moisés recebia a Torá das mãos de Deus, o menino a ser iniciado era envolvido num xale de orações e levado por seu pai ao professor. Este sentava o menino no colo e mostrava-lhe uma lousa onde estava escrito o alfabeto hebraico, um trecho das Escrituras e as palavras "Possa a Torá ser tua ocupação". O professor lia em voz alta cada palavra e o menino as repetia. A lousa então era coberta com mel e a criança a lambia, assimilando assim, corporalmente, as palavras sagradas. Da mesma forma, versos bíblicos eram escritos em ovos cozidos descascados e tortas de mel, que a criança comeria depois de ler os versos em voz alta para o mestre.[9]

Embora seja difícil generalizar depois de muitos séculos e em relação a tantos países, na sociedade cristã da baixa Idade Média e começo da Renascença aprender a ler e escrever — fora da Igreja — era o privilégio mais exclusivo da aristocracia e (depois do século XIII) da alta burguesia. Ainda que houvesse aristocratas e *grands bourgeois* que consideravam ler e escrever tarefas menores, apropriadas somente para clérigos pobres,[10] a maioria dos meninos e muitas meninas dessas classes aprendiam as letras muito cedo. A ama da criança, se soubesse ler, iniciava o ensino, e por esse motivo tinha de ser escolhida com extremo cuidado, pois não deveria dar apenas leite, mas garantir a fala e a pronúncia corretas.[11] O grande humanista italiano Leon Battista Alberti, escrevendo entre 1435 e 1444, observou que "cuidar de crianças muito pequenas é tarefa das mulheres, cabe a amas ou mães",[12] e que na idade mais tenra possível elas deveriam aprender o alfabeto. As crianças aprendiam a ler soletrando, repetindo as letras apontadas pela ama ou mãe em uma cartilha ou abecedário. (Eu também aprendi desse modo, com minha babá lendo em voz alta as letras em negrito de um velho livro de figuras inglês; eu era obrigado a repetir mil vezes os sons.) A imagem da figura materna ensinando era tão comum na iconografia cristã quanto era rara a da estudante feminina em pinturas de salas de aula. Há numerosas representações de Maria segurando um livro diante do Menino Jesus e de Ana ensinando Maria, mas nem Jesus nem sua mãe foram pintados aprendendo a escrever ou efetivamente escrevendo; era a noção de Cristo *lendo* o Velho Testamento que se considerava essencial para tornar explícita a continuidade das Escrituras.

Quintiliano, advogado romano oriundo do norte da Espanha que no século I foi tutor dos sobrinhos-netos do imperador Domiciano, escreveu um manual pedagógico de doze volumes, o *Institutio oratoria*, de grande influência durante a Renascença. Nele, aconselhava: "Há quem defenda que os meninos não devem aprender a ler antes dos sete anos de idade, sendo essa a idade mais tenra em que podem tirar proveito da instrução e suportar a tensão de aprender. Mas aqueles para quem não se deve permitir que a mente da criança fique ociosa nem por um instante são mais sábios. Crísipo, por exemplo, embora dê às amas um reinado de três anos, ainda assim sustenta que a formação da mente da criança segundo os melhores princípios faz parte dos deveres delas. Por que, sendo as crianças aptas ao treinamento moral, não seriam elas aptas para a educação literária?".[13]

Depois do aprendizado das primeiras letras, contratavam-se professores como tutores particulares (se a família tivesse condições financeiras) dos meninos, enquanto a mãe se ocupava da educação das meninas. Embora no século XV os lares abastados em geral tivessem o espaço, a tranquilidade e o equipamento para oferecer ensino em casa, a maioria dos estudiosos recomendava que os meninos fossem educados longe da família, na companhia de outros meninos. Os moralistas medievais, entretanto, questionavam acerbamente os benefícios da educação — pública ou privada — para as meninas. "Não é apropriado que as meninas aprendam a ler e escrever, exceto se quiserem ser freiras, pois de outra forma poderão, chegada a idade, escrever ou receber missivas amorosas",[14] advertia o nobre Philippe de Novare, embora muitos de seus contemporâneos discordassem disso. "As meninas devem aprender a ler a fim de aprender a verdadeira fé e proteger-se dos perigos que ameaçam suas almas", argumentava o cavaleiro de la Tour Landry.[15] As meninas nascidas em lares ricos eram amiúde enviadas à escola para aprender a ler e escrever, em geral a fim de prepará-las para o convento. Nos lares aristocráticos da Europa, era possível encontrar mulheres plenamente letradas.

Antes da metade do século XV, o ensino na escola de latim de Sélestat fora rudimentar e indistinto, seguindo os preceitos convencionais da tradição escolástica. Desenvolvido principalmente nos séculos XII e XIII por filósofos para quem "pensar é uma arte com leis meticulosamente fixadas",[16] a escolástica mostrou-se um método útil para reconciliar os preceitos da fé religiosa com os argumentos da razão humana, resultando numa *concordia discordantium*, ou "harmonia entre opiniões divergentes", que podia então ser usada para aprofundar um ponto do argumento. Logo, porém, a escolástica tornou-se um método de preservar ideias e não de trazê-las à tona. No islã, serviu para estabelecer o dogma oficial; uma vez que não havia concílios ou sínodos islâmicos com tal propósito, a *concordia discordantium*, a opinião que sobrevivia a todas as objeções, tornava-se ortodoxia.[17] No mundo cristão, embora variando consideravelmente de universidade para universidade, a escolástica seguiu inflexivelmente os preceitos de Aristóteles via os primeiros filósofos cristãos, como Boécio, do século V, cujo *De consolatione philosophiae* (que Alfredo, o Grande, traduziu para o inglês) foi um dos favoritos em toda a Idade Média. Em essência, o método escolástico consistia em pouco mais do que treinar o estudante a considerar um texto de acordo com certos critérios preestabelecidos e oficialmente aprovados, os quais eram incutidos neles às custas de muito trabalho e muito sofrimento. No que se refere ao ensino da leitura, o sucesso do método dependia mais da perseverança do aluno que de sua inteligência. Escrevendo na metade do século XIII, o culto rei espanhol Alfonso, o Sábio, ridicularizava esse ponto: "Certamente devem os professores mostrar seu saber aos estudantes, lendo-lhes livros e fazendo-os compreender tanto quanto sejam capazes; e, depois que começam eles a ler, devem continuar o aprendizado até que tenham chegado ao fim dos livros que começaram; e, enquanto tiverem saúde, não devem mandar outros em seu lugar para ler, a não ser que estejam pedindo a alguém que leia a fim de demonstrar-lhe respeito, e não para evitar a tarefa de ler".[18]

Em pleno século XVI, o método escolástico dominava nas universidades e em escolas de paróquias, mosteiros e catedrais de toda a Europa. Essas escolas, ancestrais da escola de latim de Sélestat, tinham começado a se desenvolver nos séculos IV e V, depois do declínio do sistema educacional romano, e floresceram no século IX, quando Carlos Magno ordenou que todas as catedrais e igrejas oferecessem escolas para treinar clérigos nas artes da leitura, escrita, canto e cálculo. No século X, quando o ressurgimento das cidades tornou essencial que houvesse centros de ensino básico, as escolas estabeleceram-se em torno da figura de um professor particularmente dotado, de quem dependia a fama da escola.

O aspecto físico das escolas não mudou muito desde o tempo de Carlos Magno. As aulas eram dadas numa sala grande. O professor sentava-se geralmente junto a um atril elevado, ou às vezes à mesa, num banco comum (as cadeiras só se vulgarizaram na Europa cristã no século XV). Uma escultura de mármore de um túmulo bolonhês da metade do século XIV mostra um professor sentado num banco, um livro aberto na mesa diante dele, olhando para seus alunos. Ele segura uma página com a mão esquerda, enquanto a mão direita parece estar reforçando um ponto qualquer, talvez explicando o trecho que acaba de ler em voz alta. A maioria das ilustrações mostra os estudantes sentados em bancos, segurando páginas enfileiradas ou tabuletas de cera para tomar notas, ou de pé em torno do professor, com livros abertos. Uma tabuleta anunciando uma escola em 1516 mostra dois alunos adolescentes trabalhando num banco, curvados sobre seus textos, enquanto uma mulher, sentada à direita diante do atril, orienta uma criança muito menor, apontando um dedo para a página; à esquerda, um estudante, provavelmente com pouco mais de dez anos, está de pé diante de um atril, lendo um livro aberto, enquanto o professor atrás dele segura um feixe de varas de vidoeiro junto ao traseiro do menino. A vara de vidoeiro, tanto quanto o livro, seria o emblema dos professores durante muitos séculos.

Na escola de latim de Sélestat, os estudantes aprendiam primeiro a ler e escrever, para depois passar às disciplinas do *trivium:* gramática sobretudo, retórica e dialética. Uma vez que nem todos os alunos chegavam sabendo as primeiras letras, a leitura começava com um á-bê-cê ou cartilha e antologias de orações simples como o pai-nosso, ave-maria e o credo dos apóstolos. Depois de um aprendizado rudimentar, os estudantes percorriam diversos manuais de leitura comuns na maioria das escolas medievais: a *Ars de octo partibus orationis,* de Donat, a *Doctrinale puerorum,* do monge franciscano Alexandre de Villedieu, e o *Manual de retórica,* de Pedro, o Espanhol. Poucos estudantes eram suficientemente ricos para comprar livros,[19] e com frequência apenas o professor possuía esses volumes caros. Ele copiava no quadro-negro as complicadas regras de gramática — geralmente sem explicá-las, pois, de acordo com a pedagogia escolástica, a compreensão não era uma exigência do conhecimento. Os alunos eram então forçados a aprender as regras de cor. Como seria de se esperar, os resultados eram amiúde decepcionantes.[20] Um dos estudantes que frequentaram a escola de latim de Sélestat no início da década de 1450, Jakob

Wimpfeling (que viria a ser, como Rhenanus, um dos mais conhecidos humanistas de sua época), comentou anos depois que quem estudara pelo velho sistema "não conseguia nem falar latim nem escrever uma carta ou poema, e nem mesmo explicar uma das orações usadas na missa".[21] Vários fatores tornavam a leitura difícil para um noviço. Como vimos, a pontuação ainda era errática no século XV e as letras maiúsculas eram usadas sem consistência. Muitas palavras eram abreviadas, às vezes pelo estudante, apressado em tomar notas, mas amiúde por ser a maneira comum de escrever uma palavra — talvez para economizar papel —, de tal forma que o leitor tinha de ser capaz não apenas de ler sílaba a sílaba, mas também de reconhecer as abreviaturas. Por fim, a ortografia não era uniforme: a mesma palavra podia aparecer de diferentes maneiras.[22]

Seguindo o método escolástico, ensinavam-se os estudantes a ler por meio de comentários ortodoxos, que eram o equivalente às nossas notas de leitura resumidas. Os textos originais — fossem os dos Pais da Igreja ou, em quantidade muito menor, os dos antigos escritores pagãos — não deveriam ser apreendidos diretamente pelo aluno, mas mediante uma série de passos preordenados. Primeiro vinha a *lectio*, uma análise gramatical na qual os elementos sintáticos de cada frase seriam identificados; isso levaria à *littera*, ou sentido literal do texto. Por meio da *littera* o aluno adquiria o *sensus*, o significado do texto segundo diferentes interpretações estabelecidas. O processo terminava com uma exegese — a *sententia* —, na qual se discutiam as opiniões de comentadores aprovados.[23] O mérito desse tipo de leitura não estava em descobrir uma significação particular no texto, mas em ser capaz de recitar e comparar as interpretações de autoridades reconhecidas e, assim, tornar-se "um homem melhor". Com essas noções em mente, Lorenzo Guidetti, professor de retórica do século XV, resumia o objetivo de ensinar a leitura apropriada: "Pois quando um bom professor empreende a explicação de qualquer trecho, o objetivo é treinar seus pupilos a falar com eloquência e viver na virtude. Se surge uma frase obscura que não serve a nenhum desses fins, mas é facilmen-

95

te explicável, então sou a favor de explicá-la. Se seu sentido não é imediatamente óbvio, não o considerarei negligente se não a explicar. Mas se ele insiste em desenterrar trivialidades que exigem muito tempo e esforço para serem explicadas, chamá-lo-ei simplesmente de pedante".[24]

Em 1441, Jean de Westhus, padre da paróquia de Sélestat e magistrado local, decidiu nomear Louis Dringenberg, formado pela universidade de Heidelberg, para o cargo de diretor da escola. Inspirado pelos humanistas de então, que estavam questionando a instrução tradicional na Itália e nos Países Baixos, e cuja extraordinária influência estendia-se gradualmente à França e à Alemanha, Dringenberg introduziu mudanças fundamentais. Manteve os velhos manuais de leitura de Donat e Alexandre, mas fazia uso apenas de algumas seções desses livros, as quais abria para discussão em classe; explicava as regras da gramática, em vez de meramente forçar os alunos a decorá-las; descartou as glosas e comentários tradicionais, considerando que "não ajudavam os estudantes a adquirir uma linguagem elegante",[25] e passou a trabalhar com os textos clássicos dos próprios Pais da Igreja. Ao desprezar em ampla medida os passos tradicionais dos comentadores escolásticos e ao permitir que a classe discutisse os textos que estavam sendo ensinados (mantendo, ao mesmo tempo, uma orientação firme sobre a discussão), Dringenberg concedeu aos seus estudantes um grau de liberdade de leitura maior do que jamais haviam conhecido. Ele não temia o que Guidetti descartava como "trivialidade". Em 1477, quando morreu, estava firmemente estabelecida em Sélestat a base de uma nova maneira de ensinar as crianças a ler.[26]

O sucessor de Dringenberg foi Crato Hofman, também egresso de Heidelberg, um estudioso de 27 anos de idade — de quem os alunos se lembravam como "alegremente rigoroso e rigorosamente alegre"[27] — que estava sempre disposto a usar a vara naqueles que não se dedicassem suficientemente ao estudo das letras. Se Dringenberg concentrara esforços em familiarizar os alunos com os textos dos Pais da Igreja, Hofman preferia os clássicos romanos e gregos.[28] Um de seus alunos observou que, como Dringenberg, "Hofman abominava os velhos comentários e glosas";[29] em vez de conduzir a classe por um atoleiro de regras gramaticais, avançava rapidamente para a leitura dos próprios textos, acrescentando-lhes uma riqueza de informações arqueológicas, geográficas e históricas. Segundo a observação de outro aluno, depois que Hofman os guiou pelas obras de Ovídio, Cícero, Suetônio, Valério Máximo, Antônio Sabélico e outros, eles chegaram à universidade "perfeitamente fluentes em latim e com um conhecimento profundo de gramática".[30] Embora a caligrafia, "a arte de escrever belamente", jamais fosse negligenciada, a prioridade máxima de Hofman era a capacidade de ler com fluência, correção e inteligência, habilmente "ordenhando o texto para cada gota de significado".

Entretanto, mesmo nas aulas de Hofman os textos jamais eram deixados inteiramente abertos à interpretação fortuita dos estudantes. Ao contrário, eles eram sistemática e rigorosamente dissecados; das palavras copiadas extraía-se uma moral, bem como polidez, civilidade, fé e advertências contra os vícios — na verdade, toda espécie de preceito social, das maneiras à mesa às armadilhas dos sete pecados capitais. Escreveu um contemporâneo de Hofman: "Um professor não deve ensinar apenas a ler e escrever, mas também virtudes e moral cristã; ele deve empenhar-se em semear virtudes na alma da criança; isso é importante porque, como diz Aristóteles, um homem comporta-se na vida de acordo com a educação que recebeu; todos os hábitos, especialmente os bons, que se enraízam em um homem durante a juventude não podem depois ser arrancados".[31]

Os cadernos de notas de Rhenanus e Gisenheim começam com as orações dominicais e uma seleção de salmos que os estudantes copiavam do quadro-negro no primeiro dia de aula. É provável que já os conhecessem de cor; ao copiá-los mecanicamente — ainda sem saber ler —, iriam associar a série de palavras ao som das linhas memorizadas, como no método "global" de ensinar a ler criado dois séculos depois por Nicolas Adam em seu *A Trustworthy Method of Learning Any Language Whatsoever* [Um método confiável para aprender qualquer língua]: "Quando mostras um objeto a uma criança, um vestido, por exemplo, alguma vez te ocorreu mostrar-lhe separadamente primeiro os babados, depois as mangas, então a frente, os bolsos, os botões etc.? Não, é evidente que não. Mostras a ela o todo e dizes-lhe: isto é um vestido. É assim que as crianças aprendem a falar com suas amas. Por que não fazer o mesmo quando as ensinamos a ler? Esconde delas todos os abecês e todos os manuais de francês e latim; entretém-nas com palavras inteiras que elas possam compreender e que irão reter com muito mais facilidade e prazer do que todas as letras e sílabas impressas".[32]

Em nossa época, o cego aprende a ler de modo semelhante, "sentindo" a palavra inteira — que já conhece — em vez de decifrá-la letra por letra. Relembrando sua educação, Helen Keller disse que, tão logo aprendeu a soletrar, sua professora deu-lhe tiras de papelão nas quais estavam impressas palavras inteiras em alto-relevo. "Aprendi rapidamente que cada palavra impressa equivalia a um objeto, ato ou qualidade. Eu tinha uma moldura na qual podia arranjar as palavras em pequenas frases. Mas antes de colocar frases na moldura, eu costumava transformá-las em objetos. Eu achava as tiras de papel que representavam, por exemplo, *boneca*, *está*, *na*, *cama* e colocava cada nome no objeto. Então punha minha boneca na cama com as palavras *está*, *na*, *cama* arrumadas ao lado dela, formando assim uma frase com as palavras e, ao mesmo tempo, expressando a ideia da frase com as próprias coisas."[33] Para a criança cega, uma vez que eram objetos concretos passíveis de serem tocados, as palavras podiam ser superadas, como sinais da linguagem, pelos objetos que representavam. Esse, evidentemente, não era o caso dos alunos de Sélestat, para os quais as palavras na página continuavam a ser signos abstratos.

O mesmo caderno de notas foi usado durante muitos anos, possivelmente por motivos econômicos, devido ao custo do papel, porém mais provavelmente porque Hofman queria que seus alunos mantivessem um registro progressivo das lições. A caligrafia de Rhenanus dificilmente mostra mudanças ao longo dos anos. Distribuída no centro da página, deixando grandes margens e amplos espaços entre as linhas para glosas e comentários posteriores, sua caligrafia imita a escrita gótica dos manuscritos germânicos do século XV, a mão elegante que Gutenberg copiaria ao recortar as letras para sua Bíblia. Forte e clara, em tinta púrpura brilhante, a caligrafia permitia a Rhenanus seguir o texto com facilidade cada vez maior. Iniciais decoradas aparecem em várias páginas (elas me lembram a caligrafia caprichada que eu usava para iluminar minhas lições de casa, na esperança de obter notas melhores). Depois das devoções e breves citações dos Pais da Igreja — tudo com notas gramaticais ou etimológicas em tinta preta nas margens e entre as linhas e, às vezes, com comentários críticos provavelmente acrescentados mais tarde —, os cadernos avançam para o estudo de certos autores clássicos.

Hofman salientava a perfeição gramatical desses textos, mas de quando em quando lembrava aos estudantes que a leitura deles deveria ser não apenas diligentemente analítica, mas também feita com o coração. Porque encontrara beleza e sabedoria naqueles textos antigos, estimulava os alunos a buscar, nas palavras escritas por almas havia muito desaparecidas, algo que lhes falasse pessoalmente, em seu próprio lugar e tempo. Em 1498, por exemplo, quando estavam estudando os livros IV, V e VI dos *Fastos* de Ovídio, e no ano seguinte, quando copiaram o início das *Bucólicas* de Virgílio e, depois, as *Geórgicas* completas, uma palavra de elogio rabiscada aqui e ali, uma glosa entusiástica acrescentada à margem, permitem-nos imaginar que exatamente naquele verso Hofman parou para compartilhar sua admiração e prazer com os alunos.

Olhando as notas de Gisenheim acrescentadas ao texto em latim e alemão, podemos seguir a leitura analítica que acontecia nas aulas de Hofman. Muitas das palavras que Gisenheim escreveu nas margens de sua cópia em latim são sinônimos ou traduções; às vezes, a nota é uma explicação específica. Por exemplo, sobre a palavra *prognatos* o estudante escreveu o sinônimo *progenitos* e depois explicou em alemão: "aqueles que nascem de ti". Outras notas oferecem a etimologia de uma palavra e suas relações com a equivalente alemã. Um autor apreciado em Sélestat era Isidoro de Sevilha, o teólogo do século VII cujas *Etimologias*, uma vasta obra em vinte volumes, explicavam e discutiam o significado e o uso das palavras. Parece que Hofman tinha uma preocupação especial em instruir os alunos a usar corretamente as palavras, respeitando seu significado e suas conotações, de tal forma que pudessem interpretar e traduzir com autoridade. No final dos cadernos, fazia os alunos compilarem um *Index rerum et verborum* [Índice das coisas e verbos], listando e definindo os assuntos que tinham estudado, um passo que sem dúvida lhes dava uma ideia do progresso que estavam fazendo e ferramentas para usar em outras leituras feitas por conta própria. Certas passagens trazem os comentários de Hofman aos textos. Em nenhum caso as palavras estão traduzidas foneticamente, o que nos permitiria supor que, antes de copiar o texto, Gisenheim, Rhenanus e os outros estudantes tinham-no repetido em voz alta um número suficiente de vezes para memorizar a pronúncia. As frases dos cadernos também não levam acentos, e assim não podemos saber se Hofman pedia uma certa cadência na leitura ou se isso era deixado ao acaso. Nos trechos poéticos, sem dúvida, uma cadência padrão devia ser ensinada, e podemos imaginar Hofman lendo com voz retumbante os sonoros versos antigos.

Os indícios que emergem desses cadernos são de que na metade do século XV a leitura, pelo menos na escola humanista, estava gradualmente se tornando responsabilidade de cada leitor individual. As autoridades anteriores — tradutores, comentaristas, anotadores, glosadores, catalogadores, antologistas, censores, canonistas — haviam estabelecido hierarquias oficiais e atribuído intenções às diferentes obras. Agora, os leitores deviam ler por si mesmos e, às vezes, determinar valor e significado, à luz daquelas autoridades. A mudança, está claro, não foi súbita, nem pode ser fixada em um único lugar e momento. Já no século XIII um escriba anônimo tinha escrito nas margens de uma crônica monástica: "Ao leres livros, deves ter o hábito de dar mais atenção ao sentido do que às palavras, concentrar-

-te antes no fruto do que na folhagem".[34] Esse sentimento repercutiu nos ensinamentos de Hofman. Em Oxford, Bolonha, Bagdá e até em Paris, os métodos de ensino escolásticos foram postos em questão e depois gradualmente mudados. Isso ocorreu, em parte, graças à repentina disponibilidade de livros logo após a invenção da imprensa, mas também pelo fato de que a estrutura social um tanto mais simples da Europa de Carlos Magno e do final da Idade Média havia sido fraturada econômica, política e intelectualmente. Para o novo intelectual — Beatus Rhenanus, por exemplo —, o mundo parecia ter perdido a estabilidade e adquirido uma complexidade desnorteante. Como se as coisas já não fossem suficientemente ruins, em 1543 publicava-se o controvertido tratado de Copérnico *De revolutionibus orbium coelestium* [Do movimento dos corpos celestes], colocando o sol no centro do universo e desalojando o *Almagesto* de Ptolomeu, que garantira ao mundo que a terra e a humanidade estavam no centro de toda a criação.[35]

A passagem do método escolástico para sistemas mais liberais de pensamento trouxe outro desdobramento. Até então, a tarefa de um erudito havia sido — tal como a do professor — a busca do conhecimento inscrita dentro de certas regras, cânones e sistemas aprovados de ensino. A responsabilidade do professor era considerada pública, tornando os textos e seus diferentes níveis de significado disponíveis ao público mais amplo possível, afirmando uma história social comum da política, da filosofia e da fé. Depois de Dringenberg, Hofman e outros, os produtos dessas escolas, os novos humanistas, abandonaram a sala de aula e o fórum público e, como Rhenanus, retiraram-se para o espaço fechado do gabinete ou da biblioteca, para ler e pensar isolados. Os professores da escola latina de Sélestat passavam adiante preceitos ortodoxos que implicavam uma leitura "correta" e comum estabelecida, mas também ofereciam aos estudantes a perspectiva humanista mais vasta e pessoal. Os alunos reagiram circunscrevendo o ato de ler ao seu mundo e experiência íntimos e afirmando sobre cada texto sua autoridade de leitores individuais.

A PRIMEIRA PÁGINA AUSENTE

No meu último ano de escola, no Colégio Nacional de Buenos Aires, um professor cujo nome não me importo de ter esquecido leu para nossa turma o seguinte:

> Tudo que as alegorias pretendem dizer é somente que o incompreensível é incompreensível, e isso já sabemos. Mas os problemas com que lutamos diariamente são uma coisa diferente. Sobre esse assunto, um homem perguntou certa vez: "Por que tanta teimosia? Se apenas seguissem as alegorias, vocês também se tornariam alegorias e dessa forma resolveriam todos os seus problemas cotidianos".
>
> Outro disse: "Aposto que isso também é uma alegoria".
> O primeiro disse: "Você ganhou".
> O segundo disse: "Mas ai de mim, só alegoricamente!".
> O primeiro disse: "Não, na vida real. Alegoricamente, você perdeu".[1]

Esse texto curto, que nosso professor jamais tentou explicar, perturbou-nos e provocou muitas discussões no enfumaçado café La Puerto Rico, logo dobrando a esquina da escola. Franz Kafka escreveu-o em Praga, em 1922, dois anos antes de sua morte. Passados 45 anos, ele nos deixava, adolescentes inquisitivos, com o sentimento inquietante de que qualquer interpretação, qualquer conclusão, qualquer sentimento de ter "compreendido" a ele e suas alegorias estavam errados. O que aquelas poucas linhas sugeriam não era apenas que cada texto pode ser lido como uma alegoria (e aqui a distinção entre "alegoria" e o conceito menos dogmático de "símbolo" fica obscurecida),[2] revelando elementos de fora do próprio texto, mas que cada leitura é

102

em si mesma alegórica, objeto de outras leituras. Sem conhecer o crítico Paul de Man, para quem "as narrativas alegóricas contam a história do *fracasso* de ler",[3] estávamos de acordo com ele em que nenhuma leitura pode jamais ser final. Com uma diferença importante: o que De Man considerava um fracasso anárquico, nós víamos como uma prova de nossa liberdade enquanto leitores. Se não havia algo como "a última palavra" na leitura, então nenhuma autoridade poderia nos impor uma leitura "correta". Com o tempo, percebemos que algumas leituras eram melhores que outras — mais informadas, mais lúcidas, mais desafiadoras, mais prazerosas, mais perturbadoras. Mas o recém-descoberto sentimento de liberdade jamais nos abandonou e ainda agora, deleitando-me com um livro que certo resenhista condenou ou deixando de lado outra obra que recebeu muitos elogios, acho que posso recordar vivamente aquele sentimento rebelde.

Sócrates afirmava que somente o que o leitor já conhece pode ganhar vida com uma leitura, e, para ele, o conhecimento não pode ser adquirido através de letras mortas. Os primeiros eruditos medievais buscavam na leitura uma infinidade de vozes que, em última instância, ecoavam uma única voz: o *logos* de Deus. Para os humanistas da Idade Média tardia, o texto (incluindo a leitura que fez Platão do argumento socrático) e os sucessivos comentários das diversas gerações de leitores implicavam tacitamente que era possível haver não apenas uma, mas um número quase infinito de leituras, todas alimentando-se reciprocamente. Nossa leitura em sala de aula do discurso de Lísias recebeu a contribuição de séculos dos quais Lísias jamais suspeitou — assim como não poderia fazer ideia do entusiasmo de Fedro ou dos comentários astuciosos de Sócrates. O livro na minha estante não me conhece até que eu o abra, e no entanto tenho certeza de que ele se dirige a mim — a mim e a cada leitor — pelo nome; está à espera de nossos comentários e opiniões. Eu estou pressuposto em Platão, assim como cada livro me pressupõe, mesmo aqueles que nunca lerei.

Por volta de 1316, em uma carta famosa ao vigário imperial Can Grande della Scala, Dante sustentou que um texto tem pelo menos duas leituras, "pois obtemos um sentido da letra dele e outro daquilo que a letra significa; a primeira é chamada de *literal*, a outra de *alegórica* ou *mística*". Dante prossegue sugerindo que o sentido alegórico compreende três outras leituras. Apresentando como exemplo o verso bíblico "Quando Israel saiu do Egito e a casa de Jacó se apartou de um povo bárbaro, Judá tornou-se o santuário do Senhor e Israel o seu reino", Dante explica: "Se olharmos *apenas a letra, o* que é posto diante de nós é o êxodo dos filhos de Israel no tempo de Moisés; se a *alegoria*, nossa redenção forjada por Cristo; se o sentido *analógico*, vemos a conversão da alma do sofrimento e da desgraça do pecado para o estado de graça; se o *anagógico*, mostra-se-nos a partida da alma santa da servidão dessa corrupção para a liberdade da glória eterna. E embora esses significados místicos recebam vários nomes, todos podem ser chamados em geral de *alegóricos*, uma vez que diferem do literal e do histórico".[4] São todas leituras possíveis. Alguns leitores podem achar uma ou várias delas falsas; talvez desconfiem de uma leitura "histórica", se não conhecerem o contexto do trecho; podem fazer objeções à leitura "alegórica", considerando a referência a Cristo anacrônica; talvez julguem as leituras "analógica" (por meio de analogias) e "anagógica" (mediante interpretações bíblicas) fantasiosas ou forçadas demais. Mesmo a leitura "literal" pode ser suspeita. O que significa exatamente "saiu"? Ou "casa"? Ou "reino"? Parece que mesmo para ler no nível mais superficial o leitor precisa de informações sobre a criação do texto, o pano de fundo histórico, o vocabulário especializado e até sobre a mais misteriosa das coisas, o que santo Tomás de Aquino chamava de *quem auctor intendit*, a intenção do autor. Contudo, desde que leitor e texto compartilhem uma linguagem comum, qualquer leitor pode descobrir *algum* sentido em qualquer texto: dadaísta, horóscopos, poesia hermética, manuais de computador e até na linguagem bombástica da política.

Em 1782, pouco mais de quatro séculos e meio depois da morte de Dante, o imperador José II promulgou um édito, o *Toleranzpatent*, que aboliu teoricamente a maioria da barreiras entre judeus e não judeus no Sacro Império Romano, com a intenção de assimilá-los à população cristã. A nova lei tornou compulsória para os judeus a adoção de nomes e sobrenomes alemães, o uso da língua alemã em todos os documentos oficiais, o alistamento no serviço militar (do qual estavam até então excluídos) e a frequência às escolas seculares alemãs. Um século depois, em 15 de setembro de 1889, na cidade de Praga, o menino de seis anos Franz Kafka foi levado pela cozinheira da família à Deutsche Volks- und Bürgerschule, no Mercado de Carnes,[5] um estabelecimento de língua alemã em larga medida dirigido por judeus em meio a um ambiente nacionalista tcheco, para começar sua instrução de acordo com o desejo do imperador Habsburgo, morto havia muito tempo.

Kafka odiou a escola elementar e, mais tarde, a escola secundária. Achava que, apesar de seu sucesso (passou facilmente em todos os anos), tinha apenas conseguido enganar os mais velhos e "esgueirar-se do primeiro para o segundo ano do ginásio, depois para o terceiro e assim por diante". Mas, acrescentava, "agora que chamei por fim a atenção deles, evidentemente logo serei posto na rua, para a imensa satisfação de todos os homens honrados, livres de um pesadelo".[6]

Dos dez meses do ano escolar, um terço era devotado às línguas clássicas e o restante a alemão, geografia e história. A aritmética era considerada matéria de pouca importância, e tcheco, francês e educação física eram opcionais. Os alunos deveriam decorar as lições e vomitá-las quando exigido. O filólogo Fritz Mautner, contemporâneo de Kafka, observou que, "dos quarenta alunos de minha classe, três ou quatro atingiram finalmente o ponto em que, com sofrimento infinito, conseguiam apenas fazer uma tradução sílaba por sílaba de algum clássico antigo. [...] Isso certamente não lhes transmitia nem a mais remota noção do espírito dos antigos, sua estranheza incomparável e impossível de imitar. [...] Quanto ao resto, os outros 90%

105

da classe, passavam nos exames finais sem jamais sentir o menor prazer em suas migalhas de grego e latim, prontamente esquecidas logo após a formatura".[7] Os professores, ao que parece, culpavam os alunos pela falta de apreço deles e tratavam-nos em geral com desprezo. Anos mais tarde, numa carta à sua noiva, Kafka escreveu: "Lembro-me de um professor que, ao ler a *Ilíada* para nós, costumava dizer: 'É uma pena ter que ler isto para gente como vocês. Vocês não podem compreender, e mesmo se pensam que podem, não entendem nada. É preciso ter vivido bastante até compreender um fragmento mínimo'". Ao longo de toda a vida, Kafka leu com o sentimento de que lhe faltavam a experiência e o conhecimento necessários para atingir o começo de uma compreensão.

Segundo Max Brod, amigo e biógrafo de Kafka, o ensino religioso no ginásio era muito fraco. Uma vez que os estudantes judeus eram em maior número que os protestantes e católicos, eram eles que ficavam na sala de aula para ouvir uma síntese da história judaica em alemão e a recitação de orações em hebraico, língua que a maioria deles desconhecia. Somente mais tarde Kafka descobriu em suas próprias noções de leitura um campo comum com os antigos talmudistas, para quem a Bíblia continha uma multiplicidade de sentidos cuja busca contínua era o objetivo de nossa viagem na Terra. "Lemos para fazer perguntas", disse Kafka certa vez a um amigo.[8]

De acordo com o Midrash — uma coleção de investigações eruditas sobre os significados possíveis dos textos sagrados —, a Torá que Deus entregou a Moisés no monte Sinai era tanto um texto escrito quanto uma glosa oral. Durante os quarenta dias que ficou no deserto antes de retornar ao seu povo, Moisés leu a palavra escrita durante o dia e estudou o comentário oral à noite. A noção desse texto duplo — a palavra escrita e o comentário do leitor — implicava que a Bíblia admitia uma revelação em andamento, baseada nas próprias Escrituras, mas não limitada a elas. O Talmude — composto do Mishna, uma coleção escrita das assim chamadas leis orais que complementam os cinco livros centrais do Velho Testamento, ou Pentateuco, e o

Gemara, sua elaboração em forma de debate — foi desenvolvido para preservar as diversas leituras feitas ao longo de centenas de anos, dos séculos V e VI (na Palestina e na Babilônia, respectivamente) aos tempos modernos, quando a edição-padrão do Talmude foi produzida em Vilna, no final do século XIX.

Duas maneiras de ler a Bíblia desenvolveram-se entre os estudiosos judeus no século XVI. Uma, centrada nas escolas sefarditas da Espanha e Norte da África, preferia resumir o conteúdo de um trecho com pouca discussão dos detalhes que o compunham, concentrando-se no sentido literal e gramatical. A outra, nas escolas asquenazim, com base na França, Polônia e países germânicos, analisava cada linha e cada palavra, buscando todos os significados possíveis. Kafka pertencia a essa tradição.

Uma vez que o objetivo do estudioso talmúdico asquenazi era explorar e elucidar o texto em todos os níveis concebíveis de sentido e comentar os comentários feitos desde o texto original, a literatura talmúdica transformou-se em textos autorregeneradores que se desdobravam a cada leitura, não substituindo, mas incluindo todos os anteriores. Ao ler, o estudioso asquenazi utilizava comumente quatro níveis simultâneos de significado, diferentes daqueles propostos por Dante. Os quatro níveis estavam codificados no acrônimo *PaRDeS*: Pshat, ou sentido literal; *Remez*, ou sentido limitado; *Drash*, ou elaboração racional; e *Sod*, ou sentido oculto, secreto, místico. Portanto, ler era uma atividade que nunca se completava. Perguntaram ao rabino Levi Yitzhak, de Berdichev, um dos grandes mestres hasidim do século XVIII, por que faltava a primeira página de todos os tratados do Talmude babilônico, o que obrigava o leitor a começar na página dois. Ele respondeu: "Porque por mais páginas que o homem estudioso leia, ele jamais deve esquecer que ainda não chegou à primeira página".[9]

Para o erudito talmúdico, a leitura de um texto se faz por vários métodos possíveis. Vejamos um pequeno exemplo. Seguindo um sistema conhecido como *gematria*, no qual as letras do texto sagrado são traduzidas em equivalentes numéricos, um dos mais famosos comentadores talmúdicos, o rabino do século XI Shlomo Yitzhak, conhecido como Rashi, explicou a leitura de Gênesis 17, quando Deus diz a Abraão que sua esposa Sara, idosa, terá um filho chamado Isaac. Em hebraico, "Isaac" escreve-se *Y.tz.h.q.* Rashi alinhou cada letra com um número:

> Y: 10, as dez vezes que Abraão e Sara tentaram sem êxito ter um filho.
> TZ: 90, idade de Sara quando Isaac nasceu.
> H: 8, o oitavo dia, quando o filho deve ser circuncidado.
> Q: 100, idade de Abraão quando do nascimento de Isaac.

Decodificado, um dos níveis em que o texto é lido revela a resposta de Abraão a Deus:

> "Vamos ter um filho depois de dez anos de espera?
> Como! Ela está com noventa anos!
> Uma criança que precisa ser circuncidada depois de oito dias?
> Eu, que já tenho cem anos?"[10]

Séculos depois de Rashi, na confluência das culturas alemã, tcheca e judaica, onde outrora florescera o hassidismo, às vésperas do holocausto que tentaria varrer toda a sabedoria judaica da face da Terra, Kafka desenvolveu uma maneira de ler que lhe permitia decifrar as palavras ao mesmo tempo que questionava sua capacidade de decifrá-las, persistindo em compreender o livro e, contudo, não confundindo as circunstâncias do livro com as suas próprias — como se estivesse respondendo tanto ao professor clássico, que ridicularizava a falta de experiência que o impedia de entender o texto, como aos seus ancestrais rabínicos, para os quais um texto precisa tentar continuamente o leitor com a revelação.

Quais eram os livros de Kafka? Quando criança, contam-nos,[11] lia contos de fadas, histórias de Sherlock Holmes, narrativas de viagens a terras distantes; quando jovem, Goethe, Thomas Mann, Hermann Hesse, Dickens, Flaubert, Kierkegaard, Dostoiévski. Em seu quarto, sempre invadido pelo alvoroço da família, ou no escritório no segundo andar do Instituto de Seguros de Acidentes do Trabalhador, ele tentava roubar tempo do trabalho para se deixar absorver pelo livro que tivesse consigo: buscava significados, cada significado nem mais nem menos válido que o outro; construía toda uma biblioteca de textos desdobrados como um rolo na página aberta diante dele; avançava como um estudioso do Talmude, de comentário em comentário; permitia-se afastar do texto original e, ao mesmo tempo, mergulhava nele.

Uma vez, andando por Praga com o filho de um colega, parou diante da vitrine de uma livraria. Vendo o jovem companheiro inclinar a cabeça de um lado para o outro a fim de ler o título dos livros enfileirados, ele riu: "Então você também é louco por livros, sua cabeça sacode de tanta leitura?". O amigo assentiu: "Acho que eu não poderia viver sem livros. Para mim eles são o mundo". Kafka ficou sério. "Isso é um erro", disse. "Um livro não pode tomar o lugar do mundo. É impossível. Na vida tudo tem seu sentido e seu propósito, e para isso não há substituto permanente. Um homem não pode, por exemplo, dominar sua própria experiência por meio de outra personalidade. É assim que está o mundo em relação aos livros. Tentamos aprisionar a vida num livro, como um pássaro canoro na gaiola, mas não funciona."[12]

A intuição de Kafka de que, se o mundo tem coerência, é uma coerência que não podemos compreender plenamente — se o mundo oferece esperança (como uma vez respondeu a Max Brod), ela "não é para nós" —, levou-o a ver, nessa mesma irresolubilidade, a essência da riqueza do mundo.[13] Num ensaio famoso, Walter Benjamin observou que para entender a visão de mundo de Kafka "não se deve esquecer o modo de ler de Kafka",[14] comparado por Benjamin ao do Grande Inquisidor de Dostoiévski no conto alegórico de *Os irmãos Karamázov*: "Temos perante nós", diz o Inquisidor ao Cristo retornado à Terra, "um mistério que não podemos apreender. E, justo por ser um mistério, tivemos o direito de pregá-lo, de ensinar ao povo que o que importa não é a liberdade nem o amor, mas o enigma, o segredo, o mistério diante do qual eles devem se curvar — sem reflexão e mesmo sem consciência".[15] Um amigo que viu Kafka ler em sua escrivaninha disse que ele lembrava a figura angustiada de *Um leitor de Dostoiévski*, do expressionista tcheco Emil Filla, que parece em transe enquanto lê o livro que ainda segura na mão cinzenta.[16]

É famosa a história segundo a qual Kafka pediu ao amigo Max Brod que queimasse seus escritos depois de sua morte; sabidamente, Brod desobedeceu. O pedido de Kafka foi considerado um gesto autodepreciativo, o obrigatório "eu não mereço" do escritor que espera que a Fama lhe responda: "Mas como não? É claro que merece". Talvez haja uma outra explicação. Como Kafka percebia que, para um leitor, cada texto precisa ser inacabado (ou abandonado, como sugeriu Paul Valéry), que na verdade um texto pode ser lido somente *porque* é inacabado, deixando assim espaço para o trabalho do leitor, talvez quisesse para seus escritos a imortalidade que gerações de leitores concederam aos volumes queimados na biblioteca de Alexandria, às 83 peças perdidas de Ésquilo, aos livros perdidos de Lívio, à primeira versão de *A Revolução Francesa* de Carlyle, que um amigo da criada deixou cair acidentalmente na lareira, ao segundo volume de *Almas mortas* de Gogol, condenado às chamas por um padre fanático. Talvez pelo mesmo motivo, Kafka jamais completou muitos de seus escritos: não existe a última página de *O castelo*, porque K., o herói, jamais deve chegar lá, de tal forma que o leitor continue no texto de múltiplas camadas para sempre. Um romance de Judith Krantz ou Elinor Glyn fecha-se numa única leitura exclusiva, estanque, e o leitor não pode escapar a menos que ultrapasse conscientemente os limites do senso comum (há uns poucos que leem *Princesa Daisy* como uma alegoria da viagem da alma, ou *Três semanas* como um *Pilgrim's Progress* do século XIX). Disso nos demos conta lá em Buenos Aires, junto com aquele primeiro sentimento de liberdade: que a autoridade do leitor jamais é ilimitada. Umberto Eco observou, num epigrama útil: "Os limites da interpretação coincidem com os direitos do texto".[17]

Ernst Pawel, no final de sua lúcida biografia de Kafka, escrita em 1984, nota que "a literatura que trata de Kafka e sua obra compreende atualmente cerca de 15 mil títulos, na maioria das principais línguas do mundo".[18] Kafka tem sido lido literalmente, alegoricamente, politicamente, psicologicamente. Dizer que as leituras sempre ultrapassam em quantidade os textos que as geram é uma observação banal, mas algo de revelador sobre a natureza criativa do ato de ler está presente no fato de que um leitor pode se desesperar e outro rir exatamente na mesma página. Minha filha Raquel leu *A metamorfose* quando tinha treze anos e achou engraçado; Gustav Janouch, um amigo de Kafka, leu-a como uma parábola religiosa e ética;[19] Bertold Brecht julgou-a como obra do "único escritor realmente bolchevista";[20] o crítico húngaro György Lukács considerou-a produto típico de um burguês decadente;[21] Borges leu-a como narrativa que reconta os paradoxos de Zeno;[22] a crítica francesa Marthe Robert viu na obra um exemplo da clareza da língua alemã;[23] Vladimir Nabokov considerou-a (em parte) uma alegoria da *Angst* adolescente.[24] O fato é que as histórias de Kafka, nutridas pela experiência de leitura dele, ao mesmo tempo oferecem e tiram a ilusão de compreensão. É como se elas corroessem a arte do Kafka escritor a fim de satisfazer o Kafka leitor. Sete anos depois da morte de Kafka num sanatório perto de Viena, o poeta português Fernando Pessoa escreveu em "Autopsicografia": "O poeta é um fingidor./ Finge tão completamente/ Que chega a fingir que é dor/ A dor que deveras sente". E complementou: "E os que leem o que escreve,/ Na dor lida sentem bem,/ Não as duas que ele teve,/ Mas só a que eles não têm".[25]

Em 1904, Kafka escreveu a seu amigo Oskar Pollak: "No fim das contas, penso que devemos ler somente livros que nos mordam e piquem. Se o livro que estamos lendo não nos sacode e acorda como um golpe no crânio, por que nos darmos ao trabalho de lê-lo? Para que nos faça feliz, como diz você? Meu Deus, seríamos felizes da mesma forma se não tivéssemos livros. Livros que nos façam felizes, em caso de necessidade, poderíamos escrevê-los nós mesmos. Precisamos é de livros que nos atinjam como o pior dos infortúnios, como a morte de alguém que amamos mais do que a nós mesmos, que nos façam sentir como se tivéssemos sido banidos para a floresta, longe de qualquer presença humana, como um suicídio. Um livro tem de ser um machado para o mar gelado de dentro de nós. É nisso que acredito".[26]

LEITURA DE IMAGENS

NUMA TARDE DE VERÃO DE 1978, um pacote volumoso chegou no escritório do editor Franco Maria Ricci, em Milão, onde eu estava trabalhando como editor de línguas estrangeiras. Ao abri-lo, vimos que continha, em vez de um manuscrito, uma grande coleção de páginas ilustradas representando vários objetos estranhos e operações detalhadas, porém bizarras, todas com legendas numa escrita que ninguém conhecia. A carta anexa explicava que o autor, Luigi Serafini, tinha criado uma enciclopédia de um mundo imaginário, no estilo de um compêndio científico medieval: cada página representava precisamente um verbete específico, e as anotações, num alfabeto absurdo que Serafini também inventara durante dois longos anos em um pequeno apartamento de Roma, destinavam-se a explicar as complexidades das ilustrações. Diga-se a favor de Ricci que publicou a obra em dois volumes luxuosos, com uma deliciosa introdução de Italo Calvino; eles constituem um dos exemplos mais curiosos de livro ilustrado que conheço. Feito inteiramente de figuras e palavras inventadas, o *Codex Seraphinianus*[1] deve ser lido sem a ajuda de uma língua comum, mediante signos para os quais não há significados, exceto aqueles fornecidos por um leitor bem-disposto e inventivo.

Trata-se, evidentemente, de uma corajosa exceção. Na maior parte do tempo, uma sequência de signos segue um código estabelecido, e somente minha ignorância desse código torna-me impossível lê-la. Ainda assim, eu percorro uma exposição, no museu Rietberg de Zurique, de miniaturas indianas que representam cenas mitológicas de histórias que não me são familiares e tento reconstruir suas sagas; sento-me diante das pinturas pré-históricas nas rochas do platô de Tessali, no Saara argelino, e tento imaginar que ameaça persegue aquelas criaturas semelhantes a girafas em fuga; folheio uma revista em quadrinhos japonesa no aeroporto de Narita e invento uma narrativa para as personagens que falam numa escrita que nunca aprendi. Tentar ler um livro numa língua que não conheço — grego, russo, sânscrito — evidentemente não me revela nada. Mas, se o livro é ilustrado, mesmo não conseguindo ler as legendas posso em geral atribuir um sentido, embora não necessariamente o explicado no texto. Serafini contava com a capacidade criativa de seus leitores.

Serafini teve um precursor relutante. Nos últimos anos do século IV, são Nilo de Ancira (hoje Ancara, capital da Turquia) fundou um mosteiro perto de sua cidade natal. Sobre ele sabemos quase nada: que é festejado a 12 de novembro, que morreu por volta do ano de 430, que foi autor de vários tratados sentenciosos e ascéticos destinados aos seus monges e de mais de mil cartas aos superiores, amigos e a sua congregação, e que, em seus tempos de juventude, estudou com o famoso são João Crisóstomo em Constantinopla.[2] Durante séculos, até que detetives eruditos reduzissem a vida do santo a esses ossos nus, são Nilo foi o herói de uma história incomum e prodigiosa.[3] Segundo a *Septem narrationes de caede monarchorum et de Theodulo filio*, uma compilação do século VI outrora lida como crônica hagiográfica e agora arquivada entre romances e contos de aventura, Nilo nasceu em Constantinopla, numa família nobre, e foi nomeado oficial e prefeito junto à corte de Teodósio, o Grande. Casou-se e teve dois filhos, mas, tomado por anseios espirituais, abandonou esposa e filha e, em 390 ou 404 (as narrativas variam em sua precisão imaginativa),[4] entrou para a congregação ascética do monte Sinai, onde ele e seu filho Teódulo levaram uma vida reclusa e devota. De acordo com as *Narrationes*, a virtude de são Nilo e de seu filho era tamanha que "provocou o ódio dos demônios e a inveja dos anjos". Em consequência desse desgosto demoníaco e angelical, em 410 uma horda de bandidos sarracenos atacou a ermida, massacrou vários monges e levou outros como escravos, entre eles o jovem

Teódulo. Por graça divina, Nilo escapou da espada e dos grilhões e partiu em busca do filho. Encontrou-o numa cidade em algum lugar entre a Palestina e a Arábia Pétrea, onde o bispo local, emocionado pela devoção do santo, ordenou a ambos, pai e filho. São Nilo retornou ao monte Sinai, onde morreu numa aprazível velhice, embalado por anjos envergonhados e demônios arrependidos.[5]

Não sabemos como era o mosteiro de são Nilo nem onde se localizava exatamente, mas em uma de suas muitas cartas[6] ele descreve certos traços ideais da decoração eclesiástica que, podemos supor, foram usadas em sua própria capela. O bispo Olimpidoro consultara-o sobre a construção de uma igreja que desejava decorar com imagens de santos, cenas de caça, pássaros e animais. São Nilo aprovava a representação de santos, mas condenava as cenas de caçada e de animais como "frívolas e indignas de uma alma cristã viril", sugerindo, em vez disso, cenas do Velho e do Novo Testamento, "pintadas pela mão de um artista bem-dotado". Tais cenas, argumentava, dispostas em ambos os lados da Santa Cruz, serviriam "como livros para os iletrados, ensinando-lhes a história bíblica e incutindo neles a crônica da misericórdia de Deus".[7]

São Nilo imaginava os crentes analfabetos aproximando-se dessas cenas em sua igreja funcional e lendo-as como se fossem as palavras de um livro. Imaginava-os olhando a decoração não mais constituída de "adornos frívolos"; imaginava-os identificando as imagens preciosas, ligando-as mentalmente umas às outras, inventando histórias para elas ou associando as imagens familiares com os sermões que tinham ouvido, ou então se não fossem totalmente "iletrados", com exegeses das Escrituras. Dois séculos depois, o papa Gregório, o Grande, faria eco às ideias de Nilo: "Uma coisa é adorar imagens, outra é aprender em profundidade, por meio de imagens, uma história venerável. Pois o que a escrita torna presente para o leitor, as imagens tornam presente para o analfabeto, para aqueles que só percebem visualmente, porque nas imagens os ignorantes veem a história que têm de seguir, e aqueles que não sabem as letras descobrem que podem, de certo modo, ler. Portanto, especialmente para a gente comum, as imagens são equivalentes à leitura".[8] Em 1025, o sínodo de Arras declarou que "aquilo que a gente simples não podia apreender lendo as escrituras poderia ser aprendido por meio da contemplação de imagens".[9]

Embora o segundo mandamento dado por Deus a Moisés proíba especificamente a feitura de imagens gravadas, bem como de toda "figura [...] do que está em cima nos céus, ou embaixo sobre a terra, ou nas águas, debaixo da terra",[10] artistas judeus decoravam locais e objetos religiosos já na época do templo de Salomão, em Jerusalém.[11] Em certas épocas, porém, a proibição prevalecia e os artistas judeus recorriam a meios-termos inventivos, tais como dar às figuras humanas proibidas rostos de pássaros, para não representar a face humana. A controvérsia foi ressuscitada na Bizâncio cristã dos séculos VIII e IX, quando o imperador Leão III e, depois, os imperadores iconoclastas Constantino V e Teófilo proibiram a representação de imagens em todo o império.

Para os antigos romanos, o símbolo de um deus (a águia para Júpiter, por exemplo) era um substituto do próprio deus. Nos raros casos em que Júpiter é representado junto com sua águia, ela não é uma repetição da presença do deus, mas torna-se seu atributo, tal como o raio. Para os cristãos primitivos, os símbolos tinham essa dupla qualidade, não representando apenas os temas (a ovelha como Cristo, a pomba como o Espírito Santo), mas também aspectos específicos do tema (a ovelha como o Cristo sacrificado, a pomba como a promessa de libertação do Espírito Santo).[12] Não se destinavam a ser lidos como sinônimos dos conceitos ou meras duplicatas das divindades. Em vez disso, expandiam graficamente certas qualidades da imagem central, comentavam-nas, sublinhavam-nas, tornavam-nas temas por si mesmos.

Com o tempo, os símbolos básicos da cristandade primitiva parecem ter perdido algumas de suas funções simbólicas e se tornado pouco mais que ideogramas: a coroa de espinhos representando a Paixão de Cristo, a pomba, o Espírito Santo. Essas imagens elementares foram gradualmente complementadas por outras mais vastas e complexas, de tal forma que episódios inteiros da Bíblia se tornaram símbolos de vários aspectos de Cristo, do Espírito Santo, da vida da Virgem, bem como ilustrações de certas leituras de outros episódios sagrados. Talvez fosse essa riqueza de significados que são Nilo tivesse em mente quando sugeriu contrapor o Novo e o Velho Testamento, representando-os de ambos os lados da Santa Cruz.

O fato de que imagens dos dois Testamentos poderiam complementar-se e dar continuidade à narrativa uma das outras, ensinando "aos iletrados" a palavra de Deus, já havia sido sugerido pelos próprios evangelistas. Em seu evangelho, Mateus ligou explicitamente o Velho ao Novo Testamento pelo menos oito vezes: "Tudo isso aconteceu para que se cumprisse o que o Senhor falou pelo profeta".[13] E o próprio Cristo disse que "era necessário que se cumprisse tudo o que de mim está escrito na lei de Moisés, nos profetas e nos salmos".[14] Há 275 citações literais do Velho Testamento no Novo, mais 235 referências específicas.[15] Esse conceito de uma continuidade espiritual não era novidade nem mesmo naquela época: um contemporâneo de Cristo, o filósofo judeu Filo de Alexandria, desenvolvera a ideia de uma mente que permeava tudo e manifestava-se ao longo das eras. Esse espírito simples e onisciente está presente nas palavras de Cristo, que o descreveu como um vento que "sopra para onde quer" e liga o presente ao futuro. Orígenes, Tertuliano, são Gregório de Nissa e santo Ambrósio, todos escreveram criativamente sobre as imagens comuns a ambos os testamentos e elaboraram explicações complexas e poéticas nas quais nenhum elemento da Bíblia passou despercebido ou permaneceu inexplicado. Em um dístico muito citado, escreveu santo Agostinho: "O Novo Testamento está escondido no Velho, enquanto o Velho se revela no Novo".[16] E Eusébio de Cesareia, que morreu em 340, proclamava que "cada profeta, cada escritor antigo, cada revolução do estado, cada lei, cada cerimônia do Velho Testamento aponta somente para Cristo, anuncia somente Ele, representa somente Ele. [...] Ele estava no Pai

Adão, progenitor dos santos; Ele era inocente e virginal como um mártir em Abel, um renovador da palavra em Noé, abençoado em Abraão, o alto sacerdote em Melquisedeque, um sacrifício voluntário em Isaac, chefe dos eleitos em Jacó, vendido por Seus irmãos em José, poderoso no trabalho no Egito, um doador de leis em Moisés, sofredor e abandonado em Jó, odiado e perseguido na maioria dos profetas".[17]

Na época da recomendação de são Nilo, a iconografia da Igreja cristã já estava desenvolvendo imagens convencionais da ubiquidade do Espírito. Um dos primeiros exemplos pode ser visto numa porta de duas almofadas esculpida em Roma no século IV e instalada na igreja de Santa Sabina. Nas almofadas encontram-se cenas correspondentes do Velho e do Novo Testamento que podem ser lidas simultaneamente. O trabalho é um tanto rústico e os detalhes foram apagados pelos dedos de gerações de peregrinos, mas as cenas podem ser facilmente identificadas. De um lado estão três dos milagres atribuídos a Moisés: o adoçamento das águas do Mara, a provisão de maná durante a fuga do Egito (representada em duas seções) e a retirada de água de um rochedo. No outro, estão três dos milagres de Cristo: a restauração da visão de um cego, a multiplicação dos pães e dos peixes e a transformação da água em vinho para o casamento em Caná.

O que teria lido um cristão, olhando as portas de Santa Sabina, na metade do século V? A árvore com que Moisés adoçou as águas amargas do Mara seria reconhecida como a Cruz, símbolo do próprio Cristo. A fonte, tal como Cristo, era uma fonte de água viva dando vida ao rebanho cristão. O rochedo do deserto em que Moisés foi bater também seria lido como uma imagem de Cristo, o Salvador, de cujo flanco escorrem o sangue e a água.[18] O maná prenuncia o alimento de Caná e da Última Ceia.[19] Um incréu, no entanto, não instruído na fé cristã, leria as imagens na porta de Santa Sabina de forma semelhante à que Serafini pretendia que seus leitores entendessem sua enciclopédia fantástica: criando, a partir dos elementos representados, uma história e um vocabulário próprios.

118

Evidentemente, não era isso que são Nilo tinha em mente. Em 787, o Sétimo Concílio da Igreja, em Niceia, deixou claro que a congregação não tinha liberdade para interpretar as figuras mostradas na igreja, nem o pintor estava livre para dar ao seu trabalho qualquer significado ou solução particular: "A execução de pinturas não é uma invenção do pintor, mas uma proclamação reconhecida das leis e da tradição de toda a Igreja. Os padres antigos fizeram com que fossem executadas nas paredes das igrejas; é o pensamento e a tradição deles que vemos, não os do pintor. Ao pintor cabe a arte, mas a disposição pertence aos Pais da Igreja".[20]

No século XIII, quando a arte gótica começou a florescer e a pintura nas paredes da igreja foi abandonada em favor de janelas pictóricas e colunas esculpidas, a iconografia bíblica transferiu-se do estuque para vitrais, madeira e pedra. As lições das Escrituras passaram a brilhar e a surgir em formas arredondadas, narrando ao devoto histórias nas quais o Velho e o Novo Testamento espelhavam-se sutilmente.

Então, em algum momento do começo do século XIV, as imagens que são Nilo pretendia que os fiéis lessem nas paredes foram reduzidas e reunidas em forma de livro. Nas regiões do baixo Reno, vários iluminadores e gravadores começaram a representar as imagens em pergaminho e papel. Os livros que criaram eram feitos quase exclusivamente de cenas justapostas, com poucas palavras, às vezes como legendas nas margens da página, às vezes saindo da boca das personagens em cártulas semelhantes a bandeiras, como os balões das histórias em quadrinhos de hoje.

No final do século XIV, esses livros de imagens já tinham se tornado muito populares e assim continuariam pelo restante da Idade Média, em vários formatos: volumes de desenhos de página inteira, miniaturas meticulosas, gravuras em madeira e, finalmente, no século XV, tomos impressos. O primeiro desses volumes que possuímos data de 1462.[21] Com o tempo, esses livros extraordinários ficaram conhecidos como *Biblia pauperum*, ou Bíblia dos pobres.

119

Em essência, essas "bíblias" eram grandes livros de figuras nos quais cada página estava dividida para receber duas ou mais cenas. Por exemplo, na assim chamada *Biblia pauperum* de Heidelberg,[22] do século XV, as páginas estão divididas em duas metades, a de cima e a de baixo. A metade inferior de uma das primeiras páginas representa a Anunciação e seria mostrada ao fiel naquela data litúrgica. Em torno dessa cena estão os quatro profetas do Velho Testamento que previram a vinda de Cristo: Davi, Jeremias, Isaías e Ezequiel. Acima deles, na metade superior, estão duas cenas do Velho Testamento: Deus amaldiçoando a cobra no jardim do Éden, com Adão e Eva em um canto, em posição de recato (Gênesis, 3), e o anjo chamando Gedeão à ação, enquanto este põe o cabrito no chão para saber se Deus salvará Israel (Juízes, 6).

Presa a um atril, aberta na página apropriada, a *Biblia pauperum* expunha suas imagens duplas aos fiéis dia após dia, mês após mês, em sequência. Muitos não seriam capazes de ler as palavras em letras góticas em torno das personagens representadas; poucos apreenderiam os vários sentidos de cada imagem em seu significado histórico, moral e alegórico. Mas a maioria das pessoas reconheceria grande parte das personagens e cenas e seria capaz de "ler" naquelas imagens uma relação entre as histórias do Velho e do Novo Testamento, graças à simples justaposição delas na página. Pregadores e padres certamente glosariam essas imagens e recontariam os eventos retratados, ligando-os de uma forma edificante, enfeitando a narrativa sagrada. E os próprios textos sacros seriam lidos, dia após dia, o ano inteiro, de tal forma que, no curso de suas vidas, as pessoas teriam provavelmente ouvido boa parte da Bíblia várias vezes. Já se sugeriu que o principal objetivo da *Biblia pauperum* não era oferecer leitura para o rebanho iletrado, mas dar aos padres uma espécie de ponto ou guia temático, uma referência básica para os sermões ou preces, ajudando-os a demonstrar a unidade da Bíblia.[23] Se isso é verdade (não há documentos que confirmem tal propósito), então, a exemplo da maioria dos livros, ela servia a uma variedade de usos e usuários.

É quase certo que *Biblia pauperum* não era o nome pelo qual esses livros ficaram conhecidos por seus primeiros leitores. A impropriedade da denominação foi percebida no século XVIII pelo escritor alemão Gotthold Ephraim Lessing, um leitor devotado para quem "os livros explicam a vida". Em 1770, pobre e doente, Lessing aceitou o posto mal pago de bibliotecário do duque de Braunschweig, em Wolfenbüttel. Ali passou oito anos miseráveis, escreveu sua peça mais famosa, *Emilia Galotti*, e numa série de ensaios críticos discutiu a relação entre as diferentes formas de representação artística.[24] Um dos livros da biblioteca do duque era uma *Biblia pauperum*. Lessing descobriu, rabiscada numa das margens por uma mão tardia, a inscrição *Hic incipitur bibelia* [*sic*] *pauperum*. Deduziu que o livro, a fim de ser catalogado, precisara de uma espécie de nome e que um bibliotecário antigo — inferindo, a partir da quantidade de ilustrações e da escassez de texto que ele se destinava aos analfabetos, isto é, ao pobres — dera-lhe um título que as gerações futuras tomaram por autêntico.[25] Porém, como observou Lessing, vários exemplares dessas bíblias eram ornamentados e caros demais para se destinar aos pobres. Talvez o importante não fosse a propriedade — o que pertencia à Igreja podia ser considerado de todos —, mas o acesso; com suas páginas abertas a todos nos dias apropriados, a fortuitamente chamada *Biblia pauperum* escapou do confinamento entre os letrados e tornou-se popular entre os fiéis famintos por histórias.

Lessing também chamou a atenção para as semelhanças entre a iconografia paralela do livro e a dos vitrais das janelas do mosteiro de Hirschau. Sugeriu que as ilustrações do livro eram cópias dos vitrais e datou as janelas do tempo do abade Johan von Calw (1503 a 1524), quase meio século antes da feitura da *Biblia pauperum* de Wolfenbüttel. A pesquisa moderna indica que não se tratou de cópia,[26] mas é impossível dizer se a iconografia do livro e das janelas apenas seguia um modelo que se estabelecera gradualmente ao longo de vários séculos. Entretanto, Lessing tinha razão ao observar que a "leitura" das imagens da *Biblia pauperum* e dos vitrais constituía essencialmente um mesmo ato e que ambos eram diferentes de ler uma descrição em palavras numa página.

Para o cristão alfabetizado do século XIV, qualquer página de uma Bíblia comum possuía uma multiplicidade de significados pelos quais o leitor podia progredir segundo a glosa orientadora do autor ou conforme seu próprio conhecimento. O leitor ritmava a leitura à vontade, ao longo de uma hora ou de um ano, com interrupções ou atrasos, pulando seções ou devorando a página inteira de uma vez. Mas a leitura de uma página da *Biblia pauperum* era quase instantânea, pois o "texto" oferecia-se iconograficamente como um todo, sem graduações semânticas, e o tempo da narração em imagens coincidia necessariamente com o da leitura do leitor. Marshall McLuhan escreveu: "É relevante considerar que as antigas impressões e gravuras, tal como as modernas tiras de humor e histórias em quadrinhos, ofereciam pouquíssimos dados sobre qualquer momento específico no tempo, ou aspecto no espaço, de um objeto. O espectador, ou leitor, é compelido a participar, completando e interpretando as poucas pistas dadas pelas linhas delimitadoras. Não muito diferente do caráter da gravura e do cartum é a imagem da televisão, com seu baixo grau de dados sobre os objetos e o consequente alto grau de participação do espectador, a fim de completar o que é apenas sugerido na malha de pontos emaranhados".[27]

Para mim, séculos depois, os dois tipos de leitura convergem quando leio o jornal matutino: de um lado, há o avanço lento pelas notícias, que continuam às vezes numa página distante, relacionadas com outros itens escondidos em seções diferentes, escritas em estilos variados, do aparentemente objetivo ao abertamente irônico; por outro lado, a apreensão quase involuntária dos anúncios num relance, cada história contada dentro de molduras precisas e limitadas, por meio de personagens e símbolos familiares — não a atormentada santa Catarina ou a ceia em Emaús, mas as vicissitudes do último Peugeot ou a epifania da vodca Absolut.

Quem, então, eram meus ancestrais, esses distantes leitores

de imagens? A grande maioria, tal como os autores das figuras que eles liam, eram gente silenciosa, anônima, anódina, mas dentre essa multidão em mudança uns poucos indivíduos podem ser resgatados.

Em outubro de 1461, depois de ser solto da prisão graças a um acaso — a passagem do rei Luís XI pela vila de Meung-sur--Loire —, o poeta François Villon compôs uma longa miscelânea poética que chamou de seu *Testamento*.[28] Um dos poemas, uma prece à Virgem Maria escrita (assim nos diz ele) a pedido de sua mãe, coloca na boca desta as seguintes palavras:

> *Sou uma mulher pobre e velha,*
> *Não sei nada; letras jamais li;*
> *No mosteiro de minha paróquia vi*
> *Um Paraíso pintado com harpas e alaúdes,*
> *E também o Inferno onde os malditos são fervidos;*
> *Um deu-me medo, o outro, alegria.*[29]

A mãe de Villon teria visto imagens de um céu sereno e musical e de um inferno borbulhante e abrasador, e teria sabido que, após a morte, sua alma estava destinada a entrar em um ou outro. Ao ver essas imagens, por mais que pintadas com toda a habilidade, por mais que seus olhos se fixassem nos muitos detalhes penosos, ela sem dúvida não teria reconhecido ali os árduos argumentos teológicos desenvolvidos pelos Pais da Igreja ao longo dos últimos quinze séculos. Ela provavelmente conhecia a versão francesa da máxima latina popular *Salvandorum paucitas, damnandorum multitudo* ("Poucos são os salvos, muitos os malditos"); provavelmente não sabia que santo Tomás de Aquino determinara que a proporção dos que seriam salvos era equivalente à de Noé e sua família em relação ao resto da humanidade. Os sermões da Igreja teriam glosado algumas daquelas imagens e sua imaginação teria feito o resto.

Tal como a mãe de Villon, milhares de pessoas erguiam os olhos para as imagens que adornavam as paredes das igrejas e, mais tarde, as janelas, colunas, púlpitos ou mesmo as costas da casula sacerdotal quando o padre estava dizendo missa ou as almofadas da parte de trás do altar, onde se sentavam durante a confissão, e viam naquelas imagens miríades de histórias de uma única história sem fim. Não há motivo para pensar que era diferente com a *Biblia pauperum*. Mas vários estudiosos modernos discordam. Segundo o crítico alemão Maurus Berve, por exemplo, a *Biblia pauperum* era "absolutamente ininteligível para os analfabetos". Ao contrário, Berve sugere que elas "se destinavam provavelmente aos eruditos ou clérigos que não podiam comprar uma Bíblia completa ou que, sendo 'pobres de espírito' [*arme in Geiste*], careciam de um nível de educação mais exigente e contentavam-se com esses excertos".[30] Em consequência, o nome *Biblia pauperum* não significaria "Bíblia dos pobres", mas estaria no lugar de *Biblia pauperum praedicatorum*, ou "Bíblia dos pregadores dos pobres".[31]

Destinadas aos pobres ou aos seus pregadores, o certo é que tais imagens ficavam abertas no atril diante do rebanho, dia após dia, durante todo o ano litúrgico. Para os analfabetos, excluídos do reino da palavra escrita, ver os textos sacros representados num livro de imagens que eles conseguiam reconhecer ou "ler" devia induzir um sentimento de pertencer àquilo, de compartilhar com os sábios e poderosos a presença material da palavra de Deus. Ver essas cenas em um livro — naquele objeto quase mágico que pertencia exclusivamente aos clérigos letrados e eruditos da época — era bem diferente de vê-las na decoração popular da igreja, como sempre ocorrera no passado. Era como se de repente as palavras sagradas, que até então pareciam ser propriedade de uns poucos, os quais podiam ou não compartilhá-las com o rebanho, tivessem sido traduzidas numa língua que qualquer um, mesmo uma mulher "pobre e velha" e sem instrução como a mãe de Villon, podia entender.

A LEITURA OUVIDA

As imagens da Europa medieval ofereciam uma sintaxe sem palavras, à qual o leitor silenciosamente acrescentava uma narração. Em nosso tempo, ao decifrar as imagens da propaganda, da videoarte, dos cartuns, também tendemos a emprestar à história não apenas uma voz, mas também um vocabulário. Devo ter lido assim desde os primórdios da minha leitura, antes do meu encontro com as letras e seus sons. Devo ter construído, a partir das aquarelas de Pedro, o Coelho, do desavergonhado João Felpudo, das grandes e brilhantes criaturas de *La hormiguita viajera*, histórias que explicavam e justificavam as diferentes cenas, ligando-as numa narrativa possível que levava em conta todos os detalhes representados. Não sabia disso então, mas estava exercitando minha liberdade de ler até quase o limite das possibilidades: não só era a minha história que eu contava, como nada me forçava a repeti-la para as mesmas ilustrações. Em uma versão, o protagonista anônimo era o herói, na segunda era o vilão, na terceira tinha meu nome.

Em outras ocasiões, eu abria mão de todos esses direitos. Delegava palavras e voz, desistia da posse — e às vezes até da escolha — do livro e, exceto por algum pedido de esclarecimento ocasional, ficava apenas escutando. Eu me aquietava (à noite, mas com frequência também de dia, pois ataques constantes de asma me prendiam à cama por semanas) e, encostado nos travesseiros, ouvia minha babá ler os aterrorizantes contos de fadas dos irmãos Grimm. Às vezes a voz dela me fazia dormir; outras vezes, ao contrário, deixava-me numa excitação febril, e eu insistia em que ela descobrisse, mais rápido do que o autor pretendia, o que aconteceria na história. Mas na maior parte do tempo eu simplesmente gozava a sensação voluptuosa de ser levado pelas palavras e sentia, num sentido muito físico, que estava de fato viajando por algum lugar maravilhosamente longínquo, um lugar que eu dificilmente arriscava espiar na última e secreta página do livro. Mais tarde, quando eu tinha nove ou dez anos, o diretor da minha escola me disse que ouvir alguém ler para você era apropriado apenas para crianças pequenas. Acreditei nele e abandonei a prática — em parte porque ela me dava grande prazer, e àquela altura eu estava pronto a acreditar que qualquer coisa que desse prazer era de algum modo perniciosa. Somente muito mais tarde, quando a pessoa amada e eu decidimos ler um para o outro, durante um verão, a *Legenda Áurea*, foi que recuperei a delícia havia muito esquecida de ter alguém lendo para mim. Não sabia então que a arte de ler em voz alta tinha uma história longa e itinerante e que mais de um século antes, na Cuba espanhola, ela se estabelecera como uma instituição dentro dos limites rígidos da economia cubana.

A fabricação de charutos sempre foi uma da principais indústrias cubanas desde o século XVII, mas, na década de 1850, o clima econômico mudou. A saturação do mercado americano, o desemprego crescente e a epidemia de cólera de 1855 convenceram muitos trabalhadores de que era preciso criar um sindicato para melhorar suas condições de vida. Em 1857, fundou-se uma Sociedade de Ajuda Mútua aos Trabalhadores e Diaristas Honestos, apenas para os charuteiros brancos; uma Sociedade de Ajuda Mútua semelhante para trabalhadores negros livres foi fundada em 1858. Foram os primeiros sindicatos e os precursores do movimento operário cubano da virada do século.[1]

Em 1865, Saturnino Martínez, charuteiro e poeta, teve a ideia de publicar um jornal para os trabalhadores da indústria de charutos, abordando não somente a política, mas publicando também artigos sobre ciência e literatura, poemas e contos. Com o apoio de vários intelectuais cubanos, Martínez lançou o primeiro número de *La Aurora* em 22 de outubro daquele ano. O editorial anunciava: "Seu objetivo será iluminar de todas as formas possíveis aquela classe da sociedade a que se dedica. Faremos tudo para que todos nos aceitem. Se não tivermos êxito, a culpa será de nossa insuficiência, não de nossa falta de vontade". Ao longo dos anos, *La Aurora* publicou trabalhos dos principais escritores cubanos da época, bem como traduções de autores europeus como Schiller e Chateaubriand, críticas de livros e peças de teatro e denúncias sobre a tirania dos donos das fábricas e o sofrimento dos trabalhadores. Em 27 de junho de 1866, perguntava aos seus leitores: "Sabem que perto de La Zanja, segundo dizem, há um dono de fábrica que põe grilhões nas crianças usadas por ele como aprendizes?".[2]

Mas Martínez logo percebeu que o analfabetismo impedia que *La Aurora* se tornasse realmente popular; na metade do século XIX, apenas 15% da população cubana sabia ler. A fim de tornar o jornal acessível a todos os trabalhadores, ele teve a ideia de realizar uma leitura pública. Aproximou-se do diretor do ginásio de Guanabacoa e sugeriu que a escola auxiliasse a leitura nos locais de trabalho. Entusiasmado, o diretor encontrou-se com os trabalhadores da fábrica El Fígaro e, depois de obter a permissão do patrão, convenceu-os da utilidade da empreitada. Um dos operários foi escolhido como *lector* oficial, e os outros o pagavam do próprio bolso. Em 7 de janeiro de 1866, *La Aurora* noticiava: "A leitura nas fábricas começou pela primeira vez entre nós e a iniciativa pertence aos honrados trabalhadores da El Fígaro. Isso constitui um passo gigantesco na marcha do progresso e do avanço geral dos trabalhadores, pois dessa maneira eles irão gradualmente se familiarizar com os livros, fonte de amizade duradoura e grande entretenimento".[3] Entre os livros lidos estavam o compêndio histórico *Batalhas do século*, romances didáticos como *O rei do mundo*, do atualmente esquecido Fernández y González, e um manual de economia política de Flórez y Estrada.[4]

Outras fábricas acabaram seguindo o exemplo da El Fígaro. Tiveram tanto sucesso essas leituras públicas que em pouco tempo ganharam a reputação de "subversivas". Em 14 de maio de 1866, o governador político de Cuba baixou o seguinte decreto:

1. É proibido distrair os trabalhadores das fábricas de tabaco, oficinas e fábricas de todo tipo com a leitura de livros e jornais, ou com discussões estranhas ao trabalho em que estão empenhados. 2. A polícia deve exercer vigilância constante para fazer cumprir este decreto e colocar à disposição de minha autoridade os donos de fábricas, representantes ou gerentes que desobedeçam a esta ordem, de modo que possam ser julgados pela lei, segundo a gravidade do caso.[5]

Apesar da proibição, ainda ocorreram leituras clandestinas durante algum tempo, mas por volta de 1870 elas haviam praticamente desaparecido. Em outubro de 1868, com a deflagração da guerra dos Dez Anos, *La Aurora* também acabou. Contudo, as leituras não foram esquecidas. Já em 1869 ressurgiram em solo americano, pelas mãos dos próprios operários.

A guerra dos Dez Anos, de independência, começou em 10 de outubro de 1868, quando um fazendeiro cubano, Carlos Manuel de Céspedes, e duzentos homens mal armados tomaram a cidade de Santiago e proclamaram a independência do país em relação à metrópole espanhola. No final do mês, depois que Céspedes prometera libertar todos os escravos que se unissem à revolução, seu exército já contava com 1200 voluntários; em abril do ano seguinte, Céspedes foi eleito presidente do novo governo revolucionário. Mas a Espanha reagiu. Quatro anos depois, Céspedes foi deposto *in absentia* por um tribunal cubano e, em março de 1874, foi capturado e fuzilado por soldados espanhóis.[6] Entrementes, ansioso por derrubar as medidas espanholas de restrição ao comércio, o governo americano apoiara abertamente os revolucionários e Nova York, Nova Orleans e Key West tinham aberto seus portos a milhares de cubanos em fuga. Como consequência, em poucos anos Key West transformou-se de uma pequena vila de pescadores numa importante comunidade produtora de charutos, a nova capital mundial do Havana.[7]

Os trabalhadores que imigraram para os Estados Unidos levaram com eles, entre outras coisas, a instituição do *lector*.

Uma ilustração da revista americana *Practical Magazine* de 1873 mostra um desses leitores, sentado de pernas cruzadas, óculos e chapéu de abas largas, um livro nas mãos, enquanto em uma fileira trabalhadores (todos homens), de colete e camisa de manga comprida, enrolam charutos com o que parece ser uma atenção enlevada.

O material dessas leituras, decidido de antemão pelos operários (que, como nos tempos da El Fígaro, pagavam do próprio salário o *lector*), ia de histórias e tratados políticos a romances e coleções de poesia clássica e moderna.[8] Tinham seus prediletos: *O conde de Monte Cristo*, de Alexandre Dumas, por exemplo, tornou-se uma escolha tão popular que um grupo de trabalhadores escreveu ao autor pouco antes da morte dele, em 1870, pedindo-lhe que cedesse o nome de seu herói para um charuto; Dumas consentiu.

Segundo Mario Sánchez, um pintor de Key West que em 1991 ainda se lembrava de *lectores* lendo para os enroladores de charuto no final da década de 1920, as leituras decorriam em silêncio concentrado e não eram permitidos comentários ou questões antes do final da sessão. Sánchez relembra: "Meu pai foi leitor na fábrica de charutos Eduardo Hidalgo Gato, do início do século até os anos 20. De manhã, lia as notícias que traduzia dos jornais locais. Lia o noticiário internacional diretamente de jornais cubanos trazidos todos os dias de Havana. Do meio-dia até as três, lia romances. Tinha de interpretar as personagens imitando a voz de cada uma delas, como um ator". Os operários que haviam trabalhado muitos anos nas fábricas eram capazes de citar de memória longos trechos de poesia e mesmo de prosa. Sánchez mencionou um homem que lembrava todas as *Meditações* de Marco Aurélio.[9]

Ouvir alguém lendo para eles, descobriram os charuteiros, permitia-lhes revestir a atividade de enrolar as folhas escuras do tabaco — atividade mecânica e entorpecedora da mente — com aventuras a seguir, ideias a levar em consideração, reflexões das quais se apropriar. Não sabemos se, durante as longas horas na fábrica, lamentavam que o resto de seus corpos não participasse

129

do ritual de leitura; não sabemos se os dedos daqueles que sabiam ler ansiavam por virar uma página, por seguir uma linha; não sabemos se aqueles que nunca haviam aprendido a ler eram estimulados a fazê-lo.

Certa noite, poucos meses antes de sua morte, *circa* 547 — treze séculos antes dos *lectores* cubanos —, são Bento de Núrsia teve uma visão. Quando estava orando diante de sua janela aberta, olhando para a escuridão lá fora, "o mundo todo pareceu reunir-se em um raio de sol e surgir diante de seus olhos".[10] Nessa visão, o velho homem deve ter visto, com lágrimas nos olhos, "aquele objeto secreto e conjetural de cujo nome os homens se apoderaram, mas que ninguém jamais contemplou: o inconcebível universo".[11]

Bento renunciara ao mundo aos catorze anos de idade e abandonara a fortuna e os títulos de sua rica família romana. Por volta de 529, fundou um mosteiro no monte Cassino — um morro escarpado de 450 metros de altura, ao lado de um antigo santuário pagão, a meio caminho entre Roma e Nápoles — e estabeleceu para seus frades[12] uma série de regras, nas quais a autoridade de um código de leis substituía a vontade absoluta do superior do mosteiro. Talvez porque buscasse nas Escrituras a visão universal que lhe seria concedida anos depois, ou talvez porque acreditasse, como sir Thomas Browne, que Deus nos oferecia o mundo sob dois aspectos, como natureza e como livro,[13] Bento decretou que a leitura seria uma parte essencial da vida diária do mosteiro. O artigo 38 de sua regra explicitava o procedimento:

Na hora da refeição dos irmãos, sempre haverá leitura; ninguém deverá ousar pegar o livro aleatoriamente e começar a ler dali; mas aquele escolhido para ler durante toda a semana deverá começar seus deveres no domingo. E, entrando em seu ofício depois da Missa e Comunhão, deverá pedir a todos que orem por ele, que Deus o afaste do espírito de exaltação. E este verso deverá ser dito no oratório três vezes por todos, sendo ele o primeiro: "Oh, Senhor, abre meus lábios e que minha boca manifeste Teu louvor". E assim, tendo recebido a bênção, ele deverá assumir seus deveres de leitor. E deverá haver o maior silêncio à mesa, de tal forma que nenhum sussurro ou voz, exceto a do leitor, seja ouvido. E o que quer que seja necessário no tocante à comida, os irmãos deverão passar uns para os outros, de tal forma que ninguém precise pedir nada.[14]

Tal como nas fábricas cubanas, o livro a ser lido não era escolhido por acaso, mas, diferentemente do que ocorria nas fábricas, onde os títulos eram escolhidos por consenso, no mosteiro a escolha era feita pelas autoridades da comunidade. Para os trabalhadores cubanos, os livros podiam se tornar (muitas vezes isso acontecia) a posse íntima de cada ouvinte, mas, para os discípulos de são Bento, era preciso evitar exaltação, prazer pessoal e orgulho, pois a fruição do texto deveria ser comunitária, não individual. A oração a Deus, pedindo-lhe que abrisse os lábios do leitor, colocava o ato de ler nas mãos do Todo--Poderoso. Para são Bento, o texto — a Palavra de Deus — estava acima do gosto pessoal, senão acima da compreensão. O texto era imutável e o autor (ou Autor), a autoridade definitiva. Por fim, o silêncio à mesa, a falta de resposta da audiência, era necessário não só para garantir a concentração, mas também para impedir qualquer vestígio de comentário particular sobre os livros sagrados.[15]

Mais tarde, nos mosteiros cistercienses, fundados em toda a Europa a partir do começo do século XII, a regra de são Bento foi usada para assegurar um fluxo ordeiro à vida monástica, na qual as angústias e os desejos pessoais se submetiam às necessidades comunais. As violações das regras eram punidas com flagelação e os infratores eram separados da congregação, isolados de seus irmãos. Solidão e privacidade eram consideradas punições; os segredos eram de conhecimento comum; as buscas individuais de qualquer tipo, intelectuais ou não, eram firmemen-

131

te desestimuladas; a disciplina era a recompensa daqueles que viviam bem dentro da comunidade. Na vida cotidiana, os monges cistercienses jamais ficavam sozinhos. Às refeições, seus espíritos eram distraídos dos prazeres da carne e reuniam-se na palavra sagrada através da leitura prescrita por são Bento.[16]

Reunir-se para ouvir alguém ler tornou-se também uma prática necessária e comum no mundo laico da Idade Média. Até a invenção da imprensa, a alfabetização era rara e os livros, propriedade dos ricos, privilégio de um pequeno punhado de leitores. Embora alguns desses senhores afortunados ocasionalmente emprestassem seus livros, eles o faziam para um número limitado de pessoas da própria classe ou família.[17] As pessoas que queriam familiarizar-se com determinado livro ou autor tinham amiúde mais chance de ouvir o texto recitado ou lido em voz alta do que de segurar o precioso volume nas mãos.

Havia diferentes maneiras de ouvir um texto. A partir do século XI, em todos os reinos da Europa *joglars* itinerantes recitavam ou cantavam versos deles mesmos ou de autoria dos mestres trovadores, armazenados em suas prodigiosas memórias. Esses *joglars* eram artistas públicos que se apresentavam em feiras e mercados, bem como diante das cortes. Eram, em sua maioria, de origem pobre e em geral negavam a eles a proteção da lei e os sacramentos da Igreja.[18] Os trovadores, como Guillaume da Aquitânia, avô de Eleanora, e Bertran de Born, senhor de Hautefort, descendiam de linhagens nobres e escreviam canções formais em louvor de seus amores inatingíveis. Dos cerca de cem trovadores conhecidos pelo nome que atuaram entre o começo do século XII e o início do século XIII, quando floresceu essa moda, cerca de vinte eram mulheres. Parece que em geral os *joglars* eram mais populares que os trovadores, de tal forma que artistas com pretensões intelectuais, como Pedro Pictor, queixavam-se de que "alguns dos altos eclesiásticos preferem ouvir os versos tolos de um jogral às estrofes bem compostas de um poeta latino sério"[19] — querendo referir-se a si mesmo.

Ouvir a leitura de um livro era uma experiência um tanto diferente. O recital dos jograis tinha todas as características

132

óbvias de uma representação teatral, e seu sucesso ou fracasso dependia, em larga medida, da capacidade do intérprete de variar expressões, uma vez que o tema era bastante previsível. Ao mesmo tempo em que dependia também da capacidade de "desempenho" do leitor, a leitura pública punha mais ênfase no texto do que no leitor. A plateia dos recitais observaria um jogral cantar as canções de determinado trovador, como o célebre Sordello; a plateia de uma leitura pública podia ouvir a anônima *História de Renard, a raposa* lida por qualquer membro alfabetizado da casa.

Nas cortes, e às vezes também em casas mais humildes, os livros eram lidos em voz alta para familiares e amigos, tanto com finalidade de instrução quanto de entretenimento. As leituras ao jantar não tinham a intenção de distrair das alegrias do paladar; ao contrário, pretendiam realçá-las com diversão criativa, uma prática trazida dos tempos do Império Romano. Plínio, o Jovem, mencionou em uma carta que, quando comia com sua mulher ou com um grupo pequeno de amigos, gostava que lessem em voz alta um livro divertido.[20] No início do século XIV, a condessa Mahaut de Artois viajava com sua biblioteca em grandes malas de couro, e, à noite, uma dama de companhia lia para ela obras filosóficas ou relatos interessantes sobre terras estrangeiras, como as *Viagens* de Marco Polo.[21] Pais alfabetizados liam para seus filhos. Em 1399, o notário toscano Ser Lapo Mazzei escreveu a um amigo, o mercador Francesco di Marco Datini, pedindo-lhe emprestado *As pequenas flores de são Francisco*, a fim de lê-lo em voz alta para os filhos: "Os meninos vão se deliciar nas noites de inverno, pois se trata, como sabes, de leitura muito fácil".[22] Em Montaillou, no começo do século XIV, Pierre Clergue, o pároco da aldeia, lia em voz alta, em diferentes ocasiões, um assim chamado *Livro da fé dos hereges*, para os que se sentavam em torno da lareira na casa das pessoas; na aldeia de Ax-les-Thermes, mais ou menos na mesma época, o camponês Guillaume Andorran, descoberto lendo um evangelho herético para sua mãe, foi processado pela Inquisição.[23]

133

Os *Évangiles des quenouilles* [Evangelhos das rocas] do século XV mostram quão fluidas podiam ser essas leituras informais. O narrador, um velho letrado, "uma noite, depois da ceia, durante as longas noites de inverno entre o Natal e a Candelária", visita a casa de uma anciã, onde várias vizinhas reúnem-se amiúde para "fiar e conversar sobre muitas coisas alegres e sem importância". As mulheres, observando que os homens de seu tempo "escrevem incessantemente pasquins difamatórios e livros infecciosos contra a honra do sexo feminino", pedem ao narrador que frequente suas reuniões — uma espécie de grupo de leitura *avant la lettre* — e funcione como escrivão, enquanto as mulheres leem em voz alta certos trechos sobre os sexos, casos de amor, relações entre marido e mulher, superstições e costumes locais, bem como tecem comentários sobre eles de um ponto de vista feminino. "Uma de nós começará a leitura e lerá alguns capítulos para todas as outras presentes", explica uma das fiandeiras com entusiasmo, "de tal forma a prendê-los e fixá-los permanentemente em nossas memórias."[24] Durante seis dias as mulheres leem, interrompem, comentam, fazem objeções e explicam, parecendo divertir-se imensamente, a ponto de o narrador achar a descontração delas cansativa, e, embora registrando fielmente suas palavras, julga que seus comentários "não têm rima nem razão". O narrador, sem dúvida, está acostumado com as dissertações escolásticas mais formais dos homens.

Leituras públicas informais em reuniões não programadas eram ocorrências bastante comuns no século XVII. Parando numa estalagem durante sua busca do errante dom Quixote, o padre que queimou tão diligentemente os livros da biblioteca do cavaleiro explica aos circunstantes como a leitura de novelas de cavalaria afetou a mente de dom Quixote. O estalajadeiro não concorda com tal afirmação, confessando que gosta muito de escutar essas histórias em que o herói luta valentemente contra gigantes, estrangula serpentes monstruosas e derrota sozinho exércitos enormes. Diz ele: "Na época da colheita, durante as festividades, muitos trabalhadores reúnem-se aqui e há sempre uns poucos que sabem ler, e um deles pega um desses livros nas mãos e mais de trinta amontoam-se em torno dele, e ouvem-no com tanto prazer que nossos cabelos brancos ficam jovens de novo". A filha dele também faz parte da plateia, mas não gosta das cenas de violência; prefere "escutar as lamentações que o cavaleiro faz quando suas damas estão ausentes, o que às vezes me faz chorar de pena dele". Um viajante que carrega consigo várias novelas de cavalaria (as quais o padre quer queimar de imediato) leva também na bagagem o manuscrito de uma novela. Um pouco a contragosto, o padre concorda em lê-la em voz alta para todos os presentes. O título da novela é, apropriadamente, *O impertinente curioso*,[25] e sua leitura ocupa os três capítulos seguintes, enquanto todos se sentem livres para interromper e comentar à vontade.[26]

Eram tão descontraídas essas reuniões, tão livres dos constrangimentos das leituras institucionalizadas, que os ouvintes (ou o leitor) podiam transferir mentalmente o texto para seu próprio tempo e lugar. Dois séculos depois de Cervantes, o editor escocês William Chambers escreveu a biografia de seu irmão Robert, com quem fundara em 1832 a famosa companhia de Edimburgo que leva seu nome, e relembrou leituras desse tipo em Peebles, cidade de sua infância: "Meu irmão e eu retirávamos muito prazer, para não dizer instrução, de antigas baladas e histórias lendárias cantadas ou narradas por uma espécie de velha parente nossa, esposa de um comerciante decadente, que morava numa daquelas ruelas sem saída de antigamente. Junto a sua humilde lareira, coberta por uma enorme chaminé, onde seu marido meio cego e aposentado cochilava numa cadeira, a batalha de Corunna e outras notícias importantes misturavam-se estranhamente a dissertações sobre as guerras judaicas. A fonte dessas conversas interessantes era um exemplar bastante gasto, de Josephus, numa tradução feita por L'Estrange, um pequeno fólio datado de 1720. O invejado dono da obra era Tam Fleck, 'um rapaz estouvado', como costumavam chamá-lo; não sendo particularmente constante em seu emprego legítimo, criou uma espécie de profissão circulando à noite com o seu Josephus e, lendo-o como se fossem as notícias do momento; a única luz com que contava para fazer isso era geralmente a das chamas bruxuleantes de um pedaço de carvão. Tinha por norma não ler mais de duas ou três páginas de cada vez, entremeadas com observações sagazes, como se fossem notas de pé de página, e dessa forma sustentava um interesse extraordinário pela narrativa. Distribuindo a matéria com grande equanimidade nos diferentes lares, Tam mantinha a todos no mesmo ponto de informação e os envolvia com a devida ansiedade em relação ao desfecho de algum evento emocionante dos anais hebraicos. Embora percorresse todo o Josephus anualmente, a novidade parecia, de alguma forma, jamais se desgastar".[27]

— E aí, Tam, quais são as novidades? — perguntava o velho Geordie Murray quando Tam entrava com o Josephus debaixo do braço e sentava-se junto à lareira.
— Más notícias, más notícias — respondia Tam. — Tito começou a assediar Jerusalém. A coisa vai ser terrível.[28]

Durante o ato de ler (de interpretar, de recitar), a posse de um livro adquire às vezes o valor de talismã. No norte da França, ainda hoje os contadores de história das aldeias usam os livros como suporte; eles decoram o texto, mas depois exibem autoridade fingindo que leem o livro, mesmo quando o seguram de cabeça para baixo.[29] Há algo em relação à posse de um livro — um objeto que pode conter fábulas infinitas, palavras de sabedoria, crônicas de tempos passados, casos engraçados e revelações divinas — que dota o leitor do poder de criar uma história e o ouvinte, de um sentimento de estar presente no momento da criação. O que importa nessas recitações é que o momento da leitura seja plenamente reencenado — isto é, com um leitor, uma plateia e um livro —, sem o que a apresentação não seria completa.

No tempo de são Bento, ouvir alguém ler era considerado um exercício espiritual; em séculos posteriores, esse propósito elevado foi usado para esconder outras funções, menos decorosas. Por exemplo, no começo do século XIX, quando a noção de

136

uma mulher culta ainda era desaprovada na Inglaterra, ouvir leituras tornou-se uma das maneiras aceitas de estudar. A romancista Harriet Martineau lamentava em *Autobiographical Memoir*, publicada após sua morte, em 1876, que "quando era jovem, não se julgava apropriado a uma senhorita estudar às claras; esperava-se que ela ficasse sentada na sala de estar com sua costura, ouvisse a leitura em voz alta de um livro e estivesse pronta para receber visitas. Quando estas chegavam, a conversa voltava-se amiúde para o livro recém-abandonado que, portanto, deveria ser escolhido com cuidado, a fim de que o visitante não levasse para seu próximo anfitrião um relato da deplorável complacência demonstrada pela família que acabara de visitar".[30]

Por outro lado, alguém poderia ler em voz alta a fim de *produzir* essa complacência tão lamentada. Em 1781, Diderot escreveu de maneira divertida sobre um método para "curar" sua esposa fanática, Nanette — que se dizia determinada a não tocar em nenhum livro, exceto se ele contivesse algo espiritualmente edificante —, submetendo-a durante várias semanas a uma dieta de literatura vulgar. "Tornei-me seu Leitor. Administro-lhe três pitadas de *Gil Blas* todos os dias: uma pela manhã, outra após o jantar e uma à noite. Quando terminarmos *Gil Blas*, passaremos para *O diabo sobre duas varas*, *O celibatário de Salamanca* e outras obras estimulantes da mesma categoria. Alguns anos e umas poucas centenas dessas leituras completarão a cura. Se tivesse certeza do sucesso, não deveria queixar-me do trabalho. O que me diverte é que ela recebe todos que a visitam repetindo-lhes o que acabei de ler para ela, de tal forma que a conversação duplica o efeito do remédio. Já falei dos romances como produções frívolas, mas descobri finalmente que eles são bons para a depressão. Darei ao dr. Tronchin a fórmula da próxima vez que o visitar. *Receita:* oito a dez páginas do *Roman comique* de Scarron; quatro capítulos do *Dom Quixote;* um parágrafo bem escolhido de Rabelais; instilar uma quantidade razoável de *Jacques, o fatalista* ou *Manon Lescaut*, e variar essas drogas como se variam as ervas, substituindo-as por outras de qualidade similar, se necessário."[31]

Ouvir alguém ler permite ao ouvinte uma escuta íntima das reações que normalmente devem passar despercebidas, uma experiência catártica que o romancista espanhol Benito Pérez Galdós descreveu em um de seus *Episodios nacionales*. Dona Manuela, uma leitora de classe média do século XIX, retira-se para a cama com a desculpa de que não quer ficar febril por ler completamente vestida sob a luz da lâmpada da sala de visitas, numa noite quente do verão madrilenho. Seu galante admirador, general Leopoldo O'Donnell, oferece-se para ler para ela até que durma e escolhe um dos romances caça-níqueis que a senhora adora, "uma daquelas tramas enroladas e confusas, mal traduzidas do francês". Guiando os olhos com o dedo indicador, O'Donnell lê a descrição de um duelo no qual um jovem loiro fere um certo monsieur Massenot:

— Que maravilha! — exclamou dona Manuela, arrebatada.
— Esse rapaz loiro, está lembrado? É o artilheiro que veio da Bretanha disfarçado de mendigo. Pela aparência dele, deve ser o filho natural da duquesa. [...] Vamos adiante. [...] Mas, de acordo com o que você acabou de ler — observou dona Manuela — quer dizer que ele cortou fora o nariz de Massenot?
— É o que parece. [...] Aqui diz claramente: "O rosto de Massenot estava coberto de sangue que corria como dois riachos por entre seu bigode grisalho".
— Estou encantada. [...] É bem feito, e deixe-o voltar para receber mais. Vejamos agora o que o autor vai nos contar.[32]

Porque ler em voz alta não é um ato privado, a escolha do material de leitura deve ser socialmente aceitável tanto para o leitor como para o público. Na reitoria de Steventon, em Hampshire, os membros da família Austen liam uns para os outros em diferentes momentos do dia e comentavam a pertinência de cada seleção. "Meu pai lê Cowper para nós de manhã, o que ouço quando posso", escreveu Jane Austen em 1808.

138

"Obtivemos o segundo volume de *Espriella's Letters* [Cartas de Espriella, de Southey], que li em voz alta à luz de velas." "Deveria ficar encantada com *Marmion* [de Walter Scott]? Até agora, não estou. James [o irmão mais velho] o lê em voz alta todas as noites — a noite curta, começando por volta das dez, e interrompida pela ceia." Ouvindo *Alphonsine*, de madame de Genlis, Austen sente-se indignada: "Ficamos desgostosos em vinte páginas, pois, independentemente da má tradução, contém indelicadezas que desgraçam uma pena até agora tão pura, e mudamos para o *Female Quixote* [Quixote feminino, de Lennox], que agora faz a diversão de nossas noites, para mim muito intensa, pois acho a obra bastante igual ao que me lembrava dela".[33] (Mais tarde, nos escritos de Austen, haverá ecos desses livros que ela ouvira ler em voz alta, em referências diretas feitas por personagens definidas por seus gostos e aversões literárias: sir Edward Denham despreza Scott como "maçante" em *Sandition*, e em *A abadia de Northanger* John Thorpe diz: "Nunca leio romances" — embora confesse em seguida que acha *Tom Jones*, de Fielding, e *O monge*, de Lewis, "toleravelmente decentes".)

Ouvir alguém ler com o propósito de purificar o corpo, por prazer, para instrução ou para dar aos sons supremacia sobre o sentido, ao mesmo tempo enriquece e empobrece o ato de ler. Permitir que alguém pronuncie as palavras de uma página para nós é uma experiência muito menos pessoal do que segurar o livro e seguir o texto com nossos próprios olhos. Render-se à voz do leitor — exceto quando a personalidade do ouvinte é dominadora — retira nossa capacidade de estabelecer um certo ritmo para o livro, um tom, uma entonação que é exclusiva de cada um. O ouvido é condenado à língua de outra pessoa, e nesse ato estabelece-se uma hierarquia (às vezes tornada aparente pela posição privilegiada do leitor, numa cadeira separada ou num pódio) que coloca o ouvinte nas mãos do leitor. Até fisicamente, o ouvinte seguirá amiúde o exemplo do leitor. Descrevendo uma leitura entre amigos, Diderot escreveu em 1759: "Sem pensamento consciente de nenhuma das partes, o leitor dispõe-se da maneira que julga mais apropriada e o ouvinte faz o mesmo. [...] Acrescente-se uma terceira personagem à cena, e ela se submeterá à lei das duas anteriores: trata-se de um sistema combinado de três interesses".[34]

Ao mesmo tempo, o ato de ler em voz alta para um ouvinte atento força frequentemente o leitor a se tornar mais meticuloso, a ler sem pular e sem voltar a um trecho anterior, fixando o texto por meio de uma certa formalidade ritual. Nos mosteiros beneditinos ou nas salas de inverno da baixa Idade Média, nas estalagens e cozinhas da Renascença ou nas salas de visita e fábricas de charuto do século XIX — ainda hoje, ouvindo um ator ler um livro em fita cassete enquanto dirigimos pela estrada —, a cerimônia de ouvir alguém ler sem dúvida priva o ouvinte de um pouco da liberdade inerente ao ato de ler — escolher um tom, sublinhar um ponto, retornar às passagens preferidas —, mas também dá ao texto versátil uma identidade respeitável, um sentido de unidade no tempo e uma existência no espaço que ele raramente tem nas mãos volúveis de um leitor solitário.

A FORMA DO LIVRO

MINHAS MÃOS, escolhendo um livro que quero levar para a cama ou para a mesa de leitura, para o trem ou para dar de presente, examinam a forma tanto quanto o conteúdo. Dependendo da ocasião e do lugar que escolhi para ler, prefiro algo pequeno e cômodo, ou amplo e substancial. Os livros declaram-se por meio de seus títulos, seus autores, seus lugares num catálogo ou numa estante, pelas ilustrações em suas capas; declaram-se também pelo tamanho. Em diferentes momentos e em diferentes lugares, acontece de eu esperar que certos livros tenham determinada aparência, e, como ocorre com todas as formas, esses traços cambiantes fixam uma qualidade precisa para a definição do livro. Julgo um livro por sua capa; julgo um livro por sua forma.

Desde os primórdios, os leitores exigiram livros em formatos adaptados ao uso que pretendiam lhes dar. As tabuletas mesopotâmicas eram geralmente blocos de argila quadrados, às vezes oblongos, de cerca de 7,5 centímetros de largura; cabiam confortavelmente na mão. Um livro consistia de várias dessas tabuletas, mantidas talvez numa bolsa ou caixa de couro, de forma que o leitor pudesse pegar tabuleta após tabuleta numa ordem predeterminada. É possível que os mesopotâmicos também tivessem livros encadernados de modo parecido ao dos nossos volumes: monumentos funerários de pedra neo-hititas representam alguns objetos semelhantes a códices — talvez uma série de tabuletas presas umas às outras dentro de uma capa —, mas nenhum livro desses chegou até nós.

Nem todos os livros da Mesopotâmia destinavam-se a ser segurados na mão. Existem textos escritos em superfícies muito maiores, tais como o Código de Leis da Média Assíria, encontrado em Assur e datado do século XII a.C., que mede 6,2 metros quadrados e traz o texto em colunas de ambos os lados.[1] Obviamente, esse "livro" não se destinava a ser carregado, mas erguido e consultado como obra de referência. Nesse caso, o tamanho devia ter também um significado hierárquico: uma tabuleta pequena poderia sugerir um negócio privado; um livro de leis nesse formato tão grande com certeza aumentava, aos olhos do leitor mesopotâmico, a autoridade das leis.

Independentemente do que um leitor pudesse desejar, o formato de um livro era limitado, claro. A argila era conveniente para fazer tabuletas e o papiro (as hastes secas e divididas de uma espécie de junco) podia ser transformado em rolos manuseáveis; ambos eram relativamente portáteis. Mas nenhum dos dois era próprio para a forma de livro que substituiu tabuletas e rolos: o códice, ou feixe de páginas encadernadas. Um códice de tabuletas de argila seria pesado e impraticável, e, embora tenha havido códices feitos de papiro, esse material era quebradiço demais para ser dobrado em brochuras. Por outro lado, o pergaminho ou o velino (ambos feitos de peles de animais, mediante procedimentos diferentes) podiam ser cortados ou dobrados em diversos tamanhos. Segundo Plínio, o Velho, o rei Ptolomeu do Egito, desejando manter como segredo nacional a produção do papiro, a fim de favorecer sua biblioteca de Alexandria, proibiu a exportação do produto, forçando assim seu rival Eumenes, soberano de Pérgamo, a descobrir um outro material para os livros de sua biblioteca.[2] A crer em Plínio, o édito do rei Ptolomeu levou à invenção do pergaminho em Pérgamo no século II a.C., embora os documentos mais antigos em pergaminho que conhecemos hoje datem de um século antes.[3] Esses materiais não eram usados exclusivamente para um tipo de livro: havia rolos feitos de pergaminho e, como dissemos, códices feitos de papiros, mas eram raros e pouco práticos. No século IV, e até o aparecimento do papel na Itália, oito séculos depois, o pergaminho foi o material preferido em toda a Europa para fazer livros. Não só era mais resistente e macio que o papiro, como também mais barato, uma vez que o leitor que quisesse livros escritos em papiro (apesar do decreto de Ptolomeu) teria de importá-los do Egito a um custo considerável.

O códice de pergaminho logo se tornou a forma comum dos livros para autoridades e padres, viajantes e estudantes — na verdade, para todos aqueles que precisavam transportar em boas condições seu material de leitura de um lugar para o outro e consultar qualquer parte do texto com facilidade. Ademais, ambos os lados da folha podiam conter texto e as quatro margens de uma página de códice facilitavam a inclusão de glosas e comentários, permitindo ao leitor pôr seu dedo na história — participação que era muito mais difícil na leitura de um rolo. A própria organização dos textos, antes divididos conforme a capacidade de um rolo (no caso da *Ilíada* de Homero, por exemplo, é provável que a divisão do poema em 24 livros tenha resultado do fato de que ele normalmente ocupava 24 rolos), mudou. O texto agora podia ser organizado segundo seu conteúdo, em livros ou capítulos, ou tornar-se ele mesmo um componente, quando várias obras menores eram convenientemente reunidas em um volume único de fácil manejo. Os desajeitados rolos possuíam uma superfície limitada — desvantagem da qual temos hoje aguda consciência, ao voltar a esse antigo formato de livro em nossas telas de computador, que revelam apenas uma parte do texto de cada vez, à medida que "rolamos" para cima ou para baixo. O códice, por outro lado, permitia que o leitor pulasse rapidamente para outras páginas e assim retivesse um sentimento da totalidade — sentimento composto pelo fato de que em geral o texto inteiro permanecia nas mãos dele durante toda a leitura. O códice tinha outros méritos extraordinários: destinando-se originalmente a ser transportado com facilidade e, portanto, sendo necessariamente pequeno, cresceu em tamanho e número de páginas, tornando-se, senão ilimitado, pelo menos muito maior do que qualquer livro anterior. Marcial, poeta do século I, admirava-se com os poderes mágicos de um objeto pequeno o suficiente para caber na mão e, ao mesmo tempo, portador de uma infinidade de maravilhas:

Homero em páginas de pergaminho!
A Ilíada e todas as aventuras
De Ulisses, inimigo do reino de Príamo!
Tudo enfeixado em um pedaço de pele
Dobrado em várias pequenas folhas![4]

As vantagens do códice prevaleceram: por volta do ano 400, o rolo clássico estava quase abandonado e a maioria dos livros era produzida como folhas reunidas de formato retangular. Dobrado uma vez, o pergaminho tornava-se um fólio; dobrado duas vezes, um in-quarto; dobrado mais uma vez, um in-octavo. No século XVI, os formatos das folhas dobradas já haviam se tornado oficiais: na França, em 1527, Francisco I decretou tamanhos padrões de papel em todo o reino; quem infringisse a regra era jogado na prisão.[5]

De todas as formas que os livros assumiram ao longo do tempo, as mais populares foram aquelas que permitiam ao leitor mantê-lo confortavelmente nas mãos. Mesmo na Grécia e em Roma, onde os rolos costumavam ser usados para todos os tipos de texto, as cartas particulares eram em geral escritas em pequenas tabuletas de cera reutilizáveis, protegidas por bordas elevadas e capas decoradas. Com o tempo, as tabuletas cederam lugar a folhas reunidas de pergaminho fino, às vezes de cores diferentes, usadas para rabiscar anotações rápidas ou fazer contas. Em Roma, por volta do século III, esses livretes perderam seu valor prático e passaram a ser estimados em função da aparência das capas. Encadernados em chapas de marfim finamente decoradas, eram oferecidos como presente a altos funcionários, quando de sua nomeação; acabaram se tornando presentes particulares também, e os cidadãos ricos começaram a se presentear com livretes nos quais escreviam um poema ou uma dedicatória. Logo, livreiros empreendedores começaram a fazer pequenas coleções de poemas — pequenos livros de presente cujo mérito estava menos no conteúdo do que na elaborada ornamentação.[6]

O tamanho de um livro, fosse um rolo ou um códice, determinava a forma do lugar onde seria guardado. Os rolos eram armazenados em caixas de madeira (semelhantes a caixas de chapéu), com rótulos de argila no Egito e de pergaminho em Roma, ou em estantes com etiquetas (o *index* ou *titulus*) à mostra, para que o livro pudesse ser facilmente identificado. Os códices eram guardados deitados, em prateleiras feitas com esse objetivo. Descrevendo a visita a uma casa de campo na Gália por volta do ano 470, Caio Sólio Apolinário Sidônio, bispo de Auvergne, mencionou várias estantes de livros que variavam segundo o tamanho dos códices que deviam guardar: "Havia também livros em quantidade; poderias ter a impressão de estar olhando para aquelas prateleiras à altura do peito (*plantei*) que os gramáticos usam, ou para as estantes em forma de cunha (*cunei*) do Ateneu, ou para os armários (*armaria*) lotados dos livreiros".[7] De acordo com Sidônio, os livros que encontrou lá eram de dois tipos: clássicos latinos para os homens e livros de devoção para as mulheres.

Tendo em vista que boa parte da vida dos europeus da Idade Média passava-se em ofícios religiosos, não surpreende que um dos livros mais populares da época fosse o livro de orações pessoais ou livro de horas, comumente representado em pinturas da Anunciação. Escrito em geral à mão ou impresso em formato pequeno, em muitos casos iluminado com requinte e opulência por mestres da arte, continha uma coleção de serviços curtos denominada "ofício menor da abençoada Virgem Maria", recitados em vários momentos do dia e da noite.[8] Tendo por modelo o ofício divino — os serviços completos ditos diariamente pelo clero —, o ofício menor compreendia os Salmos e outros trechos das Escrituras, bem como hinos, o ofício dos mortos, orações especiais para os santos e um calendário. Esses volumes pequenos eram eminentemente instrumentos portáteis da devoção, podendo ser usados pelo crente tanto em serviços públicos da igreja como em orações privadas. Seu tamanho tornava-os adequados às crianças: por volta de 1493, o duque Gian Galeazzo Sforza, de Milão, mandou fazer um livro de horas para seu filho de três anos, Francesco Maria Sforza, Il Duchetto, que, representado em uma das páginas, aparecia conduzido por um anjo da guarda através de uma região inóspita. A decoração dos livros de horas era luxuosa, mas variava de acordo com o cliente e o que ele podia pagar. Muitas representavam o brasão da família ou um retrato do leitor. Os livros de horas tornaram-se presentes de casamento convencionais para a nobreza e, mais tarde, para a burguesia rica. No final do século XV, os iluminadores de livros de Flandres já dominavam o mercado europeu, despachando delegações comerciais para toda a Europa, criando o equivalente às nossas listas de casamento.[9] O belo livro de horas encomendado para o casamento de Ana da Bretanha em 1490 foi feito do tamanho da mão dela.[10] Destinava-se a um único leitor, absorto tanto nas palavras das orações, repetidas mês após mês, ano após ano, como nas sempre surpreendentes ilustrações, cujos detalhes jamais seriam totalmente decifrados e cuja urbanidade — as cenas do Velho e do Novo Testamento acontecem em paisagens modernas — trazia as palavras sacras para um cenário contemporâneo ao do leitor.

Assim como volumes pequenos serviam a propósitos específicos, os grandes volumes atendiam a outras necessidades dos leitores. Por volta do século V, a Igreja católica começou a produzir enormes livros de culto — missais, corais, antifonários — que, expostos sobre um atril no meio do coro, permitiam que os leitores seguissem as palavras ou notas musicais sem nenhuma dificuldade, como se estivessem lendo uma inscrição monumental. Há um belo antifonário na biblioteca da abadia de Saint Gall, contendo uma seleção de textos litúrgicos em letras tão grandes que podem ser lidas a uma boa distância, seguindo-se a cadência de cantos melódicos, por coros de até vinte cantores;[11] a vários metros de distância, posso ver as notas com absoluta clareza, e gostaria que meus livros de referência pudessem ser consultados com a mesma facilidade. Alguns desses livros de culto eram tão imensos que tinham de ser postos sobre rodinhas para que pudessem ser movidos. No entanto, muito raramente saíam do lugar. Decorados com latão ou marfim, protegidos com cantos de metal, fechados por fivelas gigantescas, eram livros para serem lidos comunalmente e à distância, desautorizando qualquer leitura íntima ou sentimento de posse individual.

Visando ler um livro de maneira confortável, os leitores inventaram engenhosos aperfeiçoamentos para o atril e a escrivaninha. Há uma estátua de são Gregório, o Grande, feita de pedra pigmentada em Verona, em algum momento do século XIV, e preservada no Victoria and Albert Museum de Londres: ela mostra o santo numa espécie de mesa de leitura articulada, que lhe permitia apoiar o atril em diferentes ângulos ou levantá-lo para poder sair. Uma gravura do século XIV mostra um estudioso numa biblioteca cheia de livros, escrevendo numa mesa com atril octogonal que lhe permite trabalhar de um lado, depois girar a mesa e ler os livros já dispostos nos outros sete lados. Em 1588, o engenheiro italiano Agostino Ramelli, a serviço do rei da França, publicou um livro que descrevia uma série de máquinas. Uma delas era uma "mesa de leitura rotativa", que Ramelli apresenta como "uma bela e engenhosa máquina, muito útil e conveniente para as pessoas que têm prazer no estudo, em especial para aquelas que sofrem de indisposição ou que estão sujeitas à gota: pois com esse tipo de máquina um homem pode ver e ler uma grande quantidade de livros sem sair do lugar: ademais, tem esta excelente conveniência que é a de ocupar pouco espaço no lugar onde é colocada, como qualquer pessoa de discernimento pode apreciar vendo o desenho".[12] (Um modelo em escala real dessa maravilhosa roda de leitura apareceu no filme *Os três mosqueteiros*, dirigido em 1974 por Richard Lester.) Assento e mesa de leitura podiam se combinar num único móvel. A engenhosa cadeira de rinha (assim chamada por ter sido representada em ilustrações de briga de galo) foi feita na Inglaterra no início do século XVIII, especificamente para bibliotecas. O leitor sentava-se a cavalo nela, de frente para a estante atrás da cadeira, e apoiava-se nos braços largos, obtendo suporte e conforto.

Às vezes um dispositivo de leitura surgia de um tipo diferente de necessidade. Benjamin Franklin conta que, durante o reinado da rainha Maria, seus ancestrais protestantes escondiam as Bíblias inglesas, mantendo-as "abertas e presas com fitas sob um banco portátil". Sempre que o trisavô de Franklin lia para a família, "punha o banco de cabeça para baixo sobre os joelhos, virando as páginas sob as fitas. Um dos meninos ficava na porta para avisar se via chegando o *apparitor*, que era um oficial da corte espiritual. Nesse caso, o banco voltava à posição normal e a Bíblia continuava escondida como antes".[13]

Fazer um livro artesanalmente, fossem os imensos volumes presos aos atris ou os requintados livretes feitos para mãos de criança, era um processo longo e laborioso. Uma mudança ocorrida na Europa na metade do século XV não só reduziu o número de horas de trabalho necessárias para produzir um livro, como aumentou enormemente a produção de livros, alterando para sempre a relação do leitor com aquilo que deixava de ser um objeto único e exclusivo confeccionado pelas mãos de um escriba. A mudança, evidentemente, foi a invenção da imprensa.

Em algum momento da década de 1440, um jovem gravador e lapidador do arcebispado da Mogúncia, cujo nome completo era Johannes Gensfleisch zur Laden zum Gutenberg (que o espírito prático do mundo dos negócios abreviou para Johann Gutenberg), percebeu que se poderia ganhar em rapidez e eficiência se as letras do alfabeto fossem cortadas na forma de tipos reutilizáveis, e não como os blocos de xilogravura então usados ocasionalmente para imprimir ilustrações. Gutenberg experimentou durante muitos anos, tomando emprestadas grandes quantias de dinheiro para financiar o empreendimento. Conseguiu criar todos os elementos essenciais da impressão tais como foram usados até o século XX: prismas de metal para moldar as faces das letras, uma prensa que combinava características daquelas utilizadas na fabricação de vinho e na encadernação, e uma tinta de base oleosa — nada que já existisse antes.[14] Por fim, entre 1450 e 1455 Gutenberg produziu uma Bíblia com 42 linhas por página — o primeiro livro impresso com tipos[15] — e levou as páginas impressas para a Feira Comercial de Frankfurt. Por um extraordinário golpe de sorte, temos uma carta de um certo Enea Silvio Piccolomini ao cardeal de Carvajal, datada de 12 de março de 1455, em Wiener Neustadt, contando a Sua Eminência que vira a Bíblia de Gutenberg na feira:

> Não vi nenhuma Bíblia completa, mas vi um certo número de livretes [cadernos] de cinco páginas de vários dos livros da Bíblia, com letras muito claras e dignas, sem quaisquer erros, que Vossa Eminência teria sido capaz de ler sem esforço e sem óculos. Várias testemunhas disseram-me que 158 exemplares foram completados, enquanto outros dizem que havia 180. Não estou certo da quantidade, mas da conclusão dos livros, se podemos crer nas pessoas, não tenho dúvidas. Soubesse eu de vossas vontades, teria certamente comprado um exemplar. Vários desses livretes de cinco páginas foram mandados para o próprio imperador. Tentarei, tanto quanto possível, conseguir que uma dessas Bíblias seja posta à venda e comprarei um exemplar para vós. Mas temo que isso não seja possível, devido à distância e porque, dizem, antes mesmo de os livros ficarem prontos já havia clientes a postos para comprá-los.[16]

Os efeitos da invenção de Gutenberg foram instantâneos e de alcance extraordinário, pois quase imediatamente muitos leitores perceberam suas grandes vantagens: rapidez, uniformidade de textos e preço relativamente barato.[17] Poucos anos depois da impressão da primeira Bíblia, máquinas impressoras estavam instaladas em toda a Europa: em 1465 na Itália, 1470 na França, 1472 na Espanha, 1475 na Holanda e na Inglaterra, 1489 na Dinamarca. (A imprensa demorou mais para alcançar o Novo Mundo: os primeiros prelos chegaram em 1533 à Cidade do México e em 1638 a Cambridge, Massachusetts.) Calculou-se que mais de 30 mil *incunabula* (palavra latina do século XVII que significa "relacionado ao berço", usada para descrever os livros impressos antes de 1500) foram produzidos nesses prelos.[18] Vis-

149

to que as edições do século XV costumaram ser de menos de 250 exemplares e dificilmente chegavam a mil, a façanha de Gutenberg deve ser considerada prodigiosa.[19] De repente, pela primeira vez desde a invenção da escrita, era possível produzir material de leitura rapidamente e em grandes quantidades.

Talvez seja útil não esquecer que a imprensa, apesar das óbvias previsões de "fim do mundo", não erradicou o gosto pelo texto escrito à mão. Ao contrário, Gutenberg e seus seguidores tentaram imitar a arte dos escribas, e a maioria dos *incunabula* tem uma aparência de manuscrito. No final do século XV, embora a imprensa estivesse bem estabelecida, a preocupação com o traço elegante não desaparecera e alguns dos exemplos mais memoráveis de caligrafia ainda estavam por vir. Ao mesmo tempo que os livros se tornavam de acesso mais fácil e mais gente aprendia a ler, mais pessoas também aprendiam a escrever, frequentemente com estilo e grande distinção; o século XVI tornou-se não apenas a era da palavra escrita, como também o século dos grandes manuais de caligrafia.[20] É interessante observar a frequência com que um avanço tecnológico — como o de Gutenberg — antes promove do que elimina aquilo que supostamente deve substituir, levando-nos a perceber virtudes fora de moda que de outra forma não teríamos notado ou que consideraríamos sem importância. Em nosso tempo, a tecnologia dos computadores e a proliferação de livros em CD-ROM não afetaram — até onde mostram as estatísticas — a produção e venda de livros na antiquada forma de códice. Aqueles que veem nos computadores a encarnação do diabo (como Sven Birkerts os retrata numa obra dramaticamente intitulada *Elegias a Gutenberg*)[21] abrem espaço para que a nostalgia domine a experiência. Por exemplo, 359 437 livros novos (sem contar panfletos, revistas e periódicos) foram acrescentados em 1995 às já amplíssimas coleções da Biblioteca do Congresso.

O súbito aumento da produção de livros depois de Gutenberg enfatizou a relação entre o conteúdo e a forma física de um livro. Por exemplo: uma vez que se destinava a imitar os caros volumes feitos à mão da época, a Bíblia de Gutenberg era com-

150

prada em folhas reunidas e encadernada pelos compradores em grandes e imponentes tomos — em geral in-quartos medindo cerca de trinta por quarenta centímetros,[22] destinados a ficar expostos sobre um atril. Uma Bíblia desse tamanho em velino teria exigido a pele de mais de duzentas ovelhas ("uma cura certa para a insônia", comentou o livreiro e antiquário Alan G. Thomas).[23] Mas a produção rápida e barata levou a um mercado maior, composto por gente que podia comprar exemplares para ler em particular e que, portanto, não precisava de livros com tipos e formatos grandes; os sucessores de Gutenberg começaram então a produzir volumes menores, volumes que cabiam no bolso.

Em 1453, Constantinopla caiu para os turcos otomanos e muitos dos eruditos gregos que tinham fundado escolas nas praias do Bósforo partiram para a Itália. Veneza tornou-se o novo centro do saber clássico. Cerca de quarenta anos depois, o humanista italiano Aldus Manutius (que ensinara latim e grego a alunos brilhantes como Pico della Mirandola), achando difícil ensinar sem dispor de edições cuidadosas dos clássicos em formatos práticos, decidiu exercer as artes de Gutenberg e criou uma editora própria, na qual poderia produzir exatamente o tipo de livro que seus cursos pediam. Aldus escolheu Veneza para instalar sua impressora, a fim de aproveitar a presença dos estudiosos orientais, e provavelmente empregou como revisores e compositores outros exilados, refugiados cretenses que haviam sido escribas.[24] Em 1494, Aldus começou um ambicioso programa de publicações que produziria alguns dos volumes mais belos da história da imprensa: primeiro em grego — Sófocles, Aristóteles, Platão, Tucídides — e depois em latim — Virgílio, Horácio, Ovídio. Na concepção de Aldus, esses ilustres autores deveriam ser lidos "sem intermediários" — na língua original e quase sem anotações e glosas —, e, para possibilitar aos leitores "conversar livremente com os mortos gloriosos", publicou livros de gramática e dicionários junto com os textos clássicos.[25] Não somente buscou os serviços dos especialistas lo-

151

cais, como também convidou humanistas eminentes de toda a Europa — inclusive luminares como Erasmo de Roterdã — para ficar com ele em Veneza. Uma vez por dia, esses estudiosos reuniam-se na casa de Aldus para discutir os títulos que publicariam e que manuscritos seriam usados como fontes confiáveis, repassando as coleções de clássicos estabelecidas nos séculos anteriores. "Onde os humanistas medievais acumulavam, os renascentistas discriminavam", observou o historiador Anthony Grafton.[26] Aldus discriminava com olho infalível: à lista de escritores clássicos acrescentou as obras dos grandes poetas italianos, entre eles Dante e Petrarca.

À medida que as bibliotecas particulares cresciam, os leitores começaram a achar os volumes grandes não apenas difíceis de manusear e desconfortáveis para levar de um lado a outro, como inconvenientes para guardar. Em 1501, confiante no sucesso de suas primeiras publicações, Aldus respondeu à demanda dos leitores produzindo uma coleção de livros de bolso in--octavo — metade do tamanho do in-quarto —, impressos com elegância e editados meticulosamente. Para manter baixos os custos da produção, decidiu imprimir mil exemplares de cada vez, e, para usar a página de forma mais econômica, utilizou um tipo recém-desenhado, o *itálico* ou *grifo*, criado pelo talhador e fundidor de tipos Francesco Griffo, que também talhou o primeiro tipo romano no qual as maiúsculas eram menores do que as letras ascendentes (altura total) da caixa baixa, a fim de assegurar uma linha mais equilibrada. O resultado foi um livro que parecia muito mais simples do que as edições manuscritas ornamentadas, aquelas que haviam sido populares durante toda a Idade Média — um volume de sobriedade elegante. O mais importante para o possuidor de uma edição de bolso de Aldus era o texto, impresso com clareza e erudição — não um objeto ricamente decorado. Um sinal de sua popularidade pode ser visto na *Lista de preços das prostitutas de Veneza*, de 1536 — um catálogo das melhores e piores madames profissionais da cidade, no qual o viajante era informado sobre uma certa Lucrezia Squarcia, "que se diz amante da poesia" e sempre "traz

152

consigo um livreto de Petrarca, um Virgílio e às vezes até um Homero".[27]

O tipo itálico de Griffo (usado pela primeira vez numa xilogravura que ilustrava uma coleção de cartas de santa Catarina de Siena, impressa em 1500) atraía gentilmente a atenção do leitor para a delicada relação entre as letras; de acordo com o crítico inglês moderno sir Francis Meynell, os itálicos diminuíam a velocidade dos olhos do leitor, "aumentando sua capacidade de absorver a beleza do texto".[28]

Uma vez que eram mais baratos do que os manuscritos, em especial os iluminados, e tendo em vista que se podia comprar um substituto idêntico caso algum exemplar se perdesse ou fosse danificado, esses livros tornaram-se, aos olhos dos novos leitores, símbolos não tanto de riqueza mas de aristocracia intelectual, além de ferramentas essenciais de estudo. Os livreiros e papeleiros haviam produzido, no tempo da Roma antiga e nos primórdios da Idade Média, livros como mercadoria a ser comerciada, mas o custo e o ritmo de sua produção engrandeciam os leitores com uma sensação de privilégio por possuírem algo único. Depois de Gutenberg, pela primeira vez na história centenas de leitores possuíam exemplares idênticos do mesmo livro, e (até que um leitor imprimisse no volume marcas particulares e uma história pessoal) o livro lido por alguém em Madri era o mesmo lido por alguém em Montpellier. O empreendimento de Aldus teve tanto sucesso que suas edições logo foram imitadas em toda a Europa: na França, por Gryphius, em Lyon, bem como por Colines e Robert Estienne em Paris; nos Países Baixos, por Plantin em Antuérpia e Elzevir em Leiden, Haia, Utrecht e Amsterdã. Quando Aldus morreu, em 1515, os humanistas que compareceram ao funeral colocaram em torno de seu caixão, como sentinelas eruditas, os livros que escolhera com tanto carinho para imprimir.

O exemplo de Aldus e de outros como ele estabeleceu o padrão para no mínimo cem anos de impressão na Europa. Mas, nos dois séculos seguintes, as exigências dos leitores mudaram novamente. As numerosas edições de livros de todo tipo ofere-

153

ciam uma escolha ampla demais; a competição entre editores, que até então apenas estimulara edições melhores e o interesse maior do público, começou a produzir livros de qualidade muitíssimo inferior. Na metade do século XVI, um leitor poderia escolher entre mais de 8 milhões de livros impressos, "talvez mais do que todos os escribas da Europa haviam produzido desde que Constantino fundara sua cidade no ano de 330".[29] Obviamente, essas mudanças não foram súbitas nem ocorreram em toda a Europa, mas, em geral, a partir do final do século XVI "os livreiros-editores já não estavam preocupados em prestigiar o mundo das letras: buscavam apenas publicar livros cuja venda fosse garantida. Os mais ricos fizeram fortuna em cima de livros com mercado garantido, reimpressões de velhos sucessos, obras religiosas tradicionais e, sobretudo, dos Pais da Igreja".[30] Outros monopolizaram o mercado escolar com glosas de palestras eruditas, manuais de gramática e folhas para *hornbooks*, uma espécie de cartilha.

O *hornbook*, em uso do século XVI ao século XIX, era em geral o primeiro livro posto nas mãos de um estudante. Muito poucos sobreviveram até nossos dias. O *hornbook* consistia de uma fina armação de madeira, geralmente de carvalho, com cerca de 23 centímetros de comprimento e doze ou quinze centímetros de largura, sobre a qual ficava uma folha onde era impresso o alfabeto e, às vezes, os nove números e o padre-nosso. Tinha um cabo e era coberto com uma camada transparente de chifre, para proteger da sujeira; a tábua e a folha de chifre eram então presas por uma fina moldura de latão. O paisagista e discutível poeta inglês William Shenstone descreve o princípio em *The Schoolmistress* [A professora] com estas palavras:

> *Seus livros de estatura pequena eles tomavam nas mãos,*
> *Os quais com translúcido chifre seguros estão,*
> *Para impedir o dedo de molhar a letra imaculada.*[31]

Livros semelhantes, conhecidos como "tábuas de oração", foram usados na Nigéria, nos séculos XVIII e XIX, para ensinar o

Corão. Eram feitos de madeira lustrada, com um cabo na parte de cima. Os versos eram escritos numa folha de papel colada diretamente na tábua.[32]

Livros que cabiam no bolso, livros em formato amigo, livros que o leitor sentia que podiam ser lidos em muitos lugares, livros que não seriam considerados inoportunos fora de uma biblioteca ou mosteiro: esses livros surgiram com as mais variadas aparências. Ao longo do século XVII, mascates vendiam pequenos livretes e baladas (descritos em *The Winter's Tale* [Conto de inverno] como apropriados "a homem, ou mulher, de todos os tamanhos")[33] que ficaram conhecidos como *chapbooks*[34] no século seguinte. O tamanho preferido dos livros populares foi o in-octavo, uma vez que uma única folha podia produzir um livrete de dezesseis páginas. No século XVIII, talvez porque agora os leitores quisessem relatos completos dos eventos narrados nas histórias e baladas, as folhas foram dobradas em doze partes e os livretes engordaram para 24 páginas de brochura.[35] A coleção de clássicos produzida por Elzevir da Holanda nesse formato alcançou tal popularidade entre os leitores menos abastados, que o esnobe conde de Chesterfield foi levado a comentar: "Se por acaso tiveres um clássico de Elzevir no bolso, não o mostre nem o mencione".[36]

A brochura de bolso como a conhecemos hoje só surgiu muito tempo depois. A era vitoriana, que assistiu à formação na Inglaterra da Associação dos Editores, da Associação dos Livreiros, das primeiras agências comerciais, da Sociedade dos Autores, do sistema de direitos autorais e do romance de um volume a seis xelins, também foi testemunha do nascimento das coleções de livros de bolso.[37] Porém, os livros de formato grande continuaram a entulhar as estantes. No século XIX, publicavam-se tantos livros em formatos enormes que um desenho de Gustave Doré representa um pobre funcionário da Biblioteca Nacional de Paris tentando carregar um desses tomos imensos. O pano de encadernação substituiu o oneroso couro (o editor inglês Pickering foi o primeiro a usá-lo, em seus Diamond Classics de 1822), e, uma vez que era possível imprimir sobre o

155

tecido, ele logo foi utilizado para propaganda. O objeto que o leitor tinha agora em mãos — um romance popular ou um manual de ciências num confortável in-octavo encadernado em pano azul, protegido às vezes com invólucros de papel nos quais também se podiam imprimir anúncios — era muito diferente dos volumes encadernados em marroquim do século anterior. Agora o livro era um objeto menos aristocrático, menos proibitivo, menos grandioso. Compartilhava com o leitor uma certa elegância de classe média que era econômica, mas agradável — um estilo que o *designer* William Morris transformaria numa indústria popular, mas que em última análise — no caso de Morris — tornou-se um novo objeto de luxo: um estilo baseado na beleza convencional das coisas do cotidiano. (Morris, na verdade, modelou seu livro ideal baseado nos volumes de Aldus.) Nos novos livros que atendiam à expectativa do leitor na metade do século XIX, a medida de excelência não era a raridade, mas uma combinação de prazer e praticidade sóbria. Surgiam bibliotecas em quartos-salas e casas geminadas, e seus livros eram adequados à posição social do resto da mobília.

Na Europa dos séculos XVII e XVIII, pressupunha-se que os livros deveriam ser lidos no interior de uma biblioteca pública ou particular. No século seguinte, os editores publicavam livros que se destinavam a ser levados para fora, livros feitos especialmente para viajar. Na Inglaterra, a nova burguesia desocupada e a expansão das ferrovias combinaram-se para criar um súbito anseio por viagens longas, e os viajantes letrados descobriram que precisavam de material de leitura com conteúdo e tamanho específicos. (Um século depois, meu pai ainda fazia distinção entre os livros encadernados em couro verde de sua biblioteca, os quais ninguém tinha permissão para retirar daquele santuário, e as "brochuras ordinárias" que ele deixava amarelar e fenecer sobre a mesa de vime do pátio e que às vezes eu resgatava e levava para o meu quarto, como se fossem gatinhos perdidos.)

Em 1792, Henry Walton Smith e sua esposa Anna abriram uma pequena banca de jornais na Little Grosvenor Street, em

Londres. W. H. Smith & Son, 56 anos depois, abriam a primeira banca de livros de ferrovia, na estação de Euston, em Londres. Logo estava vendendo coleções como Routledge's Railway Library, Traveller's Library, Run & Read Library, Romances Ilustrados e Obras Célebres. O formato desses livros apresentava pequenas variações, mas eram principalmente in-octavos, com uns poucos (*Um cântico de Natal*, de Dickens, por exemplo) publicados em meio-octavo e encadernados em papelão. As bancas de livros (a julgar por uma fotografia da banca de W. H. Smith em Blackpool North, tirada em 1896) vendiam também revistas e jornais, para que os viajantes tivessem ampla escolha de material de leitura.

Em 1841, Christian Bernhard Tauchnitz, de Leipzig, havia lançado uma das mais ambiciosas coleções de brochuras. Com a média de um título por semana, publicou mais de 5 mil volumes em seus primeiros cem anos, pondo em circulação algo em torno de 50 a 60 milhões de exemplares. Embora a escolha dos títulos fosse excelente, a produção não estava à altura do conteúdo. Os livros eram um tanto quadrados, impressos em tipos minúsculos, com capas tipograficamente idênticas, que não eram atraentes nem para os olhos, nem para as mãos.[38]

Dezessete anos depois, a editora Reclam publicou em Leipzig uma edição em doze volumes de traduções de Shakespeare. Foi um sucesso imediato, ao qual a Reclam deu seguimento subdividindo a edição em 25 pequenos volumes com capa em papel cor-de-rosa, ao preço sensacional de 1 pfennig decimal cada. Todas as obras escritas por autores alemães mortos havia trinta anos caíram em domínio público em 1867, e isso permitiu que a Reclam desse continuidade à coleção com o título de Universal-Bibliothek. A editora começou com o *Fausto* de Goethe e prosseguiu com Gogol, Pushkin, Björnson, Ibsen, Platão e Kant. Na Inglaterra, coleções de "clássicos" — New Century Library, World's Classics, Pocket Classics, Everyman Library — competiram em sucesso, mas sem superá-la, com a Universal-Bibliothek,[39] que durante muito tempo continuou a ser o padrão das coleções em brochura.

Até 1935. Um ano antes, depois de passar um fim de semana na casa de Agatha Christie e seu segundo marido, em Devon, o editor inglês Allen Lane, esperando o trem para voltar a Londres, procurou algo para ler na banca de livros da estação. Não achou nada que o atraísse entre as revistas populares, os livros de capa dura, e a ficção barata, ocorrendo-lhe então que era necessária uma linha de livros de bolso baratos, mas bons. De volta a The Bodley Head, onde trabalhava com seus dois irmãos, Lane pôs o plano em ação. Publicariam uma coleção de reimpressões dos melhores autores em brochuras bem coloridas. Elas não atrairiam apenas o leitor comum: seriam uma tentação para todos que soubessem ler, intelectuais ou ignorantes. Os livros seriam vendidos não apenas em livrarias e bancas de livros, mas em papelarias, tabacarias e casas de chá.

Na The Bodley Head, o projeto foi recebido com desprezo pelos colegas mais velhos de Lane e pelos editores, que não tinham interesse em vender-lhe direitos de reimpressão de seus sucessos em capa dura. Os livreiros também não se entusiasmaram, pois seus lucros diminuiriam e os livros seriam "embolsados", no sentido condenável da palavra. Mas Lane perseverou e acabou obtendo permissão para reimprimir vários títulos: dois já publicados por The Bodley Head — *Ariel*, de André Maurois, e *The Mysterious Affair at Styles*, de Agatha Christie — e outros de autores de sucesso, como Ernest Hemingway e Dorothy L. Sayers, além de obras de escritores atualmente menos conhecidos, como Susan Ertz e E. H. Young.

Agora Lane precisava de um nome para sua coleção, "não um nome impressionante como *World Classics*, nem meio condescendente como *Everyman*".[40] As primeiras escolhas foram zoológicas: um golfinho, depois uma toninha (já usada pela Faber & Faber) e finalmente um pinguim. Ficou assim: Penguin.

Em 30 de julho de 1935, os primeiros dez livros da Penguin foram lançados a seis pence cada volume. Lane havia calculado que quebraria mesmo se vendesse 17 mil exemplares de cada título, mas as primeiras vendas não passaram nem de 7 mil. Ele então foi visitar o comprador da enorme cadeia de lojas Woolworth, um tal de Clifford Prescott, que vacilou: a ideia de vender livros como qualquer outra mercadoria, junto com pares de meias e latas de chá, parecia-lhe um tanto ridícula. Por acaso, naquele exato momento a sra. Prescott entrou no escritório do marido. Consultada sobre o que achava da ideia, manifestou-se com entusiasmo. Por que não, perguntou ela? Por que não tratar os livros como objetos do dia a dia, tão necessários e tão disponíveis quanto meias e chá? Graças à sra. Prescott, fechou-se o negócio.

George Orwell resumiu sua reação, como leitor e como autor, a essa novidade: "Na qualidade de leitor, aplaudo os Penguin Books; na qualidade de escritor, excomungo-os. [...] O resultado poderá ser uma inundação de reimpressões baratas que irão prejudicar as bibliotecas circulantes (a madrasta do romancista) e restringir a publicação de novos romances. Isso seria uma coisa excelente para a literatura, mas péssima para o negócio".[41] Orwell estava errado. Mais do que suas qualidades específicas (a ampla distribuição, o custo baixo, a excelência e variedade dos títulos), a grande realização da Penguin foi simbólica: saber que uma coleção imensa de literatura podia ser comprada por quase todas as pessoas em quase todos os lugares, de Túnis a Tucumán, das ilhas Cook a Reikjavik (são tais os frutos do expansionismo britânico que comprei e li livros da Penguin em todos esses lugares), deu aos leitores um símbolo de sua própria ubiquidade.

A invenção de novas formas para livros é provavelmente infinita, e contudo poucas formas estranhas sobrevivem. O livro em forma de coração feito por volta de 1475 por um clérigo nobre, Jean de Montchenu, contendo poesias líricas iluminadas; o minúsculo livrete na mão direita de uma jovem holandesa da metade do século XVII, pintada por Bartholomeus van der Helst; o menor livro do mundo, o *Bloemhofje* ou *Jardim fechado*, que foi escrito na Holanda em 1673 e mede 0,8 por 1,25 centímetro, menor que um selo comum; o descomunal in-fólio de James Audubon, *Birds of América* [Pássaros da América], publicado entre 1827 e 1838, levando o autor a morrer pobre, sozinho e louco; o par de volumes de tamanho liliputiano e gigantesco das *Viagens de Gulliver*, criados em 1950 por Bruce Rogers para o Clube das Edições Limitadas de Nova York — nenhum desses perdurou, exceto como curiosidade. Mas os formatos essenciais — aqueles que permitem ao leitor sentir o peso físico do conhecimento, o esplendor de grandes ilustrações ou o prazer de poder carregar um livro numa caminhada ou levá-lo para a cama — esses permanecem.

Na metade da década de 1980, um grupo internacional de arqueólogos dos Estados Unidos, fazendo escavações no enorme oásis Dakhleh, no Saara, encontrou, no canto de um andar acrescentado a uma casa do século IV, dois livros completos: um manuscrito antigo de três ensaios políticos do filósofo ateniense Isócrates e um registro de quatro anos de transações financeiras do administrador de uma propriedade local. Esse livro de contabilidade é o mais antigo exemplo completo que temos de um códice, ou volume encadernado, e é muito parecido com nossas brochuras, exceto pelo fato de ser feito de madeira e não de papel. Cada folha de madeira, de 12,5 centímetros de largura por 33 centímetros de altura e 1,5 milímetro de espessura, tem quatro furos no lado esquerdo, para serem unidos por um cordão em volumes de oito folhas. Uma vez que o livro deveria ser usado durante quatro anos, tinha de ser "robusto, portátil, fácil de usar e durável".[42] Com pequenas variações circunstanciais, essas exigências do leitor anônimo persistem e concordam com as minhas, dezesseis vertiginosos séculos depois.

LEITURA NA INTIMIDADE

É VERÃO. Mergulhada na cama macia, entre travesseiros de plumas, o rumor inconstante dos carros passando sobre as pedras arredondadas da rue de l'Hospice, na aldeia cinzenta de Saint-Sauveur-en-Puisaye, uma menina de oito anos lê em silêncio *Os miseráveis* de Victor Hugo. Ela não lê muitos livros; relê os mesmos sem parar. Adora *Os miseráveis*, com algo que mais tarde chamará de "paixão raciocinante"; sente que pode se aninhar entre as páginas dele "como um cão em seu canil".[1] Todas as noites, anseia por seguir Jean Valjean em suas torturantes peregrinações, encontrar Cosette outra vez, encontrar Marius e até mesmo o temível Javert. (Na verdade, a pequena Gavroche, dolorosamente heroica, é a única personagem que não suporta.)

Lá fora, no quintal, entre as árvores e flores plantadas em vasos, ela tem de competir pelo material de leitura com o pai, um militar que perdeu a perna esquerda nas campanhas da Itália.[2] A caminho da biblioteca (seu recinto privado), ele pega seu jornal — *Le Temps* — e sua revista — *La Nature* — e, com "os olhos de cossaco brilhando sob as sobrancelhas grisalhas, varre das mesas quaisquer materiais impressos, que então o seguirão até a biblioteca e jamais verão de novo a luz do dia".[3] A experiência ensinou a menina a manter seus livros fora do alcance dele.

A mãe não acredita em ficção: "Tanta complicação, tanto amor apaixonado nesses romances", diz ela para a filha. "Na vida real, as pessoas têm outras coisas com que se preocupar. Julgue você mesma: ouviu-me alguma vez gemer e choramingar por causa de amor como as pessoas fazem nesses livros? E olhe que eu teria direito a um capítulo inteiro! Tive dois maridos e quatro filhos!"[4] Se encontra a filha lendo o catecismo para a

161

próxima comunhão, fica imediatamente exasperada: "Ah, como odeio esse detestável hábito de fazer perguntas! 'O que é Deus? O que é isso? O que é aquilo?' Esses pontos de interrogação, esse exame obsessivo, essa inquisição, acho tudo isso terrivelmente indiscreto! E todo esse controle por todos os lados, o que é isso! Quem transformou os Dez Mandamentos nesse palavrório horroroso? Ah, eu com certeza não gosto de ver um livro como este nas mãos de uma criança!".[5]

Ameaçada pelo pai, controlada amorosamente pela mãe, a menina encontra seu único refúgio no quarto, na cama, à noite. Pelo resto de sua vida adulta, Colette buscaria esse espaço de leitura solitário. Fosse *en ménage* ou sozinha, em pequenos alojamentos ou em grandes vivendas campestres, em quarto e salas alugados ou em amplos apartamentos parisienses, ela reservaria (nem sempre com sucesso) uma área na qual as únicas intromissões seriam daqueles que ela mesma convidasse. Esticada na cama acolchoada, segurando o querido livro com ambas as mãos e apoiando-o no estômago, ela estabeleceu não apenas seu espaço, mas também sua medida de tempo. (Ela não sabe, mas a menos de três horas de distância, na abadia de Fontevrault, a rainha Eleanora da Aquitânia, que morreu em 1204, jaz esculpida em pedra na tampa de seu túmulo, segurando um livro exatamente da mesma maneira.)

Eu também leio na cama. Na longa sucessão de camas em que passei as noites da minha infância, em quartos de hotel estranhos onde as luzes dos carros que passavam na rua atravessavam misteriosamente o teto, em casas cujos odores e sons não me eram familiares, em chalés de verão grudentos de borrifos do mar, ou onde o ar da montanha era tão seco que colocavam uma bacia de água fervendo com eucalipto ao meu lado para me ajudar a respirar, a combinação de cama e livro concedia-me uma espécie de lar ao qual eu sabia que podia voltar noite após noite, sob qualquer céu. Ninguém me chamaria e pediria para fazer isso ou aquilo; meu corpo não precisava de nada, imóvel sob os lençóis. O que acontecia, acontecia no livro, e eu era o narrador. A vida acontecia porque eu virava as páginas. Acho que não posso me lembrar de nenhuma alegria mais *compreensiva* do que a de chegar às últimas páginas e pôr o livro de lado, para que o final ficasse pelo menos para o dia seguinte, e mergulhar no travesseiro com a sensação de ter realmente parado o tempo.

Eu sabia que nem todos os livros eram adequados para ler na cama. Romances policiais e contos do sobrenatural eram os que tinham mais probabilidade de me dar um sono tranquilo. Para Colette, *Os miseráveis*, com suas ruas e florestas, descidas a esgotos escuros e barricadas em luta, era o livro perfeito para a tranquilidade do quarto. W. H. Auden concordava. Ele sugeria que o livro que a pessoa está lendo deveria de alguma forma estar em desacordo com o lugar onde ela o lê. "Não posso ler Jefferies no Wiltshire Downs, nem poeminhas humorísticos numa sala de fumar", queixava-se ele.[6] Isso talvez seja verdade: pode haver um sentimento de redundância ao se explorar na página um mundo semelhante ao que nos circunda no exato momento da leitura. Penso em André Gide lendo Boileau enquanto descia o rio Congo,[7] e o contraponto entre a vegetação luxuriante e emaranhada e os versos cinzelados e formais do século XVII parece perfeito.

Mas, como descobriu Colette, não somente determinados livros exigem um contraste entre conteúdo e ambiente; há os que parecem exigir determinadas *posições* de leitura, posturas do corpo do leitor que, por sua vez, exigem locais de leitura apropriados a essas posturas. (Por exemplo, ela não conseguia ler a *Histoire de France* de Michelet enquanto não se enrodilhava na poltrona do pai com Fanchette, "o mais inteligente dos gatos".)[8] Com frequência, o prazer derivado da leitura depende em larga medida do conforto corporal do leitor.

"Tenho procurado a felicidade em toda parte", confessou Thomas à Kempis no início do século XV, "mas não a encontrei em nenhum lugar, exceto num pequeno canto, com um pequeno livro."[9] Mas qual cantinho? E qual livrinho? Quer escolhamos primeiro o livro e depois o cantinho apropriado, quer encontremos o canto e depois decidamos qual o livro adequado ao

163

clima do lugar, não há dúvida de que o ato de ler no tempo requer um correspondente ato de ler no espaço, e a relação entre os dois atos é inextrincável. Há livros que leio em poltronas e livros que leio em escrivaninhas; há livros que leio em metrôs, bondes e ônibus. Acho que livros lidos em trens têm algo da qualidade dos que leio em poltronas, talvez porque em ambos os casos posso me abstrair facilmente do ambiente. Diz o romancista inglês Alan Sillitoe: "O melhor momento para ler uma história bem escrita é, na verdade, quando se está viajando sozinho em um trem. Com estranhos em volta e um cenário desconhecido passando pela janela (ao qual você lança um olhar de vez em quando), a vida cativante e intrincada que sai das páginas possui seus próprios efeitos peculiares e inesquecíveis".[10] Os livros lidos numa biblioteca pública jamais têm o mesmo sabor daqueles lidos no sótão ou na cozinha. Em 1374, o rei Eduardo III pagou 66 libras, treze xelins e quatro pence por um livro de romances "para deixar em seu quarto de dormir",[11] onde ele obviamente achava que tal livro deveria ser lido. Em *A vida de são Gregório*, escrita no século XII, o banheiro é descrito como "um lugar de retiro onde as tabuletas podem ser lidas sem interrupção".[12] Henry Miller concordava, tendo confessado certa vez: "Todas as minhas boas leituras eram feitas no banheiro. Há trechos do *Ulisses* que só podem ser lidos no banheiro — se você quiser extrair todo o sabor de seu conteúdo".[13] Na verdade, a pequena dependência "destinada a um uso mais especial e mais vulgar" era para Marcel Proust um lugar "próprio a todas as minhas ocupações que exigiam uma solidão inviolável: leitura, devaneio, lágrimas e prazer sensual".[14]

O epicurista Omar Khayyam recomendava ler versos ao ar livre, sob uma árvore; séculos depois, o meticuloso Sainte-Beuve aconselhava ler as *Memórias* de Mme. de Staël "embaixo das árvores de novembro".[15] "Meu costume", escreveu Shelley; "é despir-me, sentar-me nas rochas e ler Heródoto, até que a transpiração tenha cessado."[16] Mas nem todos são capazes de ler a céu aberto. Marguerite Duras confessou: "Raramente leio em praias e jardins. Não se pode ler com duas luzes ao mesmo tempo, a luz do dia e a luz do livro. Deve-se ler à luz elétrica, a sala nas sombras e somente a página iluminada".[17]

Pode-se transformar um lugar ao ler nele. Durante as férias de verão, Proust voltava sorrateiramente para a sala de jantar, depois que o resto da família saía para o passeio matinal, confiante em que seus únicos companheiros, "muito respeitosos da leitura", seriam "os pratos pintados pendurados na parede, o calendário em que a página do dia anterior acabara de ser arrancada, o relógio e a lareira, que falam sem esperar resposta e cujo balbuciar, ao contrário das palavras humanas, não tenta substituir o sentido das palavras que se está lendo por outro sentido, diferente". Duas horas inteiras de felicidade antes que a cozinheira aparecesse, "cedo demais, para pôr a mesa; se ao menos o fizesse sem falar! Mas ela se sentia obrigada a dizer: 'Você não pode estar confortável assim. E se eu lhe trouxesse uma mesa?'. E apenas por ter de responder: 'Não, muito obrigado', era-se forçado a parar completamente e trazer de muito longe a própria voz, que, escondida atrás dos lábios, repetia muda, e rápido, todas as palavras lidas pelos olhos. Tinha-se de fazer a voz parar, trazê-la para fora e, a fim de dizer corretamente: 'Não, muito obrigado', dar a ela uma aparência cotidiana, uma entonação de resposta que ela havia perdido".[18] Somente muito mais tarde — à noite, bem depois do jantar —, e quando já não faltavam senão umas poucas páginas para terminar o livro, reacendia ele sua vela, arriscando-se a ser punido, caso fosse descoberto, e a ter insônia, porque, uma vez terminada a leitura, a paixão com que seguira a trama e seus heróis tornaria impossível para ele pegar no sono, e ele andaria de um lado para o outro no quarto ou ficaria deitado ofegante, desejando que a história continuasse ou querendo pelo menos saber um pouco mais sobre as personagens que amara tanto.

Perto do final da vida, preso a um quarto forrado de cortiça, o que lhe trazia algum alívio para a asma, apoiado numa cama acolchoada e trabalhando à luz de uma lâmpada fraca, Proust escreveu: "Os livros verdadeiros não deveriam nascer da luz brilhante do dia e de conversas amigáveis, mas da sombra e do si-

165

lêncio".[19] À noite, na cama, com a página iluminada por um fraco brilho amarelo, eu, leitor de Proust, reenceno aquele misterioso instante de nascimento.

Geoffrey Chaucer — ou antes, sua insone dama em *The Book of the Duchesse* [O livro da duquesa] — considerava ler na cama um divertimento melhor do que um jogo de tabuleiro:

> *Então, quando vi que não dormiria,*
> *Até tarde, naquela noite,*
> *Em minha cama sentei-me ereto,*
> *E pedi que me trouxessem um livro,*
> *Um romance, que me atraiu e me levou*
> *A ler e passar toda a noite;*
> *Pois penso ser melhor isso*
> *Do que jogar xadrez ou gamão.*[20]

Mas há algo mais do que entretenimento no ato de ler na cama: uma qualidade especial de privacidade. Ler na cama é um ato autocentrado, imóvel, livre das convenções sociais comuns, invisível ao mundo, e algo que, por acontecer entre lençóis, no reino da luxúria e da ociosidade pecaminosa, tem algo da emoção das coisas proibidas. Talvez seja a lembrança dessas leituras noturnas que empresta aos romances policiais de John Dickson Carr, Michael Innes, Anthony Gilbert — todos lidos durante as férias de verão da minha adolescência — um certo colorido erótico. A expressão trivial "levar um livro para a cama" sempre me pareceu carregada de expectativa sensual.

O romancista Josef Skvorecky descreveu suas leituras de menino na Tchecoslováquia comunista, "numa sociedade governada por regras rígidas e obrigatórias, onde a desobediência era punida no bom e velho estilo pré-Spock. Uma dessas regras: a luz do quarto deve ser apagada às nove em ponto. Os meninos devem levantar às sete e precisam de dez horas de sono todas as noites". Ler na cama tornava-se então a coisa proibida. Depois que as luzes eram apagadas, diz Skvorecky, "aninhado na cama, eu me cobria (inclusive a cabeça) com um cobertor, pescava debaixo da cama uma lâmpada elétrica e então me entregava aos prazeres de ler, ler, ler. Por fim, com frequência depois da meia-noite, acabava dormindo de uma exaustão muito prazerosa".[21]

A escritora Annie Dillard recorda como os livros de sua infância americana conduziram-na para longe da cidade natal, no Meio-Oeste, "de modo que eu podia inventar uma vida entre livros em qualquer outro lugar. [...] E assim corríamos para o quarto e líamos febrilmente, e adorávamos as grandes árvores de madeira de lei do lado de fora das janelas, e os terríveis verões do Meio-Oeste, e os terríveis invernos do Meio-Oeste".[22] Ler na cama fecha e abre ao mesmo tempo o mundo ao nosso redor.

A noção de ler na cama não é antiga. A cama grega, a *kline*, era uma moldura de madeira colocada sobre pés torneados, retangulares ou em forma de animal, decorada com ornamentos preciosos, não muito prática para ler. Nas reuniões sociais, somente os homens e as cortesãs podiam usá-la. Tinha uma cabeceira baixa, mas nenhum apoio para os pés; tinha colchão e travesseiros, e era usada tanto para dormir como para reclinar-se em descanso e lazer. Nessa posição, era possível ler um rolo segurando uma ponta com a mão esquerda, desenrolando a outra ponta com a mão direita, enquanto o cotovelo direito sustentava o corpo. Mas o procedimento, desajeitado de início, tornava-se depois de algum tempo francamente desconfortável e, por fim, insuportável.

Os romanos tinham uma cama (*lectus*) para cada finalidade, inclusive camas para ler e escrever. O formato dessas camas não variava muito: os pés eram torneados e, em sua maioria, decorados com incrustações e engastes de bronze.[23] No escuro do quarto (no *cubiculum*, geralmente no canto mais afastado da casa), a cama de dormir romana servia às vezes de cama de leitura não muito conveniente; à luz de uma vela feita de pano ensopado em cera, o *lucubrum*, os romanos liam e "elucubravam"[24] em relativa tranquilidade. Trimalcião, o *parvenu* do *Satíricon* de Petrônio, é levado à sala de banquetes numa liteira e depositado num leito "guarnecido por pilhas de pequenas almofadas" que preenche várias funções. Jactando-se de que não pode ser menosprezado em termos de cultura — tem duas bibliotecas, "uma grega, outra latina" —, oferece-se para compor alguns versos de improviso, que depois lê para os convidados reunidos.[25] Tanto ao escrever como ao fazer a leitura Trimalcião permanece deitado no mesmo *lectus* ostentatório.

Nos primeiros anos da Europa cristã e até o século XII, as camas comuns eram objetos simples, descartáveis, deixadas amiúde para trás durante as retiradas forçadas pelas guerras e pela fome. Uma vez que somente os ricos tinham camas mais sofisticadas e poucos além deles possuíam livros, camas e livros ornamentados tornaram-se símbolos da riqueza de uma família. Eustácio Boilas, um aristocrata bizantino do século XI, deixou em seu testamento uma Bíblia, vários livros de hagiografia e história, uma Chave dos Sonhos, um exemplar do popular *Romance de Alexandre* e uma cama dourada.[26]

Os monges tinham catres simples nas celas e ali podiam ler com um pouco mais de conforto do que o oferecido por seus bancos duros e suas escrivaninhas. Um manuscrito iluminado do século XIII mostra um jovem monge barbudo no catre, vestido com o hábito, um travesseiro branco nas costas e as pernas enroladas num cobertor cinza. A cortina que separa o leito do resto da cela foi levantada. Em uma mesa sobre cavaletes estão três livros abertos e outros três repousam sobre as pernas dele, prontos para consulta, enquanto em suas mãos vemos uma tabuleta de cera dupla e um estilete. Aparentemente, ele buscou refúgio do frio metendo-se na cama; suas botas estão sobre um banco pintado e ele se dedica à leitura numa tranquilidade aparentemente feliz.

No século XIV, os livros passaram das mãos exclusivas da nobreza e do clero para as da burguesia. A aristocracia tornou-se o modelo para os *nouveaux riches*: se os nobres liam, então eles também leriam (habilidade que os burgueses haviam adquirido na condição de comerciantes); se os nobres dormiam sobre madeira esculpida e entre panos decorados, então eles também o fariam. Ser visto como dono de livros e leitos ornamentados tornou-se sinal de posição social. O quarto passou a ser não apenas a dependência onde os burgueses dormiam e faziam amor, mas o repositório de bens colecionados — inclusive livros — que à noite podiam ser guardados junto à fortaleza da cama.[27] Além dos livros, poucos objetos ficavam em exibição; a maioria permanecia em baús e caixas, protegida da corrupção das traças e da ferrugem.

Do século XV ao XVII, o melhor leito era o grande prêmio de uma propriedade confiscada.[28] Livros e camas eram bens móveis valiosos (sabe-se que Shakespeare legou sua "segunda melhor cama" à esposa, Anne Hathaway) que, diferentes da maioria das propriedades, podiam ser possuídos individualmente por membros da família. Numa época em que as mulheres tinham direito a pouquíssimos bens pessoais, elas possuíam livros e os legavam às filhas, com mais frequência do que aos filhos. Já em 1432, uma certa Joanna Hilton, de Yorkshire, deixou um *Romance, with the 10 Commandments*, um *Romance of the Seven Sages* e um *Roman de la rose* para sua filha no testamento.[29] A exceção eram os livros de oração e Bíblias iluminadas — caros —, que geralmente faziam parte do patrimônio da família e, portanto, da herança do primogênito.[30]

O *Playfair Book of Hours*, um volume iluminado do final do século XV, francês, mostra em uma de suas páginas o nascimento da Virgem. Santa Ana, a mãe da Virgem, é apresentada ao bebê pela parteira. Ela é representada como uma dama nobre, provavelmente não muito diferente da duquesa de Chaucer (na Idade Média, a família de santa Ana adquiriu a reputação de ter sido rica). A mãe da Virgem está sentada numa cama de meio dossel coberta por uma colcha vermelha de padrões dourados. Está completamente vestida, com um vestido azul bordado a ouro; de um modo muito recatado, a cabeça e o pescoço estão cobertos com um manto branco. (Somente do século XI ao XV é que as pessoas costumavam dormir nuas; um contrato de casamento do século XIII estipulava que "uma esposa não deve dormir de camisa sem o consentimento do marido".[31]) Um lençol verde-limão — verde é a cor do nascimento, o triunfo da prima-

169

vera sobre o inverno — pende de ambos os lados da cama. Um lençol branco está dobrado sobre a colcha vermelha; sobre este lençol, no colo de santa Ana, encontra-se um livro aberto. Contudo, apesar da intimidade sugerida pelo pequeno livro (provavelmente um livro de orações), apesar das cortinas protetoras, o quarto não parece um lugar muito privativo. A parteira parece ter entrado bem à vontade; lembra-nos todas aquelas outras pinturas do nascimento e morte de Maria, nas quais a cama é o tempo todo cercada por gente que deseja sorte ou pranteia, homens, mulheres e crianças; às vezes aparece até um cão, que, em um canto, bebe distraidamente de uma bacia. Esse quarto de nascimento e da morte vindoura não é um espaço que santa Ana tenha criado para si mesma.

Na Europa, nos séculos XVI e XVII, os quartos de dormir — como quase todas as outras dependências da casa — eram também corredores de passagem, de tal forma que não garantiam necessariamente paz e tranquilidade para atividades como a leitura. Mesmo a colocação de cortinas e de bens pessoais junto à cama obviamente não bastava: uma cama requeria um quarto só para ela. (Os chineses abastados dos séculos XIV e XV tinham dois tipos de leito e cada um criava um espaço privado próprio: o móvel *k'ang*, que servia ao triplo propósito de plataforma de dormir, mesa e assento, sendo às vezes aquecido por tubos que passavam por baixo dele, e uma construção solta dividida em compartimentos, uma espécie de quarto dentro de um quarto.[32])

No século XVIII, embora as camas ainda não fossem espaços livres de perturbação, ficar na cama para ler — em Paris, pelo menos — tornara-se tão comum que são João Batista de La Salle, o filantrópico educador francês canonizado em 1900, advertiu contra os perigos pecaminosos desse passatempo ocioso. "É de todo indecente e grosseiro tagarelar, mexericar ou divertir-se ociosamente na cama", escreveu ele em *As regras do decoro na civilidade cristã*, publicado em 1703. "Não imites certas pessoas que se dedicam à leitura e outros assuntos; não fiques na cama se não for para dormir, e tua virtude muito lucrará com isso."[33] E Jonathan Swift, mais ou menos na mesma época, sugeria ironicamente que os livros lidos na cama deveriam ser arejados: "No momento em que deixar as janelas abertas para arejar", avisa ele à camareira encarregada de limpar o quarto de sua amante, "deixe livros ou outras coisas sobre o peitoril da janela, para que possam tomar ar também".[34] Na Nova Inglaterra, na metade do século XVIII, a lâmpada Argand, aprimorada por Jefferson, era tida como responsável pela promoção do hábito de ler na cama. "Observou-se certa vez que os jantares, antes iluminados por velas, deixaram de ser brilhantes como antigamente", porque quem se esmerava em conversar agora se retirava para o quarto a fim de ler.[35]

A privacidade completa no quarto, ou mesmo na cama, ainda era difícil de conseguir. Mesmo que a família fosse rica o suficiente para ter camas e quartos de dormir individuais, as convenções sociais exigiam que certas cerimônias coletivas acontecessem ali. Por exemplo, era costume das damas "receber" em seus quartos, completamente vestidas mas deitadas na cama, recostadas numa multidão de travesseiros; os visitantes sentavam-se na *ruelle*, ou ruela, entre a cama e a parede divisória. Antoine de Courtin, no *Novo tratado de civilidade tal como praticada na França por gente honesta*,[36] recomendava severamente "que as cortinas do leito sejam mantidas fechadas", em obediência às leis da decência, e observava ser "impróprio, na presença de pessoas de quem não se é superior, jogar-se na cama e dali conduzir uma conversação". Em Versalhes, o ritual de acordar o rei — o famoso *lever du Roi* — tornou-se um procedimento altamente elaborado, no qual seis diferentes níveis hierárquicos da nobreza revezavam-se entrando na câmara real e realizando determinadas tarefas, tais como vestir — ou tirar — a manga real esquerda ou direita e ler para os ouvidos reais.

Mesmo o século XIX relutou em reconhecer o quarto de dormir como um lugar privado. Exigindo que se desse atenção a esse "quarto de dormir, no qual se passa quase a metade da vida", a sra. Haweis, no capítulo "Um lar para os felizes" de seu influente livro *The Art of Housekeeping* [A arte de administrar o lar], queixava-se de que "solteiros — por que não noivas? — às vezes disfarçam e adornam o quarto, onde o espaço é precioso, com sofás-camas, lavatórios Chippendale ou franceses antigos, palmeirinhas e mesas ciganas, de tal forma que ele pode servir de passagem sem que ninguém suspeite que ali não dorme apenas um canário".[37] "Confie-nos", escreveu Leigh Hunt em 1891, "a um quarto de dormir da classe média, tal como foi estabelecido há cerca de cem anos"; ali haveria "janelas com assentos, vista para algum lugar verde" e "duas ou três pequenas prateleiras de livros".[38]

Para Edith Wharton, a aristocrática romancista americana, o quarto de dormir tornou-se o único refúgio contra o formalismo do século XIX onde ela podia ler e escrever à vontade. "Visualizem a cama dela", sugeriu Cynthia Ozick numa discussão sobre a arte de Wharton. "Ela usava uma prancha para escrever. Seu desjejum era trazido por Gross, a criada, que era quase a única a saber desse segredo mais íntimo do quarto. (Uma secretária pegava as folhas no chão para datilografar.) De acordo com seu código, fora da cama ela teria de estar adequadamente vestida, e isso significava espartilho. Na cama, seu corpo ficava livre e liberava sua pena."[39] Livres eram também suas leituras; nesse espaço privado, não tinha de explicar às visitas por que escolhera determinado livro ou o que pensava dele. Tão importante era esse lugar de trabalho horizontal que certa vez, no hotel Esplanade, em Berlim, Wharton teve "um pequeno ataque de histeria porque a cama em seu quarto de hotel não estava situada de modo adequado; só depois que a puseram em frente à janela é que ela se acalmou e começou a achar Berlim 'incomparável'".[40]

Os constrangimentos sociais de Colette diferiam daqueles impostos a Wharton, mas em sua vida pessoal a sociedade também se intrometia constantemente. Na época, Wharton era vista como alguém que escrevia — ao menos em parte — a partir da autoridade que lhe era concedida por sua posição social. Colette foi considerada muito mais "ultrajante, audaciosa, perversa",[41] a tal ponto que, ao morrer, em 1954, a Igreja católica recusou-lhe um enterro religioso. Nos últimos anos de vida, Colette ficou na cama, levada pela doença mas também pelo desejo de ter um espaço inteiramente criado por ela. Ali, em seu apartamento no terceiro andar do Palais Royal, em seu *radeau-lit* — a "cama-jangada", como a batizou —, ela dormia e comia, recebia os amigos e conhecidos, telefonava, escrevia e lia. A princesa de Polignac dera-lhe uma mesa que cabia exatamente sobre a cama e servia de escrivaninha. Recostada em travesseiros, como na infância em Saint-Sauveur-en-Puisaye, com os jardins simétricos do Palais Royal estendendo-se através da janela à esquerda, e todos os seus tesouros reunidos — objetos de vidro, biblioteca, gatos — espalhando-se à direita,[42] Colette lia e relia, no que chamava de sua *solitude en hauteur*,[43] os velhos livros que mais adorava.

Há uma fotografia dela tirada um ano antes de sua morte, em seu octogésimo aniversário. Colette está na cama e as mãos da criada depositaram sobre sua mesa — que está cheia de revistas, cartões e flores — um bolo de aniversário em chamas; elas se elevam muito, alto demais para parecerem apenas velas, como se a velha senhora estivesse acampada diante de uma fogueira familiar, como se o bolo fosse um livro aceso, explodindo naquela escuridão buscada por Proust para a criação literária. A cama tornou-se finalmente tão privativa, tão íntima, que é agora um mundo em si mesma, um mundo onde tudo é possível.

METÁFORAS DA LEITURA

EM 26 DE MARÇO DE 1892, Walt Whitman morreu na casa que comprara menos de dez anos antes em Camden, Nova Jersey, parecendo um rei do Velho Testamento ou, como o descreveu Edmund Gosse, "um grande e velho macho angorá". Uma fotografia tirada alguns anos antes de sua morte por Thomas Eakins, artista da Filadélfia, mostra-o com a juba branca desgrenhada, sentado à janela, observando pensativamente o mundo lá fora, que era, como havia dito aos seus leitores, uma glosa do que escrevera:

> *Se você me entendesse indo para as alturas ou à praia,*
> *A ninharia mais próxima é uma explicação, e uma gota ou*
> *[movimento de ondas uma chave,*
> *A marreta, o remo, o serrote secundam minhas palavras.*[1]

Whitman está ali para o olhar do leitor. Dois Whitmans, na verdade: o Whitman de *Folhas da relva*, "Walt Whitman, um cosmo, de Manhattan o filho", mas nascido também em todos os outros lugares ("Sou de Adelaide... Sou de Madri... Pertenço a Moscou"),[2] e o Whitman nascido em Long Island, que gostava de ler romances de aventura e cujos amantes eram jovens da cidade, soldados, motoristas de ônibus. Ambos tornaram-se o Whitman que na velhice deixava a porta aberta para os visitantes que buscavam "o sábio de Camden", e ambos tinham sido oferecidos ao leitor, cerca de trinta anos antes, na edição de 1860 de *Folhas da relva*:

> *Camarada, isto não é um livro,*
> *Quem toca nisto, toca em um homem,*

(*É noite? Estamos sozinhos?*)
Sou eu que seguras, e que te segura,
Eu salto das páginas para teus braços — a morte me chama.[3]

Anos depois, na edição do "leito de morte" de *Folhas da relva*, tantas vezes revisadas e aumentadas, o mundo não "secunda" suas palavras, mas torna-se a voz primordial. Nem Whitman nem seu verso importavam: o mundo era suficiente, uma vez que não passava de um livro aberto para ser lido por todos nós. Em 1774, Goethe (que Whitman lia e admirava) escrevera: "Vê como a Natureza é um livro vivo,/ Incompreendida, mas não incompreensível".[4]

Em 1892, alguns dias antes de morrer, Whitman concordava:

Em cada objeto, montanha, árvore e estrela — em cada
                        [*nascimento e vida,*
Como parte de cada — desdobrada de cada — significado, atrás
                        [*da manifestação,*
Uma cifra mística espera involucrada.[5]

Li esses versos pela primeira vez em 1963, numa vacilante tradução espanhola. Certo dia, no colégio, um amigo que queria ser poeta (acabávamos de completar quinze anos na época) veio correndo até mim com um livro que descobrira, uma edição Austral de capa azul dos poemas de Whitman, impressos num papel áspero e amarelado e traduzidos por alguém cujo nome esqueci. Meu amigo era um admirador de Ezra Pound, a quem prestava a homenagem da imitação e, uma vez que os leitores não respeitam as cronologias arduamente estabelecidas por professores universitários bem pagos, ele achou que Whitman era uma imitação pobre de Pound. O próprio Pound tentara esclarecer as coisas, propondo "um pacto" com Whitman:

Foi tu que cortaste a madeira nova,
Agora é tempo de esculpir.

> *Temos uma seiva e uma raiz —*
> *Que haja comércio entre nós.*[6]

Mas meu amigo não se convenceu. Aceitei seu veredicto em nome da amizade e foi somente dois anos depois que cruzei com um exemplar de *Folhas da relva* em inglês, descobrindo então que Whitman dedicara seu livro a mim: "Tu, leitor, que pulsas de vida e orgulho e amor como eu,/ Por isso, para ti os cantos que seguem".[7]

Li a biografia de Whitman, primeiro numa série destinada aos jovens que expurgava qualquer referência à sua sexualidade e o tornava ameno a ponto de levá-lo à não existência, depois li *o Walt Whitman* de Geoffrey Dutton, instrutivo mas um tanto sóbrio demais. Anos mais tarde, a biografia de Philip Callow deu-me um retrato mais claro do homem e me fez reconsiderar um par de questões que me colocara anteriormente: se Whitman vira o leitor como ele mesmo, quem era esse leitor que Whitman tinha em mente? E como tinha Whitman, por sua vez, se tornado leitor?

Ele aprendeu a ler numa escola quaker do Brooklyn, segundo o que se conhecia como "método lancasteriano" (nome derivado do quaker inglês Joseph Lancaster). Um único professor, ajudado por crianças monitoras, cuidava de uma classe de cerca de cem alunos, dez em cada carteira. Os mais jovens estudavam no porão, as meninas mais velhas no térreo e os meninos mais velhos no andar de cima. Um de seus professores comentou que o achava "um menino de boa índole, de aparência desajeitada e relaxada, mas sem nada que chamasse a atenção". Os poucos livros de texto eram suplementados pelos livros do pai, um democrata fervoroso que deu aos três filhos os nomes dos fundadores dos Estados Unidos. Muitos desses livros eram tratados políticos de Tom Paine, do socialista Frances Wright e do filósofo francês do século XVIII Constantin-François, conde de Volney, mas havia também coleções de poesia e uns poucos romances. A mãe era analfabeta, mas, segundo Whitman, "uma excelente contadora de histórias", "dotada de grandes poderes miméticos".[8]

Whitman aprendeu as primeiras letras na biblioteca do pai; seus sons, aprendeu com as histórias que ouvira a mãe contar.

Whitman deixou a escola aos onze anos e foi trabalhar no escritório do advogado James B. Clark. O filho de Clark, Edward, gostou do menino brilhante e deu-lhe de presente uma assinatura de uma biblioteca circulante. "Foi o evento memorável da minha vida até ali", disse Whitman mais tarde. Na biblioteca, tomou emprestado e leu *As mil e uma noites* — "cada volume" — e os romances de sir Walter Scott e James Fenimore Cooper. Poucos anos depois, aos dezesseis anos, adquiriu "um robusto e bem fornido volume in-octavo de mil páginas [...] contendo toda a poesia de Walter Scott", que consumiu avidamente. "Mais tarde, a intervalos, no verão e no outono, costumava ir para o campo ou para as praias de Long Island, às vezes por toda uma semana — ali, em presença das influências do ar livre, li de ponta a ponta o Velho e o Novo Testamento e absorvi (provavelmente com mais proveito do que em qualquer biblioteca ou ambiente fechado — faz muita diferença *onde* você lê) Shakespeare, Ossian, as melhores traduções que pude obter de Homero, Ésquilo, Sófocles, os velhos nibelungos germânicos, os poemas hindus antigos e outras obras-primas, Dante entre elas. Aconteceu de eu ler a maior parte deste último num velho bosque." E Whitman interroga: "Desde então, pergunto-me por que não fiquei soterrado por aqueles poderosos mestres. Provavelmente porque os li na presença plena da Natureza, sob o sol, com paisagens e panoramas a perder de vista ou o mar quebrando na praia".[9] O lugar da leitura, como sugere Whitman, é importante não só porque proporciona um cenário físico para o texto que está sendo lido, mas também porque sugere, ao se justapor ao lugar na página, que ambos partilham da mesma qualidade hermenêutica e tentam o leitor com o desafio da elucidação.

Whitman não ficou muito tempo no escritório de advocacia. Antes do fim do ano já era aprendiz de tipógrafo no *Long Island Patriot*, aprendendo a trabalhar com um prelo manual que ficava num porão apertado, sob a supervisão do editor do jornal e autor de todos os artigos. Ali Whitman aprendeu "o misterioso prazer das diferentes letras e suas divisões — a grande caixa de *es* — a caixa para espaços [...] a caixa de *as*, de *is* e todo o resto", as ferramentas de seu ofício.

De 1836 a 1838 trabalhou como professor rural em Norwich, Nova York. O salário era baixo e errático, e, provavelmente porque os inspetores escolares desaprovavam suas classes turbulentas, foi forçado a mudar de escola oito vezes naqueles dois anos. Os superiores não podiam ficar muito contentes se ele ensinasse aos alunos: "Não deves mais tomar coisas de segunda ou terceira mão,/ nem olhar através dos olhos dos mortos, nem se alimentar dos espectros nos livros".[10] Ou então: "Honra mais o meu estilo quem aprende com ele a destruir o professor".[11]

Depois de aprender a imprimir e de ensinar a ler, Whitman descobriu que podia combinar as duas habilidades tornando-se editor de um jornal: primeiro o *Long Islander*, em Huntington, Nova York, mais tarde o *Daily Eagle*, no Brooklyn. Ali começou a desenvolver sua noção de democracia como uma sociedade de "leitores livres", não contaminada por fanatismos e escolas políticas, a quem o fazedor de textos — poeta, tipógrafo, professor, editor de jornal — deve servir ardorosamente. Em editorial de 1º de junho de 1846, explicou ele: "Sentimos de fato um desejo de falar sobre muitos assuntos a todas as pessoas do Brooklyn, e nem são os seus nove pence o que mais queremos. Há um tipo curioso de simpatia (já pensaram nisso alguma vez?) que surge na mente de um diretor de jornal em relação ao público a que ele serve [...] A comunhão diária cria uma espécie de irmandade entre as duas partes".[12]

Por essa época, Whitman entrou em contato com os escritos de Margaret Fuller, uma personalidade extraordinária: a primeira resenhadora de livros em tempo integral dos Estados Unidos, a primeira correspondente estrangeira, feminista lúcida, autora do apaixonado panfleto *Woman in the Nineteenth Century* [A mulher no século XIX]. Emerson achava que "toda a arte, o pensamento e a nobreza na Nova Inglaterra [...] pareciam relacionados com ela, e ela com eles".[13] Hawthorne, porém, chamou-a de "um grande embuste", [14] e Oscar Wilde disse que Vênus dera "tudo" a ela, "exceto beleza", enquanto Palas lhe dera "tudo, exceto sabedoria".[15] Embora acreditasse que os livros não podem substituir a experiência real, Fuller via neles "um meio para ver toda a humanidade, um centro em torno do qual todo conhecimento, toda experiência, toda ciência, todo o ideal, bem como tudo o que é prático em nossa natureza, pode reunir-se". Whitman reagiu com entusiasmo às ideias dela. Escreveu ele:

> *Não considerávamos magnífico, oh alma, penetrar nos temas de*
> *[livros poderosos,*
> *Absorvendo profundos e plenos os pensamentos, peças, especulações?*
> *Mas agora, cá entre nós, pássaro engaiolado, sentir teu gorjeio*
> *[jubiloso,*
> *Enchendo o ar, a sala solitária, a longa manhã,*
> *Não é igualmente magnífico, oh alma?*[16]

Para Whitman, texto, autor, leitor e mundo espelhavam-se uns aos outros no ato da leitura, um ato cujo significado ele expandiu até que servisse para definir cada atividade humana vital, bem como o universo no qual tudo acontecia. Nessa conjunção, o leitor reflete o escritor (ele e eu somos um), o mundo faz eco a um livro (livro de Deus, livro da Natureza), o livro é de carne e sangue (carne e sangue do escritor, que mediante uma transubstanciação literária se tornam meus), o mundo é um livro a ser decifrado (os poemas do escritor tornam-se minha leitura do mundo). Durante toda a sua vida, Whitman parece ter buscado uma compreensão e uma definição do ato de ler, que é a um só tempo ele mesmo e a metáfora de todas as suas partes.

"As metáforas", escreveu o crítico alemão Hans Blumenberg, em nossos dias, "não são mais consideradas primeiro e antes de mais nada como representação da esfera que guia nossas hesitantes concepções teóricas, como um hall de entrada para a formação de conceitos, como um dispositivo temporário dentro de linguagens especializadas que ainda não foram consolidadas, mas sim um meio autêntico de compreender contextos."[17] Dizer que um autor é um leitor ou um leitor, um autor, considerar um livro como um ser humano ou um ser humano como um livro, descrever o mundo como texto ou um texto como o mundo são formas de nomear a arte do leitor.

Tais metáforas são muito antigas, com raízes nas primeiras sociedades judaico-cristãs. O crítico alemão E. R. Curtius, num capítulo sobre o simbolismo do livro em seu monumental *Literatura europeia e Idade Média latina*, sugeriu que as metáforas do livro começaram na Grécia clássica, mas há poucos exemplos delas, uma vez que a sociedade grega, e posteriormente a romana, não consideravam o livro como um objeto do dia a dia. As sociedades judaica, cristã e islâmica desenvolveram uma profunda relação simbólica com seus livros sagrados, que não eram símbolos da palavra de Deus, mas a própria Palavra Divina. Segundo Curtius, "a ideia de que o mundo e a natureza são livros deriva da retórica da Igreja católica, assumida pelos filósofos místicos dos primórdios da Idade Média e finalmente transformada em lugar-comum".

Para o místico espanhol do século XVI frei Luís de Granada, se o mundo é um livro, então as coisas deste mundo são as letras do alfabeto com as quais esse livro está escrito. Na *Introducción al símbolo de la fé*, ele pergunta: "O que são todas as criaturas deste mundo, tão lindas e tão bem-feitas, senão letras separadas e iluminadas que declaram tão justamente a delicadeza e a sabedoria de seu autor? [...] E nós também [...] tendo sido colocados por vós diante deste maravilhoso livro de todo o universo, de tal forma que por meio de suas criaturas, como se fossem letras vivas, podemos ler a excelência do nosso Criador".[18]

"O Dedo de Deus", escreveu sir Thomas Browne em *Religio Medici*, remodelando a metáfora de frei Luís, "deixou uma Inscrição em todas as suas obras, não gráfica ou composta de Letras, mas feita de suas várias formas, constituições, partes e operações que, reunidas apropriadamente, culminam uma palavra que expressa suas naturezas".[19] Séculos depois, o filósofo americano de origem espanhola George Santayana acrescentou: "Há livros em que as notas de rodapé, ou os comentários rabiscados por algum leitor nas margens, são mais interessantes do que o texto. O mundo é um desses livros".[20]

Nossa tarefa, como apontou Whitman, é ler o mundo, pois esse livro colossal é a única fonte de conhecimento para os mortais. (Os anjos, segundo santo Agostinho, não precisam ler o livro do mundo porque podem ver o próprio Autor e receber dele o mundo em toda a sua glória. Dirigindo-se a Deus, santo Agostinho pondera que os anjos "não têm necessidade de olhar para os céus ou de lê-los para ler Vossa palavra. Pois eles sempre veem Vossa face e ali, sem as sílabas do tempo, leem Vossa vontade eterna. Eles a leem, escolhem-na, amam-na. Estão sempre lendo, e o que leem nunca chega ao fim. [...] O livro que leem não deverá ser fechado, o rolo não deverá ser enrolado novamente. Pois Vós sois o livro deles, e Vós sois eterno".[21])

Os seres humanos, feitos à imagem de Deus, também são livros a serem lidos. Aqui, o ato de ler serve como metáfora para nos ajudar a entender nossa relação hesitante com nosso próprio corpo, o encontro, o toque e a decifração de signos em outra pessoa. Lemos expressões no rosto, seguimos os gestos de um ser amado como num livro aberto. "Tua face, meu cavaleiro", diz lady Macbeth ao esposo, "é como um livro onde os homens podem ler estranhas coisas",[22] e o poeta do século XVII Henry King escreveu sobre sua jovem esposa morta:

> *Querida Perda! Desde tua morte prematura*
> *Minha sina tem sido meditar*
> *Sobre ti, sobre ti: tu és o livro,*
> *A biblioteca para onde olho*
> *Embora quase cego.*[23]

E Benjamin Franklin, um grande amante dos livros, compôs para si mesmo um epitáfio (infelizmente não utilizado em seu túmulo) no qual a imagem do leitor como livro encontra sua representação plena:

> *O Corpo de*
> *B. Franklin, Impressor,*
> *Tal como a capa de um velho Livro,*
> *Seu Conteúdo arrancado,*
> *E despido de suas Letras e Dourados,*
> *Jaz aqui, Alimento para Vermes.*
> *Mas a Obra não se perderá;*
> *Pois irá, como ele acreditava,*
> *Aparecer outra vez*
> *Em nova e mais elegante Edição*
> *Corrigida e melhorada*
> *Pelo Autor.*[24]

Dizer que lemos — o mundo, um livro, o corpo — não basta. A metáfora da leitura solicita por sua vez outra metáfora, exige ser explicada em imagens que estão fora da biblioteca do leitor e, contudo, dentro do corpo dele, de tal forma que a função de ler é associada a outras funções corporais essenciais. Ler — como vimos — serve como um veículo metafórico, mas para ser compreendido precisa ele mesmo ser reconhecido por meio de metáforas. Tal como escritores falam em cozinhar uma história, misturar os ingredientes do enredo, ter ideias cruas para uma trama, apimentar uma cena, acrescentar pitadas de ironia, pôr molho, retratar uma fatia de vida, nós, os leitores, falamos em saborear um livro, encontrar alimento nele, devorá-lo de uma sentada, ruminar um texto, banquetearmo-nos com poesia, mastigar as palavras do poeta, viver numa dieta de romances policiais. Em um ensaio sobre a arte de estudar, o erudito inglês do século XVI Francis Bacon catalogou o processo: "Alguns livros são para se experimentar, outros para serem engolidos, e uns poucos para se mastigar e digerir".[25]

Por uma sorte extraordinária sabemos em que dia essa curiosa metáfora foi registrada pela primeira vez.[26] Em 31 de julho de 593 a.C., às margens do Chebar, na terra dos caldeus, Ezequiel, o sacerdote, teve uma visão de fogo na qual viu "a imagem da glória do Senhor" ordenando-lhe que falasse com os filhos rebeldes de Israel. "Abre a boca e come o que te vou dar", diz a visão.

> Olhei e vi avançando para mim uma mão que segurava um manuscrito enrolado. E foi desdobrado diante de mim: estava coberto com escrita de um e outro lado: eram cânticos de tristeza, de queixumes e de gemidos.[27]

São João, registrando sua visão apocalíptica em Patmos, recebeu a mesma revelação de Ezequiel. Enquanto olhava aterrorizado, um anjo desceu dos céus com um livro aberto e uma voz de trovão disse-lhe que não escrevesse o que aprendera, mas pegasse o livro da mão do anjo.

> Fui eu, pois, ter com o anjo, dizendo-lhe que me desse o pequeno livro. E ele me disse: "Toma-o e devora-o! Ele te será amargo nas entranhas, mas, na boca, doce como o mel". Tomei então o pequeno livro da mão do anjo e comecei a comê-lo. De fato, em minha boca tinha a doçura do mel, mas depois de o ter comido, amargou-me nas entranhas. Então me foi dito: "Urge que ainda profetizes de novo a numerosas nações, povos, línguas e reis".[28]

Com o tempo, à medida que a leitura se desenvolveu e se expandiu, a metáfora gastronômica tornou-se retórica comum. Na época de Shakespeare, contava-se com ela na conversação literária, e a própria rainha Isabel usou-a para descrever suas leituras devotas: "Eu caminho muitas vezes pelos campos agradáveis das Escrituras Sagradas, onde colho as verdes e formosas ervas das sentenças, como-as lendo, mastigo-as meditando e deito-as no assento da memória [...] para que possa perceber menos a amargura desta vida miserável".[29] Em 1695, a metáfora já se arraigara tanto na língua que William Congreve pôde parodiá-la na cena de abertura de *Love for Love* [Amor por amor], fazendo o pedante Valentine dizer a seu criado: "Lê, lê, imbecil, e refina teu apetite; aprende a viver com instrução; banqueteia tua mente e mortifica tua carne; lê, e ingere teu alimento pelos olhos; fecha tua boca e mastiga o bolo alimentar do entendimento". "Ficareis extremamente gordo com esta dieta de papel", é o comentário do criado.[30]

Menos de um século depois, o dr. Johnson lia um livro com as mesmas maneiras que exibia à mesa. Lia, disse Boswell, "sofregamente, como se o devorasse, o que era aparentemente seu método de estudo". Segundo Boswell, durante o jantar o dr. Johnson mantinha no colo um livro embrulhado na toalha de mesa, "ávido como era por ter um entretenimento à mão quando terminasse o outro, parecendo (se me permitem usar tão grosseiro símile) um cão que segura um osso de reserva entre as patas, enquanto come outra coisa que lhe foi jogada".[31]

Por mais que os leitores se apropriem de um livro, no final, livro e leitor tornam-se uma só coisa. O mundo, que é um livro, é devorado por um leitor, que é uma letra no texto do mundo; assim, cria-se uma metáfora circular para a infinitude da leitura. Somos o que lemos. O processo pelo qual o círculo se completa não é, argumentava Whitman, apenas intelectual; lemos intelectualmente num nível superficial, apreendendo certos significados e conscientes de certos fatos, mas, ao mesmo tempo, invisivelmente, inconscientemente, texto e leitor se entrelaçam, criando novos níveis de significado, e, assim, toda vez que, ingerindo-o, fazemos o texto entregar algo, simultaneamente nasce sob ele outra coisa que ainda não apreendemos. Esse é o motivo por que — como acreditava Whitman, reescrevendo e reeditando seus poemas sem parar — nenhuma leitura pode ser definitiva. Em 1867 ele escreveu, numa espécie de explicação:

> *Não fechem suas portas para mim, orgulhosas bibliotecas,*
> *Pois aquilo que faltava em todas as suas estantes abarrotadas,*
> *[mas carentes,*

Eu trago da guerra emergindo, um livro que fiz,
As palavras do meu livro sem motivo, impulsionando todas as
[coisas,
Um livro separado, não ligado ao resto, nem sentido pelo intelecto,
Mas suas latências não ditas pulsarão em cada página.[32]

OS PODERES DO LEITOR

É preciso ser um inventor para ler bem.

RALPH WALDO EMERSON
The American Scholar, 1837

PRIMÓRDIOS

No verão de 1989, dois anos antes da guerra do Golfo, fui ao Iraque para ver as ruínas da Babilônia e da torre de Babel. Era uma viagem que eu ansiara muito fazer. Reconstruída entre 1899 e 1917 pelo arqueólogo alemão Robert Koldewey,[1] Babilônia fica a cerca de 65 quilômetros de Bagdá — um enorme labirinto de paredes cor de manteiga que foi outrora a cidade mais poderosa da Terra, perto de um monte de argila que os guias turísticos dizem ser tudo o que resta da torre que Deus amaldiçoou com o multiculturalismo. O motorista de táxi que me levou até lá conhecia o sítio somente porque ficava perto da cidade de Al Hillah, aonde fora duas ou três vezes visitar uma tia. Eu carregara comigo uma antologia de contos da Penguin, e, depois de visitar as ruínas daquilo que para mim, como leitor ocidental, constituía o ponto inicial de todos os livros, sentei-me à sombra de um oleandro e li.

Muros, oleandros, pavimentação betuminosa, portões abertos, montes de argila, torres quebradas: parte do segredo da Babilônia está nisso, no fato de que o visitante vê não uma, porém muitas cidades, sucessivas no tempo mas simultâneas no espaço. Existe a Babilônia da época acadiana, uma pequena vila de cerca de 2350 a.C. Há a Babilônia onde a epopeia de Gilgamesh, que inclui um dos primeiros relatos do dilúvio de Noé, foi recitada pela primeira vez, num dia qualquer do segundo milênio a.C. Existe a Babilônia do rei Hamurabi, do século XVIII a.C., cujo sistema de leis foi uma das primeiras tentativas do mundo de codificar a vida de toda uma sociedade. Existe a Babilônia destruída pelos assírios em 689 a.C. Existe a Babilônia reconstruída por Nabucodonosor, que, por volta de 586 a.C., atacou Jerusalém, saqueou o templo de Salomão e escravizou os judeus, e eles então se sentaram às margens dos rios e choraram. Existe a Babilônia do filho ou neto (os genealogistas têm dúvidas) de Nabucodonosor, o rei Belsazar, que foi o primeiro homem a ver a escrita na parede, na caligrafia temível do dedo de Deus. Existe a Babilônia que Alexandre, o Grande, queria transformar na capital de um império que se estenderia do norte da Índia ao Egito e à Grécia — a Babilônia onde o Conquistador do Mundo morreu aos 33 anos de idade, em 323 a.C., segurando um exemplar da *Ilíada*, num tempo em que os generais eram capazes de ler. Existe a Babilônia, a Grande, tal como esconjurada por são João — a Mãe das Rameiras e Abominações da Terra, a Babilônia que fez todas as nações beberem o vinho da ira de sua fornicação. E existe a Babilônia do meu motorista de táxi, um lugar perto da cidade de Al Hillah, onde morava sua tia.

Ali (ou pelo menos não muito longe dali), têm afirmado os arqueólogos, começou a pré-história do livro. Em meados do quarto milênio a.C., quando o clima do Oriente Médio tornou-se mais fresco e o ar mais seco, as comunidades agrícolas do sul da Mesopotâmia abandonaram suas aldeias dispersas e reagruparam-se em torno de centros urbanos maiores que logo se tornaram cidades-estado.[2] Para manter as escassas terras férteis, inventaram novas técnicas de irrigação e esquemas arquitetônicos extraordinários, e para organizar uma sociedade cada vez mais complexa, com suas leis, éditos e regras de comércio, desenvolveram, por volta do final do quarto milênio, uma arte que mudaria para sempre a natureza da comunicação entre os seres humanos: a arte de escrever.

Com toda a probabilidade, a escrita foi inventada por motivos comerciais, para lembrar que um certo número de cabeças de gado pertencia a determinada família ou estava sendo transportado para determinado lugar. Um sinal escrito servia de dispositivo mnemônico: a figura de um boi significava um boi, para lembrar ao leitor que a transação era em bois, quantos bois estavam em jogo e, talvez, os nomes do comprador e do vendedor. A memória, nessa forma, é também um documento, o registro de tal transação.

O inventor das primeiras tabuletas escritas deve ter percebido as vantagens que essas peças de argila ofereciam sobre manter a memória no cérebro: primeiro, a quantidade de informação armazenável nas tabuletas era infinita — podiam-se produzir tabuletas *ad infinitum*, ao passo que a capacidade de lembrança do cérebro é limitada; segundo, para recuperar a informação as tabuletas não exigiam a presença de quem guardava a lembrança. De repente, algo intangível — um número, uma notícia, um pensamento, uma ordem — podia ser obtido sem a presença física do mensageiro; magicamente, podia ser imaginado, anotado e passado adiante através do espaço e do tempo. Desde os primeiros vestígios da civilização pré--histórica, a sociedade humana tinha tentado superar os obstáculos da geografia, o caráter final da morte, a erosão do esquecimento. Com um único ato — a incisão de uma figura sobre uma tabuleta de argila —, o primeiro escritor anônimo conseguiu de repente ter sucesso em todas essas façanhas aparentemente impossíveis.

Mas escrever não é o único invento que nasceu no instante daquela primeira incisão: uma outra criação aconteceu no mesmo momento. Uma vez que o objetivo do ato de escrever era que o texto fosse resgatado — isto é, lido —, a incisão criou simultaneamente o leitor, um papel que nasceu antes mesmo de o primeiro leitor adquirir presença física. Ao mesmo tempo que o primeiro escritor concebia uma nova arte ao fazer marcas num pedaço de argila, aparecia tacitamente uma outra arte sem a qual as marcas não teriam nenhum sentido. O escritor era um fazedor de mensagens, criador de signos, mas esses signos e mensagens precisavam de um mago que os decifrasse, que reconhecesse seu significado, que lhes desse voz. Escrever exigia um leitor.

A relação primordial entre escritor e leitor apresenta um paradoxo maravilhoso: ao criar o papel do leitor, o escritor decreta também a morte do escritor, pois, para que um texto fique pronto, o escritor deve se retirar, deve deixar de existir. Enquanto o escritor está presente, o texto continua incompleto.

190

Somente quando o escritor abandona o texto é que este ganha existência. Nesse ponto, a existência do texto é silenciosa, silenciosa até o momento em que um leitor o lê. Somente quando olhos capazes fazem contato com as marcas na tabuleta é que o texto ganha vida ativa. Toda escrita depende da generosidade do leitor.

Essa relação desconfortável entre escritor e leitor tem um começo: foi estabelecida para sempre numa misteriosa tarde mesopotâmica. Trata-se de uma relação frutífera, mas anacrônica, entre um criador primordial que dá à luz no momento da morte e um criador *post-mortem*, ou melhor, gerações de criadores *post-mortem* que possibilitam que a criação fale e sem os quais toda escrita está morta. Desde os primórdios, a leitura é a apoteose da escrita.

Escrever foi rapidamente reconhecido como uma habilidade poderosa, e através das classes da sociedade mesopotâmica emergiu o escriba. Sem dúvida, a habilidade de ler também lhe era essencial, mas nem o nome dado à sua ocupação, nem a percepção social de suas atividades reconheciam o ato de ler, concentrando-se quase exclusivamente em sua capacidade de registrar. No âmbito público, era mais seguro para o escriba ser visto não como alguém que buscava e reconstituía informações (e, portanto, que podia imbuí-las de sentido), mas como alguém que simplesmente as registrava para o bem público. Embora ele fosse capaz de ser os olhos e a língua de um general ou mesmo de um rei, era melhor não alardear esse poder político. Por isso, o símbolo de Nisaba, a deusa mesopotâmica dos escribas, era um estilete, não a tabuleta mantida diante dos olhos.

Seria difícil exagerar a importância do papel do escriba na sociedade mesopotâmica. Eles eram necessários para mandar mensagens, transmitir notícias, baixar as ordens do rei, registrar as leis, anotar os dados astronômicos que permitissem manter o calendário, calcular o número necessário de soldados, trabalhadores, suprimentos ou cabeças de gado, manter o controle sobre operações financeiras e econômicas, registrar os diagnósticos e receitas dos médicos, acompanhar expedições militares e escrever despachos e crônicas de guerra, avaliar tributos, fazer contratos, preservar os textos religiosos sagrados e divertir o povo com leituras da epopeia de Gilgamesh. Nada disso poderia ser feito sem o escriba. Ele era a mão, os olhos e a voz por meio dos quais se estabeleciam comunicações e se decifravam mensagens. É por isso que os autores mesopotâmicos dirigem-se diretamente ao escriba, sabendo que ele seria o retransmissor da mensagem: "Ao Meu Senhor, diz isto: assim fala fulano, teu servo".[3] *Diz* refere-se a uma segunda pessoa, o *tu*, o ancestral mais antigo do "Prezado leitor" da ficção posterior. Cada um de nós, lendo aquela linha, torna-se, através dos tempos, esse *tu*.

Na primeira metade do segundo milênio a.C., os sacerdotes do templo de Shamash, em Sippar, no sul da Mesopotâmia, ergueram um monumento coberto de inscrições em todos os doze lados, tratando das renovações do templo e de um aumento na receita real. Mas, em vez de usar a data de seu próprio tempo, esses políticos primordiais dataram as inscrições do reino de Manishtushu de Acad (*circa* 2276-2261 a.C.), criando assim uma antiguidade para as reivindicações do templo. Elas terminam com a seguinte promessa ao leitor: "Isto não é uma mentira, é de fato verdade".[4] Como o escriba-leitor logo descobriu, sua arte dava-lhe a capacidade de modificar o passado histórico.

Com todo o poder que tinham nas mãos, os escribas mesopotâmicos constituíam uma elite aristocrática. (Muitos anos depois, nos séculos VII e VIII da era cristã, os escribas da Irlanda ainda se beneficiavam desse status elevado: a penalidade para quem matasse um deles era a mesma de quem matasse um bispo.[5]) Na Babilônia, somente certos cidadãos treinados podiam se tornar escribas, e suas funções davam-lhes preeminência sobre outros membros da sociedade. Descobriram-se livros de texto (tabuletas escolares) na maioria das casas abastadas de Ur, de onde se pode inferir que as artes da escrita e da leitura eram consideradas atividades aristocráticas. Aqueles escolhidos para se tornarem escribas recebiam instrução, desde tenra idade, numa escola privada, uma *e-dubba*, ou "casa das tabuletas". Uma sala cheia de bancos de barro no palácio do rei Zimri-Lim, de Mari,[6] embora não tenha fornecido nenhuma tabuleta de escola ao exame dos arqueólogos, é considerada um modelo dessas escolas para escribas.

O dono da escola, o diretor ou *ummia*, contava com o auxílio de uma *adda e-dubba*, ou "pai da casa das tabuletas", e de um *ugala*, ou funcionário. Ofereciam-se vários temas; por exemplo, em uma dessas escolas, um diretor chamado Igmil-Sin[7] ensinava escrita, religião, história e matemática. A disciplina ficava a cargo de um estudante mais velho, que desempenhava mais ou menos as funções de um bedel. Era importante para um escriba sair-se bem na escola, e há indícios de que alguns pais subornavam os professores a fim de obter boas notas para os filhos.

Depois de aprender as habilidades práticas de fazer tabuletas de argila e empunhar o estilete, o estudante tinha de aprender a desenhar e a reconhecer os sinais básicos. No segundo milênio a.C., a escrita mesopotâmica havia passado de pictográfica — representações mais ou menos precisas dos objetos simbolizados pelas palavras — para o que conhecemos como escrita "cuneiforme" (do latim *cuneus*, "unha"), sinais em forma de cunha que representavam sons, não objetos. Os primitivos pictogramas (dos quais havia mais de 2 mil, pois adotava-se um sinal para cada objeto representado) tinham evoluído para marcas abstratas que podiam representar não apenas os objetos retratados, mas também ideias associadas a eles; palavras e sílabas diferentes pronunciadas da mesma maneira eram representadas pelo mesmo signo. Sinais auxiliares — fonéticos e gramaticais — conduziam a uma compreensão mais fácil do texto, além de permitir nuances de sentido e matizes de significado. Dentro de pouco tempo, o sistema possibilitaria ao escriba registrar uma literatura complexa e altamente sofisticada: epopeias, livros de sabedoria, histórias humorísticas, poemas de amor.[8] A escrita cuneiforme, na verdade, sobreviveu aos impérios sucessivos da Suméria, Acádia e Assíria, registrando a literatura de quinze

193

diferentes línguas e cobrindo uma área ocupada hoje em dia por Iraque, Irã ocidental e Síria. Atualmente, não podemos ler as tabuletas pictográficas como linguagem porque não conhecemos o valor fonético dos sinais primitivos; podemos apenas *reconhecer* um bode, uma ovelha. Mas os linguistas fizeram tentativas de reconstruir a pronúncia dos textos cuneiformes sumérios e acadianos posteriores, de modo que podemos, embora de forma rudimentar, pronunciar sons cunhados há milhares de anos.

Num primeiro momento, as habilidades de escrever e ler foram aprendidas praticando-se a ligação de sinais, em geral para formar um nome. Há numerosas tabuletas que mostram esses estágios desajeitados, com marcas feitas por mão vacilante. O estudante tinha de aprender a escrever seguindo convenções que também lhe permitiriam ler. Por exemplo, a palavra acadiana "para", *ana*, tinha de ser escrita *a-na*, não *ana* nem *an-a*, para que o estudante acentuasse as sílabas corretamente.[9]

Depois que tivesse dominado esse estágio, o estudante ganhava um tipo diferente de tabuleta de argila, redonda, onde o professor já escrevera uma frase curta, um provérbio ou uma lista de nomes. O aluno estudava a inscrição, depois virava a tabuleta e reproduzia a escrita. Para isso, tinha de levar as palavras na mente e transportá-las de um lado a outro da tabuleta, tornando-se pela primeira vez um transmissor de mensagens — de leitor da escrita do professor a escritor do que havia lido. Nesse pequeno gesto, nascia uma função posterior ao leitor-escriba: copiar um texto, anotá-lo, glosá-lo, traduzi-lo, transformá-lo.

Falo dos escribas mesopotâmicos no masculino porque eram quase sempre homens. Ler e escrever estava reservado aos donos do poder naquela sociedade patriarcal. Mas há exceções. O primeiro autor no meado da história é uma mulher, a princesa Enheduanna, nascida por volta de 2300 a.C., filha do rei Sargão I de Acad, alta sacerdotisa da deusa da Lua, Nanna, e autora de uma série de canções em honra a Inanna, deusa do amor e da guerra.[10] Enheduanna assinava seu nome no final das

194

tabuletas em que escrevia. Isso era comum na Mesopotâmia, e muito do nosso conhecimento sobre os escribas vem dessas assinaturas ou colofãos, que incluíam o nome do escriba, a data e a cidade em que a escrita havia sido feita. Essa identificação permitia ao leitor ler o texto com determinada voz — no caso dos hinos a Inanna, a voz de Enheduanna —, identificando o *eu* presente no texto com uma pessoa específica e, portanto, criando uma personagem pseudoficcional, o *autor*, com a qual o leitor se comprometia. Esse esquema, inventado no início da literatura, ainda está conosco mais de 4 mil anos depois.

Os escribas deviam ter consciência do poder extraordinário conferido pelo fato de serem leitores de texto e guardavam essa prerrogativa ciumentamente. Com arrogância, a maioria dos escribas mesopotâmicos terminava seus textos com este colofão: "Que o sábio instrua o sábio, pois o ignorante não pode ver".[11] No Egito, durante a 19ª dinastia, por volta de 1300 a.C., um escriba compôs este encômio ao seu negócio:

> *Sê um escriba! Grava isto em teu coração*
> *Para que teu nome possa perdurar como o deles!*
> *O rolo é melhor que a pedra esculpida.*
> *Um homem morreu: seu corpo é pó,*
> *E seu povo desapareceu da Terra.*
> *É um livro que o faz ser lembrado*
> *Na boca do orador que o lê.*[12]

Um escritor pode construir um texto de várias formas, escolhendo no estoque comum de palavras aquelas que pareçam expressar melhor a mensagem. Mas o leitor que recebe esse texto não está confinado a nenhuma interpretação. Embora, como dissemos, não sejam infinitas — são circunscritas por convenções de gramática e por limites impostos pelo senso comum —, as leituras de um texto não são rigidamente ditadas pelo próprio texto. Qualquer texto escrito, diz o crítico francês Jacques Derrida,[13] "é legível mesmo se o momento de sua produção estiver irrevogavelmente perdido e mesmo que eu não saiba o que seu

195

suposto autor conscientemente pretendia dizer no momento de escrevê-lo, isto é, quando abandonou o texto à sua deriva essencial". Por esse motivo, o autor (o escritor, o escriba) que deseja preservar e impor um sentido deve também ser o leitor. Esse é o privilégio secreto que o escriba mesopotâmico concedia a si mesmo e que eu, lendo nas ruínas que poderiam ser sua biblioteca, usurpei.

Em um ensaio famoso, Roland Barthes propôs uma distinção entre *écrivain* e *écrivant*: o primeiro desempenha uma função, o outro, uma atividade; para o *écrivain*, escrever é um verbo intransitivo; para o *écrivant*, o verbo sempre leva a um objetivo — doutrinar, testemunhar, explicar, ensinar.[14] Talvez a mesma distinção possa ser feita entre dois dos papéis de quem lê: o do leitor para o qual o texto justifica sua existência no ato da própria leitura, sem motivo ulterior (nem mesmo diversão, uma vez que a noção de prazer está implícita na realização do ato), e o do leitor com um motivo ulterior (aprender, criticar), que toma o texto como veículo para outra função. A primeira atividade ocorre dentro da moldura de tempo ditada pela natureza do texto; a segunda existe em uma moldura de tempo imposta pelo leitor tendo em vista o objetivo daquela leitura. Isso pode ser o que santo Agostinho acreditava que fosse uma distinção estabelecida pelo próprio Deus. "O que Minha Escritura diz, eu digo", ele ouve Deus revelar-lhe. "Mas a Escritura fala no tempo, ao passo que o tempo não afeta Minha Palavra, que permanece para sempre, igual a Mim em eternidade. As coisas que vês pelo Meu Espírito, eu vejo, tal como falo as palavras que falas pelo Meu Espírito. Mas, enquanto vês essas coisas no tempo, não é no tempo que eu as vejo. E, enquanto falas aquelas palavras no tempo, não é no tempo que eu as falo."[15]

Como sabia o escriba, como a sociedade descobriu, a extraordinária invenção da palavra escrita, com todas as suas mensagens, leis, listas, literaturas, dependia da capacidade do escriba de restaurar o texto, de lê-lo. Com essa capacidade perdida, o texto torna-se mais uma vez marcas silenciosas. Os antigos mesopotâmicos acreditavam que os pássaros eram sagrados, porque suas pegadas na argila úmida deixavam marcas semelhantes à escrita cuneiforme, e imaginavam que, se pudessem decifrar a confusão daqueles sinais, saberiam o que os deuses estavam pensando. Gerações de estudiosos tentaram tornar-se leitores de escritos cujos códigos perdemos: sumério, acadiano, minoico, asteca, maia...

Algumas vezes, conseguiram. Outras vezes, fracassaram, como no caso da escrita etrusca, cujas complexidades ainda não decodificamos. O poeta Richard Wilbur resumiu a tragédia que se abate sobre uma civilização quando ela perde seus leitores:

AOS POETAS ETRUSCOS

Sonhai com fluência, irmãos calados, que na infância
Tomastes com vosso leite materno a língua materna,

Em cuja pura matriz, unindo mundo e mente,
Lutastes para deixar alguma linha de verso

Como fresco rastro em campo de neve,
Não avaliando que tudo podia derreter e sumir.[16]

ORDENADORES DO UNIVERSO

ALEXANDRIA, NO EGITO, foi fundada por Alexandre, o Grande, em 331 a.C. Quinto Cúrcio Rufo, historiador romano que viveu no reinado de Cláudio e escreveu mais de quatro séculos depois do acontecimento, observou em sua *História de Alexandre* que a fundação ocorreu imediatamente depois da visita de Alexandre ao santuário do deus egípcio Amon, "o Escondido", onde o sacerdote chamou Alexandre de "filho de Júpiter". Nesse estado de graça recém-adquirido, Alexandre escolheu para sua nova cidade a faixa de terra entre o lago Mareotis e o mar e mandou que os habitantes das cidades vizinhas migrassem para a nova metrópole. Rufo escreveu: "Há um relato segundo o qual, depois de o rei ter cumprido o costume macedônio de marcar com cevada os limites circulares dos muros da futura cidade, bandos de pássaros pousaram e comeram a cevada. Muitos viram nisso um presságio desfavorável, mas o veredicto dos videntes foi que a cidade teria uma grande população de imigrantes e proporcionaria os meios de subsistência a muitos países".[1]

Gente de muitos países realmente acorreu à nova capital, mas foi um tipo diferente de imigração que acabou tornando Alexandria famosa. Na época da morte de Alexandre, em 323 a.C., a cidade já se tornara o que chamaríamos hoje de uma "sociedade multicultural", dividida em *politeumata*, ou corporações baseadas na nacionalidade, sob o cetro da dinastia ptolomaica. Desses grupos, depois dos nativos egípcios o mais importante era o dos gregos, para quem a palavra escrita se tornara um símbolo de sabedoria e poder. "Aqueles que podem ler, veem duas vezes melhor", escreveu o poeta ático Menandro no século IV a.C.[2]

Embora os egípcios tivessem uma tradição de registrar por escrito boa parte de seus assuntos administrativos, foi provavelmente a influência dos gregos, os quais acreditavam que a sociedade requeria um registro escrito preciso e sistemático de suas transações, que transformou Alexandria num estado altamente burocrático. Na metade do século III a.c., o fluxo de documentos já estava se tornando difícil de manejar. Recibos, estimativas, declarações e licenças eram emitidos por escrito. Há exemplos de documentos para todo tipo de tarefa, não importa quão pequena fosse: cuidar de porcos, vender cerveja, negociar com lentilhas torradas, manter uma casa de banhos, fazer uma pintura.[3] Um documento datado de 258-257 a.C. mostra que os escritórios de contabilidade do ministro das finanças Apolônio receberam 434 rolos de papiro em 33 dias.[4] Uma volúpia por papel não implica amor aos livros, mas a familiaridade com a palavra escrita sem dúvida acostumava os cidadãos de Alexandria ao ato de ler.

Se os gostos de seu fundador serviam de parâmetro, Alexandria estava destinada a se tornar uma cidade livresca.[5] O pai de Alexandre, Filipe da Macedônia, contratara Aristóteles para ser tutor particular do filho e, graças aos ensinamentos do filósofo, Alexandre tornou-se "um grande amante de todos os tipos de conhecimentos e leituras"[6] — leitor tão ávido, de fato, que raramente deixava de ter um livro consigo. Certa ocasião, viajando pela Ásia e "estando desprovido de outros livros", mandou que um de seus comandantes lhe enviasse vários; foi devidamente atendido, recebendo a *História* de Filisto, várias peças de Eurípedes, Sófocles e Ésquilo e poemas de Telestes e Filoxeno.[7]

É possível que tenha sido Demétrio de Falero — um erudito de Atenas, compilador das fábulas de Esopo, crítico de Homero e aluno do célebre Teofrasto (por sua vez, aluno e amigo de Aristóteles) — quem sugeriu ao sucessor de Alexandre, Ptolomeu I, a fundação da biblioteca que tornaria Alexandria famosa, tão famosa que, 150 anos depois de a biblioteca ter desaparecido, Ateneu de Náucratis julgou supérfluo descrevê-la para seus leitores. "E, quanto ao número de livros, o estabelecimento

199

de bibliotecas e a coleção no Salão das Musas, por que precisaria eu falar, uma vez que estão na memória de todos os homens?"[8] Isso é uma infelicidade, porque onde ficava exatamente a biblioteca, quantos livros abrigava, como era dirigida e quem foi o responsável por sua destruição são perguntas para as quais não temos respostas satisfatórias.

O geógrafo grego Estrabão, escrevendo no final do século I a.C., descreveu Alexandria e seu museu com alguns detalhes, mas jamais mencionou a biblioteca. De acordo com o historiador italiano Luciano Canfora,[9] "Estrabão não menciona a biblioteca simplesmente porque não era uma sala ou prédio separado", mas um espaço ligado às colunatas, uma sala comum do museu. Canfora presume que as *bibliothekai*, ou estantes de livros, ficavam em reentrâncias ao longo de uma larga passagem ou travessa coberta; "Cada nicho ou vão", observa, "devia estar dedicado a certo tipo de autor e estaria marcado com um cabeçalho." Esse espaço acabou se expandindo até que a biblioteca abrigasse perto de meio milhão de rolos, mais 40 mil guardados em outro prédio ligado ao templo de Serapis, no velho bairro egípcio de Rhakotis. Se lembrarmos que, antes da invenção da imprensa, a biblioteca papal de Avignon era a única do Ocidente cristão a ter mais de 2 mil volumes,[10] começamos a entender a importância da coleção alexandrina.

Os volumes tinham de ser colecionados em grande número, pois o objetivo grandioso da biblioteca era abrigar a totalidade do conhecimento humano. Para Aristóteles, colecionar livros fazia parte das tarefas do intelectual, sendo necessário "a título de memorando". A biblioteca da cidade fundada por seu discípulo deveria ser simplesmente uma versão mais vasta disso: a memória do mundo. De acordo com Estrabão, a coleção de livros de Aristóteles foi para Teofrasto, dele para seu parente e pupilo Neleu de Scepsis, e de Neleu (embora sua generosidade tenha sido questionada)[11] alcançou finalmente Ptolomeu II, que a adquiriu para Alexandria. No reinado de Ptolomeu III, já ninguém teria condição de ler a biblioteca inteira. Por decreto real, todos os navios que parassem em Alexandria tinham de entregar todos os livros que estivessem levando; esses livros eram copiados e os originais (às vezes, as cópias) eram devolvidos aos seus donos, enquanto as duplicatas (às vezes, os originais) eram mantidas na biblioteca. Os textos estabelecidos dos grandes dramaturgos gregos, guardados em Atenas para que os atores os transcrevessem e estudassem, foram tomados de empréstimo pelos Ptolomeus graças aos bons ofícios de seus embaixadores e copiados com grande cuidado. Nem todos os livros que entravam na biblioteca eram genuínos; os falsificadores, percebendo o interesse apaixonado com que os Ptolomeus colecionavam os clássicos, vendiam-lhes tratados aristotélicos apócrifos que, mais tarde, séculos de pesquisa erudita provaram ser falsos. Às vezes, os próprios estudiosos produziam falsificações. Com o nome de um contemporâneo de Tucídides, Crátipo escreveu um livro chamado *Tudo o que Tucídides deixou de dizer*, no qual fazia um uso bastante hábil de uma linguagem bombástica e de anacronismos — citando, por exemplo, um autor que vivera quatrocentos anos depois da morte de Tucídides.

A acumulação de conhecimento não é conhecimento. O poeta gaulês Décimo Magno Ausônio, vários séculos depois, ridicularizou a confusão entre essas duas coisas em seus *Opúsculos*:

> *Compraste livros e encheste estantes, oh Amante das Musas.*
> *Significa isso que és um erudito agora?*
> *Se comprares instrumentos de corda, plectro e lira hoje,*
> *julgas que amanhã o reino da música será teu?* [12]

Estava claro que era necessário um método para ajudar as pessoas a fazer uso dessa riqueza livresca — um método que permitisse a qualquer leitor encontrar determinado livro a que seu interesse o conduzisse. Aristóteles certamente tinha um sistema particular de encontrar os livros de que precisasse em sua biblioteca (da qual, infelizmente, não sabemos nada). Mas a quantidade de livros armazenada na biblioteca de Alexandria tornara impossível a um leitor individual encontrar determinado título, a não ser por algum espantoso golpe de sorte. A solução — e outro conjunto de problemas — apareceu sob a forma de um novo bibliotecário, o epigramista e estudioso Calímaco de Cirene.

Calímaco nasceu no Norte da África, no início do século III a.C., e viveu em Alexandria durante a maior parte da vida, primeiro ensinando numa escola dos arredores, depois trabalhando na biblioteca. Era um escritor, crítico, poeta e enciclopedista maravilhosamente prolífico. Começou (ou continuou) um debate que não chegou ao fim nem em nossos dias: acreditava que a literatura deveria ser concisa e sem adornos e denunciava aqueles que ainda escreviam epopeias à maneira antiga, julgando-os prolixos e obsoletos. Os inimigos acusavam-no de ser incapaz de escrever poemas longos e de ser seco como pó em suas obras curtas. (Séculos depois, sua posição foi retomada pelos modernos contra os antigos, pelos românticos contra os clássicos, pelos grandes romancistas americanos contra os minimalistas.) Seu principal inimigo era seu superior na biblioteca — o bibliotecário-chefe Apolônio de Rodes, cuja epopeia de 6 mil versos, *A viagem de Argos*, é um exemplo de tudo o que Calímaco detestava ("Livro grande, grande maçada", foi o resumo lacônico de Calímaco). Nenhum dos dois encontrou boa acolhida entre os leitores modernos: *A viagem de Argos* ainda é (embora discretamente) lembrada; exemplos da arte de Calímaco sobrevivem de forma tênue numa tradução de Catulo, "A madeixa de Berenice", usada por Pope em seu *Rape of the Lock* [O rapto da madeixa], e na versão de William Cory de um epigrama elegíaco sobre a morte de Heráclito de Halicarnasso, amigo de Calímaco, que começa assim: "Disseram-me, Heráclito, disseram-me que estavas morto".

Sob o olhar sem dúvida atento de Apolônio, Calímaco (não se sabe com certeza se chegou a ser bibliotecário-chefe) começou sua árdua tarefa de catalogar a cobiçosa biblioteca. Catalogar é uma profissão antiga; há exemplos de tais "ordenadores do universo" (como eram chamados pelos sumérios) entre os vestígios mais antigos de bibliotecas. Por exemplo, o catálogo de uma "Casa dos Livros" egípcia que data de *circa* 2000 a.C., conforme descoberto nas escavações em Edfu, começa com uma lista de vários outros catálogos: *O livro do que se encontra no templo, O livro dos domínios, A lista de todos os escritos gravados em madeira, O livro das estações do Sol e da Lua, O livro dos lugares e o que há neles* e assim por diante.[13]

O sistema que Calímaco escolheu para Alexandria parece ter se baseado menos numa lista organizada das posses da biblioteca do que numa formulação preconcebida do próprio mundo. Todas as classificações são, em última análise, arbitrárias. A proposta de Calímaco parece um pouco menos, pois segue o sistema de pensamento aceito pelos intelectuais e estudiosos de sua época, herdeiros da visão de mundo grega. Calímaco dividiu a biblioteca em estantes ou mesas (*pinakoi*) organizadas em oito classes ou assuntos: teatro, oratória, poesia lírica, legislação, medicina, história, filosofia e miscelânea. Separou as obras longas, mandando copiá-las em várias seções mais curtas chamadas "livros", a fim de obter rolos menores, mais práticos de manusear.

Calímaco não terminou seu gigantesco empreendimento, completado por sucessivos bibliotecários. As *pinakoi* completas — cujo título oficial era *Mesas daqueles que foram notáveis em cada fase da cultura e seus escritos* — chegavam aparentemente a 120 rolos.[14] A Calímaco devemos também um expediente de catalogação que se tornaria lugar-comum: o costume de arranjar os volumes em ordem alfabética. Antes de sua época, apenas algumas inscrições gregas listando uma série de nomes (algumas datadas do século II a.C.) usavam esse tipo de ordenação.[15] Segundo o crítico francês Christian Jacob, a biblioteca de Calímaco foi o primeiro exemplo de "um lugar utópico da crítica, no qual os textos podem ser comparados, abertos lado a lado".[16] Com Calímaco, a biblioteca tornou-se um lugar de leitura organizado.

Todas as bibliotecas que conheci refletem aquela biblioteca antiga. A escura Biblioteca del Maestro, em Buenos Aires, onde eu podia olhar através das janelas e ver jacarandás cobrindo a rua com flores azuis; a estranha Huntington Library, em Pasadena, Califórnia, cercada por jardins simétricos tal como uma *villa* italiana; a venerável British Library, onde sentei (assim me disseram) na cadeira que Karl Marx escolhera quando escreveu *Das Kapital*; a biblioteca de três prateleiras na cidade de Djanet, no Saara argelino, onde vi, entre os livros arábicos, um misterioso exemplar do *Cândido* de Voltaire em francês; a Biblioteca Nacional de Paris, onde a seção reservada para literatura erótica é chamada de Inferno; a bela Metro Toronto Reference Library, onde podemos ver a neve caindo sobre as vidraças oblíquas enquanto lemos — todas elas copiam, com variações, a visão sistemática de Calímaco.

A biblioteca de Alexandria e seus catálogos tornaram-se os modelos, primeiro das bibliotecas da Roma imperial, depois das do Oriente bizantino e, mais tarde, da Europa cristã. Em *De doctrina christiana*, escrito pouco depois de sua conversão em 387, santo Agostinho, ainda sob a influência do pensamento neoplatônico, argumentou que várias obras dos clássicos gregos e romanos eram compatíveis com os ensinamentos cristãos, uma vez que autores como Aristóteles e Virgílio tinham "injustamente possuído a verdade" (o que Plotino chamava de "espírito" e Cristo de "Palavra" ou *logos*).[17] Nesse mesmo espírito eclético, a mais antiga biblioteca conhecida da Igreja romana, fundada na década de 380 pelo papa Dámaso I na igreja de São Lourenço, continha não somente os livros cristãos da Bíblia, obras de comentários e uma seleção dos apologistas gregos, mas também vários clássicos gregos e romanos. (Porém, a aceitação dos antigos era ainda discriminatória; comentando sobre a biblioteca de um amigo na metade do século V, Apolinário Sidônio queixou-se de que os autores pagãos estavam sendo separados dos cristãos — os pagãos, perto dos assentos dos homens; os cristãos, perto das mulheres.)[18]

Como deveriam então ser classificados escritos tão diversos? Os curadores das primeiras bibliotecas cristãs faziam listas de estantes para registrar seus livros. As Bíblias vinham em primeiro lugar, depois as glosas, as obras dos Pais da Igreja (santo Agostinho no topo), filosofia, direito e gramática. Os livros médicos eram às vezes listados no final. Uma vez que a maioria dos livros não tinha título formal, dava-se a eles um título descritivo ou usavam-se as primeiras palavras do texto para designar o livro. O alfabeto às vezes servia de chave para encontrar volumes. No século X, por exemplo, o grão-vizir da Pérsia, Abdul Kassem Ismael, para não se separar de sua coleção de 117 mil volumes quando viajava, fazia com que fossem carregados por uma caravana de quatrocentos camelos treinados para andar em ordem alfabética.[19]

O exemplo mais antigo de catalogação por assunto na Europa medieval talvez seja o da biblioteca da catedral de Le Puy no século XI, mas durante muito tempo esse tipo de catalogação não foi a norma. Em muitos casos, a divisão dos livros era estabelecida simplesmente por motivos práticos. No início do século XIII, na Cantuária, os livros da biblioteca do arcebispo foram listados de acordo com as faculdades que os utilizavam mais. Em 1120, Hugo de São Vítor propôs um sistema de catalogação no qual o conteúdo de cada livro era brevemente resumido (como nos resumos modernos) e distribuído em uma das três categorias correspondentes à divisão tripartite das artes liberais: teórica, prática e mecânica.

No ano de 1250, Richard de Fournival, cujas teorias sobre leitura e memória descrevi anteriormente, imaginou um sistema de catalogação baseado em um modelo horticultural. Comparando sua biblioteca a um jardim "onde seus concidadãos poderiam colher os frutos do conhecimento", dividiu esse jardim em três canteiros — correspondendo à filosofia, às "ciências lucrativas" e à teologia — e cada canteiro em vários canteiros menores ou *areolae* (aréolas), cada um com um sumário ou *tabula* (como as *pinakoi* de Calímaco) do assunto do canteiro.[20] O canteiro da filosofia, por exemplo, estava dividido em três *areolae*:

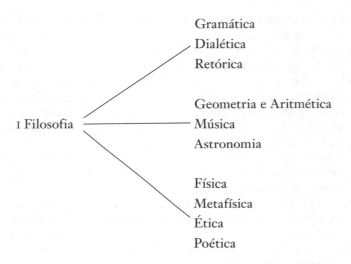

As "ciências lucrativas" do segundo canteiro continham apenas duas *areolae*, medicina e direito. O terceiro canteiro estava reservado para a teologia.

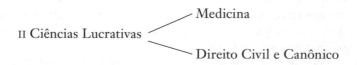

III Teologia

Dentro das *areolae*, cada *tabula* ganhava um número de letras igual ao número de livros guardados nela, de tal forma que se pudesse dar uma letra a cada um dos livros e registrá-la na capa do volume. Para evitar a confusão de ter vários livros identificados pela mesma letra, De Fournival usou variações de tipo e de cor para cada letra: um livro de gramática seria identificado por um A maiúsculo vermelho-rosado, outro por um A uncial púrpura.

Embora a biblioteca de De Fournival fosse dividida em três "canteiros", as *tabulae* não eram necessariamente alocadas em subcategorias por ordem de importância, mas de acordo com o número de volumes que ele colecionara. A dialética, por exemplo, ganhou uma mesa inteira, pois havia mais de doze livros sobre o assunto em sua biblioteca; geometria e aritmética, representadas por apenas seis livros cada, compartilhavam uma única mesa.[21]

O jardim de De Fournival tinha por modelo, pelo menos em parte, as sete artes liberais em que se dividia o sistema tradicional de educação medieval: gramática, retórica, lógica, aritmética, geometria, astronomia e música. Estabelecidos no início do século V por Marciano Capela, acreditava-se que esses sete temas encarnavam todo o campo da sabedoria humana, à parte a medicina, o direito e a teologia.[22]

Cerca de um século antes que De Fournival propusesse tal sistema, outros homens amantes de livros, como o pai da lei canônica Graciano e o teólogo Pedro Lombardo, haviam sugerido novas divisões do conhecimento humano baseadas em reexames de Aristóteles, cuja proposta de hierarquia universal da existência julgavam profundamente atraente, mas suas sugestões não foram levadas adiante por muito tempo. Na metade do século XIII, no entanto, o número de obras de Aristóteles que começara a inundar a Europa (traduzidas para o latim do árabe — para a qual, por sua vez, haviam sido traduzidas do grego — por homens cultos como Michael Scot e Hermannus Alemannus) obrigou os estudiosos a reconsiderar a divisão que De Fournival achara tão natural. A partir de 1251, a Universidade de Paris incorporou oficialmente as obras de Aristóteles ao seu currículo.[23] Tal como os bibliotecários de Alexandria, os da Europa buscaram Aristóteles. Encontraram-no meticulosamente editado e anotado por eruditos muçulmanos como Averróis e Avicena, seus principais exponentes ocidental e oriental.

A adoção de Aristóteles pelos árabes começa com um sonho. Certa noite, do início do século IX, o califa al-Ma'mun, filho do quase lendário Harun al-Rashid, sonhou com uma conversa. O interlocutor do califa era um homem pálido, de olhos azuis, de testa larga e sobrancelhas franzidas, sentado como rei em um trono. O homem (o califa reconheceu-o com a certeza que todos temos nos sonhos) era Aristóteles, e as palavras secretas trocadas entre eles inspiraram o califa a ordenar que os eruditos da Academia de Bagdá dedicassem seus esforços, a partir daquela noite, à tradução do filósofo grego.[24]

Bagdá não era a única a colecionar Aristóteles e outros clássicos gregos. No Cairo, a biblioteca fatímida continha, antes dos expurgos sunitas de 1175, mais de 1,1 milhão, catalogados por assunto.[25] (Os cruzados, num exagero induzido por uma inveja cheia de espanto, registraram que havia mais de 3 milhões de livros em poder dos infiéis.) Seguindo o modelo alexandrino, a biblioteca fatímida também incluía um museu, um arquivo e um laboratório. Estudiosos cristãos como João de Gorce viajavam para o sul a fim de usar esses recursos valiosos. Na Espanha islâmica também havia numerosas bibliotecas importantes: somente na Andaluzia havia mais de setenta, entre as quais a biblioteca do califa de Córdoba, que tinha uma lista de 400 mil volumes no reinado de al-Hakam II (961-76).[26]

Roger Bacon, escrevendo no início do século XIII, criticou os novos sistemas de catalogação derivados de traduções de segunda mão do árabe, que, em sua opinião, contaminavam os textos de Aristóteles com os ensinamentos do islã. Cientista experimental que estudara matemática, astronomia e alquimia em Paris, Bacon foi o primeiro europeu a descrever em detalhes a fabricação da pólvora (que só seria usada em armas no século seguinte) e a sugerir que, graças à energia do sol, um dia seria possível ter barcos sem remos, carruagens sem cavalos e máquinas capazes de voar. Ele acusava eruditos como Alberto, o Grande, e santo Tomás de Aquino de se pretenderem leitores de Aristóteles mesmo ignorando o grego, e, embora reconhecesse que "alguma coisa" podia ser aprendida com os comentadores árabes (ele aprovava Avicena e, como vimos, estudou assiduamente as obras de al-Haytham), considerava essencial que os leitores baseassem suas opiniões no texto original.

Na época de Bacon, as sete artes liberais foram alegoricamente colocadas sob a proteção da Virgem Maria, como está representado no tímpano sobre o portal oeste da catedral de Chartres. Se quisesse alcançar essa redução teológica, um verdadeiro estudioso — segundo Bacon — tinha de estar perfeitamente familiarizado com a ciência e a linguagem. Para a primeira, o estudo da matemática era indispensável; para a outra, o estudo da gramática. No sistema de catalogação do conhecimento de Bacon (que pretendia detalhar em uma enciclopédica *Opus principale*, enorme e jamais terminada), a ciência da natureza era uma subcategoria da ciência de Deus. Com essa convicção, Bacon lutou durante anos para ter o ensino da ciência plenamente reconhecido como parte do currículo universitário, mas, em 1268, a morte do papa Clemente IV, que fora receptivo a suas ideias, pôs fim ao plano. Pelo resto da vida Bacon permaneceu impopular entre seus companheiros intelectuais; várias de suas teorias científicas foram incluídas na condenação de Paris de 1277, e ele ficou na prisão até 1292. Acredita-se que tenha morrido logo depois, sem saber que futuros historiadores lhe dariam o título de *Doctor Mirabilis*, o Professor Maravilhoso, para quem cada livro tinha um lugar que era também sua definição e cada aspecto possível do conhecimento humano pertencia a uma categoria cultural que o circunscrevia adequadamente.

As categorias que um leitor traz para uma leitura e as categorias nas quais essa leitura é colocada — as categorias cultas sociais e políticas e as categorias físicas em que uma biblioteca se divide — modificam-se constantemente umas às outras, de maneira que parecem, ao longo dos anos, mais ou menos arbitrárias ou mais ou menos imaginativas. Cada biblioteca é uma biblioteca de preferências e cada categoria escolhida implica uma exclusão. Depois que a ordem dos jesuítas foi dissolvida em 1773, os livros guardados em sua casa de Bruxelas foram mandados para a Biblioteca Real da Bélgica, que no entanto não tinha espaço para acomodá-los. Os livros, assim, foram mantidos numa igreja jesuíta vazia. Como ela estava infestada de ratos, os bibliotecários tiveram de inventar um plano para proteger os livros. Pediu-se ao secretário da Sociedade Literária Belga que selecionasse os livros melhores e mais úteis, os quais foram postos em estantes no centro da nave, enquanto todos os outros eram deixados no chão. Pensava-se que os ratos iriam roer pelas bordas, deixando o centro intacto.[27]

Há bibliotecas cujas categorias não estão de acordo com a realidade. O escritor francês Paul Masson, que trabalhara como juiz nas colônias francesas, notou que a Biblioteca Nacional de Paris tinha deficiências em livros em italiano e latim do século XV e decidiu remediar o problema, compilando uma lista de livros apropriados sob uma nova categoria que "salvaria o prestígio do catálogo" — uma categoria que incluía somente livros cujos títulos ele inventara. Quando Colette, sua amiga de longa data, perguntou-lhe que utilidade teriam livros que não existiam, Masson deu uma resposta indignada: "Ora, não esperem que eu pense em tudo!".[28]

Uma sala determinada por categorias artificiais, tal como uma biblioteca, sugere um universo lógico, um universo de estufa onde tudo tem o seu lugar e é definido por ele. Numa história famosa, Borges levou o raciocínio de Bacon às últimas consequências, imaginando uma biblioteca tão vasta quanto o universo. Nessa biblioteca (que na verdade multiplica ao infinito a arquitetura da velha Biblioteca Nacional de Buenos Aires, na Calle Méjico, onde Borges era o diretor cego) não há dois livros idênticos. Uma vez que as estantes contêm todas as combinações possíveis do alfabeto e, assim, fileiras e fileiras de algaravia indecifrável, todos os livros reais ou imagináveis estão representados: "a história minuciosa do futuro, as autobiografias dos arcanjos, o catálogo fiel da Biblioteca, milhares e milhares de catálogos falsos, a demonstração da falácia desses catálogos, a demonstração da falácia do catálogo verdadeiro, o Evangelho gnóstico de Basilides, o comentário desse evangelho, o comentário do comentário desse evangelho, a relação verídica de tua morte, uma versão de cada livro em todas as

210

línguas, as intercalações de cada livro em todos os livros, o tratado que o Venerável Bede poderia ter escrito (e nunca escreveu) sobre a mitologia saxônica, o livro perdido de Tácito". No final, o narrador de Borges (que também é bibliotecário), perambulando pelos exaustivos corredores, imagina que a própria Biblioteca faz parte de outra categoria dominante de bibliotecas e que a quase infinita coleção de livros repete-se periodicamente pela eternidade. E conclui: "Minha solidão alegra-se com essa elegante esperança".[29]

Salas, corredores, estantes, prateleiras, fichas e catálogos computadorizados supõem que os assuntos sobre os quais nossos pensamentos se demoram são entidades reais, e, por meio dessa suposição, determinado livro pode ganhar um tom e um valor particulares. Classificado como ficção, *As viagens de Gulliver*, de Jonathan Swift, é um romance de aventuras engraçado; como sociologia, é um estudo satírico da Inglaterra no século XVIII; como literatura infantil, uma fábula divertida sobre anões e gigantes e cavalos que falam; como fantasia, um precursor da ficção científica; como literatura de viagem, um roteiro imaginário; como clássico, uma parte do cânone literário ocidental. Categorias são exclusivas; a leitura não o é — ou não deveria ser. Não importa que classificações tenham sido escolhidas, cada biblioteca tiraniza o ato de ler e força o leitor — o leitor curioso, o leitor alerta — a *resgatar* o livro da categoria a que foi condenado.

LEITURA DO FUTURO

No ano de 1256, Vincent de Beauvais, homem de vasta cultura letrada, reuniu as opiniões de autores clássicos como Lactâncio e santo Agostinho e, baseado nos escritos deles, listou em sua enorme enciclopédia do mundo, o *Speculum majus*, o lugar de nascimento das dez sibilas da Antiguidade — Cumes, Cime, Delfos, Eritreia, o Helesponto, Líbia, Pérsia, Frígia, Samos e Tibur.[1] As sibilas, explicava De Beauvais, eram mulheres que falavam por enigmas — palavras inspiradas pelos deuses e que os seres humanos deveriam decifrar. No século X, na Islândia, num monólogo poético conhecido como *Voluspa*,[2] uma sibila murmura estas palavras abruptas, como um refrão dirigido ao leitor inquisitivo: "Bem, entendes? Ou não?".

As sibilas eram imortais e quase eternas: uma declarou que começara a dar voz ao seu deus na sexta geração depois do Dilúvio; outra sustentava que era anterior ao próprio Dilúvio. Mas elas envelheciam. A sibila de Cumes, que, "desgrenhada, peito arfante, coração arrebatado",[3] conduzira Eneias ao mundo subterrâneo, viveu durante séculos numa garrafa pendente no meio do ar, e quando as crianças lhe perguntavam o que queria, respondia: "Quero morrer".[4] As profecias sibilinas — muitas delas compostas com toda a exatidão por algum inspirado poeta mortal depois dos eventos previstos — eram tidas por verdadeiras na Grécia, em Roma, na Palestina e na Europa cristã. Coligidas em nove livros, foram oferecidas pela própria sibila cumeana a Tarquínio, o Soberbo, sétimo e último rei de Roma.[5] Ele se recusou a pagar, e a sibila tocou fogo em três dos volumes. Novamente ele se recusou: ela queimou outros três. Por fim, o rei comprou os três livros remanescentes ao preço dos nove originais, e eles foram mantidos num baú dentro de um cofre de pedra sob o templo de Júpiter até serem consumidos pelo fogo, em 83 a.C. Séculos depois, em Bizâncio, doze textos atribuídos às sibilas foram encontrados e reunidos em um único manuscrito; uma versão incompleta foi publicada em 1545.

A mais antiga e mais venerada das sibilas foi Herófila, que profetizou a Guerra de Troia. Apolo ofereceu-lhe qualquer presente que quisesse: ela pediu-lhe tantos anos de vida quanto os grãos de areia que segurava na mão. Infelizmente, tal como Títono, esqueceu-se de pedir também a juventude eterna. Herófila era conhecida como a sibila eritreia,[6] e pelo menos duas cidades reivindicavam ser sua terra natal: Marpessos, onde é hoje a província turca de Canakkale (*erytrea* significa "barro vermelho" e a terra de Marpessos é vermelha), e Eritreia, mais ao sul, na Jônia,[7] onde é atualmente a província de Izmir. No ano de 162, no começo das guerras contra os partos, Lúcio Aurélio Vero, que durante oito anos compartilhou o trono imperial romano com Marco Aurélio, aparentemente resolveu a questão: ignorando a reivindicação dos cidadãos de Marpessos, entrou na assim chamada Caverna da Sibila, na Eritreia jônica, e colocou ali duas estátuas, uma da sibila e outra da mãe dela, declarando em versos gravados na pedra: "Nenhuma outra é minha pátria, somente Eritreia".[8] A autoridade da Sibila de Eritreia ficou assim estabelecida.

No ano de 330, Flávio Valério Constantino, que a história lembraria como Constantino, o Grande, tendo derrotado seis anos antes o exército do imperador rival Licínio, afirmou sua posição de chefe do maior império do mundo mudando a capital das margens do Tibre para as margens do Bósforo, em Bizâncio. Para sublinhar o significado dessa mudança de margem, rebatizou a cidade de Nova Roma; a vaidade do imperador e a bajulação de seus cortesãos mudaram o nome novamente — para Constantinopla, a cidade de Constantino.

De modo a tornar a cidade adequada ao imperador, Constantino alargou a velha Bizâncio tanto física quanto espiritualmente. Sua língua era o grego; sua organização política era romana; sua religião — em grande medida graças à influência da mãe de Constantino, santa Helena — era cristã. Criado em Nicomédia, no Império Romano do Oriente, na corte de Diocleciano, Constantino familiarizara-se com boa parte da rica literatura latina da Roma clássica. No grego, sentia-se menos à vontade; quando mais tarde foi obrigado a fazer discursos em grego aos seus súditos, escrevia-os primeiro em latim e depois lia traduções preparadas por escravos cultos. A família de Constantino, originalmente da Ásia Menor, havia cultuado o sol como Apolo, o deus inconquistado, introduzido pelo imperador Aureliano como suprema divindade de Roma em 274.[9] Foi do sol que Constantino recebeu uma visão da Cruz com o dístico *In hoc vinces* ("Com isto serás vitorioso") antes de sua batalha contra Licínio;[10] o símbolo da nova cidade de Constantino tornou-se a coroa com raios de sol, feita, assim se acreditava, com os pregos da Santa Cruz, que sua mãe desenterrara perto do morro do Calvário.[11] Tão poderoso era o fulgor do deus Sol que, apenas dezessete anos após a morte de Constantino, a data do nascimento de Cristo — o Natal — foi transferida para o solstício de inverno — o nascimento do sol.[12]

Em 313, Constantino e Licínio (com quem Constantino compartilhava então o governo do império e a quem mais tarde trairia) encontraram-se em Milão para discutir "o bem-estar e a segurança do reino" e declararam, num edito famoso, que, "das coisas que são de proveito para toda a humanidade, a adoração a Deus deve ser justamente nossa primeira e principal preocupação, e é justo que cristãos e todos os outros tenham liberdade de seguir o tipo de religião que preferem".[13] Com esse edito de Milão, Constantino eliminou oficialmente do Império Romano a perseguição aos cristãos, que até ali tinham sido considerados proscritos e traidores, recebendo a punição correspondente. Mas os perseguidos transformaram-se em perseguidores: para afirmar a autoridade da nova religião estatal, vários líderes cristãos adotaram os métodos de seus velhos inimigos. Em Alexandria, por exemplo, onde se supunha que a lendária Catarina fora martirizada pelo imperador Maximino numa roda circundada de pontas, em 361 o bispo em pessoa comandou o assalto ao templo de Mitra, o deus persa preferido pelos soldados e único competidor sério da religião de Cristo; em 391, o patriarca Teófilo pilhou o templo de Dionísio — o deus da fertilidade, cujo culto era celebrado em mistérios de grande sigilo — e incitou a multidão cristã a destruir a grande estátua do deus egípcio Serápis; em 415, o patriarca Cirilo ordenou a uma multidão de jovens cristãos que entrasse na casa da filósofa e matemática pagã Hipatia, arrastasse-a para a rua, esquartejasse-a e queimasse seus restos em praça pública.[14] Deve-se dizer que o próprio Cirilo não era muito querido. Depois de sua morte, em 444, um dos bispos de Alexandria pronunciou o seguinte panegírico fúnebre: "Finalmente este homem odioso está morto. Sua partida traz júbilo aos que lhe sobrevivem, mas está destinada a atormentar os mortos. Eles não demorarão muito a se fartar dele, mandando-o de volta para nós. Portanto, ponha uma pedra bem pesada sobre seu túmulo, para que não corramos o risco de vê-lo novamente, mesmo como fantasma".[15]

O cristianismo tornou-se, como a religião da poderosa deusa egípcia Ísis ou do Mitra persa, uma religião da moda, e na igreja cristã de Constantinopla, superada apenas pela de São Pedro em Roma, os devotos ricos iam e vinham entre os devotos pobres, desfilando uma tal quantidade de sedas e joias (nas quais histórias cristãs esmaltadas ou bordadas haviam substituído os mitos dos deuses pagãos) que são João Crisóstomo, patriarca da igreja, parava nos degraus e seguia-os com olhares de censura. Os ricos queixavam-se em vão; depois de transfixá-los com os olhos, o santo começou a fustigá-los com a língua, denunciando do púlpito seus excessos. Era indecente, trovejava com eloquência (o nome Crisóstomo significa "língua de ouro"), que um único nobre fosse dono de dez ou vinte casas e até 2 mil escravos, e possuísse portas esculpidas em marfim, chãos de mosaicos coruscantes e móveis incrustados de pedras preciosas.[16]

Mas o cristianismo estava longe de ser uma força política segura. Havia o perigo da Pérsia sassânida, que, antes uma nação de partos sem força, tornara-se um estado em expansão feroz e três séculos mais tarde conquistaria quase todo o Oriente romano.[17] Havia o perigo das heresias: os maniqueus, por exemplo, para quem o universo não era controlado por um deus onipotente, mas por dois poderes antagônicos, a exemplo dos cristãos tinham missionários e textos sagrados e estavam ganhando adeptos até no Turquestão e na China. Havia o perigo da dissensão política: Constâncio, o pai de Constantino, controlara apenas a parte oriental do Império Romano, e, nos recantos mais distantes do reino, havia administradores que estavam deixando de ser leais a Roma. Havia o problema da inflação alta, que Constantino piorou inundando o mercado com ouro expropriado dos templos pagãos. Havia os judeus, com seus livros e argumentos religiosos. E havia ainda os pagãos. Não era da tolerância pregada em seu próprio edito de Milão que Constantino precisava, mas de uma cristandade autoritária, rígida, sem evasivas, de longo alcance, com raízes profundas no passado e uma promessa inflexível para o futuro, estabelecida mediante poderes, leis e costumes terrenos para maior glória do imperador e de Deus.

Em maio de 325, em Niceia, Constantino apresentou-se aos seus bispos como "o bispo das coisas externas" e declarou que suas recentes campanhas militares contra Licínio haviam sido "uma guerra contra o paganismo corrupto".[18] Graças aos seus feitos, Constantino seria visto a partir de então como um líder sancionado pelo poder divino, um emissário da própria divindade. (Quando morreu, em 337, foi enterrado em Constantinopla ao lado dos cenotáfios dos doze apóstolos, isto implicando que ele se tornara um 13º póstumo. Após sua morte, foi geralmente representado na iconografia eclesiástica recebendo a coroa imperial da mão de Deus.)

Constantino percebeu que era necessário determinar a exclusividade da religião que escolhera para seu estado. Com tal propósito, decidiu brandir contra os pagãos os próprios heróis

deles. Na Sexta-feira Santa do mesmo ano de 325, em Antióquia, dirigiu-se a uma congregação de seguidores cristãos, entre
eles bispos e teólogos, e falou-lhes sobre o que chamou de "verdade eterna do cristianismo". À assembleia, que batizou de "Assembleia dos Santos", disse: "Meu desejo é derivar, mesmo de
fontes externas, um testemunho da natureza divina de Cristo.
Pois, diante de tal testemunho, é evidente que mesmo aqueles
que blasfemam Seu nome deverão reconhecer que Ele é Deus e
o Filho de Deus, se de fato acreditarem nas palavras daqueles
cujos sentimentos coincidem com os deles próprios".[19] Para provar isso, Constantino invocou a sibila Eritreia.

O imperador contou à plateia de que modo a sibila, em tempos longínquos, fora entregue "pela insensatez de seus pais" ao
serviço de Apolo, e de que modo, "no santuário de sua vã superstição", ela respondera às perguntas dos seguidores de Apolo. "Em certa ocasião, no entanto", explicou ele, a sibila "ficou
realmente cheia de inspiração do alto e declarou em versos proféticos os propósitos futuros de Deus, indicando claramente o
advento de Jesus pelas letras iniciais de uma série de versos, os
quais formavam um acróstico com estas palavras: JESUS CRISTO,
FILHO DE DEUS, SALVADOR, CRUZ." Constantino então declamou o poema da sibila.

Magicamente, o poema (cuja tradução começa com "Julgamento! Os poros exsudantes da terra marcarão o dia") contém
de fato o acróstico divino. Para refutar todo e qualquer cético,
Constantino imediatamente admitiu a explicação óbvia: "que
alguém professando nossa fé e não estranho à arte poética foi o
autor desses versos". Mas descartou tal possibilidade: "A verdade, porém, nesse caso, é evidente, uma vez que a diligência de
nossos compatriotas fez um cômputo cuidadoso dos tempos,
não havendo espaço para suspeitar que esse poema tenha sido
composto depois do advento e condenação de Cristo". Ademais,
"Cícero conhecia esse poema, que traduziu para o latim e incorporou às suas próprias obras". Infelizmente, o trecho em que
Cícero menciona a sibila — a de Cumes, não a de Eritreia —
não contém referências nem aos versos nem ao acróstico, sendo

na verdade uma refutação das previsões proféticas.[20] Todavia, essa maravilhosa revelação era tão conveniente que, durante muitos séculos, o mundo cristão aceitou a sibila entre seus antepassados. Santo Agostinho deu-lhe um lar entre os abençoados em sua Cidade de Deus.[21] No final do século XII, os arquitetos da catedral de Laon esculpiram na fachada a sibila Eritreia (decapitada durante a Revolução Francesa) com suas tabuletas oraculares, no mesmo formato das de Moisés, e inscreveram a seus pés a segunda linha do poema apócrifo.[22] E, quatrocentos anos depois, Michelangelo colocou-a no teto da capela Sistina, como uma das quatro sibilas que complementavam os profetas do Velho Testamento.

A sibila era o oráculo pagão, e Constantino a fez falar em nome de Jesus Cristo. Em seguida o imperador voltou sua atenção para a poesia pagã e anunciou que o "príncipe dos poetas latinos" também fora inspirado por um Salvador que não poderia ter conhecido. Virgílio escrevera uma écloga em honra de seu patrono, Gaio Asínio Polião, fundador da primeira biblioteca pública de Roma; a écloga anunciava a chegada de uma nova idade de ouro, nascida sob o disfarce de um bebê:

> *Começa, doce menino! Com sorrisos tua mãe conhece,*
> *Quem carregou teu peso durante dez longos meses.*
> *Nenhum pai mortal sorriu quando nasceste;*
> *Alegria nupcial ou deleite na Terra não conheceste.*[23]

Tradicionalmente, as profecias eram consideradas infalíveis; logo, era mais fácil mudar as circunstâncias históricas do que alterar as palavras da profecia. Um século antes, Ardachir, o primeiro rei sassânida, mudara a cronologia histórica para fazer uma profecia de Zoroastro beneficiar seu império. Zoroastro profetizara que o império e a religião persas seriam destruídos depois de mil anos. Ele vivera cerca de 250 anos antes de Alexandre, o Grande, que morrera 549 anos antes do reinado de Ardachir. Para acrescentar dois séculos à sua dinastia, o rei sassânida proclamou que havia começado a reinar apenas

260 anos depois de Alexandre. Constantino não alterou a história, nem as palavras proféticas: mandou traduzir Virgílio para o grego, com uma licença poética elástica que serviu a seus propósitos políticos.

Constantino leu trechos do poema traduzido para sua plateia e tudo o que a Bíblia contava estava lá, nas palavras antigas de Virgílio: a Virgem, o esperado Messias, os eleitos, o Espírito Santo. Constantino escolheu discretamente esquecer aqueles trechos em que Virgílio mencionava os deuses pagãos, Apolo, Pã e Saturno. Personagens antigos que não podiam ser omitidos tornaram-se metáforas da vinda de Cristo. "Outra Helena outras guerras criará,/ E o grande Aquiles apressa o destino de Troia", escrevera Virgílio. Isso, disse Constantino, era Cristo "fazendo guerra contra Troia, entendendo por Troia o próprio mundo". Em outros casos, explicou Constantino ao seu público, as referências eram estratagemas com os quais Virgílio enganou as autoridades romanas. "Suponho", disse ele (e podemos imaginá-lo baixando a voz depois de declamar Virgílio), "que tenha sido constrangido pelo sentimento de perigo que ameaçava quem atacasse a credibilidade da antiga prática religiosa. Com cuidado, portanto, e com segurança, tanto quanto possível, ele apresenta a verdade àqueles que têm faculdades para entendê-la."

"Aqueles que têm faculdades para entendê-la": o texto tornou-se uma mensagem cifrada que só podia ser lida por uns poucos eleitos dotados das necessárias "faculdades". Não estava aberto a qualquer interpretação; para Constantino, somente uma leitura era a verdadeira, e desta, somente ele e seus companheiros de crença tinham a chave. O edito de Milão oferecera liberdade de fé a todos os cidadãos romanos; o Concílio de Niceia limitou essa liberdade àqueles que adotavam o credo de Constantino. Passados apenas doze anos, gente que ganhara em Milão o direito público de ler o que quisesse e como quisesse agora era informada, em Antióquia e Niceia, de que somente uma leitura era verdadeira, sob pena de punição legal. Estipular uma leitura única para um texto religioso era necessário, segundo a concepção de Constantino de um império unânime. Mais original e menos compreensível é a noção de uma única leitura ortodoxa para um texto secular como os poemas de Virgílio.

Cada leitor confere a certos livros uma certa leitura, embora não tão forçada nem com tantas consequências como as de Constantino. Ver uma parábola do exílio em *O mágico de Oz*, como faz Salman Rushdie,[24] é muito diferente de transformar um texto de Virgílio numa profecia da vinda de Cristo. E, contudo, algo da mesma prestidigitação ou expressão de fé ocorre em ambas as leituras, algo que permite aos leitores, se não forem convincentes, pelo menos mostrarem-se convencidos. Aos treze ou catorze anos, desenvolvi um anseio literário por Londres e lia as histórias de Sherlock Holmes com a absoluta certeza de que a sala enfumaçada da Baker Street, com suas chinelas turcas para tabaco e sua mesa manchada de produtos químicos perigosos, parecia-se fielmente com as moradas que eu teria quando também estivesse na Arcádia. As criaturas antipáticas que Alice encontrava no outro lado do espelho, petulantes, peremptórias e sempre resmungonas, prenunciaram muitos dos adultos da minha vida de adolescente. E quando Robinson Crusoé começou a construir sua cabana, "uma Barraca sob o Flanco de uma Rocha, cercada com uma forte Paliçada de Postes e Cabos", sem dúvida estava descrevendo a que eu construiria num verão, na praia de Punta del Este. A romancista Anita Desai, que na Índia, quando criança, era conhecida em família como uma *Lese Ratte*, ou "rata de biblioteca", lembra que, ao descobrir *O morro dos ventos uivantes*, com nove anos de idade, seu próprio mundo, "um bangalô da Velha Déli, com suas varandas, suas paredes de gesso e ventiladores de teto, seu jardim de mamoeiros e goiabeiras cheio de periquitos estridentes, a poeira arenosa que se depositava nas páginas de um livro antes que se pudesse virá-las, tudo sumia. O que se tornava real, deslumbrantemente real, pelo poder e pela magia da pena de Emily Brontë, eram as charnecas de Yorkshire, o urzal assolado pela tempestade, os tormentos de seus angustiados habitantes que vagam sob chuva e saraiva, clamando das profundezas de seus corações partidos e ouvindo apenas respostas de fantasmas".[25] As palavras que Emily Brontë escolheu para descrever uma menina na Inglaterra em 1847 serviram para iluminar uma menina na Índia em 1946.

A utilização de passagens aleatórias de livros para prever o futuro tem uma longa tradição no Ocidente, e, bem antes de Constantino, Virgílio era a fonte preferida de adivinhação pagã no império; cópias de seus poemas eram mantidas para consulta em vários templos dedicados à deusa Fortuna.[26] A primeira referência[27] a esse costume, conhecido como *sortes Vergilianae*, aparece na vida de Adriano escrita por Élio Espartiano; o jovem Adriano, desejando saber o que o imperador Trajano achava dele, consultou a *Eneida* aleatoriamente e encontrou as linhas nas quais Eneias vê "o rei romano cujas leis deverão renovar Roma". Adriano ficou satisfeito; Trajano de fato adotou-o como filho e ele se tornou o novo imperador de Roma.[28]

Ao encorajar uma nova versão das *sortes Vergilianae*, Constantino estava seguindo uma tendência de seu tempo. No final do século IV, o prestígio atribuído a oráculos falados e adivinhos fora transferido para a palavra escrita, para Virgílio e também para a Bíblia — desenvolvera-se uma forma de adivinhação conhecida como "cleromancia dos evangelhos".[29] Quatro séculos mais tarde, a arte da adivinhação, que havia sido proscrita no tempo dos profetas "porque o Senhor, teu Deus, abomina aqueles que se dão a essas práticas",[30] tornara-se tão popular que em 829 o Concílio de Paris teve de condená-la oficialmente. Em vão. Escrevendo uma memória pessoal em latim, publicada em 1434 numa tradução francesa, o erudito Gaspar Peucer confessou que, quando criança, confeccionara "um livro de papel e escrevera nele os principais versos divinatórios de Virgílio, dos quais tirava conjeturas — por simples brincadeira — sobre tudo o que achava interessante, como a vida e morte de príncipes, sobre minhas aventuras e sobre outras coisas, a fim de imprimir melhor e de um modo mais vívido aqueles versos em minha mente".[31] Peucer insistia que o jogo tinha uma intenção mnemônica e não divinatória, mas o contexto torna difícil aceitar seus protestos.

No século XVI, o jogo divinatório ainda estava tão firmemente estabelecido que Rabelais pôde parodiar o costume no conselho de Pantagruel a Panurgo sobre casar ou não. Panurgo, diz Pantagruel, deve recorrer às *sortes Vergilianae*. O método correto, explica, é o seguinte: escolhe-se uma página abrindo o livro aleatoriamente; então jogam-se três dados e a soma deles indica a linha da página.[32] Quando o método é posto em prática, Pantagruel e Panurgo chegam a interpretações opostas e igualmente possíveis dos versos.

Bomarzo, o enorme romance sobre a Renascença italiana do argentino Manuel Mujica Láinez, faz alusão a como a sociedade do século XVII estava familiarizada com as adivinhações por meio de Virgílio: "Eu confiava meu destino à decisão de outros deuses, mais soberanos que os Orsini, por meio das *sortes Vergilianae*. Em Bomarzo costumávamos praticar essa forma popular de adivinhação, que confiava a resolução de problemas difíceis ou triviais ao oráculo fortuito de um livro. Não corria o sangue dos mágicos nas veias de Virgílio? Não o considerávamos, graças ao encanto de Dante, um mago, um adivinho? Eu me submetia ao que a *Eneida* decretava".[33]

O exemplo mais famoso das *sortes* talvez seja o do rei Carlos I em visita a uma biblioteca em Oxford durante as guerras civis, no final de 1642 ou começo de 1643. Para diverti-lo, lorde Falkland sugeriu que o rei fizesse "uma experiência de ler sua fortuna nas *sortes Vergilianae*, que, como todo o mundo sabe, era um tipo comum de augúrio em épocas passadas". O rei abriu o volume no livro IV da *Eneida* e leu: "Que ele seja arrasado na guerra por tribos audaciosas e exilado de sua própria terra".[34] Na terça-feira, 30 de janeiro de 1649, condenado como traidor por seu próprio povo, Carlos I foi decapitado em Whitehall.

Cerca de setenta anos depois, Robinson Crusoé ainda se valia de um método semelhante em sua ilha inóspita. "Certa manhã", escreveu ele, "estando muito triste, abri a Bíblia nestas palavras: *Jamais vos deixarei, nem vos desertarei.* Imediatamente ocorreu-me que essas palavras eram para mim. A quem mais deveriam se dirigir de tal maneira, justamente no momento em que eu lamentava minha condição, como alguém abandonado por Deus e pelos homens?"[35] E 150 anos depois disso, Bathsheba ainda recorria à Bíblia para descobrir se deveria casar com o sr. Boldwood, em *Far from the Madding Crowd* [Longe da multidão insensata].[36]

Robert Louis Stevenson observou com argúcia que o dom oracular de um escritor como Virgílio tem menos a ver com dons sobrenaturais do que com as qualidades miméticas da poesia, as quais permitem que, de maneira íntima e poderosa, um verso faça sinais aos leitores através dos tempos. Em *The Ebb Tide* [A maré vazante], uma das personagens de Stevenson, perdida numa ilha distante, busca conhecer sua sorte num exemplar esfarrapado de Virgílio, e o poeta, respondendo da página "com voz não muito segura ou encorajadora", desperta no abandonado visões de sua terra natal. "Pois é o destino daqueles escritores graves, controlados e clássicos", escreve Stevenson, "com quem travamos relações forçadas e amiúde dolorosas na escola, entrar no sangue e tornar-se nativo na memória; assim, uma frase de Virgílio fala não tanto de Mântua ou de Augusto, mas de lugares ingleses e da irrevogável juventude do estudante."[37]

Constantino foi o primeiro a ler significados cristãos proféticos em Virgílio, e através dessa leitura o poeta latino tornou-se o mais prestigioso de todos os escritores oraculares. De poeta imperial a visionário cristão, Virgílio assumiu um papel importante na mitologia cristã, o que lhe permitiu, dez séculos depois do elogio de Constantino, guiar Dante pelo inferno e purgatório. Seu prestígio alcançou até o passado: uma história preservada em versos na missa latina medieval conta que o próprio são Paulo viajou a Nápoles para chorar sobre o túmulo do poeta da Antiguidade.

O que Constantino descobriu naquela distante Sexta-Feira Santa, e para todo o sempre, é que o significado de um texto é ampliado pelas capacidades e desejos do leitor. Diante de um

223

texto, o leitor pode transformar as palavras numa mensagem que decifra para ele alguma questão historicamente não relacionada ao próprio texto ou a seu autor. Essa transmigração de significado pode enriquecer ou empobrecer o texto; invariavelmente o impregna com as circunstâncias do leitor. Por meio de ignorância, fé, inteligência, trapaça, astúcia, iluminação, o leitor reescreve o texto com as mesmas palavras do original, mas sob outro título, recriando-o, por assim dizer, no próprio ato de trazê-lo à existência.

O LEITOR SIMBÓLICO

EM 1929, NO HOSPICE DE BEAUNE, na França, o fotógrafo húngaro André Kertész, que se exercitara em sua arte durante o serviço militar no exército austro-húngaro, fotografou uma mulher velha sentada na cama, lendo.[1] Trata-se de uma composição perfeitamente enquadrada. No centro, enrolada em um xale preto, está a pequenina mulher, tendo na cabeça uma touca de dormir preta que inesperadamente revela os cabelos presos na parte posterior da cabeça; travesseiros brancos servem-lhe de encosto e uma colcha branca cobre-lhe os pés. Em torno e atrás dela, cortinas brancas pregueadas descem entre as colunas escuras da cama, de desenho gótico. Uma inspeção mais atenta revela, na moldura superior da cama, uma pequena placa com o número 19, uma corda com nós pendendo do teto da cama (para chamar por auxílio? para puxar a cortina da frente?) e uma mesa de cabeceira sobre a qual estão uma caixa, uma jarra e um copo. No chão, sob a mesa, encontra-se uma bacia de estanho. Vimos tudo? Não. A mulher está lendo, segurando um livro aberto a uma certa distância dos olhos obviamente ainda agudos. Mas *o que* ela está lendo? Porque se trata de uma velha senhora, porque está na cama, porque a cama está num lar para gente idosa em Beaune, no coração da Borgonha católica, achamos possível adivinhar a natureza de seu livro: um volume religioso, um compêndio de sermões? Se assim fosse — o exame com uma lente de aumento não nos diz nada —, a imagem seria de algum modo coerente, completa, o livro definindo a leitora e identificando a cama como um lugar espiritualmente tranquilo.

Mas e se descobríssemos que o livro era na verdade outra coisa? Se, por exemplo, ela estivesse lendo Racine, Corneille — uma leitora sofisticada, culta — ou, mais surpreendente ainda, Voltaire? E se o livro fosse o *Les enfants terribles* de Cocteau, aquele romance escandaloso da vida burguesa, publicado no mesmo ano em que Kertész tirou a fotografia? De repente, a velha senhora banal não é mais banal: ela se torna, mediante o simples ato de segurar um determinado livro em vez de outro, uma questionadora, um espírito inflamado de curiosidade, uma rebelde.

Sentada diante de mim no metrô de Toronto, uma mulher está lendo a edição Penguin de *Labirintos*, de Borges. Eu quero chamá-la, quero acenar-lhe, sinalizar que também sou daquela religião. Ela, cuja face esqueci, cujas roupas mal notei, jovem ou velha, não sei dizer, está mais próxima de mim, pelo mero ato de segurar aquele determinado livro nas mãos, do que muitas outras pessoas que vejo diariamente. Uma prima minha de Buenos Aires tinha profunda consciência de que os livros funcionam como insígnia, como sinal de aliança, e, ao escolher um livro para levar consigo em suas viagens, fazia-o sempre com o mesmo cuidado com que escolhia a mala de mão. Não viajava com Romain Rolland, porque achava que pareceria muito pretensiosa, nem com Agatha Christie, porque pareceria vulgar demais. Camus era apropriado para uma viagem curta, Cronin para uma longa; um romance policial de Vera Caspary ou Ellery Queen era aceitável para um fim de semana no campo; um romance de Graham Greene era adequado a viagens de avião ou navio.

A associação de livros com seus leitores é diferente de qualquer outra entre objetos e seus usuários. Ferramentas, móveis, roupas, tudo tem uma função simbólica, mas os livros infligem a seus leitores um simbolismo muito mais complexo do que o de um mero utensílio. A simples posse de livros implica uma posição social e uma certa riqueza intelectual. Na Rússia do século XVIII, durante o reinado de Catarina, a Grande, um certo sr. Klostermann fez fortuna vendendo longas fileiras de encadernações recheadas de papel velho, o que permitia aos cortesãos criar a ilusão de uma biblioteca e assim obter o favor de sua imperatriz letrada.[2] Em nossos dias, os decoradores enchem paredes com metros e metros de livros para dar ao ambiente uma atmosfera "sofisticada" ou oferecem papel de parede que cria a ilusão de uma biblioteca;[3] os produtores de programas de entrevistas na televisão acreditam que um fundo de estantes de livros acrescenta um toque de inteligência ao cenário. Nesses casos, a noção geral de livros é suficiente para denotar atividades elevadas, da mesma forma que mobília de veludo vermelho acaba sugerindo prazeres sensuais. Tão importante é o simbolismo do livro que sua presença ou ausência pode, aos olhos do observador, dar ou tirar poder intelectual a uma personagem.

No ano de 1333, o pintor Simone Martini terminou uma Anunciação para o painel central de um altar do Duomo de Siena — o primeiro altar ocidental ainda existente dedicado a esse tema.[4] A cena está circunscrita por três arcos góticos: um mais alto, no centro, contendo uma formação de anjos em ouro escuro, em torno do Espírito Santo em forma de pomba, e um arco menor de cada lado. Sob o arco à esquerda do observador, um anjo ajoelhado, com vestes bordadas, segura um ramo de oliveira na mão esquerda; ele ergue o dedo indicador da mão direita para denotar silêncio, com o gesto retórico comum na estatuária romana e grega antiga. Sob o arco da direita, num trono dourado incrustado de marfim, senta-se a Virgem, com um manto púrpura franjado de ouro. Ao lado dela, no meio do painel, encontra-se um vaso de lírios. A flor imaculadamente branca, com seus rebentos assexuados e sem estames, servia de emblema perfeito para Maria, cuja pureza são Bernardo comparou à "inviolável castidade do lírio".[5] O lírio, a flor-de-lis, era também o símbolo da cidade de Florença e, mais para o final da Idade Média, substituiu o cajado de arauto levado pelo anjo nas Anunciações florentinas.[6] Os pintores sienenses, arqui-inimigos dos florentinos, não podiam apagar por completo a flor-de-lis tradicional das representações da Virgem, mas não homenageariam Florença permitindo que o anjo carregasse a flor da cidade. Portanto, o anjo de Martini carrega apenas um ramo de oliveira, a planta simbólica de Siena.[7]

Para alguém da época de Martini, cada objeto e cada cor da pintura tinham um significado específico. Embora o azul tenha se tornado depois a cor da Virgem (a cor do amor celestial, a cor da verdade vista depois que as nuvens se dispersaram),[8] a púrpura, cor da autoridade e também da dor e da penitência, constituía, no tempo de Martini, um lembrete das futuras provações da Virgem. Num relato popular do período inicial de sua vida no apócrifo *Protoevangelion* de Tiago Menor, do século II[9] (um notável sucesso durante toda a Idade Média, com o qual o público de Martini estaria familiarizado), conta-se que o conselho de sacerdotes exigiu um novo véu para o templo. Escolheram-se sete virgens imaculadas da tribo de Davi e tirou-se a sorte para ver quem iria fiar a lã para cada uma das sete cores exigidas; a cor púrpura caiu para Maria. Antes de começar a fiar, ela foi ao poço para pegar água e ali ouviu uma voz, que lhe disse: "Derrama tua arte cheia de graça, o Senhor está contigo; tu és abençoada entre as mulheres". Maria olhou para a direita e para a esquerda (observa o protoevangelista, com um toque de autor de romance), não viu ninguém e, tremendo, entrou em casa e sentou-se para trabalhar na lã púrpura. "E eis que o anjo do Senhor veio a ela e disse: Não temas, Maria, pois tu encontraste favor aos olhos de Deus."[10] Assim, antes de Martini, o anjo anunciador, o tecido púrpura e o lírio — representando cada um a aceitação da palavra de Deus, a aceitação do sofrimento e a virgindade imaculada — marcavam as qualidades pelas quais a Igreja cristã queria que Maria fosse cultuada.[11] Então, em 1333, Martini pôs um livro nas mãos dela.

Na iconografia cristã, o livro ou rolo pertencia tradicionalmente à divindade masculina, ao Deus Pai ou ao Cristo triunfante, o novo Adão, em quem a palavra de Deus se fez carne.[12] O livro era o repositório da lei de Deus; quando o governador da África romana perguntou a um grupo de prisioneiros cristãos o que haviam trazido consigo para se defender no tribunal, eles responderam: "Textos de Paulo, um homem justo".[13] O livro também conferia autoridade intelectual, e, desde as primeiras representações, Cristo foi pintado com frequência exercendo a função rabínica de professor, intérprete, erudito, leitor. À mulher pertencia o Filho, afirmando seu papel de mãe.

Nem todos concordavam. Dois séculos antes de Martini, Pedro Abelardo, o cônego de Notre Dame de Paris que fora castrado como punição por seduzir sua pupila Heloísa, iniciou com a antiga amada, agora abadessa do Paracleto, uma correspondência que se tornaria famosa. Nessas cartas, Abelardo, que fora condenado pelos concílios de Sens e Soissons e proibido de ensinar ou escrever pelo papa Inocêncio II, sugeria que as mulheres estavam de fato mais próximas de Cristo do que qualquer homem. À obsessão masculina por guerra, violência, honra e poder, Abelardo contrapunha o refinamento da alma e da inteligência na mulher, "capaz de conversar com Deus, o Espírito, no reino interior da alma em termos de amizade íntima".[14] Uma contemporânea de Abelardo, a abadessa Hildegard de Bingen, uma das maiores figuras intelectuais de seu século, sustentava que a debilidade da Igreja era uma debilidade masculina e que as mulheres deveriam usar a força de seu sexo naquele *tempus muliebre*, naquela Idade da Mulher.[15]

Mas a hostilidade arraigada contra as mulheres não seria superada com facilidade. A advertência de Deus a Eva no Gênesis 3:16 foi usada repetidamente para pregar as virtudes da docilidade e brandura feminina: "teus desejos te impelirão para teu marido e tu estarás sob o seu domínio". "A mulher foi criada para ser a companheira e ajudante do homem", parafraseou santo Tomás de Aquino.[16] Na época de Martini, são Bernardino de Siena, talvez o pregador mais popular de seu tempo, viu em Maria de Martini não alguém que tivesse intimidade com Deus, o Espírito, mas um exemplo de mulher submissa e cumpridora dos deveres. Escreveu ele sobre a pintura: "Parece-me com certeza a mais bela, a mais reverente, a mais modesta pose que jamais se viu numa Anunciação. Vê-se que ela não olha para o anjo, mas está sentada numa postura quase amedrontada. Ela sabia muito bem que era um anjo, então por que ficaria perturbada? O que faria ela se fosse um homem? Tomem-na como exemplo, meninas, do que devem fazer. Jamais falem com um homem, exceto se seu pai ou sua mãe estiver presente".[17]

Nesse contexto, associar Maria com poder intelectual era um ato temerário. Na introdução a um livro escolar escrito para seus alunos em Paris, Abelardo deixou claro o valor da curiosidade intelectual: "Duvidando chegamos a questionar, e questionando aprendemos a verdade".[18] O poder intelectual vinha da curiosidade, mas para os detratores de Abelardo — cujas vozes misóginas são Bernardino ecoava — a curiosidade, especialmente nas mulheres, era um pecado, o pecado que levara Eva a provar do fruto proibido do conhecimento. A inocência virginal das mulheres deveria ser preservada a qualquer custo.[19]

Na concepção de são Bernardino, a educação era o resultado perigoso da curiosidade — e sua causa maior. Como vimos, a maioria das mulheres de todo o século XIV — na verdade, de toda a Idade Média — era educada até o ponto em que isso fosse útil ao lar dos homens. Dependendo da posição social que ocupavam, as jovens que Martini conhecia recebiam pouco ou nenhum ensinamento intelectual. Se crescessem numa família aristocrática, seriam treinadas para ser damas de companhia ou ensinadas a dirigir uma propriedade, atividade que exigia delas apenas uma instrução rudimentar em leitura e escrita, embora algumas se tornassem bastante letradas. Se pertencessem à classe mercantil, desenvolveriam alguma habilidade nos negócios, e nesse caso era essencial um pouco de leitura, escrita e matemática. Comerciantes e artesãos às vezes ensinavam suas artes às filhas, que esperavam transformar em assistentes sem salário. Os filhos — de ambos os sexos — dos camponeses não costumavam receber nenhuma instrução.[20] Nas ordens religiosas, as mulheres às vezes exerciam atividades intelectuais, mas o faziam sob a constante censura de seus superiores religiosos masculinos. Na medida em que as escolas e universidades estavam, em sua maioria, fechadas às mulheres, o florescimento artístico e intelectual do final do século XII ao século XIV esteve centrado nos homens.[21] As mulheres cujas obras notáveis emergiram nessa época — como Hildegard de Bingen, Juliana de Norwich, Cristina de Pisa e Maria da França — venceram contra todas as probabilidades.

Nesse contexto, a Maria de Martini pede um segundo olhar, menos superficial. Ela está sentada de maneira desajeitada, com a mão direita apertando o manto junto ao pescoço, virando o corpo na direção oposta da estranha presença, os olhos fixos não nos olhos angélicos, mas (ao contrário da descrição preconcebida de são Bernardino) nos lábios do anjo. As palavras que ele pronuncia fluem de sua boca para o olhar de Maria, escritas em grandes letras de ouro; Maria não apenas ouve, mas vê a Anunciação. Sua mão esquerda segura o livro que estava lendo, mantendo-o aberto com o polegar. É um volume de bom tamanho, provavelmente um in-octavo, encadernado em vermelho.

Mas que livro é esse?

Vinte anos antes de Martini terminar sua pintura, Giotto dera à Maria de sua Anunciação um pequeno livro de horas azul, num dos afrescos que fez para a capela Arena, em Pádua. A partir do século XIII, o livro de horas (concebido aparentemente por Bento de Aniano no século VIII, e como um suplemento do ofício canônico) foi o livro de orações particular dos ricos, e sua popularidade continuou até os séculos XV e XVI — como se vê em numerosas representações da Anunciação, nas quais a Virgem é mostrada lendo seu livro de horas, como se fora uma dama real ou aristocrática. Em muitos lares mais abastados, o livro de horas era o único existente, e mães e amas usavam-no para ensinar as crianças a ler.[22]

É possível que a Maria de Martini esteja simplesmente lendo um livro de horas. Mas poderia ser outro livro. De acordo com a tradição que via no Novo Testamento a realização das profecias feitas no Velho — uma crença comum na época de Martini —, Maria teria consciência, após a Anunciação, de que os eventos de sua vida e da vida de seu Filho haviam sido previstos em Isaías e nos assim chamados Livros Sapienciais da Bíblia: Provérbios, Jó e Eclesiastes, e dois livros dos Apócrifos, *A sabedoria de Jesus*, *filho de Sirach* e *A sabedoria de Salomão*.[23] Na espécie de paralelismo literário que deliciava as plateias medievais, a Maria de Martini poderia estar lendo, logo antes da chegada do anjo, o capítulo de Isaías que anuncia o destino dela: "Que a Virgem conceba e dê à luz um filho, e o chame Emanuel".[24]

Mas é ainda mais iluminador presumir que a Maria de Martini está lendo os Livros Sapienciais.[25]

No nono capítulo do Livro dos Provérbios, a Sabedoria é representada como uma mulher que "edificou sua casa, levantou sete colunas: [...] Enviou servos, para que anunciassem nos pontos mais elevados da cidade: Quem for simples apresente--se! Aos insensatos ela disse: Vinde comer o meu pão e beber o vinho que preparei".[26] E em duas outras seções dos Provérbios, a Senhora Sabedoria é descrita como tendo origem em Deus. Por meio dela, Ele "criou a terra" (3,19) no começo de todas as coisas: "Desde a eternidade fui constituída, antes de suas obras dos tempos antigos" (8,23). Séculos depois, o rabino de Lublin explicava que a Sabedoria era chamada de Mãe porque, "quando um homem confessa e se arrepende, quando seu coração aceita a Compreensão e é convertido por ela, ele se torna como uma criança recém-nascida e sua volta para Deus é como a volta para sua mãe".[27]

A Senhora Sabedoria é a protagonista de um dos livros mais populares do século XV, *L'orloge de Sapiente* [A ampulheta da Sabedoria], escrito em francês (ou traduzido para) em 1389 por um frade franciscano da Lorena, Henri Suso.[28] Em algum momento entre 1455 e 1460, um artista conhecido por nós como Mestre de Jean Rolin criou para o livro uma série de requintadas iluminuras. Uma dessas miniaturas representa a Sabedoria sentada em seu trono, cercada por uma guirlanda de anjos escarlates, segurando na mão esquerda o globo do mundo e na direita, um livro aberto. Acima dela, em ambos os lados, anjos maiores ajoelham-se num céu estrelado; abaixo dela, à direita, cinco monges discutem dois tomos escolares abertos diante deles; à sua esquerda, com um livro aberto sobre um atril drapejado, um doador coroado está rezando para ela. A posição da Sabedoria é idêntica à de Deus Pai, que está sentado num trono dourado exatamente igual em outras incontáveis iluminuras, em geral como peça de acompanhamento da Crucificação, segurando um orbe na mão esquerda e um livro na direita, cercado por anjos ardentes semelhantes.

Carl Jung, associando Maria ao conceito cristão oriental da Sofia, ou Sabedoria, sugeriu que Sofia-Maria "revela-se aos homens como uma amistosa ajudante e advogada contra Jeová, e mostra a eles o lado luminoso, o aspecto generoso, justo e amigável de seu Deus".[29] Sofia, a Senhora Sabedoria dos Provérbios e do *Orloge* de Suso, derivam da antiga tradição da Deusa-Mãe cujas imagens esculpidas, as assim chamadas estatuetas de Vênus, encontram-se em toda a Europa e Norte da África, datando de 25 000 a 15 000 a.C., e, no resto do mundo, em épocas posteriores.[30] Quando espanhóis e portugueses chegaram ao Novo Mundo levando espadas e cruzes, os astecas e os incas (entre outros povos nativos) transferiram suas crenças em várias divindades terra-mãe, como Tonantzin e Pacha Mama, para um Cristo andrógino ainda evidente na arte religiosa latino-americana atual.[31]

Por volta do ano 500, Clóvis, rei dos francos, depois de se converter ao cristianismo e reforçar o papel da Igreja, baniu a adoração da deusa da Sabedoria sob suas diversas formas — Diana, Ísis, Atena — e fechou o último dos templos dedicados a ela.[32] A decisão de Clóvis seguia ao pé da letra a declaração de são Paulo (I Coríntios 1,24) segundo a qual somente Cristo é "a sabedoria de Deus". O atributo da sabedoria, então usurpado da divindade feminina, passou a ser exemplificado com a vasta e antiga iconografia que representa Cristo com livros. Cerca de 25 anos depois da morte de Clóvis, o imperador Justiniano compareceu à consagração da recém-terminada catedral de Constantinopla, Hagia Sofia (Santa Sabedoria), uma das maiores estruturas construídas pelo homem na Antiguidade. Ali, reza a tradição, ele exclamou: "Salomão, superei-te!".[33] Nenhum dos famosos mosaicos de Hagia Sofia — nem mesmo a majestosa Virgem Entronada de 867 — concede a Maria um livro. Mesmo em seu próprio templo, a Sabedoria permaneceu subserviente.

Contra esse pano de fundo histórico, a representação de Maria por Martini como herdeira — talvez como encarnação — da Santa Sabedoria pode ser considerada um esforço para restaurar o poder intelectual negado à divindade feminina. O livro que Maria segura na pintura de Martini, cujo texto está escondido de nós e cujo título só podemos adivinhar, poderia sugerir o último murmúrio da deusa destronada, uma deusa mais velha que a história, silenciada por uma sociedade que escolheu fazer seu deus à imagem do homem. Subitamente, sob essa luz, a *Anunciação* de Martini torna-se subversiva.[34]

Sabe-se pouco da vida de Simone Martini. É provável que fosse discípulo de Duccio di Buoninsegna, o pai da pintura sienense; a primeira obra datada de Martini, sua *Maestà*, de 1315, baseia-se no modelo de Duccio. Trabalhou em Pisa, Assis e, evidentemente, Siena, e em 1340 mudou-se para Avignon, para a corte papal, onde dois afrescos em ruínas no portal da catedral são tudo o que resta de sua obra.[35] Não sabemos nada de sua formação, de suas influências intelectuais, das discussões que possa ter mantido sobre mulheres e poder, sobre a Mãe de Deus e Nossa Senhora da Sabedoria, mas, no livro encadernado de vermelho que pintou em algum momento do ano de 1333 para a catedral de Siena, talvez tenha deixado uma pista para essas questões e, possivelmente, uma declaração.

A *Anunciação* de Martini foi copiada pelo menos sete vezes.[36] Tecnicamente, ofereceu aos pintores uma alternativa para o realismo sóbrio apresentado por Giotto em sua *Anunciação* de Pádua; filosoficamente, pode ter ampliado o escopo da leitura de Maria do pequenino livro de horas de Giotto para um compêndio teológico inteiro com raízes nas crenças primitivas na sabedoria da deusa. Em representações posteriores de Maria,[37] o Menino Jesus amarrota ou rasga uma página do livro que ela está lendo, indicando sua superioridade intelectual. O gesto do Filho representa o Novo Testamento trazido por Cristo, substituindo o Velho, mas aos observadores do final da Idade Média, para quem a relação de Maria com os Livros Sapienciais talvez ainda fosse clara, a imagem servia também como um lembrete do ditado misógino de são Paulo.

Sei que, para mim, ver alguém lendo cria em minha mente uma curiosa metonímia na qual a identidade do leitor é colorida pelo livro e pelo cenário em que ele está sendo lido. Parece apropriado que Alexandre, o Grande, que compartilha na imaginação popular a paisagem mítica dos heróis de Homero, sempre carregasse consigo um exemplar da *Ilíada* e da *Odisseia*.[38] Eu adoraria saber qual era o livro que Hamlet tinha nas mãos quando desprezou a pergunta de Polônio — "O que lês, meu senhor?" — com esta resposta: "Palavras, palavras, palavras". Aquele título esquivo poderia me dizer um pouco mais sobre a personagem nebulosa do príncipe.[39] O sacerdote que salvou *Tirant lo Blanc* de Joan Martorell da pira a que ele e o barbeiro haviam destinado a biblioteca enlouquecedora de dom Quixote[40] resgatou para as futuras gerações uma extraordinária novela de cavalaria; ao saber exatamente *qual* livro dom Quixote estava lendo, podemos compreender um pouco do mundo que fascinava o cavaleiro da triste figura — uma leitura através da qual nós também podemos nos tornar, por um momento, dom Quixote.

Às vezes o processo é invertido, e o conhecimento do leitor afeta nossa opinião a respeito de um livro: "Costumava lê-lo à luz de velas ou da lua, com a ajuda de uma enorme lupa", disse Adolf Hitler sobre o escritor de histórias de aventuras Karl May,[41] condenando assim o autor de romances de faroeste como *O tesouro do lago prateado* ao destino de Richard Wagner, cuja música durante muito tempo não foi tocada em público em Israel porque Hitler a elogiara.

Durante os primeiros meses da *fatwa* contra Salman Rushdie, quando se tornou de conhecimento público que um autor fora ameaçado de morte por ter escrito um romance, John Innes, repórter da televisão americana, aparecia com um exemplar de *Versos satânicos* sempre que fazia um de seus comentários sobre assuntos variados. Não se referia em momento algum ao livro, a Rushdie ou ao aiatolá, mas a presença do romance junto ao seu cotovelo indicava a solidariedade de um leitor com o destino do livro e de seu autor.

LEITURA INTRAMUROS

A PAPELARIA PERTO DA ESQUINA DA MINHA CASA em Buenos Aires tinha uma boa seleção de livros infantis. Eu tinha (e tenho ainda) um desejo voluptuoso por cadernos de notas (que na Argentina costumavam trazer o perfil de um herói nacional na capa e, às vezes, uma página destacável com figurinhas coláveis de história natural ou cenas de batalha) e frequentemente circulava pela loja. A papelaria ficava na frente; nos fundos, havia prateleiras de livros. Lá estavam os livros grandes e ilustrados da Editorial Abril, com letras grandes e desenhos brilhantes, escritos para as criancinhas por Constancio C. Vigil (que, depois de morto, descobriu-se possuir uma das maiores coleções de literatura pornográfica da América Latina). Lá estava (como mencionei) a série de capa amarela de Robin Hood. E havia fileiras duplas de livros com capa de papelão e formato de bolso, alguns encadernados em verde, outros em cor-de-rosa. Na série verde, havia as aventuras do rei Artur, terríveis traduções para o espanhol dos livros de Just William, *Os três mosqueteiros*, as histórias de bichos de Horácio Quiroga. Na série cor-de-rosa, estavam os romances de Louisa May Alcott, *A cabana do Pai Tomás*, as histórias da condessa de Ségur, toda a saga de Heidi. Uma das minhas primas adorava ler (mais tarde, em certo verão, tomei emprestado dela *The Black Spectacles* [Os óculos escuros], de John Dickson Carr: viciei-me em romances policiais para o resto da vida), e ambos líamos as aventuras de piratas de Salgari, encadernadas em amarelo. Às vezes, ela me pedia emprestado um livro de Just William, da série encadernada em verde. Mas a série cor-de-rosa, que ela lia impunemente, estava proibida (aos dez anos de idade eu sabia disso muito bem) para mim. Suas capas eram uma advertência, mais clara do que qualquer holofote, de que aqueles eram livros que nenhum menino decente leria. Eram livros para meninas.

A noção de que certos livros se destinam aos olhos de certos grupos é quase tão antiga quanto a própria literatura. Alguns estudiosos sugeriram que, tal como a epopeia e o teatro gregos tinham como alvo primário uma plateia masculina, os primeiros romances gregos destinavam-se provavelmente a uma plateia predominantemente feminina.[1]

Embora Platão escrevesse que na sua república ideal a escola seria compulsória para ambos os sexos,[2] um de seus discípulos, Teofrasto, argumentava que se deveria ensinar às mulheres apenas o suficiente para administrar um lar, porque a educação avançada "transforma a mulher numa comadre preguiçosa e briguenta". Uma vez que a alfabetização entre as mulheres gregas era baixa (ainda que se tenha sugerido que as cortesãs fossem "perfeitamente letradas"),[3] escravos instruídos leriam aos romances em voz alta para elas. Devido à sofisticação de linguagem dos autores e ao número relativamente pequeno de fragmentos que sobreviveram, o historiador William V. Harris sustentou que esses romances não eram muito populares, sendo antes a leitura amena de um limitado público feminino com certo grau de instrução.[4]

O tema era amor e aventura; o herói e a heroína eram sempre jovens, belos e bem-nascidos; a desgraça caía sobre eles, mas o final era sempre feliz; esperava-se que houvesse confiança nos deuses, bem como virgindade e castidade (pelo menos da heroína).[5] Desde os romances mais antigos, o conteúdo era exposto com clareza ao leitor. Tendo vivido por volta do começo da era cristã, o autor do mais antigo romance grego que sobreviveu inteiro[6] apresenta a si mesmo e ao seu tema nas duas primeiras linhas: "Meu nome é Cáriton, de Afrodísias [cidade da Ásia Menor], e sou empregado do advogado Atenágoras. Vou contar uma história de amor que aconteceu em Siracusa". "História de amor" — *pathos erotikon*: desde as primeiras linhas, os livros destinados às mulheres estiveram associados com o que mais tarde seria chamado de amor romântico. Lendo essa literatura permitida, desde a sociedade patriarcal da Grécia do século I até a Bizâncio do século XII (quando o último desses romances foi escrito), as mulheres de algum modo devem ter encontrado estímulos intelectuais nesse mingau: nas labutas, perigos e agonias de casais amorosos, as mulheres às vezes descobriam alimento insuspeitado para o pensamento. Séculos mais tarde, criança leitora de novelas de cavalaria (inspiradas às vezes em romances gregos), santa Teresa descobriu muitas das imagens que desenvolveria em seus escritos devotos. "Acostumei-me a lê-las, e essa pequena falha arrefeceu em mim o desejo e a vontade de fazer minhas outras tarefas. E eu não me importava em passar muitas horas do dia e da noite nesse exercício vão, escondida de meu pai. Meu arrebatamento nisso era tão grande que, se não tivesse um livro novo para ler, parecia-me que não poderia me sentir feliz."[7] Vão o exercício pode ter parecido — contudo, as histórias de Margarida de Navarra, *A princesa de Clèves*, de madame de La Fayette, e os romances das irmãs Brontë e de Jane Austen devem muito à leitura de romances. Como mostra a crítica inglesa Kate Flint, a leitura desses romances não oferecia à leitora apenas um meio de ocasionalmente "retirar-se para a passividade induzida pelo ópio da ficção. Muito mais excitante, permitia a ela afirmar seu sentimento de individualidade e saber que não estava sozinha nisso".[8] Desde tempos antigos, as leitoras descobriram maneiras de subverter o material que a sociedade colocava em suas prateleiras.

A separação de um grupo de livros ou de um gênero para um grupo específico de leitores (sejam romances gregos ou a série cor-de-rosa da minha infância) não apenas cria um espaço literário fechado que esses leitores são estimulados a explorar; com frequência, torna esse espaço proibido para os outros. Disseram-me que os livros de capa cor-de-rosa eram para meninas e que se fosse visto com um deles nas mãos seria rotulado de efeminado. Lembro da expressão de censura e surpresa no rosto de um balconista de Buenos Aires quando comprei um desses livros e de como tive de explicar rapidamente que se tratava de um presente para uma menina. (Mais tarde encontrei preconceito semelhante, quando, depois de coeditar uma antologia de ficção homossexual masculina, amigos "machos" me disseram que ficariam embaraçados se fossem vistos com o livro em público, por medo de serem considerados bichas.) Aventurar-se numa literatura que a sociedade, num gesto de condescendência, põe de lado para um grupo "menos privilegiado" ou "menos aceito" é arriscar-se a ser infectado por associação, uma vez que a mesma cautela não se aplicava à minha prima, que podia migrar para a série verde sem provocar mais que um gracejo de sua mãe sobre seus "gostos ecléticos".

Mas, às vezes, o material de leitura de um grupo segregado é criado deliberadamente por leitores de dentro do próprio grupo. Essa criação aconteceu entre as mulheres da corte japonesa em algum momento do século XI.

Em 894 — cem anos depois da fundação da nova capital, Heian-Kyo, onde hoje é Quioto —, o governo japonês decidiu parar de mandar enviados oficiais à China. Durante os três séculos anteriores, os embaixadores tinham trazido a arte e os ensinamentos da milenar vizinha do Japão, e o modo de vida japonês fora dominado pelos hábitos da China; naquele momento, com o rompimento da influência chinesa, o país começou a desenvolver um estilo de vida de sua própria invenção, que atingiu o apogeu no final do século X, durante a regência de Fujiwara no Michinaga.[9]

Como em qualquer sociedade aristocrática, os que gozaram dos benefícios desse renascimento foram poucos. As mulheres da corte japonesa, embora muito privilegiadas em comparação com as das classes mais baixas,[10] estavam sujeitas a uma série de regras e limites. Quase totalmente isoladas do mundo externo, forçadas a seguir rotinas monótonas, limitadas pela própria linguagem (pois, com raras exceções, não eram instruídas nos vocabulários de história, filosofia, direito "e qualquer outra forma de conhecimento",[11] e suas trocas normalmente se realizavam por cartas e não através de conversas), as mulheres tiveram de desenvolver por si mesmas — apesar das pilhas de restrições — métodos astutos de explorar e ler sobre o mundo em que viviam, bem como sobre o mundo fora de suas paredes de papel. Falando de uma jovem princesa, o príncipe Genji, herói de *A história de Genji*, da sra. Murasaki Shikibu, observa: "Não penso que precisemos nos preocupar com a educação dela. As mulheres devem ter um conhecimento geral de vários assuntos, mas causa má impressão se se mostram apegadas a determinado ramo do conhecimento. Eu não as deixaria completamente ignorantes em nenhum campo. O importante é que elas devem dar a impressão de que tratam de forma suave e despreocupada mesmo daqueles temas que levam mais a sério".[12]

A aparência era fundamental, e, desde que aparentassem indiferença pelo conhecimento e ignorância inabalável, as mulheres da corte podiam manejar para se subtrair à sua condição. Nessas circunstâncias, é espantoso que tenham conseguido criar a principal literatura daquele período, inventando até alguns gêneros no processo. Ser ao mesmo tempo a criadora e a fruidora da literatura — formar, por assim dizer, um círculo fechado que produz e consome o que produz, em meio às coerções de uma sociedade que deseja que o círculo permaneça subserviente — deve ser visto como um extraordinário ato de coragem.

Na corte, as mulheres passavam os dias principalmente "olhando para o espaço", numa agonia de lazer ("sofrendo de lazer" é uma expressão recorrente) algo aparentada com a melancolia europeia. Os aposentos quase vazios, com suas telas e cortinas de seda, estavam geralmente às escuras. Mas isso não oferecia privacidade. As paredes finas e as balaustradas de treliça faziam com que os sons viajassem com facilidade, e centenas de pinturas representam *voyeurs* espiando as atividades das mulheres.

As longas horas de lazer compulsório, interrompidas quando muito por festivais anuais e visitas esporádicas a templos elegantes, levaram-nas a praticar música e caligrafia, mas, sobretudo, a ler em voz alta ou ouvir leituras. Nem todos os livros eram permitidos. No Japão do período Heian, assim como

241

na Grécia clássica, no islã, na Índia pós-védica e em tantas outras sociedades, as mulheres estavam proibidas de ler o que se considerava literatura "séria": deviam confinar-se ao reino da diversão banal e frívola, que os eruditos confucianos desprezavam, e havia uma distinção clara entre literatura e linguagem "masculina" (com temas heroicos e filosóficos e voz pública) e "feminina" (trivial, doméstica e íntima). Essa distinção foi levada para muitas áreas diferentes: por exemplo, como os modos chineses continuavam a ser admirados, a pintura chinesa era chamada de "masculina", enquanto a pintura japonesa, mais leve, era "feminina".

Mesmo que todas as bibliotecas de literatura chinesa e japonesa estivessem abertas para elas, as mulheres do período Heian não encontrariam o som de suas vozes na maioria dos livros do período. Portanto, em parte para aumentar seu estoque de material de leitura, em parte para obter acesso a material de leitura que respondesse às suas preocupações específicas, elas criaram uma literatura própria. Para registrá-la, desenvolveram uma transcrição fonética da língua que tinham permissão de falar, o *kanabungaku*, um japonês expurgado de quase todas as construções com palavras chinesas. Essa língua escrita veio a ser conhecida como "escrita das mulheres" e, estando restrita à mão feminina, adquiriu, aos olhos dos homens que as dominavam, uma qualidade erótica. Para ser atraente, uma mulher precisava não apenas possuir encantos físicos, mas também escrever com caligrafia elegante, bem como ser versada em música e saber ler, interpretar e escrever poesia. Essas realizações, no entanto, jamais eram consideradas equiparáveis às dos artistas e estudiosos masculinos.

"De todas as maneiras de adquirir livros, escrevê-los é tido como o método mais louvável", comentou Walter Benjamin.[13] Em alguns casos, como descobriram as mulheres do período Heian, é o único método. Em sua nova linguagem, elas escreveram algumas das obras mais importantes da literatura japonesa e, talvez, de todos os tempos. As mais famosas delas são a monumental *História de Genji*, de Murasaki Shikibu, que o tradutor e erudito inglês Arthur Waley considerou ser o primeiro romance autêntico do mundo, iniciado provavelmente em 1001 e terminado não antes de 1010, e *O livro de travesseiro*, de Sei Shonagon, mais ou menos da mesma época de *Genji* e assim chamado porque foi escrito no quarto da autora e com certeza mantido nas gavetas de seu travesseiro de madeira.[14]

Em livros como os citados, a vida cultural e social de homens e mulheres é explorada em minúcias, mas pouca atenção é dada às manobras políticas que absorviam tanto tempo dos funcionários da corte. Waley julgou que nesses livros a "extraordinária imprecisão das mulheres quanto às atividades puramente masculinas"[15] era desconcertante; mantidas à distância da linguagem e das atividades políticas, mulheres como Sei Shonagon e a sra. Murasaki não poderiam, de forma alguma, ir além de descrições baseadas no que ouviriam falar de tais atividades. De qualquer forma, essas mulheres estavam escrevendo essencialmente para elas mesmas — espelhando suas vidas. Exigiam da literatura não as imagens que interessavam a seus equivalentes masculinos e com as quais eles se compraziam, mas um reflexo daquele outro mundo em que o tempo era lento e a conversação escassa, onde a paisagem pouco mudava, exceto quando as estações traziam mudanças. *A história de Genji*, ao mesmo tempo que exibe uma enorme tela da vida de então, destinava-se a ser lida sobretudo por mulheres como a autora, mulheres que compartilhassem sua inteligência e sua perspicácia sutil em assuntos psicológicos.

Alguns anos após o aparecimento da *História de Genji*, a sra. Sarashina, outra mulher brilhante, descreveu como era apaixonada por histórias quando ainda não passava de uma menina em alguma província remota. "Mesmo confinada no interior, de algum modo vim a saber que no mundo existiam coisas conhecidas como contos, e a partir desse momento meu maior desejo foi lê-los por mim mesma. Para passar o tempo, minha irmã, minha madrasta e outras da casa contavam-me histórias tiradas dos Contos, incluindo episódios sobre Genji, o Príncipe Brilhante; mas, como dependiam da memória, com certeza não me contavam tudo o que sabiam, e suas histórias acabavam me deixando mais curiosa do que antes. Em minha impaciência, consegui uma estátua do Benevolente Buda que tinha a minha altura. Quando não havia ninguém olhando, introduzia-me às escondidas na sala do altar, ajoelhava-me e orava com devoção: 'Oh, por favor, dê um jeito para que eu possa ir logo para a Capital, onde há tantos contos, e, por favor, permita que eu leia todos eles'."[16]

O livro de travesseiro de Sei Shonagon é um registro aparentemente despreocupado de impressões, descrições, mexericos, listas de coisas agradáveis e desagradáveis — repleto de opiniões extravagantes, preconceituosas e petulantes, totalmente dominadas pela noção de hierarquia. Seus comentários têm um traço de sinceridade que ela diz (devemos acreditar nela?) vir do fato de que "nunca pensei que essas notas seriam lidas por outra pessoa e assim incluí tudo o que veio à minha cabeça, por mais estranho ou desagradável". Sua simplicidade explica boa parte de seu encanto. Eis aqui dois exemplos de "coisas que são deliciosas":

> Descobrir um grande número de histórias que ainda não lemos. Ou adquirir o segundo volume de uma história cujo primeiro volume nos deu prazer. Mas com frequência é um desapontamento.
>
> As cartas são bastante banais, mas como são esplêndidas! Quando alguém está numa província distante e nos preocupamos com ele, e então chega subitamente uma carta, é como se o estivéssemos vendo face a face. E é um grande conforto termos expressado nossos sentimentos numa carta — mesmo sabendo que ela ainda pode não ter chegado.[17]

Tal como *A história de Genji*, *O livro de travesseiro*, com sua paradoxal adoração ao poder imperial e desprezo pelos modos masculinos, valoriza o ócio forçado e põe a vida doméstica das mulheres no mesmo nível literário das vidas "épicas" dos homens. Porém, a sra. Murasaki, para quem a narrativa das mulheres precisava ser trazida à luz dentro da epopeia dos homens e não, frivolamente, nos limites de suas paredes de papel, achava a escrita de Sei Shonagon "cheia de imperfeições": "Ela é uma mulher bem-dotada, com certeza. Contudo, se alguém dá rédeas soltas às próprias emoções, mesmo nas circunstâncias mais inapropriadas, se alguém precisa exemplificar cada coisa interessante que acontece, as pessoas irão considerar essa pessoa frívola. E como as coisas podem acabar bem para uma tal mulher?".[18]

Pelo menos dois tipos diferentes de leitura parecem ocorrer dentro de um grupo segregado. No primeiro, as leitoras, como arqueólogas imaginativas, abrem caminho através da literatura oficial para resgatar das entrelinhas a presença de suas colegas proscritas, para encontrar espelhos de si mesmas nas histórias de Clitemnestra, de Gertrude, das cortesãs de Balzac. No segundo tipo, as leitoras tornam-se escritoras, inventando para si mesmas novas maneiras de contar histórias, a fim de redimir sobre a página as crônicas cotidianas de suas vidas confinadas ao laboratório da cozinha, ao estúdio da saleta de costura, às selvas do quarto das crianças.

Há talvez uma terceira categoria, em algum ponto entre essas duas. Muitos séculos depois de Sei Shonagon e Murasaki Shikibu, do outro lado do globo, a escritora inglesa George Eliot, escrevendo sobre a literatura de sua época, descreveu o que chamou "romances tolos de Senhoras Romancistas [...] um gênero com muitas espécies, determinado pela qualidade particular de tolice que predomina neles — o frívolo, o prosaico, o devoto ou o pedante. Mas é uma mistura de todos — uma ordem compósita de fatuidade feminina responsável pela produção da maior parte de tais romances, que deveremos distinguir como sendo da espécie *cérebro-e-chapelaria*. [...] A desculpa habitual para as mulheres que se tornam escritoras sem nenhuma qualificação especial é que a sociedade as segrega de outras esferas de ocupação. A sociedade é uma entidade que tem uma boa dose de culpa, devendo responder pela manufatura de muitas mercadorias insalubres, de picles ruins a má poesia. Mas, como 'assunto', a sociedade, o Governo de Sua Majestade e outras abstrações grandiosas têm uma fatia excessiva de acusação, bem como de elogio". E concluía ela: "'Em toda labuta há proveito'; mas os romances tolos das senhoras, imaginamos, resultam menos da labuta do que da ociosidade atarefada".[19] O que George Eliot descrevia era uma ficção que, embora escrita dentro do grupo, limita-se praticamente a repetir os estereótipos e preconceitos oficiais que, antes de mais nada, conduziram à criação do grupo.

Tolice era também a falha que a sra. Murasaki, como leitora, via na escrita de Sei Shonagon. Porém, a diferença óbvia era que Sei Shonagon não oferecia a suas leitoras uma versão ridicularizada da imagem delas tal como consagrada pelos homens. O que Murasaki achava frívolo era o tema: o mundo cotidiano dentro do qual ela mesma vivia, um mundo cuja trivialidade Sei Shonagon documentara com tanta atenção como se fora o mundo cintilante de Genji. Apesar das críticas de sua colega, o estilo de literatura íntimo e aparentemente banal de Sei Shonagon floresceu entre as mulheres leitoras da época. O exemplo mais antigo desse período é o diário de uma senhora da corte conhecida apenas como a "Mãe de Michitsuna" — o *Diário do fim do verão* ou *Diário fugaz*. Nele a autora tentou fazer a crônica, tão fiel quanto possível, da realidade de sua existência. Falando em si mesma na terceira pessoa, escreveu: "Enquanto os dias arrastavam-se monotonamente, ela lia os velhos romances e achava a maioria deles uma coleção de invenções grosseiras. Talvez, disse para si mesma, a história de sua existência enfadonha, na forma de um diário, pudesse provocar algum grau de interesse. Talvez pudesse até ser capaz de responder: isto é vida apropriada para uma dama bem-nascida?".[20]

Apesar das críticas da sra. Murasaki, é fácil entender por que a forma confessional, a página em que uma mulher podia parecer estar dando "rédeas soltas às emoções", tornou-se o material de leitura favorito das mulheres do período Heian.

Genji apresentava algo da vida das mulheres nas personagens que cercavam o príncipe, mas *O livro de travesseiro* dava espaço para que as leitoras se tornassem suas próprias historiadoras.

"Há quatro maneiras de escrever a vida de uma mulher", sustenta a crítica americana Carolyn G. Heilbrun. "A própria mulher pode contá-la, no que ela escolhe chamar autobiografia; pode contá-la no que escolhe chamar ficção; um(a) biógrafo(a) pode escrever a vida de uma mulher no que é chamado de biografia; ou a mulher pode escrever sua própria vida antes de vivê-la, inconscientemente, sem reconhecer ou nomear o processo."[21]

A rotulagem cuidadosa que Carolyn Heilbrun faz das formas também corresponde vagamente às distintas literaturas que as escritoras do período Heian produziram: *monogatari* (romances), livros de travesseiro e outros. Nesses textos, as leitoras encontravam suas próprias vidas vividas ou não vividas, idealizadas ou fantasiadas, ou expostas com prolixidade e fidelidade documentais. Essa costuma ser a norma em se tratando de leitores segregados: a literatura que exigem é confessional, autobiográfica e até didática, porque leitores cujas identidades são negadas não têm outro lugar onde encontrar suas histórias exceto na literatura que eles mesmos produzem. No século XVII, em Portugal, sóror Mariana Alcoforado (ou, com maior probabilidade, um autor anônimo que usou seu nome) encontrou nas cartas de amor proibidas um meio de atravessar as paredes do claustro. Essas famosas Cartas portuguesas,[22] que inspiraram o romance de Diderot *La Religieuse*, se tornam, na verdade, material de leitura para a própria freira, como substituição do amante ausente e remédio para seu desejo insatisfeito, um lugar onde pode encenar sua vida erótica, um recinto dentro do qual palavras, em vez de ações, encarnam os eventos de sua paixão, dando um relato factual de seu amor impossível. Num argumento aplicado à leitura homossexual — e que pode ser perfeitamente aplicado à leitura feminina, à leitura de qualquer grupo excluído do reino do poder —, o escritor americano Edmund White observa que tão logo alguém nota que ele (podemos acrescentar "ou ela") é diferente, essa pessoa deve responder por isso, e que tais prestações de contas são um tipo primitivo de ficção, "as narrativas orais contadas e recontadas como conversa de travesseiro, ou em bares, ou no divã do psicanalista". Ao contar "uns para os outros — ou para o mundo hostil em torno deles — as histórias de suas vidas, não estão apenas registrando o passado, mas também dando forma ao futuro, forjando uma identidade e, ao mesmo tempo, revelando-a".[23] Em Sei Shonagon, bem como na sra. Murasaki, encontram-se as sombras da literatura feminina que lemos hoje.

Uma geração depois de George Eliot, na Inglaterra vitoriana, a Gwendolen de Oscar Wilde, em *A importância de ser sério*, declarava que jamais viajava sem seu diário porque "deve-se sempre ter algo sensacional para ler no trem"; ela não estava exagerando. Na definição de Cecily, réplica de Gwendolen, um diário era "simplesmente um registro, feito por uma moça muito jovem, de seus pensamentos e impressões e, consequentemente, destinado a publicação".[24] A publicação — ou seja, a reprodução de um texto a fim de multiplicar seus leitores através de cópias manuscritas, da leitura em voz alta ou da imprensa — permitiu às mulheres encontrar vozes similares às suas, descobrir que seu fardo não era único, descobrir na confirmação da experiência uma base sólida sobre a qual construir uma imagem autêntica de si mesmas. Isso foi verdade tanto para as mulheres do período Heian como para George Eliot.

Diferentes das papelarias da minha infância, as livrarias de hoje não têm somente os livros para mulheres distribuídos no mercado por interesses comerciais alheios ao negócio, para determinar e limitar o que uma mulher deve ler, mas também os livros criados de dentro do grupo, nos quais mulheres escrevem para elas mesmas aquilo que está ausente dos textos oficiais. Isso estabelece a tarefa da leitora, talvez prevista pelas escritoras do período Heian: escalar as paredes, pegar qualquer livro que pareça atraente, despi-lo daquelas coloridas capas codificadas e arrumá-lo entre os volumes que o acaso e a experiência puseram na sua mesinha de cabeceira.

ROUBO DE LIVROS

Estou prestes a me mudar novamente. Em torno de mim, na poeira secreta de cantos insuspeitos, revelados agora pelo deslocamento dos móveis, elevam-se pilhas instáveis de livros, como rochas desgastadas pelo vento numa paisagem desértica. Enquanto ergo pilha após pilha de volumes familiares (reconheço alguns pela cor, outros pela forma, muitos por detalhes nas capas, cujos títulos tento ler de cabeça para baixo ou de um ângulo esquisito), pergunto-me, como já fiz tantas vezes, por que guardo tantos livros que sei que não lerei novamente. Digo a mim mesmo que, sempre que me desfaço de um livro, descubro dias depois que era exatamente aquele que estava procurando. Digo a mim mesmo que não existem livros (ou poucos, muito poucos) em que eu não tenha achado alguma coisa que me interessasse. Digo a mim mesmo que os trouxe para dentro de casa por algum motivo e que esse motivo pode surgir novamente no futuro. Invoco desculpas: meticulosidade, raridade, uma vaga erudição. Mas sei que a razão principal de me apegar a esse tesouro sempre crescente é uma espécie de ganância voluptuosa. Adoro olhar para minhas prateleiras lotadas, cheias de nomes mais ou menos familiares. Delicio-me ao saber que estou cercado por uma espécie de inventário da minha vida, com indicações do meu futuro. Gosto de descobrir, em volumes quase esquecidos, traços do leitor que já fui — rabiscos, passagens de ônibus, pedaços de papel com nomes e números misteriosos, às vezes uma data e um local na guarda do livro, levando-me de volta a um certo café, a um quarto de hotel distante, a um verão longínquo. Eu poderia, se precisasse, abandonar esses livros e começar de novo, em outro lugar; já fiz isso antes, várias vezes, por necessidade. Mas então tive de reconhecer também uma perda grave, irreparável. Sei que algo morre quando abandono meus livros e que minha memória insiste em voltar a eles com uma nostalgia pesarosa. E agora, com os anos, minha memória relembra cada vez menos e parece-me uma biblioteca saqueada: muitas das salas foram fechadas, e, nas que ainda continuam abertas para consulta, há enormes vazios nas estantes. Pego um dos livros remanescentes e percebo que várias páginas foram arrancadas por vândalos. Quanto mais decrépita minha memória, mais quero proteger esse repositório do que li, essa coleção de texturas, vozes e odores. A posse desses livros tornou-se fundamental para mim, porque agora sinto ciúme do passado.

A Revolução Francesa tentou abolir a noção de que o passado era propriedade de uma única classe. Teve sucesso pelo menos em um aspecto: de divertimento aristocrático, colecionar coisas antigas tornou-se um passatempo burguês, primeiro com Napoleão e seu amor pelos adornos da Roma Antiga, depois com a república. Na virada do século XIX, a exibição de bricabraques bolorentos, de pinturas de mestres antigos, dos primeiros livros tornou-se uma moda europeia. Floresceram as lojas de curiosidades. Negociantes de antiguidades acumularam pilhas de tesouros pré-revolucionários que eram comprados e depois exibidos nos museus caseiros dos *nouveaux riches*. "O colecionador", escreveu Walter Benjamin, "sonha que está não apenas em um mundo distante ou passado, mas também, ao mesmo tempo, em um mundo melhor, onde os homens se acham tão desprovidos daquilo que necessitam quanto no mundo cotidiano, mas onde as coisas estão livres da obrigação de ser úteis".[1]

Em 1792, o palácio do Louvre foi transformado em museu para o povo. Dando voz a uma arrogante queixa contra a noção de um passado comum, o romancista visconde François-René de Chateaubriand protestou que as obras de arte assim reunidas "não tinham mais nada a dizer à imaginação nem ao coração". Quando, poucos anos depois, o artista e antiquário Alexandre Lenoir fundou o Museu dos Monumentos Franceses para pre-

250

servar as estátuas e as pedras de mansões, mosteiros, palácios e igrejas que a revolução saqueara, Chateaubriand descreveu-o com desprezo, como "uma coleção de ruínas e túmulos de todos os séculos, reunidos sem rima ou razão no claustro dos Petits--Augustins".[2] Tanto no mundo oficial como no mundo privado dos colecionadores de ruínas do passado, as críticas de Chateaubriand foram solenemente ignoradas.

Os livros estavam entre os restos mais copiosos deixados para trás pela Revolução. As bibliotecas particulares da França no século XVIII eram tesouros familiares que a nobreza preservara e ampliara de geração em geração, e os livros que continham eram tanto símbolos de posição social quanto de refinamento e postura. Pode-se imaginar o conde d'Hoym,[3] um dos mais famosos bibliófilos de sua época (morreu aos quarenta anos, em 1736), tirando de uma de suas estantes abarrotadas um volume das *Orações* de Cícero, que ele olharia não como mais um entre as centenas ou milhares de exemplares idênticos impressos e espalhados por numerosas bibliotecas, mas como um objeto único, encadernado segundo suas especificações, anotado por seu próprio punho e marcado pelo brasão da família gravado em ouro.

A partir do final do século XII, os livros tornaram-se reconhecidos como objetos de comércio, e na Europa o valor comercial deles estava suficientemente estabelecido para que os emprestadores de dinheiro os aceitassem como caução; encontram-se notas registrando tais garantias em numerosos livros medievais, em especial os pertencentes a estudantes.[4] No século XV, o negócio tornara-se importante a ponto de os livros serem incluídos no rol de bens vendidos nas feiras comerciais de Frankfurt e Nördligen.[5]

Devido à sua raridade, alguns livros evidentemente eram únicos e alcançavam preços exorbitantes (o raro *Epistolae* de Petrus Delphinus, de 1524, foi vendido por mil *livres* em 1719 — cerca de 30 mil dólares em moeda de hoje),[6] mas a maioria tinha o valor de objeto pessoal — heranças familiares, objetos que somente as mãos do dono e de seus filhos jamais tocariam. Por esse motivo, as bibliotecas tornaram-se um dos alvos automáticos da Revolução.

As bibliotecas pilhadas do clero e da aristocracia, símbolos dos "inimigos da república", acabaram em enormes depósitos em várias cidades francesas — Paris, Lyon, Dijon e outras —, onde esperavam, sob o ataque da umidade, da poeira, de insetos e outras pragas, que as autoridades revolucionárias decidissem seus destinos. O problema de armazenar tamanha quantidade de livros tornou-se tão sério que as autoridades começaram a organizar vendas para se livrar de parte do butim. Porém, pelo menos até a criação do Banco da França como instituição privada, em 1800, a maioria dos bibliófilos franceses (os que não se encontravam mortos ou exilados) estava empobrecida demais para comprar os livros e somente estrangeiros, sobretudo ingleses e alemães, puderam lucrar com a situação. Para satisfazer essa clientela de fora, os livreiros começaram a atuar como exploradores e agentes. Em uma das últimas vendas expurgatórias, feita em Paris em 1816, o livreiro e editor Jacques-Simon Merlin comprou livros suficientes para encher do porão ao sótão as duas casas de cinco andares que adquirira especialmente com esse objetivo.[7] Os volumes, em muitos casos preciosos e raros, foram vendidos por peso, numa época em que os livros novos ainda eram muito caros. Por exemplo, nas primeiras décadas do século XIX, um romance recém-publicado custava um terço do salário mensal de um trabalhador rural, enquanto uma primeira edição de *Le roman comique*, de Paul Scarron (1651), poderia ser obtida por um décimo dessa quantia.[8]

Os livros que a Revolução confiscara e que não foram destruídos ou vendidos no exterior acabaram distribuídos pelas bibliotecas públicas, mas poucos leitores faziam uso deles. Durante a primeira metade do século XIX, as horas de acesso a essas *bibliothèques publiques* eram restritas, havia exigências quanto à maneira de trajar de seus frequentadores — e os livros preciosos novamente acumularam poeira nas estantes,[9] esquecidos e fechados.

Mas não por muito tempo.

* * *

Guglielmo Bruto Icilio Timoleone, conde Libri-Carucci della Sommaia, nasceu em Florença, em 1803, numa antiga e nobre família toscana. Estudou direito e matemática e tornou-se tão bem-sucedido nessa última matéria que, quando tinha vinte anos, ofereceram-lhe a cadeira de matemática na Universidade de Pisa. Em 1830, supostamente sob ameaças da organização nacionalista dos carbonários, emigrou para Paris e, pouco depois, tornou-se cidadão francês. Com seu nome retumbante reduzido então para conde Libri, foi recebido pelos acadêmicos franceses, eleito membro do Instituto da França, indicado como professor de ciências na Universidade de Paris e distinguido com a Legião de Honra por suas credenciais eruditas e intelectuais. Mas Libri tinha outros interesses além da ciência: desenvolvera uma paixão por livros; em 1840, já possuía uma coleção notável e comerciava com manuscritos e livros raros impressos. Duas vezes tentou sem sucesso obter um cargo na Biblioteca Real. Então, em 1841, foi nomeado secretário de uma comissão encarregada de supervisionar oficialmente o "catálogo geral e detalhado de todos os manuscritos, em idiomas antigos e modernos, existentes hoje em todas as bibliotecas públicas departamentais".[10]

Sir Frederic Madden, curador do Departamento de Manuscritos do Museu Britânico, descreveu assim seu primeiro encontro com Libri, a 6 de maio de 1846, em Paris: "Pela aparência externa [ele], parecia jamais ter usado água, sabão ou escova. A sala na qual fomos introduzidos não tinha mais de cinco metros de largura, mas estava repleta de manuscritos em prateleiras que subiam até o teto. As janelas tinham vidraças duplas e um fogo de carvão e coque queimava na lareira, cujo calor, acrescentado ao cheiro das pilhas de pergaminhos em volta, era tão insuportável que me deixou ofegante. O sr. Libri percebeu o incômodo que sofríamos e abriu uma das janelas, mas dava para perceber que um sopro de ar lhe era desagradável, e seus ouvidos estavam cheios de algodão, como para protegê-los dele! O sr. Libri é uma pessoa um tanto corpulenta, de feições bem-humoradas mas largas".[11] O que sir Frederic não sabia — na época — é que o conde Libri era um dos mais rematados ladrões de livros de todos os tempos.

De acordo com o mexeriqueiro do século XVII Tallemant des Réaux, roubar livros não é um crime, exceto se os livros forem vendidos.[12] O prazer de segurar um volume raro nas mãos, de virar as páginas que ninguém virará sem nossa permissão, com certeza movia Libri até certo ponto. Se foi a visão de tantos livros lindos que inesperadamente tentou o culto bibliófilo, ou se foi antes o desejo incontrolável por livros que o levou a almejar o cargo, jamais saberemos. Armado das credenciais oficiais, vestindo uma enorme capa sob a qual escondia seus tesouros, Libri ganhou acesso a bibliotecas de toda a França, onde seu conhecimento especializado lhe permitia descobrir e colher as maravilhas escondidas. Em Carpentras, Dijon, Grenoble, Lyon, Montpellier, Orléans, Poitiers e Tours, não somente roubou volumes inteiros, como cortou páginas que depois exibiu e, às vezes, vendeu.[13] Somente em Auxerre não concretizou a pilhagem. O obsequioso bibliotecário, ansioso por agradar o funcionário cujos documentos anunciavam-no como *Monsieur le Secrétaire* e *Monsieur l'Inspecteur Général*, autorizou de bom grado que Libri trabalhasse à noite na biblioteca, mas insistiu em colocar um guarda ao seu lado para atender a qualquer necessidade do cavalheiro.[14]

As primeiras acusações contra Libri datam de 1846, mas — talvez porque parecessem tão improváveis — foram ignoradas, e Libri continuou a atacar as bibliotecas. Começou também a organizar vendas importantes de alguns dos livros roubados, vendas para as quais preparava catálogos excelentes e detalhados.[15] Por que esse bibliófilo apaixonado vendia os livros que roubara correndo tantos riscos? Talvez acreditasse, como Proust, que "o desejo faz todas as coisas florescerem, a posse as faz murchar".[16] Talvez precisasse apenas de alguns poucos e preciosos, selecionados como as pérolas raras de seu butim. Talvez os tenha vendido por pura ganância — mas essa é uma suposição muito menos interessante. Quaisquer que fossem seus motivos, a venda de livros roubados não podia mais ser ignorada. As acusações acumularam-se e, um ano depois, o promotor público iniciou investigações discretas — que foram abafadas pelo presidente do Conselho Ministerial, o sr. Guizot, amigo de Libri e testemunha de seu casamento. É provável que o assunto tivesse morrido se a Revolução de 1848, que acabou com a Monarquia de julho e proclamou a Segunda República, não tivesse descoberto o dossiê de Libri escondido na escrivaninha de Guizot. Libri foi avisado e fugiu com a esposa para a Inglaterra, não sem levar consigo dezoito caixas de livros avaliados em 25 mil francos.[17] Na época, um trabalhador especializado ganhava cerca de quatro francos por dia.[18]

Muitos políticos, artistas e escritores manifestaram-se (em vão) em defesa de Libri. Alguns haviam lucrado com suas maquinações e não queriam se comprometer no escândalo; outros tinham reconhecido nele um estudioso honrado e não queriam passar por bobos. O escritor Prosper Mérimée, em particular, foi um defensor ardente de Libri.[19] O conde mostrara-lhe, no apartamento de um amigo, o famoso Pentateuco de Tours, um volume iluminado do século VII; Mérimée, que viajara muito pela França e visitara inúmeras bibliotecas, observou que viu aquele Pentateuco em Tours; Libri mais que depressa explicou ao escritor que o que vira fora uma cópia francesa do original adquirido por ele na Itália. Mérimée acreditou; escrevendo a Edouard Delessert em 5 de junho de 1848, insistiu: "Para mim, que sempre disse que o amor por colecionar leva as pessoas ao crime, Libri é o mais honesto dos colecionadores, e não conheço ninguém, exceto Libri, que devolveria às bibliotecas os livros que outros roubaram".[20] Por fim, dois anos depois que Libri foi julgado culpado, Mérimée publicou na *Revue des Deux Mondes*[21] uma defesa tão ruidosa de seu amigo que o tribunal o convocou, acusando-o de desacato.

Sob o peso das provas, Libri foi condenado *in absentia* a dez anos de prisão e à perda de seus cargos públicos. Lorde Ashburnham, que comprara de Libri, por intermédio do livreiro

Joseph Barrois, outro raro Pentateuco iluminado (este roubado da biblioteca pública de Lyon), aceitou as provas da culpa de Libri e devolveu o livro ao embaixador francês em Londres. O Pentateuco foi o único livro que lorde Ashburnham devolveu. "Porém, os cumprimentos que chegaram de todos os lados ao autor de ato tão liberal não o impeliram a repetir a experiência com outros manuscritos de sua biblioteca", comentou Léopold Delisle,[22] que em 1888 organizou um catálogo do espólio de Libri.

Mas então Libri já virara havia muito tempo a página final de seu último livro roubado. Da Inglaterra foi para a Itália e instalou-se em Fiesole, onde morreu em 28 de setembro de 1869, não reabilitado e pobre. Contudo, no final, teve sua vingança contra os que o acusavam. No ano de sua morte, o matemático Michel Chasles, que fora eleito para ocupar a cadeira de Libri no Instituto, comprou uma incrível coleção de autógrafos que, não tinha dúvida, causariam inveja e lhe dariam fama. Ela incluía cartas de Júlio César, Pitágoras, Nero, Cleópatra e da esquiva Maria Madalena — todas falsas, revelou-se mais tarde: eram obra do famoso falsificador Vrain-Lucas, a quem Libri pedira que fizesse uma visita ao seu sucessor.[23]

O roubo de livros não era novidade na época de Libri. Escreve Lawrence S. Thompson: "A história da bibliocleptomania remonta aos primórdios das bibliotecas na Europa ocidental e indiscutivelmente pode ser aprofundada no tempo até as bibliotecas gregas e orientais".[24] As primeiras bibliotecas romanas eram compostas em larga medida por volumes gregos, pois os romanos haviam saqueado totalmente a Grécia. A Biblioteca Real Macedônia, a biblioteca de Mitridates do Ponto, a de Apelicão de Teos (mais tarde usada por Cícero) foram todas pilhadas pelos romanos e transferidas para solo romano. Os primeiros séculos cristãos não foram poupados: o monge copta Pacômio, que montára uma biblioteca em seu mosteiro de Tabennisi, no Egito, nas primeiras décadas do século III, fazia um inventário todas as noites para conferir se todos os livros tinham sido devolvidos.[25] Em seus ataques à Inglaterra anglo-saxônica, os vikings roubavam manuscritos iluminados dos monges, provavelmente por causa do ouro nas encadernações. Um desses volumes, o *Codex aureus*, roubado em algum momento do século XI, foi resgatado pelos seus donos originais porque os ladrões não encontraram mercado para aquela preciosidade. Ladrões de livros eram uma praga na Idade Média e na Renascença; em 1752, o papa Benedito XIV lançou uma bula segundo a qual os ladrões de livros seriam excomungados.

Outras ameaças eram mais correntes, como prova esta advertência inscrita num valioso tomo renascentista:

> *O nome de meu senhor acima vês,*
> *Cuida portanto para que não me roubes;*
> *Pois, se o fizeres, sem demora*
> *Teu pescoço... me pagará.*
> *Olha para abaixo e verás*
> *A figura da árvore da forca;*
> *Cuida-te portanto em tempo,*
> *Ou nesta árvore subirás!*[26]

Ou esta, inscrita na biblioteca do mosteiro de São Pedro, em Barcelona.

> Para aquele que rouba ou toma emprestado e não devolve um livro de seu dono, que o livro se transforme em serpente em suas mãos e o envenene. Que seja atingido por paralisia e todos os seus membros murchem. Que definhe de dor, chorando alto por clemência, e que não haja descanso em sua agonia até que mergulhe na desintegração. Que as traças corroam suas entranhas como sinal do Verme que não morreu. E quando finalmente for ao julgamento final, que as chamas do Inferno o consumam para sempre.[27]

Contudo, nenhuma praga parece deter aqueles leitores que, como amantes enlouquecidos, estão decididos a se apropriar de certo livro. A ânsia de possuir um livro, ser seu único dono, é uma espécie de cobiça diferente de todas as outras. "Lemos melhor", confessou Charles Lamb, contemporâneo de Libri, "um livro que é nosso e que nos é conhecido há tanto tempo que sabemos a topografia de suas manchas e de suas orelhas, e lembramos que ele se sujou quando o lemos durante o chá com bolinhos amanteigados."[28]

O ato de ler estabelece uma relação íntima, física, da qual todos os sentidos participam: os olhos colhendo as palavras na página, os ouvidos ecoando os sons que estão sendo lidos, o nariz inalando o cheiro familiar de papel, cola, tinta, papelão ou couro, o tato acariciando a página áspera ou suave, a encadernação macia ou dura, às vezes até mesmo o paladar, quando os dedos do leitor são umedecidos na língua (que é como o assassino envenena suas vítimas em *O nome da rosa*, de Umberto Eco). Tudo isso, muitos leitores não estão dispostos a compartilhar — e se o livro que desejam ler está em posse de outra pessoa, as leis da propriedade tornam-se difíceis de obedecer, assim como as da fidelidade no amor. Ocorre também que a posse física torna-se às vezes sinônimo de um sentimento de apreensão intelectual. Acabamos achando que os livros que possuímos são os livros que conhecemos, como se a posse fosse, em bibliotecas como nas cortes, nove décimos da lei; acabamos achando que olhar para a lombada dos livros que chamamos de nossos, os quais obedientemente montam guarda nas paredes de nossa sala, prontos a falar conosco e somente conosco ao mero adejar das páginas, nos permitisse dizer "tudo isso é meu", como se a simples presença deles já nos enchesse de sabedoria, sem que precisássemos abrir caminho por seus conteúdos.

Nisso, tenho sido tão culpado quanto o conde Libri. Ainda hoje, afogados como somos em dezenas de edições e milhares de exemplares idênticos do mesmo livro, sei que o volume que tenho nas mãos, aquele volume e nenhum outro, torna-se o Livro. Anotações, manchas, marcas de um tipo ou de outro, um certo momento e lugar caracterizam aquele volume como se fosse um manuscrito inestimável. Podemos relutar em justificar os roubos de Libri, mas o desejo subjacente, o anseio de ser, ao menos por um momento, o único capaz de chamar um livro de *meu*, é comum a mais homens e mulheres honestos do que talvez estejamos dispostos a reconhecer.

O AUTOR COMO LEITOR

UMA NOITE, no primeiro século da era cristã, Caio Plínio Cecílio Segundo (conhecido pelos futuros leitores como Plínio, o Jovem, para distingui-lo de seu erudito tio, Plínio, o Velho, que morreu na erupção do monte Vesúvio em 79 d.C.) saiu da casa de um amigo romano cheio de justificada cólera. Assim que chegou ao seu gabinete, sentou-se e, para ordenar os pensamentos (ou talvez de olho no volume de cartas que reuniria e publicaria mais tarde), escreveu ao advogado Cláudio Restituto sobre os acontecimentos daquela noite. "Acabei de sair indignado de uma leitura na casa de um amigo meu e sinto que preciso escrever-te neste instante, já que não posso falar-te pessoalmente. O texto que leram era extremamente polido, de qualquer ângulo que se considere, mas duas ou três pessoas espirituosas — ou que assim se julgam — escutaram-no como se fossem surdos-mudos. Em nenhum momento abriram os lábios, ou moveram as mãos, ou mesmo esticaram as pernas para mudar de posição. Qual o objetivo dessa conduta e cultura sóbria, ou, antes, dessa indolência e presunção, dessa falta de tato e bom senso que leva alguém a passar um dia inteiro sem fazer outra coisa senão causar desgosto e transformar em inimigo o querido amigo que se veio ouvir?"[1]

É um pouco difícil para nós, a uma distância de vinte séculos, compreender a consternação de Plínio. Em sua época, a leitura feita por autores tornara-se uma cerimônia social da moda,[2] e, como em qualquer cerimônia, havia uma etiqueta estabelecida para autores e ouvintes. Dos ouvintes, esperava-se que oferecessem uma reação crítica, com base na qual o autor aperfeiçoaria o texto — motivo pelo qual Plínio ficou tão ultrajado com a impassibilidade da plateia; ele próprio apresentava

260

às vezes uma primeira versão de um discurso a um grupo de amigos e depois fazia alterações de acordo com a reação deles.[3] Além disso, esperava-se que os ouvintes ficassem até o fim da apresentação, independentemente do tempo que durasse, de forma a não perder nenhuma parte da obra, e Plínio julgava que quem usava as leituras como mera diversão social não valia muito mais que um desordeiro. Escreveu furioso para outro amigo: "A maioria deles senta-se na sala de espera, perdendo tempo em vez de prestar atenção e pedindo aos seus servos que lhes digam a toda hora se o leitor chegou e já leu a introdução, ou se chegou ao fim da leitura. Somente então, e com a maior relutância, arrastam-se para dentro. E não ficam muito tempo, e saem antes do fim, alguns tentando escapar despercebidos, outros saindo sem pejo. [...] Mais louvor e honra merecem aqueles cujo amor pela escrita e leitura em voz alta não se deixa afetar pelos maus modos e arrogância da plateia".[4]

O autor também estava obrigado a seguir certas regras se quisesse ter sucesso em suas leituras, pois havia toda espécie de obstáculo a ser superado. Antes de mais nada, era preciso encontrar um local de leitura apropriado. Homens abastados imaginavam-se poetas e, em opulentas casas de campo, recitavam suas obras para um grande número de conhecidos — no *auditorium*, uma sala construída especialmente com esse objetivo. Alguns desses poetas ricos, como Ticínio Capito,[5] eram generosos e emprestavam seus auditórios para as apresentações de outros, mas a maioria desses espaços de recital era de uso exclusivo dos proprietários. Uma vez reunidos os amigos no local designado, o autor tinha de encará-los de uma cadeira colocada sobre um tablado, usando uma toga nova e exibindo todos os seus anéis.[6] Segundo Plínio, esse costume atrapalhava-o duplamente: "ele se encontra em grande desvantagem pelo mero fato de ficar sentado, embora possa ser tão bem-dotado quanto oradores que ficam de pé"[7] e tem "os dois principais auxiliares de sua elocução, isto é, olhos e mãos", ocupados em segurar o texto. As habilidades oratórias eram, portanto, essenciais. Ao elogiar o desempenho de um leitor, Plínio observou que "ele mostrou uma versatilidade adequada ao elevar e baixar o tom e a mesma agilidade na passagem de temas elevados para inferiores, do simples para o complexo ou de assuntos mais leves para mais graves. A voz notavelmente agradável foi outra vantagem, realçada pela modéstia, pelos rubores e pelo nervosismo, que sempre acrescentam encanto a uma leitura. Não sei por quê, mas a timidez cai melhor num autor do que a segurança".[8]

Aqueles que tinham dúvidas sobre suas habilidades de leitor podiam recorrer a certos estratagemas. O próprio Plínio, confiante quando lia discursos, mas inseguro sobre sua capacidade de ler versos, teve a seguinte ideia para uma noitada de suas poesias, comunicada por carta ao amigo Suetônio, o autor de *Vida dos doze Césares*: "Estou planejando fazer uma leitura informal para alguns amigos e penso em utilizar um de meus escravos. Não darei grandes mostras de civilidade a meus amigos, pois o homem que escolhi não é realmente um bom leitor, mas acho que será melhor do que eu, uma vez que não é tão nervoso. [...] A questão é: o que devo fazer enquanto ele estiver lendo? Devo sentar-me quieto e silencioso como um espectador, ou comportar-me como algumas pessoas e repetir as palavras dele com meus lábios, olhos e gestos?". Não sabemos se Plínio ofereceu naquela noite uma das primeiras apresentações de leitura labial sincronizada da história.

Muitas dessas leituras devem ter parecido intermináveis. Plínio compareceu a uma que durou três dias. (Essa leitura, em particular, não parece tê-lo aborrecido, talvez porque o leitor anunciara à plateia: "Mas que me importam os poetas do passado, se conheço Plínio?".[9]) Indo de várias horas à metade de uma semana, as leituras públicas tornaram-se quase inevitáveis para quem quisesse ser conhecido como autor. Horácio queixava-se de que os leitores educados já não pareciam de fato interessados nos escritos de um poeta, tendo "transferido todo o prazer do ouvido para as delícias vazias e fugazes do olho".[10] Marcial ficou tão farto de aturar poetastros ansiosos por ler suas obras em voz alta que desabafou:

Pergunto-te: quem pode suportar esse afã?
Lês para mim quando estou de pé,
Lês para mim quando estou sentado,
Lês para mim quando estou correndo,
Lês para mim quando estou cagando.[11]

Plínio, no entanto, aprovava a leitura dos autores e via nelas os sinais de uma nova idade de ouro literária. "Dificilmente tivemos um dia em abril em que não houvesse alguém fazendo uma leitura pública", observou satisfeito. "Estou encantado por ver a literatura florescer e o talento vicejar."[12] As gerações futuras discordaram do veredicto de Plínio e decidiram esquecer o nome da maioria desses poetas declamadores.

Contudo, se fosse destino de alguém ficar famoso graças a essas leituras públicas, um autor não precisava mais esperar a morte para ser consagrado. Plínio escreveu a seu amigo Valério Paulino: "As opiniões divergem, mas minha ideia de um homem verdadeiramente feliz é aquele que desfruta antecipadamente de uma boa e duradoura reputação e, confiante no veredicto da posteridade, vive na certeza da fama que virá".[13] A fama no presente era importante para ele. Ficava encantado quando alguém nas corridas achava que o escritor Tácito (a quem admirava muito) poderia ser Plínio. "Se Demóstenes teve o direito de se deleitar quando a velha da Ática o reconheceu com as palavras 'aquele é Demóstenes', eu certamente posso ficar contente ao ver meu nome bem conhecido. Na verdade, *estou* contente e admito isso."[14] Sua obra foi publicada e lida, até mesmo nos confins de Lugdunum (Lyon). A outro amigo, escreveu: "Não pensei que houvesse livreiros em Lugdunum, portanto fiquei ainda mais satisfeito ao saber por sua carta que minhas obras estão à venda. Fico contente que tenham no exterior a popularidade que conquistaram em Roma e estou começando a pensar que minha obra deve ser realmente boa, ao ver que a opinião pública de lugares tão diferentes concorda sobre ela".[15] Porém, agradava-lhe muito mais o louvor de uma plateia de ouvintes do que a aprovação silenciosa de leitores anônimos.

Plínio sugeriu várias razões pelas quais a leitura em público constituía um exercício benéfico. A celebridade era sem dúvida um fator muito importante, mas havia também o prazer de ouvir a própria voz. Ele justificava essa autocomplacência observando que a audição de um texto levava a plateia a comprar a peça publicada, causando assim uma demanda que satisfaria tanto os autores quanto os editores-livreiros.[16] Na sua concepção, ler em público era a melhor maneira de um autor obter público. Na verdade, a leitura pública era em si mesma uma forma rudimentar de divulgação.

Como observou corretamente Plínio, ler em público era uma representação, um ato executado por todo o corpo para que outros percebessem. O autor que lê em público — naquela época como agora — recobre as palavras com certos sons e interpreta-as com certos gestos; essa performance dá ao texto um tom que (supostamente) é aquele que o autor tinha em mente no momento da criação e, portanto, concede ao ouvinte a sensação de estar perto das intenções do autor; ela dá também ao texto um selo de autenticidade. Mas, ao mesmo tempo, a leitura do autor deturpa o texto, melhorando-o (ou empobrecendo-o) com a interpretação. O romancista canadense Robertson Davies acrescentava camadas e mais camadas de caracterização durante as leituras, antes interpretando do que recitando sua ficção. A romancista francesa Nathalie Sarraute, ao contrário, lê numa monotonia que não faz jus aos seus textos líricos. Dylan Thomas cantava sua poesia, batendo nas tônicas como gongos e deixando pausas enormes.[17] T.S. Eliot resmungava seus poemas como se fosse um vigário rabugento amaldiçoando seu rebanho.

Ao ser lido para uma plateia, um texto não é determinado exclusivamente pela relação entre suas características intrínsecas e aquelas de seu público arbitrário, sempre diferente, uma vez que os membros desse público não têm mais a liberdade (como os leitores comuns teriam) de voltar, reler, retardar e dar ao texto sua própria entonação conotativa. Ao contrário, ele se torna dependente do autor-intérprete, que assume o papel de leitor dos leitores, a encarnação presuntiva de cada membro da plateia cativa da leitura, ensinando-lhes o modo de ler. As leituras de autores podem se tornar profundamente dogmáticas.

As leituras públicas não foram exclusividade de Roma. Os gregos liam em público. Cinco séculos antes de Plínio, por exemplo, Heródoto lia sua obra nos festivais olímpicos, onde se reunia uma grande e entusiástica plateia vinda de toda a Grécia; evitava-se assim viajar de cidade em cidade. Mas, no século VI, as leituras públicas cessaram efetivamente, porque parecia não haver mais um "público educado". A última descrição conhecida de uma plateia romana numa leitura pública está nas cartas do poeta cristão Apolinário Sidônio, escritas na segunda metade do século V. Àquela altura, como Sidônio lamenta, o latim tornara-se uma língua especializada, estrangeira, "a linguagem da liturgia, das chancelarias e de uns poucos eruditos".[18] Por ironia, a Igreja cristã, que adotara o latim para difundir o evangelho entre "todos os homens em todos os lugares", percebeu que essa língua se tornara incompreensível para a vasta maioria do rebanho. O latim passou a ser parte do "mistério" da Igreja, e, no século XI, apareceu o primeiro dicionário de latim, como forma de ajudar os estudantes e noviços para quem esse idioma não era mais a língua materna.

Mas os autores continuaram precisando do estímulo de um público imediato. No final do século XIII, Dante sugeria que a "língua vulgar" — isto é, o vernáculo — era ainda mais nobre que o latim, por três motivos: era a primeira língua falada por Adão e Eva; era "natural", enquanto o latim era "artificial", pois aprendido apenas nas escolas; e era universal, uma vez que todos os homens falavam uma língua vulgar e somente uns poucos sabiam latim.[19] Embora essa defesa da língua vulgar fosse escrita, paradoxalmente, em latim, é provável que, mais para o fim da vida, na corte de Guido Novello da Polenta, em Ravena, Dante tenha lido trechos de sua *Comédia* na "língua vulgar" que defendera de forma tão eloquente. O certo é que, nos séculos XIV e XV, as leituras por autores voltaram a ser comuns; há muitos exemplos na literatura, tanto secular quanto religiosa. Em 1309, Jean de Joinville dedicou sua *Vida de são Luís* a "vós e vossos irmãos que a ouvirão ser lida".[20] No final do século XIV, o historiador francês Froissart enfrentou tempestades em plena noite durante seis longas semanas de inverno para ler seu romance *Méliador* para o insone conde du Blois.[21] O príncipe e poeta Charles d'Orléans, aprisionado pelos ingleses em Agincourt, em 1415, escreveu numerosos poemas durante um longo cativeiro, e, após ser libertado, em 1440, leu-os para a corte de Blois em noitadas literárias para as quais outros poetas, como François Villon, eram convidados. *La Celestina*, de Fernando de Rojas, deixava claro em sua introdução de 1499 que a comprida peça (ou romance em forma de peça de teatro) destinava-se a ser lida em voz alta "quando umas dez pessoas se reúnem para ouvir essa comédia";[22] é provável que o autor (de quem sabemos muito pouco, exceto que era um judeu convertido e pouco ansioso por chamar para sua obra a atenção da Inquisição) tivesse apresentado previamente a "comédia" a seus amigos.[23] Em janeiro de 1507, Ariosto leu seu inacabado *Orlando furioso* para a convalescente Isabela Gonzaga, "fazendo com que dois dias se passassem não somente sem tédio, mas com todo o prazer".[24] E Geoffrey Chaucer, cujos livros estão cheios de referências à literatura lida em voz alta, certamente leu sua obra para uma plateia atenta.[25]

Filho de um próspero mercador de vinhos, Chaucer foi educado provavelmente em Londres, onde descobriu as obras de Ovídio, Virgílio e dos poetas franceses. Como era comum aos filhos de famílias abastadas, entrou para o serviço de uma família nobre — a de Elizabeth, condessa de Ulster, casada com o segundo filho do rei Eduardo III. Diz a tradição que um de seus primeiros poemas foi um hino à Virgem, escrito a pedido de uma dama nobre, Blanche de Lancaster (para quem escreveu mais tarde *The Book of the Duchesse*), e lido para ela e seus acompanhantes. Pode-se imaginar o rapaz, nervoso inicialmente, depois mais entusiasmado, gaguejando um pouco, lendo seu poema como um estudante de hoje leria um ensaio diante da classe. Chaucer deve ter perseverado; as leituras de suas poesias continuaram. Um manuscrito de *Troilus and Criseyde* que se encontra atualmente no Corpus Christi College, na Universidade de Cambridge, mostra um homem de pé num púlpito externo, dirigindo-se a uma plateia de senhores e senhoras, com um livro aberto diante dele. O homem é Chaucer; o casal real perto dele, o rei Ricardo II e a rainha Ana.

O estilo de Chaucer combina procedimentos tomados dos retóricos clássicos com coloquialismos e expressões capciosas da tradição dos menestréis, de forma que um leitor que segue suas palavras depois de séculos não só ouve como vê o texto. Uma vez que a plateia de Chaucer iria "ler" os poemas com os ouvidos, dispositivos como rima, cadência, repetição e as vozes das diferentes personagens eram elementos essenciais da composição poética; ao ler em voz alta, Chaucer poderia alterar esses elementos conforme a reação da plateia. Quando o texto ganhava a forma escrita, para que alguém o lesse em voz alta ou em silêncio obviamente era importante conservar o efeito desses estratagemas. Por esse motivo, da mesma forma como certas marcas de pontuação tinham se desenvolvido por meio da leitura silenciosa, agora criavam-se também sinais práticos para a leitura em voz alta. Por exemplo, *o diple* — uma marca do escriba em forma de ponta de flecha horizontal, colocada na margem para chamar a atenção sobre algum elemento do texto — tornou-se o sinal que reconhecemos hoje como aspas, primeiro para indicar citação e, depois, trechos de discurso direto. Da mesma forma, o escriba que copiou *Os contos da Cantuária* no manuscrito de Ellesmere do final do século XIV recorreu a barras (o *solidus*) para marcar o ritmo do verso lido em voz alta:

Em Southwerk/ no Tabardo/ enquanto fico
Pronto/ para seguir minha peregrinação[26]

Mas, já em 1387, John de Trevisa, contemporâneo de Chaucer que estava traduzindo do latim para o inglês uma epopeia bastante popular, o *Polychronicon*, resolveu fazê-lo não em versos, mas em prosa — um meio menos adaptado à leitura pública —, porque sabia que a plateia já não esperava ouvir uma recitação e iria, com toda a probabilidade, ler o livro ela mesma. A morte do autor, pensava-se, permitia ao leitor ter um comércio mais livre com o texto.

Mas o autor, o criador mágico do texto, conservava seu prestígio encantatório. O que intrigava os novos leitores era encontrar aquele fazedor, o corpo que abrigava a mente capaz de inventar o doutor Fausto, Tom Jones, Cândido. E, para os autores, havia um ato paralelo de magia: encontrar aquela invenção literária, o público, o "prezado leitor", aqueles que para Plínio eram pessoas bem ou malcomportadas, de olhos e ouvidos visíveis e que agora, séculos depois, tinham se tornado uma mera esperança para além da página. "Sete exemplares foram vendidos", reflete o protagonista de *Nightmare Abbey* [A abadia do pesadelo], romance que Thomas Love Peacock escreveu no início do século XIX: "Sete é um número místico e o presságio é bom. Que eu descubra os sete compradores de meus sete exemplares e eles serão os sete candelabros de ouro com que iluminarei meu mundo".[27] Para encontrar os sete que lhes cabiam (e sete vezes sete, se os astros ajudassem), os autores começaram novamente a ler suas obras em público.

Como Plínio explicara, as leituras públicas pelo autor destinavam-se não somente a levar o texto ao público, como também trazê-lo de volta ao autor. Chaucer, sem dúvida, fez emendas no texto de *Os contos da Cantuária* depois de lê-lo em público (talvez colocando algumas das reclamações que ouviu na boca de seus peregrinos — como o Homem da Lei, que considera pretensiosas as rimas de Chaucer). Molière, três séculos mais tarde, lia habitualmente suas peças para uma criada. "Se Molière lia para ela", comentou o romancista inglês Samuel Butler em seus *Notebooks*, "era porque o simples ato de ler em voz alta punha a obra diante dele sob uma nova luz, e, ao forçar sua atenção para cada linha, fazia-o julgá-las com mais rigor. Eu sempre tenho a intenção, e em geral o faço, de ler o que escrevo em voz alta para alguém; praticamente qualquer pessoa serve, mas ela não deve ser tão brilhante a ponto de me fazer temê-la. Quando leio em voz alta, percebo de imediato certos pontos fracos onde antes, lendo apenas para mim mesmo, parecia-me que estava tudo bem."[28]

Às vezes não foi a preocupação com a melhoria do texto, mas a censura, que levou o autor de volta à leitura pública. Jean-Jacques Rousseau, proibido pelas autoridades francesas de publicar suas *Confissões*, leu-as durante o longo e frio inverno de 1768 em várias residências aristocráticas de Paris. Uma dessas leituras durou das nove da manhã até as três da tarde. Segundo um dos ouvintes, quando Rousseau chegou ao trecho em que descreve como abandonou seus filhos, a plateia, de início constrangida, desmanchou-se em lágrimas de dor.[29]

Em toda a Europa, o século XIX foi a idade de ouro da leitura pelos autores. Na Inglaterra, a estrela foi Charles Dickens. Sempre interessado em teatro amador, Dickens (que de fato atuou no palco em várias ocasiões, notadamente em sua colaboração com Wilkie Collins, *The Frozen Deep* [A profundeza congelada], em 1857) usava o talento histriônico nas leituras das próprias obras. Essas leituras, como as de Plínio, eram de dois tipos: para os amigos, a fim de polir o texto final e avaliar o efeito de sua ficção sobre o público, e leituras públicas, apresentações pelas quais ficaria famoso mais tarde. Escrevendo à esposa, Catarina, sobre a leitura de sua segunda história de Natal, *O carrilhão*, mostrou-se exultante: "Se tivesse visto Macready [um dos amigos de Dickens] ontem à noite — soluçando e chorando escancaradamente no sofá enquanto eu lia —, você teria sentido (como eu senti) o que significa ter Poder". "Poder sobre os outros", acrescentou um de seus biógrafos. "Poder de mover e controlar. O Poder de sua escrita. O Poder de sua voz." A lady Blessington, em relação à leitura de *O carrilhão*, Dickens escreveu: "Tenho grande esperança de que farei a senhora chorar amargamente".[30]

Mais ou menos na mesma época, Alfred, lorde Tennyson, começou a assombrar as salas de visitas de Londres com leituras de seu poema mais famoso (e mais longo): *Maud*. Tennyson não buscava poder na leitura, como Dickens fazia, mas aplauso contínuo, confirmação de que sua obra tinha de fato uma plateia. "Allingham, desgostaria você se eu lesse *Maud*? Você expiraria?" — perguntou ele a um amigo em 1865.[31] Jane Carlyle lembrava-se dele circulando numa festa e perguntando se as pessoas tinham gostado de *Maud*, e lendo o poema em voz alta, "falando Maud, Maud, Maud", e "tão sensível a críticas como se elas fossem acusações à sua honra".[32] Ela era uma ouvinte paciente; na casa de Carlyle, em Chelsea, Tennyson a forçara a aprovar o poema lendo-o três vezes seguidas.[33] Segundo outra testemunha, Dante Gabriel Rossetti, Tennyson lia a própria obra com a emoção que buscava na plateia, derramando lágrimas e "com tal intensidade de sentimento que segurava em suas poderosas mãos uma grande almofada brocada e, quase inconscientemente, torcia-a sem parar".[34] Emerson não demonstrou a mesma intensidade ao ler os poemas de Tennyson em voz alta. Em seus cadernos, confidenciou: "É um bom teste para uma balada, como para toda a poesia, a facilidade de ler em voz alta. Mesmo em Tennyson, a voz fica solene e entorpecida".[35]

Dickens era um intérprete muito mais profissional. Sua versão do texto — o tom, a ênfase ou mesmo as omissões e acréscimos para tornar a história mais adequada a uma apresentação oral — deixava claro a todos que aquela era a primeira e única interpretação. Isso ficou evidente em suas famosas turnês de leitura. A primeira turnê longa, iniciada em Clifton e encerrada em Brighton, compreendeu cerca de oitenta leituras em mais de quarenta localidades. Ele "lia em armazéns, salas de assembleia, livrarias, escritórios, salões, hotéis e balneários". De início numa mesa alta e, posteriormente, numa mais baixa, para permitir que a plateia visse melhor seus gestos, ele pedia que tentassem criar a impressão de "um pequeno grupo de amigos reunidos para ouvir alguém contar uma história". O público reagia como Dickens queria. Um homem chorou abertamente e então "cobriu o rosto com as mãos e curvou-se sobre o assento diante dele, e realmente tremeu de emoção". Outro, sempre que achava que determinada personagem estava para reaparecer, "ria e esfregava os olhos, e, quando ela chegou, deu uma espécie de grito, como se fosse demais para ele". Plínio teria aprovado.

O efeito era obtido à custa de muito trabalho. Dickens passara pelo menos dois meses trabalhando a forma de falar e os gestos, e escrevera suas reações. Nas margens de seus "livros de leitura" — exemplares de sua obra que editara para essas turnês — anotara lembretes sobre o tom a utilizar, tais como "Alegre... Duro... Pathos... Mistério... Rápido", bem como gestos: "Aceno para baixo... Apontar... Estremecer... Olhar em volta com terror...".[36] Certos trechos eram revisados de acordo com o efeito produzido na plateia. Mas, como observa um de seus biógrafos, "ele não interpretava as cenas, mas sugeria-as, evocava-as, intimava-as. Em outras palavras, continuava sendo um leitor, não um ator. Nenhum maneirismo. Nenhum artifício. Nenhuma afetação. De alguma forma, criava seus efeitos surpreendentes com uma economia de meios que lhe era peculiar, como se os romances realmente falassem através dele".[37] Depois da leitura, jamais admitia aplausos. Inclinava-se em agradecimento, deixava o palco e mudava de roupa — a que usara estava ensopada de suor.

Em parte, era para isso que a plateia de Dickens comparecia, e é o que leva as plateias de hoje às leituras públicas: ver o desempenho do autor, não como ator, mas como escritor; ouvir a voz que o escritor tinha em mente quando criou uma personagem; comparar a voz do escritor com a escrita. Alguns leitores vão por superstição. Querem saber como é o escritor porque acreditam que a escrita é um ato de magia; querem ver o rosto de alguém que pode criar um poema ou um romance da mesma forma que gostariam de ver a face de um pequeno deus, criador de um pequeno universo. Caçam autógrafos enfiando livros sob o nariz do escritor, na esperança de que sairão com a dedicatória abençoada: "Para Polônio, com os melhores votos do Autor". O entusiasmo deles levou William Golding a dizer (em 1989, no festival literário de Toronto) que "um dia alguém descobrirá um romance não autografado de William Golding: valerá uma fortuna". Eles são levados pela mesma curiosidade que faz as crianças olharem atrás de um teatro de fantoches ou desmontar um relógio. Querem beijar a mão que escreveu *Ulisses*, ainda que ela tenha feito, como observou Joyce, "uma porção de outras coisas também".[38] O escritor espanhol Dámaso Alonso não se impressionava. Considerava as leituras públicas "uma expressão da hipocrisia esnobe e da superficialidade incurável de nossa época". Distinguindo entre a descoberta gradual de um livro lido em silêncio, em solidão, e o conhecimento rápido de um autor num anfiteatro lotado, descreveu este último como "o verdadeiro fruto da nossa pressa inconsciente. Ou seja, da nossa barbárie. Porque a cultura é lentidão".[39]

Nas leituras de autores, em festivais de escritores em Toronto, Edimburgo, Melbourne ou Salamanca, os leitores esperam tornar-se parte do processo artístico. O inesperado, o não ensaiado, o evento que se revelará de alguma forma inesquecível, poderá, esperam eles, acontecer diante de seus olhos, tornando-os testemunhas de um momento de criação — uma felicidade negada até a Adão —, de tal forma que, quando alguém lhes perguntar em sua velhice mexeriqueira, como Robert Browning perguntou ironicamente certa vez — "E você viu Shelley ao natural?" —, a resposta será sim.

Em um ensaio sobre as agruras do panda, o biólogo Stephen Jay Gould escreveu que "os zoológicos estão mudando de instituições de captura e exibição para santuários de preservação e propagação".[40] Nos melhores festivais literários, nas leituras públicas mais bem-sucedidas, os escritores são preservados e propagados. Preservados porque sentem (como Plínio confessou) que têm uma plateia que dá importância à sua obra; preservados, no sentido mais grosseiro, porque são pagos (como Plínio não o era) por seu trabalho; e propagados porque escritores geram leitores, que por sua vez geram escritores. Os ouvintes que compram livros depois de uma leitura pública multiplicam aquela leitura; o autor ou autora que percebe que pode estar escrevendo numa página em branco, mas pelo menos não está falando para as paredes, talvez se estimule com a experiência e escreva mais.

O TRADUTOR COMO LEITOR

NUM CAFÉ PERTO DO MUSEU RODIN, em Paris, avanço a custo pelas páginas de uma pequena edição em brochura das traduções que Rainer Maria Rilke fez para o alemão dos sonetos de Louise Labé, uma poeta do século XVI, de Lyon. Rilke foi secretário de Rodin durante vários anos e, mais tarde, tornou-se grande amigo do escultor, escrevendo um ensaio admirável sobre sua arte. Viveu por algum tempo no prédio que viria a ser o Museu Rodin, num quarto ensolarado, com frisos decorados de gesso e vista para um exuberante jardim francês, pranteando algo que imaginava estar sempre fora de seu alcance — uma certa verdade poética que gerações de leitores acreditam desde então poder encontrar nos escritos dele. O quarto foi uma de suas muitas moradias transitórias, de hotel em hotel, de castelo em castelo. "Nunca esqueça que a solidão é meu destino", escreveu da casa de Rodin a uma de suas amantes, tão transitórias quanto seus quartos. "Imploro aos que me amam que amem minha solidão."[1] Da minha mesa no café, posso ver a janela solitária que foi de Rilke. Se ele estivesse ali hoje, poderia me ver aqui embaixo, lendo o livro que viria a escrever. Sob seu vigilante olhar fantasmagórico, repito o final do Soneto XIII.

> *Er kübte mich, es mundete mein Geist*
> *auf seine Lippen; und der Tod war sicher*
> *noch süber ah das dasein, seliglicher.*
>
> [*Ele me beijou, minha alma transformou-se*
> *com seus lábios; e a morte foi certamente*
> *mais doce que a vida, até mais abençoada.*]

Detenho-me por um longo momento na última palavra, *seliglicher. Seele* é "alma"; *selig* significa "bem-aventurado", "abençoado", mas também "cheio de satisfação", "feliz". O aumentativo *-icher* permite que a comovedora palavra saltite suavemente na língua quatro vezes antes de terminar; ela parece prolongar aquela alegria abençoada oferecida pelo beijo do amante e fica na boca, como o beijo, até que o *-er* o exale pelos lábios. Todas as outras palavras desses três versos soam monótonas, uma a uma; somente *seliglicher* prende-se à voz por um momento muito mais longo, relutando em sair.

Leio o soneto original em outra brochura, desta vez as *Ouvres poétiques* de Louise Labé,[2] que, por um milagre editorial, tornou-se contemporânea de Rilke na minha mesa de café. Ela escrevera:

> *Lors que souef plus il me baiserait,*
> *Et mon esprit sur ses lèvres fuirait,*
> *Bien je mourrais, plus que vivante, heureuse.*

> [*Quando ele suavemente me beijar mais,*
> *E minha alma escapar sobre seus lábios,*
> *Eu bem morrerei, mais feliz do que viva.*]

Deixando de lado a conotação moderna de *baiserait* (que na época de Labé não significava mais do que beijar, mas que desde então adquiriu o sentido de relação sexual plena), o original francês parece-me convencional, embora agradavelmente direto. Sentir-se mais feliz nos braços mortais do amor do que nas misérias da vida é uma das mais antigas reivindicações poéticas; a alma exalada num beijo é igualmente antiga e cediça. O que descobriu Rilke no poema de Labé que lhe permitiu converter o *heureuse* comum no memorável *seliglicher*? O que o autorizou a me proporcionar essa leitura complexa e perturbadora de algo que poderia ter me passado despercebido? Até que ponto a leitura de um tradutor bem-dotado como Rilke afeta nosso conhecimento do original? E o que acontece nesse caso com a confiança do leitor na autoridade do autor? Acredito que um esboço de resposta se formou na mente de Rilke em certo inverno parisiense.

Carl Jacob Burckhardt — não o famoso autor de *A civilização do Renascimento na Itália*, mas um colega suíço, historiador mais jovem e muito menos ilustre — deixara sua Basileia natal para estudar na França e, no início da década de 1920, viu-se trabalhando na Biblioteca Nacional de Paris. Certa manhã, entrou numa barbearia próxima da Madeleine e pediu para lavar os cabelos.[3] Enquanto estava sentado diante do espelho de olhos fechados, ouviu atrás dele uma discussão. Com voz gutural, alguém gritava:

— Senhor, isso poderia servir de desculpa para qualquer um!
A voz de uma mulher soou esganiçada:
— Incrível! E ainda pediu a loção Houbigant!
— Senhor, nós não o conhecemos. O senhor é completamente estranho para nós. Não gostamos desse tipo de coisa aqui!
Débil e lamurienta, uma terceira voz que parecia vir de outra dimensão — rústica, com sotaque eslavo — tentava explicar:
— Mas o senhor precisa me perdoar, esqueci minha carteira, vou buscá-la no hotel...
Sob o risco de encher os olhos de sabão, Burckhardt olhou em volta. Três barbeiros gesticulavam furiosamente. Atrás da mesa, a caixa observava, com os lábios vermelhos apertados de justa indignação. E diante deles um homem pequeno e discreto, com uma testa larga e um longo bigode, implorava:
— Eu lhe prometo, pode telefonar para o hotel e se certificar. Eu sou... eu sou... o poeta Rainer Maria Rilke.
— Claro. Isso é o que todo o mundo diz — rosnou o barbeiro.

— O senhor não é certamente ninguém que nós conhe-çamos.

Burckhardt, com os cabelos pingando água, saltou da cadeira e, pondo a mão no bolso, gritou:

— *Eu* pago!

Burckhardt conhecera Rilke alguns anos antes, mas não sabia que o poeta estava de volta a Paris. Por um longo momento, Rilke não reconheceu seu salvador; quando o fez, caiu na risada e ofereceu-se para esperar por Burckhardt e depois levá-lo para uma caminhada até o outro lado do rio. Burckhardt concordou. Depois de algum tempo, Rilke disse que estava cansado e, já que era cedo demais para o almoço, sugeriu que visitassem um sebo não muito distante da place de l'Odéon. Quando os dois entraram na loja, o velho livreiro saudou-os levantando-se da cadeira e abanando o pequeno volume encadernado em couro que estava lendo: "Isto, senhores, é o Ronsard 1867, edição Blanchemin". Rilke respondeu encantado que adorava os poemas de Ronsard. A menção de um autor levou a outro e, por fim, o livreiro citou alguns versos de Racine que achava que fossem uma tradução literal do Salmo 36.[4] Rilke concordou: "Sim, são as mesmas palavras humanas, os mesmos conceitos, as mesmas experiências e intuições". E depois, como que fazendo uma descoberta súbita: "A tradução é o procedimento mais puro pelo qual a habilidade poética pode ser reconhecida".

Essa seria a última estadia de Rilke em Paris. Morreria dois anos depois, aos 51 anos de idade, no dia 26 de dezembro de 1926, de uma forma rara de leucemia que ele jamais ousou mencionar, mesmo para os mais íntimos. (Com licença poética, em seus últimos dias fez os amigos pensarem que estava morrendo da picada de um espinho de rosa.) Na primeira vez que fora para Paris, em 1902, era pobre, jovem e quase desconhecido; agora era o poeta mais conhecido da Europa, louvado e famoso (embora não entre barbeiros, obviamente). Entrementes, retornara a Paris várias vezes, tentando em cada ocasião "começar de novo" sua busca pela "verdade inefável". "O começo aqui é sempre um julgamento",[5] escreveu sobre Paris a um amigo, pouco antes de terminar sua novela *Os cadernos de Malte Laurids Brigge*, tarefa que sentia ter exaurido sua seiva criativa. Numa tentativa de retomar seus escritos, decidiu empreender várias traduções: uma novela romântica de Maurice de Guérin, um sermão anônimo sobre o amor de Maria Madalena e os sonetos de Louise Labé, cujo livro descobrira em suas perambulações pela cidade.

Os sonetos foram escritos em Lyon, cidade que no século XVI rivalizava com Paris como centro de cultura. Louise Labé — Rilke preferia a maneira antiga de escrever, "Louize" — "era conhecida em toda Lyon e em outros lugares não apenas por sua beleza, mas também por suas realizações. Era tão capaz nos exercícios e jogos militares quanto seus irmãos, e cavalgava com tanto arrojo que os amigos, com troça e admiração, chamavam-na de Capitaine Loys. Era famosa por tocar um instrumento difícil, o alaúde, e por cantar. Era uma mulher de letras, deixando um volume que foi publicado por Jean de Tournes em 1555 e continha uma Epístola Dedicatória, uma peça de teatro, três elegias, 24 sonetos e poemas escritos em louvor dela por alguns dos homens mais ilustres da época. Em sua biblioteca encontravam-se livros em espanhol, italiano e latim, bem como em francês".[6]

Com dezesseis anos, apaixonou-se por um soldado e cavalgou para lutar ao seu lado no exército do delfim, no cerco de Perpignan. Diz a lenda que desse amor (embora atribuir fontes de inspiração a um poeta seja uma ocupação notoriamente arriscada) nasceram as duas dezenas de sonetos pelos quais ela é lembrada. A coleção, presenteada a outra mulher lionesa de letras, mademoiselle Clémence de Bourges, traz uma dedicatória iluminadora: "O passado nos dá prazer e é de mais valia que o presente. Mas a delícia do que outrora sentimos é obscuramente perdida, para não retornar mais, e sua lembrança é tão perturbadora quanto deleitáveis eram os eventos então. Os outros sentidos voluptuosos são tão fortes que qualquer lembrança que retorne não pode restaurar nossa disposição prévia, e não importa quão fortes sejam as imagens que imprimimos em nossa mente, continuamos sabendo que não passam de sombras do passado, maltratando-nos e enganando-nos. Mas, se pomos nossos pensamentos no papel, com quanta facilidade, mais tarde, nossa mente percorre uma infinidade de acontecimentos incessantemente vivos, de tal forma que muito tempo depois, ao pegarmos essas páginas escritas, podemos retornar ao mesmo lugar e à mesma disposição na qual outrora nos encontramos".[7] Para Louise Labé, a habilidade do leitor é a de recriar o passado.

Mas o passado de quem? Rilke foi um desses poetas que, em suas leituras, estava constantemente relembrando a própria biografia: a infância miserável, o pai dominador que o forçou a entrar na escola militar, a mãe esnobe que lamentava não ter tido uma filha e o vestia com roupas de menina, a incapacidade de manter relações amorosas, dividido como estava entre as seduções da sociedade chique e a vida de eremita. Ele começou a ler Labé três anos antes da irrupção da Primeira Guerra Mundial, perdido em seu próprio trabalho, no qual parecia reconhecer a desolação e o horror que estavam por vir.

Pois quando me olho fixo até desaparecer
Em meu próprio olhar, pareço carregar a morte.[8]

Em uma carta, escreveu: "Não penso em trabalho, apenas em recuperar gradualmente minha saúde, lendo, relendo, refletindo".[9] Era uma atividade múltipla.

Ao recriar os sonetos de Labé em alemão, Rilke engajava-se em muitas leituras ao mesmo tempo. Estava recuperando — como Labé sugerira — o passado, embora não o de Labé, do qual não sabia nada, mas o seu próprio. Nas "mesmas palavras humanas, os mesmos conceitos, as mesmas experiências e intuições", ele podia ler o que Labé jamais evocara.

Rilke lia pelo sentido, decifrando um texto numa língua que não era a sua, mas na qual se tornara fluente o bastante para escrever sua própria poesia. O sentido é com frequência ditado pela língua que está sendo usada. Algo é dito, não necessariamente porque o autor escolheu dizê-lo de uma maneira particular, mas porque naquela língua específica é preciso uma certa sequência de palavras para constelar um sentido, nela uma certa música é considerada agradável, nela certas construções são evitadas por serem cacofônicas ou terem duplo sentido, ou parecerem fora de uso. Todos os traços da língua característicos de determinada época conspiram em favor de um conjunto de palavras, em detrimento de outros.

Rilke estava lendo pelo significado. Traduzir é o ato supremo de compreensão. Para ele, o leitor que lê com o objetivo de traduzir empenha-se no "procedimento mais puro" de perguntas e respostas pelo qual aquela noção mais esquiva, o significado literário, é recolhida. Recolhida, mas jamais tornada explícita, porque na alquimia particular desse tipo de leitura, o significado é transformado imediatamente em outro texto equivalente. E o significado do poeta progride de palavra em palavra, metamorfoseado de uma língua em outra.

Ele lia a longa ancestralidade do livro que estava lendo, pois os livros que lemos são também os livros que outros leram. Não me refiro ao prazer vicário de segurar nas mãos um volume que pertenceu a outro leitor, evocado como um fantasma por meio do murmúrio de umas poucas palavras rabiscadas na margem, uma assinatura na guarda do livro, uma folha seca usada como marcador, uma mancha de vinho reveladora. Quero dizer que cada livro foi gerado por uma longa sucessão de outros livros cujas capas talvez jamais tenhamos visto e cujos autores talvez jamais conheçamos, mas que ressoa naquele que temos em mãos. Quais eram os livros que se reuniam tão preciosamente na orgulhosa biblioteca de Labé? Não sabemos exatamente, mas podemos adivinhar. Edições espanholas de Garcilaso de la Vega, por exemplo, o poeta que introduziu o soneto italiano no resto da Europa, eram, sem dúvida, de seu conhecimento, uma vez que sua obra estava sendo traduzida em Lyon. E seu editor, Jean de Tournes, publicara edições em francês de Hesíodo e Esopo, Dante e Petrarca em italiano, bem como obras de vários poetas lioneses;[10] é provável que ela

280

tenha recebido deles exemplares dessas obras. Nos sonetos de Labé, Rilke lia também as leituras que ela fizera de Petrarca, de Garcilaso, de seu contemporâneo, o grande Ronsard, que Rilke iria discutir com um livreiro do Odéon numa tarde de inverno em Paris.

Como todo leitor, Rilke também lia mediado por sua experiência. Para além do sentido literal e do significado literário, o texto que lemos adquire a projeção de nossa experiência, da sombra, por assim dizer, de quem somos. O soldado de Louise Labé, que talvez tenha lhe inspirado os versos ardentes, é, como a própria Labé, uma personagem de ficção para Rilke, lendo-a em seu quarto quatro séculos depois. Da paixão dela, ele não podia saber nada: as noites inquietas, a espera infrutífera à porta, fingindo-se feliz, o suspiro à menção entreouvida do nome do soldado, o choque de vê-lo passar a cavalo diante de sua janela e quase imediatamente se dar conta de que não era ele, mas alguém que lembrava sua inigualável figura — tudo isso estava ausente do livro que Rilke mantinha na cabeceira. Tudo o que ele podia trazer para as palavras impressas escritas por Labé anos depois — quando estava contente casada com Ennemond Perrin, o fabricante de cordas, homem de meia-idade, e seu soldado já não passava de uma lembrança um tanto incômoda — era sua própria desolação. Isso bastava, evidentemente, porque nós, leitores, como Narciso, gostamos de acreditar que o texto para o qual olhamos nos reflete. Antes mesmo de pensar em possuir o texto por meio da tradução, Rilke deve ter lido os poemas de Labé como se a primeira pessoa do singular dela fosse dele também.

Comentando as traduções que Rilke fez de Labé, George Steiner reprovou-as *por causa* de sua excelência, aliando-se ao dr. Johnson, que escreveu: "Um tradutor deve ser como seu autor, não lhe cabe superá-lo". E Steiner acrescentou: "Onde ele faz isso, o original é sutilmente ferido. E o leitor é roubado de uma visão justa".[11] A chave para a crítica de Steiner está no epíteto *justa*. Ler Louise Labé atualmente — ler no francês original, fora do tempo e lugar dela — empresta necessariamente ao texto a ótica do leitor. Etimologia, sociologia, estudos de moda, história da arte, tudo isso enriquece a compreensão do leitor, mas, no fim das contas, boa parte disso é mera arqueologia. O 12º soneto de Louise Labé, que começa com *Luth, compagnon de ma calamité* ("Alaúde, companheiro de minha desventura"), dirige-se ao alaúde na segunda quadra, nestes termos:

> *Et tant le pleur piteux t'a molesté*
> *Que, commençant quelque son délectable*
> *Tu le rendais tout soudain lamentable,*
> *Feignant le ton que plein avais chanté.*

Uma tradução literal, palavra por palavra, poderia ser:

> *E tanto o choro lastimoso te molestou*
> *Que, ao começar algum som deleitável,*
> *Tu o tornavas de súbito lamentável,*
> *Disfarçando (em tom menor) o tom maior que eu cantara.*

Aqui Labé faz uso de uma linguagem musical misteriosa que devia conhecer muito bem, pois tocava alaúde, mas que é incompreensível para nós sem um dicionário histórico de termos musicais. *Plein ton* significava, no século XVI, o tom maior, em oposição ao *ton feint* — o tom menor. *Feint* significa, literalmente, "falso, fingido". O verso sugere que o alaúde toca em tom menor o que o poeta cantou em tom "pleno" (isto é, maior). Para compreender isso, o leitor de hoje precisa adquirir um conhecimento que era comum para Labé, deve se tornar (em termos equivalentes) muito mais instruído que Labé apenas para estar à altura dela em sua época. O exercício, evidentemente, será fútil, se o objetivo for assumir a posição da plateia de Labé: não podemos nos transformar no leitor para quem o poema foi escrito. Rilke, no entanto, lê:

> [...] *Ich rib*
> *dich so hinein in diesen Gang der Klagen,*

drin ich befangen bin, dab, wo ich je
seligen Ton versuchend angeschlagen,
da unterschlugst du ihn und tontest weg.

[...] *Eu te levei*
tão fundo no caminho da mágoa
na qual estou presa, que não importa onde
eu tente fazer soar um tom bem-aventurado,
Ali o escondes e calas até que expire.

Não é necessário aqui um conhecimento de alemão especializado, e contudo todas as metáforas musicais do soneto de Labé estão fielmente preservadas. Mas o alemão permite outras explorações, e Rilke impregna a quadra de uma leitura mais complexa do que Labé, escrevendo em francês, *poderia* perceber. As homofonias entre *anschlagen* ("fazer soar") e *unterschlagen* ("desviar, embolsar, esconder") servem-lhe para comparar as duas atitudes amorosas: a de Labé, a amante aflita que tenta "fazer soar um tom bem-aventurado", e a do alaúde, companheiro fiel, testemunha de seus verdadeiros sentimentos, que não a deixa tocar um tom "desonesto", "falso", e que paradoxalmente irá "desviá-lo", "escondê-lo", para permitir que ela finalmente fique em silêncio. Rilke (e é aqui que a experiência do leitor se abate sobre o texto) lê nos sonetos de Labé imagens de viagem, de mágoa enclausurada, do silêncio preferível à expressão falsa dos sentimentos, da supremacia obstinada do instrumento poético sobre as delicadezas sociais, tais como fingir felicidade, que são os traços de sua própria vida. O cenário de Labé é compartimentado, como o de suas irmãs distantes do Japão Heian; é uma mulher solitária que pranteia o amante; na época de Rilke, a imagem, lugar-comum renascentista, não ressoa mais e exige uma explicação de como ela acabou "presa" nesse lugar de mágoa. Algo da simplicidade de Louise Labé (ousaríamos dizer banalidade?) está perdido, mas muito se ganha em profundidade, em sentimento trágico. Não que a leitura de Rilke distorça o poema de Labé mais do que qualquer outra leitura futura; é uma leitura melhor do que aquela que a maioria de nós conseguiria empreender, uma leitura que torna possível a nossa leitura, uma vez que qualquer outra leitura de Labé deve permanecer, para nós, deste lado do tempo, no nível de nossas empobrecidas capacidades intelectuais individuais.

Perguntando por que, entre todas as obras poéticas do século XX, a poesia difícil de Rilke ganhou tanta popularidade no Ocidente, o crítico Paul de Man sugeriu que talvez tenha sido porque "muitos o leram como se ele se dirigisse às partes mais recônditas do eu de cada um, revelando profundezas de que mal suspeitavam ou permitindo-lhes compartilhar de provações que ele os ajudou a compreender e superar".[12] A leitura que Rilke faz de Labé não "resolve" nada, no sentido de tornar a simplicidade dela ainda mais explícita; em vez disso, sua tarefa parece ter sido o aprofundamento do pensamento poético dela, levando-o mais longe do que o original estava preparado para ir, vendo mais, por assim dizer, nas palavras de Labé do que ela mesma via.

Na época de Labé, o respeito concedido à autoridade de um texto já estava suspenso havia muito tempo. No século XII, Abelardo denunciara o hábito de atribuir a própria opinião aos outros, a Aristóteles ou aos árabes, a fim de evitar ser diretamente criticado;[13] isso — "o argumento de autoridade", que Abelardo comparava à corrente com a qual os animais são presos e conduzidos cegamente — era possível porque, na mente do leitor, o texto clássico e seu autor reconhecido eram considerados infalíveis. E se a leitura aceita era infalível, que espaço haveria para as interpretações?

Mesmo o texto julgado mais infalível de todos — a própria Palavra de Deus, a Bíblia — sofreu uma série de transformações nas mãos de seus sucessivos leitores. Do cânone do Velho Testamento estabelecido no século II d.C. pelo rabino Akiba ben Joseph à tradução inglesa de John Wycliffe no século XIV, o livro chamado de Bíblia foi, simultaneamente, a versão grega dos Setenta do século III a.C. (e a base para as traduções latinas subsequentes), a assim chamada Vulgata (versão latina de são Jerônimo do final do século IV) e todas as Bíblias posteriores da Idade Média: gótica, eslava, armênia, inglesa antiga, saxônica ocidental, anglo-normanda, francesa, frísia, alemã, irlandesa, holandesa, centro-italiana, provençal, espanhola, catalã, polonesa, galesa, tcheca, húngara. Cada uma dessas era, para seus leitores, *a* Bíblia, e contudo permitiam todas uma leitura diferente. Nessa multiplicidade de Bíblias, alguns viram a realização do sonho dos humanistas. Erasmo escrevera: "Eu gostaria que até a mulher mais fraca pudesse ler os Evangelhos — pudesse ler as Epístolas de Paulo. E gostaria que eles fossem traduzidos para todas as línguas, para que pudessem ser lidos e compreendidos não apenas por escoceses e irlandeses, mas também por turcos e sarracenos [...] Espero ardentemente que o agricultor possa cantar trechos deles para si mesmo enquanto segue o arado, que o tecelão possa cantarolá-los ao som de sua lançadeira".[14] Agora era a chance deles.

Diante dessa explosão de múltiplas leituras possíveis, as autoridades buscaram uma forma de manter o controle sobre o texto — um único livro autorizado no qual a palavra de Deus pudesse ser lida como Ele pretendia. A 15 de janeiro de 1604, em Hampton Court, na presença do rei Jaime I, o puritano dr. John Rainolds "propôs a Sua Majestade que se fizesse uma nova tradução da Bíblia, porque aquelas que eram permitidas nos reinados de Henrique VIII e Eduardo VI estavam corrompidas e não correspondiam à verdade do original" —, e a isto o bispo de Londres respondeu que, "se se fosse seguir o humor de cada homem, não haveria fim para as traduções".[15]

Apesar da sábia advertência do bispo, o rei concordou, ordenando que o deão de Westminster e os professores régios de hebreu de Cambridge e Oxford elaborassem uma lista de eruditos capazes de executar tão assombrosa tarefa. Jaime ficou insatisfeito com a primeira lista apresentada, uma vez que vários nomes "não tinham nomeação eclesiástica, ou tinham-na muito baixa", e pediu ao arcebispo da Cantuária que buscasse outras sugestões com seus bispos. Um nome não apareceu em nenhuma lista: o de Hugh Broughton, um grande estudioso do hebraico que já terminara uma nova tradução da Bíblia, mas cujo temperamento irascível fizera poucos amigos. Porém, Broughton não precisava de convites e mandou ele mesmo ao rei uma lista de recomendações para o empreendimento.

Para Broughton, a fidelidade textual poderia ser buscada mediante um vocabulário que especificasse e atualizasse os termos usados por aqueles que estabeleceram a Palavra de Deus em um passado de pastores do deserto. Broughton sugeria que, para reproduzir com exatidão a urdidura técnica do texto, era preciso contar com a ajuda de artesãos para os termos específicos, "como bordadeiras para a éfode de Aarão, geômetras, carpinteiros, pedreiros sobre o templo de Salomão, e jardineiros para todos os ramos e galhos da árvore de Ezequiel".[16] (Um século e meio depois, Diderot e D'Alembert procederiam exatamente da mesma maneira a fim de obter os detalhes técnicos corretos para sua extraordinária *Encyclopédie*.)

Broughton (que, como mencionei, já traduzira a Bíblia por conta própria) argumentava que era preciso uma multiplicidade de mentes para resolver os problemas infindáveis de sentido e significado, preservando, ao mesmo tempo, uma coerência geral. Para conseguir isso, propunha que o rei "fizesse muitos traduzirem uma parte e, quando tivessem alcançado um bom estilo em inglês e o sentido verdadeiro, outros deveriam se encarregar da uniformidade, para que palavras diversas não fossem usadas quando a palavra original fosse a mesma".[17] Aqui está, talvez, o começo da tradição anglo-saxônica de editar, o hábito de um superleitor que revisa o texto antes da publicação.

Bancroft, um dos bispos da erudita comissão, redigiu uma lista de quinze regras para os tradutores. Eles seguiriam, tão de perto quanto possível, a Bíblia de 1568 dos bispos (uma edição revista da assim chamada Grande Bíblia, que, por sua vez, era uma revisão da Bíblia de Mateus, ela mesma uma combinação da Bíblia incompleta de William Tyndale com a primeira edição impressa de uma Bíblia completa em inglês, produzida por Miles Coverdale).

Os tradutores, trabalhando com a Bíblia dos bispos diante deles, referindo-se intermitentemente às outras traduções inglesas e a várias outras Bíblias em outros idiomas, incorporaram todas essas leituras anteriores à deles.

A Bíblia de Tyndale, canibalizada em edições sucessivas, deu-lhes muito material que tomaram por certo. William Tyndale, erudito e impressor, havia sido condenado por Henrique VIII como herege (ofendera anteriormente o rei ao criticar seu divórcio de Catarina de Aragão) e, em 1536, fora primeiro estrangulado e depois queimado por sua tradução da Bíblia do hebraico e grego. Antes de fazer a tradução, Tyndale escrevera: "Porque percebi pela experiência como era impossível demonstrar aos leigos qualquer verdade, exceto se as escrituras fossem postas claramente diante dos olhos deles em sua língua natal, de modo que pudessem ver o processo, a ordem e o significado do texto". Para realizar isso, traduzira as palavras antigas numa linguagem simples e criativa. Acrescentou ao inglês as palavras *passover* [Páscoa dos judeus], *peacemaker* [pacificador], *long--suffering* [resignação, longanimidade] e (acho isto inexplicavelmente comovente) o adjetivo *beautiful* [belo]. Foi o primeiro a usar o nome Jeová em uma Bíblia inglesa.

Miles Coverdale complementou e completou o trabalho de Tyndale, publicando a primeira Bíblia completa em inglês em 1535. Erudito de Cambridge e frei agostiniano que, dizem alguns, auxiliou Tyndale em partes de sua tradução, Coverdale empreendeu uma versão inglesa patrocinada por Thomas Cromwell, presidente da Câmara dos Pares da Inglaterra, e não se baseou nos originais hebraico e grego, mas em outras traduções. Sua Bíblia é às vezes referida como a *Treacle Bible*, porque traduz Jeremias 8,22 como "Haverá *treacle* [melaço] em Galaad", em vez de "bálsamo", ou como a *Bugs Bible*, porque o quinto verso do Salmo 91 começa com "Tu não temerás *bugs* [percevejos] à noite", em vez de "terrores noturnos". É a Coverdale que os novos tradutores devem a expressão "o vale das sombras da morte" (Salmo 23).

Mas os tradutores do rei Jaime fizeram muito mais do que copiar velhas leituras. O bispo Bancroft indicara que as formas vulgares de nomes e palavras eclesiásticas deveriam ser mantidas; mesmo que o original sugerisse uma tradução mais exata, o uso tradicional deveria prevalecer sobre a exatidão. Em outras palavras, Bancroft reconhecia que uma leitura estabelecida superava a do autor. Sabiamente, compreendia que restaurar um nome original seria introduzir uma novidade surpreendente que não constava do original. Pelo mesmo motivo, fez objeções às notas de margem, recomendando que fossem "breve e adequadamente" incluídas no próprio texto.

Os tradutores do rei Jaime trabalharam em seis grupos: dois em Westminster, dois em Cambridge e dois em Oxford. Esses 49 homens alcançaram, em suas interpretações individuais e combinações coletivas, um extraordinário equilíbrio em termos de acuidade, respeito pelo fraseado tradicional e, no conjunto, um estilo que não soava como uma obra nova, mas como algo que existia havia muito tempo. Tão perfeito foi o resultado que vários séculos depois, quando a Bíblia do rei Jaime foi considerada uma das obras-primas da prosa inglesa, Rudyard Kipling imaginou uma história em que Shakespeare e Ben Jonson colaboravam na tradução de alguns versículos de Isaías para o grande projeto.[18] Com certeza, a Bíblia do rei Jaime tem uma profundidade poética que amplia o texto para além da mera tradução do sentido. A diferença entre uma leitura correta, mas seca, e uma leitura precisa e ressonante pode ser julgada comparando-se, por exemplo, o famoso Salmo 23 na versão da Bíblia dos bispos com sua versão na Bíblia do rei Jaime. Diz a primeira:

> *God is my shepherd, therefore I can lose nothing;*
> *he will cause me to repose myself in pastures full of grass,*
> *and he will lead me unto calm waters.*

[*Deus é meu pastor, portanto não posso perder nada;
ele me fará repousar nas pastagens cheias de capim,
e ele me conduzirá até águas calmas.*]

Os tradutores do rei Jaime transformaram isso em:

*The Lord is my shepherd; I shall not want.
He maketh me to lie down in green pastores:
he leadeth me beside the still waters.*

[*O Senhor é meu pastor, nada me faltará.
Ele me faz deitar em verdes prados;
conduz-me junto às águas calmas.*]

Oficialmente, a tradução do rei Jaime deveria esclarecer e restaurar o sentido. Porém, qualquer tradução é necessariamente *diferente* do original, pois pressupõe que o texto original seja algo já digerido, despojado de sua frágil ambiguidade, interpretado. É na tradução que a inocência perdida depois da primeira leitura é restaurada sob outra forma, tendo em vista que o leitor se defronta mais uma vez com um texto novo e seu mistério concomitante. Esse é o paradoxo inescapável da tradução, e também sua riqueza.

Para o rei Jaime e seus tradutores, o objetivo do colossal empreendimento era confessadamente político: produzir uma Bíblia que as pessoas pudessem ler sem ajuda e, ao mesmo tempo, por se tratar de um texto comum, ler em comunidade. A imprensa dava-lhes a ilusão de serem capazes de produzir o mesmo livro *ad infinitum*; o ato de traduzir realçava essa ilusão, mas parecia substituir diferentes versões do texto com uma única, oficialmente aprovada, nacionalmente endossada, aceita no âmbito religioso. A Bíblia do rei Jaime, publicada em 1611 após quatro anos de trabalho duro, tornou-se a versão "autorizada", a "Bíblia de todos" de língua inglesa, a mesma que nós, viajando hoje por países em que se fala o inglês, encontramos na mesinha de cabeceira dos quartos de hotel, num esforço antigo de criar uma comunidade de leitores por meio de um texto unificado.

Em seu "Prefácio ao leitor", os tradutores do rei Jaime escreveram: "A tradução é o que abre a janela, para deixar a luz entrar; o que rompe a casca, para que possamos comer o grão; o que afasta a cortina, para que possamos olhar para o lugar mais sagrado; o que remove a tampa do poço, para que possamos chegar à água". Isso significa não ter medo "da luz das Escrituras" e confiar ao leitor a possibilidade da iluminação; não proceder arqueologicamente para devolver o texto a um ilusório estado prístino, mas libertá-lo dos constrangimentos de tempo e espaço; não simplificar em nome de uma explicação rasa, mas permitir que a profundidade do significado se torne aparente; não glosar o texto à maneira escolástica, mas construir um texto novo e equivalente. "Pois o reino de Deus tornou-se palavras ou sílabas?" — perguntavam os tradutores. "Por que deveríamos ficar agrilhoados a elas se podemos ser livres...?" A questão ainda estava em pauta vários séculos depois.

Enquanto Rilke, na presença silenciosa de Burckhardt, envolvia-se mais e mais no bate-papo literário com o livreiro do Odéon, um homem idoso, cliente habitual óbvio, entrou na livraria e, como costumam fazer os leitores quando o assunto é livro, entrou na conversa sem ser convidado. O papo logo se voltou para os méritos poéticos de Jean de La Fontaine, cujas *Fábulas* Rilke admirava, e para o escritor alsaciano Johann Peter Hebel, a quem o livreiro considerava "uma espécie de irmão mais moço" de La Fontaine. "Pode-se ter Hebel em tradução francesa?" — perguntou Rilke dissimuladamente. O homem idoso arrancou o livro das mãos do poeta. "Uma tradução de Hebel!", exclamou. "Uma tradução francesa! Alguma vez leu uma tradução francesa de um texto alemão que seja pelo menos tolerável? As duas línguas são diametralmente opostas. O único francês que poderia ter traduzido Hebel, supondo-se que soubesse alemão, e então não seria o mesmo homem, seria La Fontaine."

"No paraíso", interrompeu o livreiro, que até então se mantinha em silêncio, "eles sem dúvida conversam um com o outro numa língua que nós esquecemos."

Ao que o velho rosnou, irado: "Ah, para o diabo com o paraíso!".

Mas Rilke concordou com o livreiro. No 11º capítulo do Gênesis, os tradutores do rei Jaime escreveram que, antes de Deus confundir as línguas dos homens para evitar que construíssem a torre de Babel, "toda a Terra tinha uma só língua e um só discurso". Essa língua primordial, que para os cabalistas é também a língua do paraíso, tem sido fervorosamente buscada muitas vezes ao longo da nossa história — sempre sem êxito.

Em 1836, o erudito alemão Alexander von Humboldt[19] sugeriu que cada língua possui uma "forma linguística interna" que expressa o universo particular do povo que a fala. Isso implicaria que nenhuma palavra de determinada língua é exatamente idêntica a qualquer palavra em outra língua, tornando a tradução uma tarefa impossível, como cunhar o rosto do vento ou trançar uma corda de areia. A tradução só pode existir como a atividade sem regras e sem formalidades de compreender, por meio da língua do tradutor, aquilo que jaz irrecuperavelmente escondido dentro do original.

Quando lemos um texto em nossa própria língua, o próprio texto torna-se uma barreira. Podemos penetrá-lo à medida que as palavras o permitem, abarcando todas as suas possíveis definições; podemos trazer outros textos para estabelecer relações e refleti-lo, como num salão de espelhos; podemos construir outro texto crítico que ampliará e iluminará aquele que estávamos lendo; mas não podemos fugir do fato de que a língua é o limite do nosso universo. A tradução propõe uma espécie de universo paralelo, outro tempo e espaço no qual o texto revela outros significados extraordinários possíveis. No entanto, para esses significados não há palavras, uma vez que existem na terra intuitiva de ninguém entre a língua do original e a do tradutor.

De acordo com Paul de Man, a poesia de Rilke promete uma verdade que, no final, o poeta deve confessar que não passa de uma mentira: "Rilke só pode ser compreendido se percebermos a urgência dessa promessa junto com a necessidade, igualmente urgente e igualmente poética, de recolhê-la no exato momento em que ele parece estar a ponto de oferecê-la a nós".[20] Nesse lugar ambíguo para o qual Rilke leva os versos de Labé, as palavras (de Labé ou de Rilke — o autor não importa mais) tornam-se tão brilhantemente ricas que nenhuma outra tradução é possível. O leitor (eu sou o leitor, sentado à minha mesa de café com os poemas em francês e alemão abertos diante de mim) deve apreender aquelas palavras intimamente, não mais através de uma linguagem explicativa qualquer, mas como experiência imediata, dominadora, *sem palavras*, capaz de recriar e redefinir o mundo, através da página e muito além dela — o que Nietzsche chamou de "movimento do estilo" em um texto. A tradução talvez seja uma impossibilidade, uma traição, uma fraude, uma invenção, uma mentira esperançosa — mas, no processo, torna o leitor um ouvinte melhor, mais sábio: com menos certezas, muito mais sensível, *seliglicher*.

LEITURAS PROIBIDAS

Em 1660, CARLOS II, da Inglaterra, filho do rei que tão desafortunadamente consultara o oráculo de Virgílio, conhecido entre seus súditos como o Monarca Alegre, por seu amor ao prazer e aversão aos negócios, decretou que o Conselho para as Propriedades Rurais no Exterior deveria instruir os nativos, servos e escravos das colônias britânicas nos preceitos do cristianismo. O dr. Johnson, que da distância de um século admirava o rei, disse que "ele teve o mérito de se empenhar em fazer o que julgava ser pela salvação das almas de seus súditos, até perder um grande império".[1] O historiador Macaulay,[2] que da distância de dois séculos não tinha a mesma admiração, afirmou que, para Carlos, "o amor por Deus, o amor pela pátria, o amor pela família, o amor pelos amigos eram expressões do mesmo tipo, sinônimos delicados e convenientes do amor por si mesmo".[3]

Não está claro por que Carlos baixou esse decreto no primeiro ano de seu reinado, exceto se imaginava que este seria um modo de estabelecer uma nova base para a tolerância religiosa, à qual o Parlamento se opunha. Carlos, que apesar de suas tendências pró-católicas proclamava-se fiel à fé protestante, acreditava (na medida em que acreditava em alguma coisa) que, como Lutero ensinara, a salvação da alma dependia da capacidade de cada um de ler a palavra de Deus por si mesmo.[4] Mas os donos de escravos britânicos não estavam convencidos disso. Temiam a própria ideia de uma "população negra alfabetizada", que poderia assim encontrar ideias revolucionárias perigosas nos livros. Não acreditavam nos argumentos de que uma alfabetização restrita à Bíblia fortaleceria os laços da sociedade; percebiam que, se os escravos pudessem ler a Bíblia, poderiam ler também panfletos abolicionistas e que mesmo nas Escrituras seriam capazes de encontrar noções incendiárias de revolta e liberdade.[5] A oposição ao decreto de Carlos foi mais forte nas colônias americanas e mais forte ainda na Carolina do Sul, onde, um século depois, criaram-se leis rigorosas proibindo todos os negros, escravos ou livres, de aprender a ler. Essas leis permaneceram em vigência até a metade do século XIX.

Durante séculos, os escravos afro-americanos aprenderam a ler em condições extraordinariamente difíceis, arriscando a vida num processo que, devido às dificuldades, levava às vezes vários anos. Os relatos desse aprendizado são muitos e heroicos. Entrevistada aos noventa anos pelo Federal Writers' Project [Projeto Federal dos Escritores], uma comissão criada na década de 1930 para registrar, entre outras coisas, as narrativas pessoais de ex-escravos, Belle Myers Carothers relembrou que aprendera as letras enquanto cuidava do bebê do dono da fazenda, que brincava com cubos alfabéticos. O dono, ao ver o que ela estava fazendo, chutou-a com as botas que calçava. Myers perseverou, estudando às escondidas as letras da criança, bem como algumas palavras numa cartilha que achara. Um dia, disse ela, "achei um hinário [...] e soletrei: 'Quando Posso Ler Meu Título Claro'. Fiquei tão contente quando vi que podia realmente ler que fui correndo contar para todos os outros escravos".[6] O senhor de Leonard Black, encontrando-o uma vez com um livro, açoitou-o tanto "que superou minha sede de conhecimento, e eu abandonei a busca até que fugi".[7] Doc Daniel Dowdy lembrava que "a primeira vez que você era surpreendido tentando ler ou escrever, você era açoitado com um relho de couro cru; na segunda vez, com um chicote de nove tiras; na terceira vez cortavam a ponta do seu dedo indicador".[8] Em todo o sul, era comum os donos de fazendas enforcarem os escravos que tentassem ensinar os outros a soletrar.[9]

Nessas circunstâncias, os escravos que quisessem se alfabetizar eram forçados a encontrar métodos tortuosos de aprender, ou com outros escravos, ou com professores brancos solidários, ou inventando esquemas que lhes permitissem estudar escondido. O escritor americano Frederick Douglass, que nasceu escravo e se tornou um dos mais eloquentes abolicionistas de seu tempo, bem como fundador de vários periódicos políticos, relembra em sua autobiografia: "Ouvir minha dona sempre ler a Bíblia em voz alta [...] despertou minha curiosidade em relação a esse *mistério* da leitura e estimulou em mim o desejo de aprender. Até aquela época, eu não sabia nada dessa arte maravilhosa, e minha ignorância e inexperiência sobre o que ela poderia fazer por mim, bem como a confiança em minha senhora, animaram-me a lhe pedir que me ensinasse a ler [...] Num período de tempo incrivelmente curto, com seu generoso auxílio, dominei o alfabeto e consegui soletrar palavras de três ou quatro letras... [Meu senhor] proibiu-a de me dar mais instrução... [mas] a determinação que ele expressou em me manter na ignorância apenas me deixou mais decidido a buscar compreensão. No aprendizado da leitura, portanto, não sei se devo mais à oposição de meu senhor ou ao generoso auxílio de minha amável senhora".[10] Thomas Johnson, escravo que depois se tornou um conhecido pregador missionário na Inglaterra, explicou que havia aprendido a ler estudando as letras de uma Bíblia que roubara. Como seu dono todas as noites lia em voz alta um capítulo do Novo Testamento, Johnson o persuadia a ler o mesmo capítulo repetidamente, até que o soubesse de cor e pudesse achar as mesmas palavras na página impressa. Da mesma forma, quando o filho do dono estava estudando, Johnson sugeria que o menino lesse parte de sua lição em voz alta. "Senhorzinho, leia isso de novo", dizia Johnson para encorajá-lo, e o menino repetia a leitura, achando que Johnson estava admirando seu desempenho. Por meio da repetição, aprendeu o suficiente para ler jornais quando começou a Guerra Civil e, mais tarde, abriu uma escola para ensinar os outros a ler.[11]

Aprender a ler, para os escravos, não era um passaporte imediato para a liberdade, mas uma maneira de ter acesso a um dos instrumentos poderosos de seus opressores: o livro. Os donos de escravos (tal como os ditadores, tiranos, monarcas absolutos e outros detentores ilícitos do poder) acreditavam firmemente no poder da palavra escrita. Sabiam, muito mais do que alguns leitores, que a leitura é uma força que requer umas poucas palavras iniciais para se tornar irresistível. Quem é capaz de ler uma frase é capaz de ler todas. Mais importante: esse leitor tem agora a possibilidade de refletir sobre a frase, de agir sobre ela, de lhe dar um significado. "Você pode se fingir de bobo com uma frase", disse o escritor austríaco Peter Handke. "Faça valer seus direitos sobre a frase contra outras frases. Nomeie tudo o que atravessar seu caminho e tire da frente. Familiarize--se com todos os objetos. Transforme todos os objetos numa frase com a frase. Você pode transformar todos os objetos numa frase sua. Com essa frase, todos os objetos lhe pertencem."[12] Por todos esses motivos, ler tinha de ser proibido.

Como séculos de ditadores souberam, uma multidão analfabeta é mais fácil de dominar; uma vez que a arte da leitura não pode ser desaprendida, o segundo melhor recurso é limitar seu alcance. Portanto, como nenhuma outra criação humana, os livros têm sido a maldição das ditaduras. Os poderes absolutos exigem que todas as leituras sejam leituras oficiais; em vez de bibliotecas inteiras de opiniões, a palavra do governante deve bastar. Os livros, escreveu Voltaire no panfleto satírico "Sobre o terrível perigo da leitura", "dissipam a ignorância, a custódia e a salvaguarda dos estados bem policiados".[13] A censura, portanto, de qualquer tipo, é o corolário de todo poder, e a história da leitura está iluminada por uma fileira interminável de fogueiras de censores, dos primeiros rolos de papiro aos livros de nossa época. As obras de Protágoras foram queimadas em 411 a.C., em Atenas. No ano de 213 a.C., o imperador chinês Chi Huang-Ti tentou acabar com a leitura queimando todos os livros de seu reino. Em 168 a.C., a biblioteca judaica de Jerusalém foi deliberadamente destruída durante o levante dos macabeus. No primeiro século da era cristã, Augusto exilou os poetas Cornélio Galo e Ovídio e baniu suas obras. O imperador Calígula mandou queimar todos os livros de Homero, Virgílio e Lívio (mas seu decreto não foi cumprido). Em 303, Diocleciano condenou todos os livros cristãos à fogueira. E isso foi apenas o começo. O jovem Goethe, testemunhando a queima de um livro em Frankfurt, sentiu que estava presenciando uma execução: "Ver um objeto inanimado ser punido é em si e por si mesmo algo realmente terrível".[14] A ilusão acalentada por aqueles que queimam livros é a de que podem cancelar a história e abolir o passado. Em 10 de maio de 1933, em Berlim, diante das câmeras, o ministro da propaganda Paul Joseph Goebbels discursou durante a queima de mais de 20 mil livros para uma multidão entusiasmada de mais de 100 mil pessoas: "Esta noite vocês fazem bem em jogar no fogo essas obscenidades do passado. Este é um ato poderoso, imenso e simbólico, que dirá ao mundo inteiro que o espírito velho está morto. Destas cinzas irá se erguer a fênix do espírito novo". Um menino de doze anos, Hans Pauker, mais tarde diretor do Instituto Leo Baeck de Estudos Judaicos em Londres, presenciou a queima e relembrou que, à medida que os livros eram jogados às chamas, faziam-se discursos para dar solenidade à ocasião.[15] "Contra a exacerbação dos impulsos inconscientes baseada na análise destrutiva da psique, pela nobreza da alma humana, entrego às chamas as obras de Sigmund Freud", declamou um dos censores antes de queimar os livros de Freud. Steinbeck, Marx, Zola, Hemingway, Einstein, Proust, H. G. Wells, Heinrich Mann, Jack London, Bertold Brecht e centenas de outros receberam a homenagem de epitáfios semelhantes.

Em 1872, pouco mais de dois séculos após o decreto otimista de Carlos II, Anthony Comstock — um descendente dos antigos colonos que tinham se oposto ao impulsos pedagógicos de seu soberano — fundou em Nova York a Sociedade para a Extinção do Vício, o primeiro conselho de censura efetivo dos Estados Unidos. Pensando bem, Comstock teria preferido que a leitura jamais tivesse sido inventada ("Nosso pai Adão não podia ler no Paraíso", afirmou certa vez), mas, já que o fora, estava decidido a controlar seu uso. Comstock considerava-se um leitor dos leitores, aquele que sabia o que era boa e o que era má literatura, e fazia todo o possível para impor suas ideias aos outros. Um ano antes de fundar a sociedade, escreveu em seu diário: "Quanto a mim, estou decidido, com a força de Deus, a não ceder à opinião dos outros, e se sentir e acreditar que estou certo, hei de me manter firme. Jesus jamais foi afastado do caminho do dever, por mais duro que fosse, pela opinião pública. Por que eu o seria?".[16]

Anthony Comstock nasceu em New Canaan, Connecticut, em 7 de março de 1844. Era um sujeito corpulento e, no decorrer da carreira de censor, utilizou muitas vezes seu tamanho para derrotar fisicamente os oponentes. Um de seus contemporâneos descreveu-o assim: "Com um metro e meio (de sapatos), carrega tão bem seus 95 quilos de músculos e ossos que você diria que não pesa mais de oitenta. Seus ombros de Atlas, de enorme circunferência, encimados por um pescoço de touro, estão de acordo com um bíceps e uma panturrilha de tamanhos excepcionais e solidez de ferro. Suas pernas são curtas e lembram troncos de árvore".[17]

Comstock tinha vinte e poucos anos quando chegou a Nova York com 3,45 dólares no bolso. Conseguiu emprego como vendedor de tecidos e artigos de armarinho e logo economizou os quinhentos dólares necessários para comprar uma pequena casa no Brooklyn. Poucos anos depois, casou com a filha de um ministro presbiteriano, dez anos mais velha que ele. Em Nova York, Comstock descobriu muita coisa que julgava censurável. Em 1868, depois que um amigo lhe contou como fora "desencaminhado, corrompido e pervertido" por um certo livro (o título dessa poderosa obra não chegou até nós), Comstock comprou um exemplar na loja e depois, acompanhado por um policial, fez prender seu dono e confiscar o estoque. O sucesso desse primeiro ataque foi tal que ele decidiu continuar, provocando periodicamente a prisão de editores e impressores de material excitante.

Com a ajuda de amigos da Associação Cristã de Moços, que lhe forneceram 8500 dólares, Comstock pôde fundar a sociedade pela qual ficou famoso. Dois anos antes de morrer, disse a um entrevistador em Nova York: "Nos 41 anos em que estive aqui, condenei um número suficiente de pessoas para encher um trem de passageiros de 61 vagões, sessenta vagões com sessenta passageiros cada, e o sexagésimo primeiro quase cheio. Destruí 160 toneladas de literatura obscena".[18]

O fervor de Comstock foi também responsável no mínimo por quinze suicídios. Depois que conseguiu mandar o ex-cirurgião irlandês William Haynes para a prisão, "por publicar 165 tipos diferentes de literatura lasciva", Haynes se matou. Um pouco mais tarde, Comstock estava prestes a tomar a barca para o Brooklyn (relembrou posteriormente) quando "uma Voz" lhe disse que fosse até a casa de Haynes. Lá chegou quando a viúva estava descarregando de uma carroça as chapas de impressão de livros proibidos. Com grande agilidade, Comstock saltou para o assento do condutor e levou a carroça para a ACM, onde as chapas foram destruídas.[19]

Que livros lia Comstock? Ele era um seguidor involuntário do conselho jocoso de Oscar Wilde: "Jamais leio um livro que devo resenhar; ele o torna muito parcial". Às vezes, porém, folheava os livros antes de destruí-los e ficava horrorizado com o que lia. Achava a literatura da França e da Itália "pouco melhor que histórias de bordéis e prostitutas nessas nações lúbricas. Com que frequência se encontram nessas histórias torpes heroínas adoráveis, excelentes, cultivadas, ricas e encantadoras em todos os aspectos, as quais têm por amantes homens casados; ou, depois do casamento, os amantes cercam a jovem esposa, gozando de privilégios que pertencem somente ao marido!". Até mesmo os clássicos não estavam acima da exprobração. "Tome-se, por exemplo, uma obra bem conhecida de Boccaccio", escreveu em seu *Traps for the Young* [Armadilhas para os jovens]. O livro era tão imundo que Comstock faria qualquer coisa para "evitar que ele, como uma besta selvagem, se soltasse e destruísse a juventude do país".[20] Balzac, Rabelais, Walt Whitman, Bernard Shaw e Tolstoi estavam entre suas vítimas. A leitura cotidiana de Comstock, dizia ele, era a Bíblia.

Os métodos de Comstock eram selvagens, mas superficiais. Faltava-lhe a percepção e a paciência de censores mais sofisticados, que escavam o texto com um torturante cuidado em busca de mensagens enterradas. Em 1981, por exemplo, a junta militar liderada pelo general Pinochet baniu *Dom Quixote* do Chile porque o general achava (com bastante razão) que o livro continha um apelo pela liberdade individual e um ataque à autoridade instituída.

A censura de Comstock limitava-se, num ataque de ultraje, a pôr as obras suspeitas em um catálogo dos amaldiçoados. Seu acesso aos livros também era limitado: só podia caçá-los se aparecessem em público, quando muitos já tinham escapado para as mãos de leitores ávidos. A Igreja católica estava muito à frente dele. Em 1559, a Sagrada Congregação da Inquisição Romana publicara o primeiro *Índice dos livros proibidos* — uma lista de livros que a Igreja considerava perigosos para a fé e a moral dos católicos. O *Index*, que incluía livros censurados antes da publicação, bem como livros imorais já publicados, jamais pretendeu ser um catálogo completo de todos os livros banidos pela Igreja. Porém, quando foi abandonado, em junho de 1966, continha, entre centenas de obras teológicas, outras tantas obras de autores seculares, de Voltaire e Diderot a Colette e Graham Greene. Comstock certamente acharia essa lista muito útil.

"A arte não está acima da moral. A moral vem primeiro", escreveu Comstock. "A lei vem em seguida, como defensora da moral pública. A arte só entra em conflito com a lei quando sua tendência é obscena, lasciva ou indecente." Isso levou o *New York World* a perguntar num editorial: "Foi realmente determinado que não há nada de saudável e proveitoso na arte a não ser que ela esteja vestida?".[21] A definição de Comstock de arte imoral, como a de todos os censores, foge da dificuldade. Comstock morreu em 1915. Dois anos depois, o ensaísta americano H.L. Mencken definiu a cruzada de Comstock como "o novo puritanismo", "não ascético, mas militante. Seu objetivo não é elevar santos, mas derrubar pecadores".[22]

Comstock estava convencido de que aquilo que chamava de "literatura imoral" pervertia a mente dos jovens, que deveriam se ocupar com temas espirituais mais elevados. Essa preocupação é antiga, e não é exclusiva do Ocidente. Na China do século XV, uma coleção de contos da dinastia Ming conhecida como *Histórias velhas e novas* teve tanto sucesso que precisou ser incluída no *index* chinês, para que não distraísse os jovens do estudo de Confúcio.[23] No mundo ocidental, uma forma mais suave dessa obsessão expressou-se como um medo generalizado da ficção — pelo menos até a época de Platão, que baniu os poetas de sua república ideal. A sogra de Madame Bovary argumentou que os romances envenenavam a alma de Emma e convenceu o filho a cancelar a assinatura que Emma mantinha junto a uma biblioteca circulante, mergulhando-a mais ainda no pântano do tédio.[24] A mãe do escritor inglês Edmund Gosse não permitia que entrassem em sua casa romances de qualquer tipo, religiosos ou seculares. Quando era ainda uma menininha bem pequena, no início do século XIX, ela se divertira com os irmãos lendo e inventando histórias, até que sua governanta calvinista descobriu e passou-lhe um sermão, dizendo-lhe que tais prazeres eram depravados. "A partir daquele momento", escreveu a sra. Gosse em seu diário, "considerei que inventar qualquer tipo de história era pecado." Mas "o desejo de inventar histórias cresceu com violência; tudo o que ouvia ou lia tornava-se alimento para meu destempero. A simplicidade da verdade não me bastava: eu precisava enfeitá-la com a imaginação, e a insensatez, a vaidade e a perversidade que desgraçaram meu coração são maiores do que posso expressar. Ainda agora, embora vigilante, fazendo orações e empenhada contra isso, esse é o pecado que mais facilmente me persegue. Ele tem atrapalhado minhas preces e impedido meu progresso e, portanto, tem me humilhado muito".[25] Isso ela escreveu aos 29 anos de idade.

Nessa crença criou o filho. "Nunca, na minha primeira infância, alguém se dirigiu a mim com o tocante preâmbulo 'era uma vez...'. Contaram-me sobre missionários, mas nunca sobre piratas. Estava familiarizado com beija-flores, mas jamais ouvira falar de fadas", relembrou Gosse. "Eles queriam que eu fosse fiel à realidade; a tendência foi tornar-me positivo e cético. Se tivessem me envolvido nas dobras suaves da fantasia sobrenatural, minha mente poderia ter ficado mais tempo satisfeita em seguir suas tradições sem questioná-las."[26] Os pais que levaram aos tribunais a escola pública do condado de Hawkins, no Tennessee, em 1980, não tinham obviamente lido Gosse. Eles argumentavam que toda uma série de livros da escola elementar, que incluía *Cinderela, Cachinhos de ouro* e *O mágico de Oz*, violava suas crenças religiosas fundamentalistas.[27]

Leitores autoritários que impedem outros de aprender a ler, leitores fanáticos que decidem o que pode e o que não pode ser lido, leitores estoicos que se recusam a ler por prazer e exigem somente que se recontem fatos que julgam ser verdadeiros: todos eles tentam limitar os vastos e diversificados poderes do leitor. Mas os censores também podem adotar formas diferentes em seu trabalho, sem necessidade de fogueiras ou tribunais. Podem reinterpretar livros para torná-los úteis apenas a eles mesmos, para justificar seus direitos autocráticos.

Em 1976 houve um golpe militar na Argentina, liderado pelo general Jorge Rafael Videla. O que se seguiu foi uma onda de violações dos direitos humanos como o país jamais vira. A desculpa do Exército era de que estava travando uma guerra contra terroristas. Como definiu o general Videla, "um terrorista é não apenas alguém com uma arma ou uma bomba, mas também alguém que difunde ideias contrárias à civilização ocidental e cristã".[28] Entre os milhares que foram sequestrados e torturados estava o padre Orlando Virgílio Yorio. Um dia, o interrogador do padre Yorio disse-lhe que sua leitura dos Evangelhos era falsa. "Você interpreta a doutrina de Cristo de uma forma literal demais", disse o homem. "Cristo falou dos pobres, mas quando falou dos pobres, referia-se aos pobres de espírito, e você interpretou no sentido literal e foi viver literalmente com gente pobre. Na Argentina, os pobres de espírito são os ricos, e, no futuro, você deve passar mais tempo ajudando os ricos, que são aqueles que precisam realmente de ajuda espiritual."[29]

Assim, nem todos os poderes do leitor são iluminadores. O mesmo ato que pode dar vida ao texto, extrair suas revelações, multiplicar seus significados, espelhar nele o passado, o presente e as possibilidades do futuro pode também destruir ou tentar destruir a página viva. Todo leitor inventa leituras, o que não é a mesma coisa que mentir; mas todo leitor também pode mentir, declarando obstinadamente que o texto serve a uma doutrina, a uma lei arbitrária, a uma vantagem particular, aos direitos dos donos de escravos ou à autoridade de tiranos.

O LOUCO DOS LIVROS

SÃO TODOS GESTOS COMUNS: tirar os óculos da caixa, limpá-los com papel ou tecido, com a bainha da blusa ou a ponta da gravata, empoleirá-los no nariz e firmá-los atrás das orelhas antes de olhar para a página agora lúcida diante de nós. Então, ajustá-los para cima ou para baixo sobre o nariz, para colocar as letras em foco, e, depois de algum tempo, levantá-los e esfregar a pele entre as sobrancelhas, apertando os olhos fechados para manter afastado o texto-sereia. E o ato final: tirá-los, dobrá-los e inseri-los entre as páginas do livro para marcar o lugar onde paramos a leitura. Na iconografia cristã, santa Luzia é representada carregando um par de óculos numa bandeja; os óculos são, com efeito, olhos, que os leitores de visão ruim podem pôr e tirar à vontade. São uma função destacável do corpo, uma máscara através da qual o mundo pode ser observado, uma criatura semelhante a um inseto, carregada como um animal de estimação à caça de um louva-a-deus. Discretos, sentados de pernas cruzadas sobre uma pilha de livros ou em pé, em expectativa, num canto atravancado da escrivaninha, eles se tornaram o emblema do leitor, a marca da presença do leitor, um símbolo do ofício do leitor.

É desnorteante imaginar os muitos séculos anteriores à invenção dos óculos, séculos durante os quais os leitores se envesgaram para penetrar nas linhas nebulosas de um texto, e é emocionante imaginar seu alívio extraordinário, quando surgiram os óculos, ao ver subitamente, quase sem esforço, uma página escrita. Um sexto de toda a humanidade é míope;[1] entre os leitores, a proporção é muito maior, perto de 24%. Aristóteles, Lutero, Samuel Pepys, Schopenhauer, Goethe, Schiller, Keats, Tennyson, o dr. Johnson, Alexander Pope, Quevedo, Wordsworth, Dante Gabriel Rossetti, Elizabeth Barrett Browning, Kipling, Edward Lear, Dorothy L. Sayers, Yeats, Unamuno, Rabindranath Tagore, James Joyce — todos tinham visão fraca. Em muitas pessoas essa condição piora, e um notável número de leitores famosos ficou cego na velhice, de Homero a Milton, James Thurber e Jorge Luis Borges. O escritor argentino, que começou a perder a visão no início da década de 1930 e foi nomeado diretor da Biblioteca Nacional de Buenos Aires em 1955, quando não enxergava mais, comentou o destino peculiar do leitor debilitado a quem um dia concedem o reino dos livros:

Que ninguém avilte com lágrimas ou reprove
Esta declaração da habilidade de Deus
Que em sua ironia magnífica
Deu-me escuridão e livros ao mesmo tempo.[2]

Borges comparava o destino desse leitor no mundo borrado de "vagas cinzas pálidas semelhantes a olvido e sono" ao destino do rei Midas, condenado a morrer de fome e sede cercado por comida e bebida. Um episódio da série de televisão *Além da imaginação* trata de um Midas assim, um leitor voraz que é o único homem a sobreviver a um desastre nuclear. Todos os livros do mundo estão agora à sua disposição; então, acidentalmente, ele quebra seus óculos.

Antes da invenção dos óculos, pelo menos um quarto de todos os leitores teria precisado de letras extragrandes para decifrar um texto. As tensões sobre os olhos dos leitores medievais eram grandes: as salas em que tentavam ler eram escurecidas no verão para protegê-las do calor; no inverno, mergulhavam numa escuridão natural, porque as janelas, necessariamente pequenas para proteger das correntes de ar gelado, deixavam entrar pouca luz. Os escribas medievais queixavam-se constantemente das condições em que tinham de trabalhar e rabiscavam amiúde notas sobre suas dificuldades nas margens dos livros. Na metade do século XIII, um certo Florêncio, do qual não sabemos mais nada, exceto o primeiro nome, rabiscou esta descrição lúgubre de seu

305

ofício: "É uma tarefa penosa. Extingue a luz dos olhos, encurva as costas, esmaga as vísceras e as costelas, provoca dor nos rins e cansaço em todo o corpo".[3] Para os leitores com deficiência visual, o trabalho deveria ser ainda pior. Patrick Trevor-Roper sugeriu que eles provavelmente se sentiam mais confortáveis à noite, "porque a escuridão é uma grande igualadora".[4]

Na Babilônia, em Roma e na Grécia, os leitores cuja visão era fraca não dispunham de outro recurso senão ter alguém, geralmente um escravo, que lesse os livros para eles. Uns poucos descobriram que olhar através de um disco de pedra transparente ajudava. Escrevendo sobre as propriedades das esmeraldas,[5] Plínio, o Velho, observou de passagem que o imperador Nero, míope, costumava assistir às lutas de gladiadores através de uma esmeralda. Não sabemos se isso amplificava os detalhes sanguinolentos ou se apenas lhes dava uma coloração esverdeada, mas a história sobreviveu ao longo da Idade Média e eruditos como Roger Bacon e seu professor Robert Grosseteste comentaram a notável propriedade da joia.

Entretanto, poucos leitores tinham acesso a pedras preciosas. A maioria era condenada a passar suas horas de leitura na dependência de leituras vicárias, ou fazendo progressos lentos e dolorosos enquanto os músculos de seus olhos se esforçavam para remediar o defeito. Então, em algum momento do final do século XIII, mudou a sina dos leitores que enxergavam mal.

Não sabemos exatamente quando a mudança ocorreu, mas em 23 de fevereiro de 1306, do púlpito da igreja de Santa Maria Novella, em Florença, Giordano da Rivalto, de Pisa, fez um sermão no qual lembrou a seu rebanho que a invenção dos óculos, "um dos dispositivos mais úteis do mundo", já tinha vinte anos. E acrescentou: "Eu vi o homem que, antes de qualquer outro, descobriu e fez um par de óculos, e falei com ele".[6]

Nada se sabe desse notável inventor. Talvez tenha sido um contemporâneo de Giordano, um monge chamado Spina, do qual se diz que "fazia óculos e ensinava de graça a arte para os outros".[7] Ou quem sabe tenha sido um membro da Guilda dos Trabalhadores em Cristal de Veneza, onde a arte de fazer óculos já era conhecida em 1301, pois uma das regras da guilda naquele ano explicava o procedimento a ser seguido por quem quisesse "fazer óculos para leitura".[8] Ou quem sabe o inventor não foi um certo Salvino degli Armati, cuja lápide, ainda visível na igreja de Santa Maria Maggiore, em Florença, chama-o de "inventor dos óculos", e acrescenta: "Que Deus perdoe seus pecados. A. D. 1317". Outro candidato é Roger Bacon, a quem já encontramos como mestre catalogador e que Kipling, em um de seus contos, tornou testemunha do uso de um primeiro microscópio árabe contrabandeado para a Inglaterra por um iluminador.[9] No ano de 1268, Bacon escreveu: "Se alguém examinar letras ou objetos pequenos olhando através do meio de um cristal ou vidro no formato do menor segmento de uma esfera, com todos os lados convexos voltados para o olho, verá as letras muito melhor e maiores. Tal instrumento é útil a todas as pessoas".[10] Quatro séculos depois, Descartes ainda louvava a invenção dos óculos: "Toda a administração de nossas vidas depende dos sentidos, e, uma vez que a visão é o mais abrangente e o mais nobre deles, não há dúvida de que as invenções que servem para aumentar seu poder estão entre as mais úteis que possa haver".[11]

A representação mais antiga que se conhece de um par de óculos está num retrato do cardeal Hugo de St. Cher, na Provença, feita por Tommaso da Modena.[12] Mostra o cardeal em traje completo, sentado à sua mesa, copiando de um livro aberto apoiado numa estante um pouco acima dele, à direita. Os óculos, conhecidos como "óculos de rebite", semelhantes a um pincenê, consistem de duas lentes redondas presas em armação grossa articulada acima do cavalete do nariz, de forma que a pressão possa ser regulada.

Até boa parte do século XV, os óculos de leitura eram um luxo: custavam caro e, em termos comparativos, poucas pessoas precisavam deles, uma vez que os livros estavam nas mãos de uma seleta minoria. Depois da invenção da imprensa e da relativa popularização dos livros, a demanda por óculos aumentou; na Inglaterra, por exemplo, mascates iam de vila em vila vendendo "óculos continentais baratos". Em 1466, apenas onze anos depois da publicação da primeira Bíblia de Gutenberg, fabricantes de óculos ficaram conhecidos em Estrasburgo, em Nuremberg, no ano de 1478 e em Frankfurt, em 1540.[13] É possível que óculos melhores e em maior quantidade tenham permitido que mais leitores se tornassem leitores melhores e comprassem mais livros, e que por esse motivo os óculos tenham sido associados ao intelectual, ao bibliotecário, ao erudito.

A partir do século XIV, os óculos foram acrescentados a numerosas pinturas, para marcar a natureza estudiosa e sábia de uma personagem. Em muitas representações do Adormecimento ou Morte da Virgem, vários dos médicos e magos em torno de seu leito mortuário acham-se usando óculos de vários tipos. No quadro anônimo que se encontra no mosteiro de Neuberg, em Viena, um par de óculos foi acrescentado séculos depois ao sábio de barbas brancas, a quem um jovem desconsolado mostra um grosso volume. A implicação parece ser a de que nem o mais sábio dos eruditos possui sabedoria suficiente para curar a Virgem e mudar seu destino.

Na Grécia, em Roma e Bizâncio, o poeta-erudito — o *doctus poeta*, representado segurando uma tabuleta ou um rolo — foi considerado um modelo, mas esse papel estava confinado aos mortais. Os deuses jamais se ocupavam de literatura; as divindades gregas e latinas jamais eram mostradas segurando um livro.[14] O cristianismo foi a primeira religião a pôr um livro nas mãos de seu deus, e, a partir da metade do século XIV, o livro emblemático cristão passou a ser acompanhado por outra imagem, a dos óculos. A perfeição de Cristo e de Deus Pai não justificaria representá-los como míopes, mas os Pais da Igreja — são Tomás de Aquino, santo Agostinho — e os autores antigos admitidos no cânone católico — Cícero, Aristóteles — às vezes foram representados carregando um douto volume e usando os sábios óculos do conhecimento.

No final do século XV, os óculos já eram suficientemente conhecidos para simbolizar não somente o prestígio da leitura, mas também seus excessos. A maioria dos leitores, naquele tempo como agora, passou em algum momento pela humilhação de ouvir que sua ocupação é repreensível. Lembro que riram de mim, durante um recreio na sexta ou sétima série, por eu ter ficado dentro do prédio lendo, e lembro que no fim do escárnio eu estava estatelado no chão, meus óculos chutados para um lado, meu livro para o outro. "Você não vai gostar do filme", foi o veredicto de uns primos que, tendo visto meu quarto cheio de livros, acharam que eu não gostaria de assistir a um faroeste com eles. Minha avó, vendo-me ler nas tardes de domingo, dizia suspirando: "Você sonha acordado" — porque minha inatividade parecia-lhe um ócio inútil e um pecado contra a alegria de viver. Preguiçoso, débil, pretensioso, pedante, elitista — estes são alguns dos epítetos que acabaram associados ao intelectual distraído, ao leitor míope, ao rato de biblioteca, ao *nerd*. Enterrado nos livros, isolado do mundo dos fatos, do mundo de carne e osso, sentindo-se superior aos não familiarizados com as palavras preservadas entre capas poeirentas, o leitor de óculos que pretendia saber o que Deus, em sua sabedoria, havia escondido, era considerado um louco, e os óculos tornaram-se emblemas da arrogância intelectual.

Em fevereiro de 1494, durante o famoso carnaval da Basileia, o jovem doutor em leis Sebastião Brant publicou um pequeno volume de versos alegóricos em alemão, intitulado *Das Narrenschiff*, ou *A nau dos insensatos*. O sucesso foi imediato: no primeiro ano houve três reimpressões, e em Estrasburgo, terra natal de Brant, um editor empreendedor, ansioso por participar dos lucros, encomendou a um poeta desconhecido um acréscimo de quatrocentas linhas ao livro. Brant se queixou dessa forma de plágio, mas em vão. Dois anos depois, pediu a seu amigo Jacques Locher, professor de poesia na Universidade de Freiburg, que traduzisse o livro para o latim.[15] Locher assim o fez, mas alterou a ordem dos capítulos e incluiu variações de sua lavra. Por mais que o texto original de Brant mudasse, o número de leitores continuou aumentando até o século XVII. Seu sucesso era devido, em parte, às xilogravuras que o ilustravam, muitas feitas por um Albrecht Dürer de 22 anos de idade. Mas, em larga medida, o sucesso era do próprio Brant. Ele fizera um levantamento meticuloso das loucuras ou pecados de sua sociedade, do adultério e do jogo à falta de fé e à ingratidão, em termos precisos e atualizados. Por exemplo, a descoberta do Novo Mundo, que acontecera menos de dois anos antes, é mencionada no livro para exemplificar as loucuras da curiosidade invejosa. Dürer e outros artistas ofereceram aos leitores de Brant imagens comuns desses novos pecadores, reconhecíveis de imediato por seus pares na vida cotidiana, mas foi o próprio Brant quem rascunhou as ilustrações destinadas a acompanhar o texto.

Uma dessas imagens, a primeira depois do frontispício, ilustra a loucura do intelectual. O leitor que abrisse o livro de Brant seria confrontado com a própria imagem: um homem em seu escritório, cercado por livros. Há livros por toda parte: nas estantes atrás dele, em ambos os lados da mesa de leitura, dentro de compartimentos da própria escrivaninha. O homem veste um gorro de dormir (para esconder suas orelhas de asno) e, atrás dele, pende uma carapuça de bufão com sinos, enquanto a mão direita segura um espanador para espantar as moscas que tentam pousar nos livros. Ele é o *Büchernarr*, "o louco dos livros", o homem cuja loucura consiste em se enterrar nos livros. Sobre seu nariz repousa um par de óculos.

Esses óculos o acusam: eis um homem que não vê o mundo diretamente, preferindo espiar as palavras mortas numa página impressa. Diz o leitor insensato de Brant: "É por uma razão muito boa que sou o primeiro a subir ao barco. Para mim, o livro é tudo, mais precioso ainda que o ouro./ Tenho grandes tesouros aqui, dos quais não entendo patavina". Ele confessa que, na companhia de homens cultos que citam livros sábios, adora poder dizer: "Tenho todos esses volumes em casa"; ele se compara a Ptolomeu II de Alexandria, que acumulou livros, mas não conhecimento.[16] Graças ao livro de Brant, a imagem do erudito idiota de óculos logo se tornou um ícone comum; já em 1505, no *De fide concubinarum* de Olearius, um asno está sentado numa escrivaninha idêntica, óculos sobre o nariz e espanta--moscas na pata, lendo um grande livro aberto para uma turma de alunos-bestas.

A popularidade do livro de Brant foi tanta que, em 1509, o humanista Geiler von Kaysersberg começou a pregar uma série de sermões baseados no elenco de loucos de Brant, um para cada domingo.[17] O primeiro sermão, correspondente ao primeiro capítulo do livro de Brant, foi sobre o louco dos livros, é claro. Brant emprestara ao idiota palavras para que ele se autodescrevesse; Geiler usou a descrição para dividir seu maluco livresco em sete tipos, cada um deles reconhecível pelo tilintar de um dos sinos do bufão. Segundo Geiler, o primeiro sino anuncia o louco que coleciona livros por ostentação, como se fossem uma mobília cara. No primeiro século da era cristã, o filósofo latino Sêneca (que Geiler gostava de citar) já denunciava o acúmulo exibicionista de livros: "Muita gente sem educação escolar usa livros não como instrumento de estudo mas como decoração para a sala de jantar".[18] Geiler insiste: "Aquele que quer livros para ganhar fama deve aprender algo com eles; não deve armazená-los em sua biblioteca, mas na cabeça. Mas este primeiro louco pôs seus livros em correntes e fez deles prisioneiros; se pudessem se libertar e falar, arrastariam-no até o juiz, exigindo que ele, e não eles, fosse encarcerado". O segundo sino chama o idiota que deseja ficar sábio consumindo livros em demasia. Geiler compara-o a um estômago embrulhado por excesso de comida e a um general embaraçado num cerco por ter soldados demais. "Que devo fazer? — perguntais. Devo jogar todos os meus livros fora?" Podemos imaginar Geiler apontando o dedo para determinado paroquiano entre seu público dominical. "Não, isso não deveis fazer. Mas deveis selecionar aqueles que vos são úteis e usá-los no momento certo." O terceiro sino tilinta para o idiota que coleciona livros sem realmente lê-los, apenas borboleteando por eles para satisfazer sua curiosidade ociosa. Geiler o compara a um louco que corre pela cidade e, enquanto passa voando, tenta observar em detalhe os signos e emblemas nas fachadas das casas. Isso, diz ele, é não só impossível, mas também um lamentável desperdício de tempo.

O quarto sino chama o louco que ama livros suntuosamente iluminados. Pergunta Geiler: "Não é uma loucura pecamino-

311

sa banquetear os olhos com ouro e prata quando tantos filhos de Deus passam fome? Não têm os vossos olhos o sol, a lua, as estrelas, as muitas flores e outras coisas para vos agradar?". Que necessidade temos de figuras humanas ou flores em um livro? As que Deus provê não são suficientes? E Geiler conclui que esse amor por imagens pintadas "é um insulto à sabedoria". O quinto sino anuncia o idiota que encaderna seus livros com panos suntuosos. (Aqui novamente Geiler faz um empréstimo silencioso junto a Sêneca, que protestava contra o colecionador que "tira seu prazer de encadernações e rótulos" e em cujo lar analfabeto "podem-se ver as obras completas de oradores e historiadores em estantes que vão até o teto, porque, como os banheiros, a biblioteca tornou-se ornamento essencial numa casa rica".[19]) O sexto sino chama o idiota que escreve e produz livros mal escritos sem ter lido os clássicos e sem nenhum conhecimento de ortografia, gramática ou retórica. É o leitor que se torna escritor, seduzido pela ideia de colocar seus pensamentos garatujados ao lado das obras dos grandes escritores. Por fim — numa mudança paradoxal que os futuros anti-intelectuais ignorariam — o sétimo e último louco dos livros é aquele que despreza completamente os livros e zomba da sabedoria que se pode obter deles.

Por meio da imaginação intelectual de Brant, Geiler, o intelectual, forneceu argumentos para os anti-intelectuais de seu tempo que viviam na incerteza de uma época em que as estruturas civis e religiosas da sociedade europeia romperam-se com guerras dinásticas que alteraram seus conceitos de história, com explorações geográficas que mudaram seus conceitos de espaço e comércio, com cismas religiosos que mudaram para sempre seu conceito de quem eram, por que eram e do que faziam na terra. Geiler armou-os com um catálogo inteiro de acusações que lhes permitiu, como sociedade, ver erros não em suas ações, mas nos *pensamentos* sobre suas ações, em suas fantasias, suas ideias, suas leituras.

Muitos daqueles que frequentavam a catedral de Estrasburgo todos os domingos, ouvindo as diatribes de Geiler contra as loucuras do leitor desorientado, acreditavam provavelmente que ele estava fazendo eco ao rancor popular contra o homem lido. Posso imaginar a sensação de desconforto daqueles que, como eu, usavam óculos, talvez tirando-os sub-repticiamente no momento em que esses ajudantes se tornavam de súbito uma insígnia de desonra. Mas Geiler não estava atacando o leitor e seus óculos. Longe disso: seus argumentos eram os do clérigo humanista, crítico da competição intelectual vazia e amadorística, porém defensor da necessidade de conhecimento letrado e do valor dos livros. Ele não compartilhava do ressentimento crescente entre a população em geral, que considerava os intelectuais indevidamente privilegiados, sofrendo do que John Donne descreveu como "defeitos da solidão",[20] escondendo-se da verdadeira labuta do mundo naquilo que vários séculos depois Gérard de Nerval, seguindo Sainte-Beuve, chamaria de *torre de marfim*, o refúgio "para onde subimos cada vez mais alto para nos isolar da multidão",[21] longe das ocupações gregárias da gente comum. Três séculos depois de Geiler, Thomas Carlyle, falando em defesa do erudito-leitor, emprestou-lhe traços heroicos: "Ele, com seus direitos e erros autorais, em sua esquálida água-furtada, em seu paletó desbotado, governando (pois é isso que faz) de seu túmulo, após a morte, nações e gerações inteiras que lhe deram, ou não, pão enquanto vivia".[22] Mas persistia a visão preconceituosa do leitor como um intelectualoide distraído, um trânsfuga do mundo, um sonhador de olhos abertos, de óculos, enfiado no livro num canto recluso.

O escritor espanhol Jorge Manrique, contemporâneo de Geiler, dividia a humanidade entre "aqueles que vivem de seu próprio esforço e os ricos".[23] Logo essa divisão passou para "os que vivem de seu próprio esforço" e "o louco dos livros", o leitor de quatro olhos. É curioso que os óculos nunca tenham perdido essa associação não mundana. Mesmo aqueles que querem parecer sábios (ou pelo menos livrescos) em nosso tempo aproveitam-se do símbolo; um par de óculos, de grau ou não, prejudica a sensualidade do rosto e sugere preocupações intelectuais. Tony Curtis usa óculos roubados enquanto tenta conven-

313

cer Marilyn Monroe de que não passa de um milionário ingênuo em *Quanto mais quente melhor*. E, nas palavras famosas de Dorothy Parker, *Men seldom make passes/ At girls who wear glasses* [Os homens raramente cantam/ garotas que usam óculos]. Mas no século XVIII, Antônio José da Silva faz seu diabinho chamar a atenção do aventuroso soldado Peralta dizendo-lhe que as belas e sensuais mulheres que o Diabo quer que ele seduza se tornaram, na verdade, vítimas do pecado da preguiça graças "às leituras em excesso": os livros as corromperam.[24] Opor a força do corpo ao poder da mente, separar o *homme moyen sensuel* do intelectual, isso exige argumentos elaborados. De um lado estão os trabalhadores, os escravos sem acesso a livros, as criaturas de ossos e nervos, a maioria da humanidade; do outro, a minoria, os pensadores, a elite dos escribas, os intelectuais supostamente aliados às autoridades, ou, ao contrário, que conspiram contra elas. Durante o regime do Khmer Vermelho de Pol Pot, no Camboja, as pessoas que usavam óculos eram mortas porque se supunha que podiam ler e, portanto, teriam acesso a informações que lhes permitiriam criticar o governo.[25] Discutindo o significado da felicidade, Sêneca concedeu à minoria a fortaleza da sabedoria e desprezou a opinião da maioria: "O melhor deveria ser escolhido pela maioria, mas, ao contrário, o populacho prefere o pior [...] Nada é tão nocivo quanto ouvir o que o povo diz, considerar certo o que é aprovado pela maioria e tomar como modelo o comportamento das massas, que vivem não conforme a razão, mas para se conformar".[26] O erudito inglês John Carey, analisando a relação entre os intelectuais e as massas na virada do século, descobriu que a opinião de Sêneca encontrava eco em muitos dos mais famosos escritores britânicos dos períodos vitoriano tardio e eduardiano. Carey concluiu: "Tendo em vista as multidões pelas quais o indivíduo é cercado, é praticamente impossível considerar que todos os outros têm uma individualidade equivalente à nossa. A massa, como conceito redutivo e excludente, é inventada para aliviar essa dificuldade".[27]

O argumento que opõe aqueles com direito a ler, porque podem ler "bem" (como os temíveis óculos parecem indicar), e aqueles a quem a leitura deve ser negada, porque "não entenderiam", é tão antigo quanto especioso. "Depois que uma coisa é escrita", Sócrates argumentava, "o texto, qualquer que seja, é levado de lugar para lugar e cai nas mãos *não apenas daqueles que o compreendem, mas também nas de quem não tem nada a ver com ele* [grifo meu]. O texto não sabe como se dirigir às pessoas certas e como não se dirigir às pessoas erradas. E quando é maltratado e abusado, precisa sempre que seu pai venha socorrê-lo, sendo incapaz de se defender ou de se ajudar por si mesmo." Leitores certos e errados: para Sócrates parece haver uma interpretação "correta" do texto, disponível apenas para uns poucos especialistas informados. Na Inglaterra vitoriana, Matthew Arnold repetiria essa opinião esplendidamente arrogante: "Somos [...] a favor de não transmitir a herança nem aos bárbaros, nem aos filisteus, nem ao populacho".[28] Tentando entender o que era exatamente a herança, Aldous Huxley definiu-a como o conhecimento especial acumulado de qualquer família unida, a propriedade comum de todos os seus membros: "Quando nós, da grande Família Cultural, nos reunimos, trocamos reminiscências a respeito do vovô Homero, daquele terrível dr. Johnson, da tia Safo e do pobre John Keats. 'E você lembra daquela coisa absolutamente preciosa que o tio Virgílio disse? Sabe? *Timeo Danaos.* [...] Precioso; nunca vou esquecer.' Não, jamais esqueceremos. E mais: tomaremos todo o cuidado para que aquela gente horrível que teve a impertinência de nos invocar, para que aqueles intrusos desgraçados que nunca conheceram o querido e doce e velho tio V. nunca esqueçam também. Faremos com que se lembrem constantemente de sua condição de intrusos".[29]

O que veio primeiro? A invenção das massas — que Thomas Hardy descreveu como "uma aglomeração de gente [...] contendo uma certa minoria dotada de almas sensíveis; estes, e os aspectos destes, sendo o que vale a pena observar"[30] — ou a invenção do louco dos livros de quatro olhos, que se julga superior ao resto do mundo e por quem o mundo passa dando risada?

A cronologia não importa. Ambos os estereótipos são ficções e ambos são perigosos, porque sob a capa de crítica moral ou

315

social eles são utilizados na tentativa de restringir um ofício que, em sua essência, não é limitado nem limitador. A realidade da leitura está em outro lugar. Tentando descobrir nos mortais comuns uma atividade afim à escrita criadora, Sigmund Freud sugeriu que se poderia fazer uma comparação entre as invenções da ficção e as da fantasia, pois ao ler ficção "nossa fruição real de uma obra de imaginação vem da liberação de tensões em nossa mente [...] permitindo-nos daí por diante fruir de nossas fantasias sem autorrecriminação ou vergonha".[31] Mas essa não é certamente a experiência da maioria dos leitores. Dependendo do tempo e do lugar, de nosso humor e nossa memória, de nossa experiência e nosso desejo, a fruição da leitura, na melhor das hipóteses, aumenta, em vez de liberar, as tensões de nossa mente, retesando-as para que se manifestem, tornando-nos *mais*, e não menos, conscientes de sua presença. É verdade que às vezes o mundo da página passa para o nosso consciente *imaginaire* — nosso vocabulário cotidiano de imagens — e então vagamos a esmo naquelas paisagens ficcionais, perdidos de admiração, como dom Quixote.[32] Mas, na maior parte do tempo, pisamos em terra firme. Sabemos que estamos lendo, mesmo quando suspendemos a descrença; sabemos porque lemos mesmo quando não sabemos como, mantendo em nossa mente, a um só tempo, o texto ilusivo e o ato de ler. Lemos para descobrir o final, pelo prazer da história, não pelo prazer da leitura em si. Lemos buscando, como rastreadores, esquecidos de onde estamos. Lemos distraidamente, pulando páginas. Lemos com desprezo, admiração, negligência, raiva, paixão, inveja, anelo. Lemos em lufadas de súbito prazer, sem saber o que provocou esse prazer. "O que é, no fim das contas, essa emoção?" — pergunta Rebecca West depois de ler o *Rei Lear*: "Que poder têm as grandes obras de arte sobre minha vida para fazer com que eu me sinta tão contente?"[33] Não sabemos: lemos ignorantemente. Lemos em movimentos longos, lentos, como que pairando no espaço, sem peso. Lemos cheios de preconceitos, com malignidade. Lemos generosamente, arranjando desculpas para o texto, preenchendo lacunas, corrigindo erros. E às vezes, quando as estrelas são favoráveis, lemos de um único fôlego, com um arrepio, como se alguém ou algo tivesse "caminhado sobre nosso túmulo", como se uma memória tivesse subitamente sido resgatada de um lugar no fundo de nós mesmos — o reconhecimento de algo que nunca soubemos que estava lá, ou de algo que sentimos vagamente, como um bruxuleio ou uma sombra, cuja forma fantasmagórica ergue-se e instala-se em nós sem que possamos ver o que é, deixando-nos mais velhos e sábios.

Essa leitura tem uma imagem. Uma fotografia tirada em 1940, durante o bombardeio de Londres na Segunda Guerra Mundial, mostra os restos de uma biblioteca desmoronada. Pelo teto destruído veem-se prédios fantasmagóricos do lado de fora, e, no centro da peça, há uma pilha de vigas e móveis em pedaços. Mas as estantes na parede ficaram firmes e os livros parecem inteiros. Três homens encontram-se no meio dos destroços: um, como se hesitasse sobre qual livro escolher, está aparentemente lendo os títulos nas lombadas; outro, de óculos, está pegando um volume; o terceiro está lendo, segurando um livro aberto nas mãos. Eles não estão dando as costas para a guerra, nem ignorando a destruição. Não estão escolhendo os livros em vez da vida lá fora. Estão tentando persistir contra as adversidades óbvias; estão afirmando um direito comum de perguntar; estão tentando encontrar uma vez mais — entre as ruínas, no reconhecimento surpreendente que a leitura às vezes concede — uma compreensão.

PÁGINAS DE GUARDA

Paciente como um alquimista, sempre imaginei e tentei algo diferente, e estaria disposto a sacrificar toda satisfação e vaidade por isso, da mesma forma como antigamente eles costumavam queimar os móveis e as vigas do teto para alimentar suas fornalhas em busca do magnum opus. O que é isso? Difícil dizer: apenas um livro em vários volumes, um livro que é verdadeiramente um livro, arquitetonicamente sólido e premeditado, e não uma coleção de inspirações casuais, por mais maravilhosas que possam ser. [...] Eis aqui, meu amigo, a confissão pura desse vício que tenho rejeitado mil vezes. [...] Mas ele me domina, e eu talvez ainda tenha êxito, não na conclusão dessa obra como um todo (seria preciso ser Deus sabe quem para tanto!), mas na apresentação de um fragmento bem--sucedido [...] provando através de porções terminadas que esse livro realmente existe e que eu tinha consciência do que não era capaz de realizar.

STÉPHANE MALLARMÉ
Carta a Paul Verlaine, 16 de novembro de 1869

PÁGINAS DE GUARDA

EM "AS NEVES DO KILIMANJARO", a famosa história de Hemingway, o protagonista, que está morrendo, relembra todas as histórias que agora jamais escreverá. "Ele sabia pelo menos vinte histórias boas dali e jamais escrevera nenhuma delas. Por quê?"[1] Ele menciona algumas, mas a lista, evidentemente, deve ser interminável. As estantes dos livros que não escrevemos, assim como as dos livros que não lemos, estendem-se pela escuridão do espaço remoto da biblioteca universal. Estamos sempre no começo do começo da letra A.

Entre os livros que não escrevi — entre os livros que não li, mas gostaria de ler — está *A história da leitura*. Posso vê-lo, logo ali, no ponto exato em que acaba a luz desta seção da biblioteca e começa a escuridão da próxima. Sei exatamente qual é a sua aparência. Posso conceber sua capa e imaginar a sensação de suas ricas páginas cor de creme. Posso adivinhar, com acuidade lasciva, a sensualidade da encadernação de pano escuro sob a sobrecapa e as letras gravadas em dourado. Conheço sua página de rosto sóbria, sua epígrafe espirituosa, sua dedicatória comovente. Sei que possui um índice abundante e curioso que me dará grande prazer, com tópicos (caio por acaso na letra T) como *Tântalo para leitores*; *Tartaruga* (*ver Conchas e peles de animais*); *Tarzan, biblioteca de*; *Traças*; *Tradução*; *Tolstoi, cânone de*; *Tormento*: *e recitação*; *Transmigração de almas de leitores* (*ver Empréstimo de livros*); *Túmulos, inscrições em*. Sei que o livro possui, como veios no mármore, cadernos de ilustrações que jamais vi: um mural do século VII representando a biblioteca de Alexandria, tal como vista por um artista da época; uma fotografia da poeta Sylvia Plath lendo em voz alta num jardim, sob a chuva; um esboço da sala de Pascal em Port-Royal, mostrando os li-

320

vros que ele mantinha sobre sua escrivaninha; uma fotografia dos livros encharcados salvos por uma passageira do *Titanic*, sem os quais ela não abandonaria o navio; a lista de Natal de Greta Garbo para 1933, escrita por seu próprio punho, mostrando que entre os livros que compraria estava *Miss Corações Solitários*, de Nathanael West; Emily Dickinson na cama, com um gorro cheio de babados amarrado de um modo confortável sob o queixo, e, espalhados em torno dela, seis ou sete livros cujos títulos mal posso adivinhar.

Tenho o livro aberto diante de mim, sobre a minha mesa. É escrito de forma amistosa (tenho a sensação exata de seu tom), acessível e erudito ao mesmo tempo, informativo e, contudo, reflexivo. O autor, cujo rosto vi no belo frontispício, está sorrindo com satisfação (não posso dizer se é homem ou mulher; a face barbeada poderia ser de ambos os sexos, o mesmo podendo acontecer com as iniciais do nome) e sinto que estou em boas mãos. Sei que, à medida que avançar pelos capítulos, serei apresentado àquela antiga família de leitores, alguns famosos, muitos obscuros, da qual faço parte. Aprenderei suas maneiras e as mudanças nessas maneiras, e as transformações que sofreram enquanto levaram consigo, como os magos de outrora, o poder de transformar signos mortos em memória viva. Lerei sobre seus triunfos e perseguições, sobre suas descobertas quase secretas. E, no final, compreenderei melhor quem eu — o leitor — sou.

Que um livro não exista (ou não exista ainda) não é motivo para ignorá-lo mais do que ignoraríamos um livro sobre um tema imaginário. Há volumes escritos sobre o unicórnio, sobre Atlântida, sobre igualdade dos gêneros, sobre a Dama Negra dos Sonetos e a igualmente negra Juventude. Mas a história que este livro registra foi particularmente difícil de agarrar; ele é feito, por assim dizer, de suas digressões. Um assunto chama outro, uma anedota traz à mente outra história aparentemente sem relação, e o autor se comporta como se estivesse alheio à causalidade lógica ou à continuidade histórica, como se definisse a liberdade do leitor no próprio ato de escrever sobre esse ofício.

Contudo, nessa aparente aleatoriedade, há um método: este livro que vejo diante de mim não é somente a história da leitura — é também a história de leitores comuns, dos indivíduos que, ao longo dos séculos, escolheram certos livros em detrimento de outros, aceitaram em alguns casos o veredicto dos antepassados, mas em outras ocasiões resgataram títulos esquecidos do passado ou puseram na estante os eleitos entre seus contemporâneos. Esta é a história de seus pequenos triunfos e de seus sofrimentos secretos, e da maneira como essas coisas aconteceram. A crônica de como tudo ocorreu está minuciosamente registrada neste livro, na vida cotidiana de umas poucas pessoas comuns descoberta aqui e ali em memórias de família, histórias de aldeias, relatos de vida em lugares distantes, há muito tempo. Mas fala sempre de indivíduos, nunca de vastas nacionalidades ou gerações cujas escolhas não pertencem à história da leitura, mas à da estatística. Rilke uma vez perguntou: "É possível que toda a história do mundo tenha sido mal compreendida? É possível que o passado seja falso, porque sempre falamos sobre suas massas como se estivéssemos contando sobre uma reunião de gente, em vez de falar sobre aquela pessoa em torno da qual se reuniram, porque era um estranho e estava morrendo? Sim, é possível".[2] Esse mal-entendido, o autor de *A história da leitura* certamente o reconheceu.

Eis então, no capítulo 14, Richard de Bury, bispo de Durham, tesoureiro e chanceler do rei Eduardo II, nascido a 24 de janeiro de 1287 numa pequena aldeia próxima de Bury, St. Edmund's, em Suffolk, e que em seu 58º aniversário terminou um livro explicando que, "porque trata principalmente do amor aos livros, escolhemos, conforme a moda dos antigos romanos, intitulá-lo afetuosamente com a palavra grega *Philobiblon*". Quatro meses depois, morreu. De Bury colecionara livros com paixão; tinha, dizia-se, mais livros que todos os outros bispos da Inglaterra juntos, e tantos empilhavam-se em torno de sua cama que era quase impossível andar pelo quarto sem tropeçar neles. De Bury, graças a Deus, não era um erudito e lia apenas o que lhe apetecia. Achava o *Hermes Trismegisto* (um volume neoplatônico de alquimia egípcia do século III) um excelente livro científico "de antes do Dilúvio", atribuía erradamente obras a Aristóteles e citava versos horríveis como se fossem de Ovídio. Não importava. "Nos livros", escreveu ele, "encontro os mortos como se estivessem vivos; nos livros, prevejo coisas que irão acontecer; nos livros, negócios de guerra são relatados; dos livros saem as leis da paz. Todas as coisas são corrompidas e degeneram com o tempo; Saturno não cessa de devorar os filhos que gera: toda a glória do mundo estaria enterrada no olvido, se Deus não tivesse provido os mortais com o remédio dos livros."[3] (Nosso autor não menciona isso, mas Virginia Woolf, em um trabalho lido na escola, fez eco à asserção de Bury: "Tenho sonhado às vezes que, quando chegar o Dia do Juízo e os grandes conquistadores, advogados e estadistas forem receber suas recompensas — suas coroas, lauréis, nomes gravados indelevelmente em mármore imperecível —, o Todo-Poderoso irá se voltar para Pedro e dirá, não sem uma certa inveja quando nos vir chegando com nossos livros embaixo do braço: 'Veja, esses não precisam de recompensa. Não temos nada para lhes dar. Eles amaram a leitura'".[4])

O capítulo 8 é devotado a uma leitora quase esquecida que santo Agostinho, numa carta, louva como uma escriba formidável e a quem dedicou um de seus livros. Seu nome era Melania, a Jovem (para distingui-la de sua avó, Melania, a Anciã), e ela viveu em Roma, no Egito e no Norte da África. Nasceu por volta de 385 e morreu em Belém, em 439. Era apaixonada por livros e copiou para si mesma tantos quantos pôde encontrar, reunindo assim uma importante biblioteca. O erudito Gerôncio, do século V, descreveu-a como "naturalmente dotada" e tão aficionada pela leitura que "percorria as *Vidas* dos padres como se estivesse comendo uma sobremesa". "Lia livros que eram comprados, bem como livros que encontrava por acaso, e o fazia com tal diligência que nenhuma palavra ou pensamento permanecia desconhecido para ela. Tão avassaladora era sua paixão pelo aprendizado que, quando lia em latim, parecia a todos que não sabia grego, e, por outro lado, quando lia em grego, pensava-

-se que não sabia latim."[5] Brilhante e transitória, Melania, a Jovem, é vista perambulando n'*A história da leitura* como uma das muitas pessoas que buscaram conforto nos livros.

De um século mais próximo de nós (mas o autor de *A história da leitura* não dá importância a essas convenções arbitrárias e o convida a comparecer no capítulo 6), outro leitor eclético, o genial Oscar Wilde, apresenta-se. Seguimos seu progresso nas leituras, dos contos de fada celtas que sua mãe lhe deu aos volumes eruditos que leu no Magdalen College, em Oxford. Foi num exame em Oxford que lhe pediram que traduzisse a versão grega da Paixão no Novo Testamento. Como avançou no trabalho com muita facilidade e correção, os examinadores disseram-lhe que já bastava. Wilde continuou a traduzir, e uma vez mais disseram-lhe que parasse. "Oh, deixem-me continuar, quero ver como acaba", disse Wilde.

Para ele, era tão importante saber do que gostava quanto o que deveria evitar. Em benefício dos assinantes da *Pall Mall Gazette*, publicou, em 8 de fevereiro de 1886, estas palavras de advertência sobre o que "Ler ou não ler":

> Livros que não devem ser lidos de forma alguma, como *Seasons*, de Thomson, *Italy*, de Rogers, *Evidences*, de Paley, todos os Pais da Igreja, exceto santo Agostinho, todo o John Stuart Mill, exceto o ensaio sobre a liberdade, todas as peças de Voltaire, sem exceção, *Analogy*, de Butler, *Aristotle*, de Grant, *England*, de Hume, *History of Philosophy*, de Lewes, todos os livros argumentativos e todos os livros que tentam provar alguma coisa [...] Dizer às pessoas o que ler é, como regra, inútil ou prejudicial, pois a verdadeira apreciação da literatura é uma questão de temperamento, não de ensino, ao Parnaso não há cartilha introdutória, e nada do que alguém pode aprender vale a pena ser aprendido. Mas dizer às pessoas o que não ler é uma questão muito diferente, e aventuro-me a recomendá-lo, como missão, ao Programa de Extensão Universitária.

Os gostos de leitura privados e públicos são discutidos bem no início do livro, no capítulo 4. O papel do leitor como antologista é examinado, como coletor de material para si mesmo (o livro de Jean-Jacques Rousseau, um lugar-comum, é o exemplo dado) ou para os outros (*Golden Treasury* [Tesouro dourado] de Palgrave), e nosso autor, com muita graça, mostra como os conceitos de público modificam as escolhas dos antologistas. Para apoiar essa "micro-história das antologias", nosso autor cita o professor Jonathan Rose a propósito das "cinco falácias comuns da resposta do leitor":

- primeira, toda literatura é política, no sentido de que sempre influencia a consciência política do leitor;
- segunda, a influência de determinado texto é diretamente proporcional à sua circulação;
- terceira, a cultura "popular" tem muito mais adeptos do que a "alta" cultura e, portanto, reflete com mais precisão as atitudes das massas;
- quarta, a "alta" cultura tende a reforçar a aceitação da ordem social e política existente (suposição largamente compartilhada tanto pela direita como pela esquerda); e
- quinta, o cânone dos "grandes livros" é definido somente pelas elites sociais. Os leitores comuns não reconhecem o cânone, ou aceitam-no apenas por deferência à opinião da elite.[6]

Como nosso autor deixa bastante claro, nós, os leitores, somos normalmente culpados de aceitar pelo menos algumas, senão todas, essas falácias. O capítulo menciona também antologias *ready-made* coligidas e encontradas por acaso, tais como os 10 mil textos reunidos em um curioso arquivo judeu no Cairo Velho, chamado Geniza e descoberto em 1890 num quarto de despejo lacrado de uma sinagoga medieval. Por causa da reverência judaica em relação ao nome de Deus, nenhum papel foi jogado fora por medo de que contivesse seu nome; portanto, tudo, de contratos de casamento a listas de compras, de poemas de amor a catálogos de livreiros (um dos quais incluía a primeira referência conhecida às *Mil e uma noites*), foi reunido ali para um leitor futuro.[7]

Não apenas um, mas três capítulos (31, 32 e 33) são dedicados ao que o autor chama de "A invenção do leitor". Cada texto supõe um leitor. Quando Cervantes começa sua introdução à primeira parte do *Dom Quixote* com o vocativo "Desocupado leitor",[8] sou eu que desde as primeiras palavras me torno uma personagem na ficção, uma pessoa com tempo suficiente para me comprazer com a história que está para começar. A mim Cervantes dedica o livro, a mim explica os fatos de sua composição, a mim confessa as falhas da obra. Seguindo o conselho de um amigo, ele próprio escreveu alguns poemas laudatórios recomendando o livro (a versão menos inspirada de hoje é pedir a personalidades conhecidas que elogiem e colem seus panegíricos na sobrecapa do livro). Cervantes solapa sua própria autoridade ao me fazer penetrar em seu segredo. Eu, o leitor, fico em guarda e, no mesmo ato, sou desarmado. Como posso reclamar do que me foi exposto de forma tão clara? Concordo em participar do jogo. Aceito a ficção. Não fecho o livro.

Minha decepção indisfarçada continua. Oito capítulos adiante, fico sabendo que esse é o tamanho da história de Cervantes e que o resto do livro é uma tradução do árabe feita pelo historiador Cide Hamete Benengeli. Por que o artifício? Porque eu, o leitor, não me convenço facilmente e porque, embora não acredite na maioria dos truques com os quais o autor jura veracidade, gosto de entrar num jogo em que os níveis de leitura mudam constantemente. Leio um romance, leio uma aventura real, leio a tradução de uma aventura real, leio uma versão correta dos fatos.

A história da leitura é eclética. À invenção do leitor segue-se um capítulo sobre a invenção do escritor, outra personagem de ficção. "Tive a infelicidade de começar um livro com a palavra *eu*", escreveu Proust, "e imediatamente pensou-se que, em vez de tentar descobrir leis gerais, eu estava analisando a mim mesmo, no sentido individual e detestável da palavra."[9] Isso conduz nosso autor a discutir o uso da primeira pessoa do singular e do modo como esse *eu* fictício força o leitor a uma aparência de diálogo, do qual, no entanto, ele é excluído pela realidade física da página. "Somente quando o leitor lê *para além* da autoridade do escritor é que o diálogo acontece", diz nosso autor, e tira seus exemplos do *nouveau roman*, em especial de *A modificação*, de Michel Butor,[10] escrito inteiramente na segunda pessoa. "Aqui", diz nosso autor, "as cartas estão na mesa e o escritor não espera que acreditemos no *eu* nem presume que vamos assumir o papel do condescendente 'prezado leitor'."

Numa fascinante digressão (capítulo 40 de *A história da leitura*), nosso autor apresenta a sugestão original de que a forma pela qual o livro se dirige ao leitor leva à criação dos principais gêneros literários — ou pelo menos à sua classificação. Em 1948, em *Das Sprachliche Kunstwerk* [Análise e interpretação da obra de arte literária], o crítico alemão Wolfgang Kayser propôs que o conceito de gênero derivava das três pessoas que existem em todas as línguas conhecidas: *eu*, *tu* e *ele* ou *ela*. Na literatura lírica, o *eu* expressa-se emocionalmente; no drama, o *eu* torna-se uma segunda pessoa, *tu*, e trava com outro *tu* um diálogo apaixonado. Por fim, na epopeia, o protagonista é a terceira pessoa, *ele* ou *ela*, que narra objetivamente. Ademais, cada gênero exige do leitor três atitudes distintas: uma atitude lírica (a da canção), uma atitude dramática (que Kayser chama de *apóstrofe*) e uma atitude épica, ou enunciação.[11] Nosso autor acolhe com entusiasmo esse argumento e ilustra-o com três leitores: Éloise Bertrand, uma colegial francesa do século XIX cujo diário sobreviveu à guerra franco-prussiana de 1870 e que registrou fielmente sua leitura de Nerval; Douglas Hyde, que foi ponto na representação de *The Vicar of Wakefield* [O vigário de Wakefield] no Court Theatre de Londres, com Ellen Terry no papel de Olívia; e a criada de Proust, Céleste, que leu (em parte) o extenso romance de seu patrão.

No capítulo 68 (essa *História da leitura* é um volume reconfortantemente grosso), nosso autor levanta a questão de como (e por que) certos leitores preservam uma leitura depois que a maioria já a relegou ao passado. O exemplo dado é o de um jornal de Londres publicado em algum momento de 1855, quando a maioria dos jornais ingleses estava abarrotada de notícias da guerra na Crimeia:

> John Challis, um homem idoso de cerca de sessenta anos, vestido com os trajes pastoris de uma pastora da idade de ouro, e George Campbell, de 35 anos, que descreveu a si mesmo como advogado e apareceu completamente equipado em trajes femininos atuais, foram postos no tribunal diante de sir R. W. Carden, sob a acusação de terem sido encontrados disfarçados de mulher no Druids'-hall, em Turnagain Lane, um salão de danças sem licença, com o propósito de excitar outros a cometerem uma ofensa antinatural.[12]

"Uma pastora da idade de ouro": em 1855, o ideal bucólico literário era coisa do passado. Codificado nos *Idílios* de Teócrito no terceiro século antes de Cristo, atraindo os escritores de uma forma ou de outra até o século XVII, tentando escritores tão disparatados como Milton, Garcilaso de la Vega, Giambattista Marino, Cervantes, Sidney e Fletcher, o bucolismo encontrou um reflexo muito diferente em romancistas como George Eliot e Elizabeth Gaskell, Émile Zola e Ramón del Valle Inclán, em seus livros que davam aos leitores outra visão menos ensolarada da vida no campo: *Adam Bede* (1859), *Cranford* (1853), *La Terre* (1887), *Tirano Banderas* (1926). Essas reconsiderações não eram novas. Já no século XIV o escritor espanhol Juan Ruiz, arcipreste de Hita, em seu *Libro de buen amor,* subvertera a convenção na qual um poeta ou cavaleiro solitário encontra uma bela pastora a quem seduz gentilmente, fazendo com que o narrador encontre nas colinas de Guadarrama quatro pastoras selvagens, corpulentas e voluntariosas. As duas primeiras o estupram, da terceira ele escapa com promessas falsas de casar com ela e a quarta lhe oferece abrigo em troca de roupas, joias, um casamento ou dinheiro vivo. Duzentos anos depois, havia poucos como o velho sr. Challis que ainda acreditavam no apelo simbólico do pastor adorável e suas pastoras ou do amoroso cavalheiro e sua inocente donzela do campo. Segundo o autor de *A história da leitura*, essa é uma das maneiras (extrema, sem dúvida) pelas quais os leitores preservam e recontam o passado.

Vários capítulos, em diferentes partes do livro, tratam dos deveres da ficção, em oposição ao que o leitor aceita como fato. Os capítulos sobre a leitura de fatos constituem um toque árido, indo das teorias de Platão às críticas de Hegel e Bergson; ainda que tragam o possivelmente apócrifo viajante-escritor inglês do século XIV sir John Mandeville, são um tanto densos para se deixar resumir. Os capítulos sobre leitura de ficção, no entanto, são mais concisos. Duas opiniões, igualmente prescritivas e totalmente opostas, são apresentadas. Segundo uma delas, o leitor deve acreditar nas personagens do romance e agir como elas. De acordo com a outra, o leitor deve desconsiderar essas personagens como meras fabricações sem nenhuma relação com o "mundo real". Henry Tilney, em *A abadia de Northanger*, de Jane Austen, dá voz à primeira opinião quando interroga Catherine depois do rompimento da amizade com Isabella; ele espera que os sentimentos dela sigam as convenções da ficção:

> — Imagino que, perdendo Isabella, deve estar com a sensação de ter perdido metade de si mesma. Sente no coração um vazio que nada encherá. Tudo lhe parece enfadonho, e a simples ideia dos prazeres que compartilhava com ela — bailes, teatros, concertos — lhe é odiosa. Está persuadida de que já não terá, de agora em diante, uma amiga em quem confiar sem reservas, uma amiga com quem contar. Está sentindo tudo isto?
> — Não — disse Catherine depois de refletir. — Devia?[13]

O tom do leitor e o modo como ele afeta o texto são discutidos no capítulo 51, por meio da personagem de Robert Louis Stevenson lendo histórias para seus vizinhos na Samoa. Stevenson atribuía o senso dramático e musical de sua prosa às histórias para dormir que lhe contava sua babá Alison Cunningham, "Cummie". Ela lia histórias de fantasmas, hinos religiosos, panfletos calvinistas e romances escoceses, tudo o que acabou penetrando em sua ficção. "Foi você quem me deu a paixão pelo teatro, Cummie", confessou-lhe quando já era homem feito. "Eu, sr. Lou? Nunca pus o pé num teatro em toda a minha vida." Ao que ele respondeu: "Ah, mulher! Mas foi aquela magnífica forma dramática que você tinha de recitar os hinos".[14] Stevenson aprendeu a ler somente aos sete anos, não por preguiça, mas porque queria prolongar as delícias de ouvir as histórias ganharem vida. A isso nosso autor chama de "síndrome de Scherazade".[15]

Ler ficção não é a única preocupação do nosso autor. A leitura de textos científicos, dicionários, partes de um livro com índices, notas e dedicatórias, mapas, jornais, tudo merece (e recebe) seu próprio capítulo. Há um retrato curto mas revelador do romancista Gabriel García Márquez, que lê todas as manhãs um par de páginas de um dicionário (qualquer dicionário, exceto o pomposo *Diccionario de la Real Academia Española*) — hábito que nosso autor compara ao de Stendhal, que lia com atenção o Código Napoleônico para aprender a escrever com um estilo conciso e exato.

O tópico da leitura de livros emprestados ocupa o capítulo 15. Jane Carlyle (esposa de Thomas Carlyle e famosa epistológrafa) nos conduz pelas complexidades de ler livros que não nos pertencem, "como se tivéssemos um caso ilícito", e de retirar de bibliotecas livros que podem afetar nossa reputação. Uma certa tarde de 1843, tendo escolhido da respeitável London Library vários romances "ousados" do escritor francês Paul de Kock, ela descaradamente preencheu a ficha de empréstimo com o nome de Erasmus Darwin, o descarnado avô inválido do famoso Charles, para espanto dos bibliotecários.[16]

Aqui estão também as cerimônias de leitura da nossa época e de tempos passados (capítulos 43 e 45). Aqui estão as maratonas de leitura de *Ulisses* no Bloomsday, as nostálgicas leituras radiofônicas de um livro antes de dormir, as leituras em grandes salões de biblioteca lotados e em lugares longínquos, desertos e bloqueados pela neve, leituras à cabeceira dos doentes, leituras de histórias de fantasmas ao pé do fogo no inverno. Aqui está a ciência curiosa da biblioterapia (capítulo 21), definida no Webster como "o uso de material de leitura selecionado como coadjuvante terapêutico na medicina e na psiquiatria", com o qual certos médicos afirmam poder curar os doentes do corpo e do espírito, administrando-lhes *The Wind in the Willows* [O vento nos salgueiros] ou *Bouvard e Pécuchet*.[17]

Aqui estão as maletas de livros, o *sine qua non* de toda viagem vitoriana. Nenhum viajante saía de casa sem uma mala cheia de leitura apropriada, fosse para a Cote d'Azur ou para a Antártida. (Pobre Amundsen: nosso autor nos conta que, a caminho do polo Sul, a maleta de livros do explorador afundou sob o gelo e ele foi obrigado a passar muitos meses na companhia do único volume que conseguiu resgatar: *The Portraiture of His Sacred Majesty in his Solitudes and Sufferings* [O retrato de Sua Sagrada Majestade em seus sofrimentos e solidões], do dr. John Gauden.)

Um dos capítulos finais (mas não o último) trata do reconhecimento explícito pelo escritor do poder do leitor. Aqui estão os livros deixados abertos para a construção do leitor, como uma caixa de Lego: o *Tristram Shandy* de Laurence Sterne, evidentemente, que nos permite ler de qualquer jeito, e *O jogo da amarelinha*, de Júlio Cortázar, romance construído com capítulos intercambiáveis cuja sequência o leitor determina à vontade. Sterne e Cortázar conduzem inevitavelmente aos romances da Nova Era, os hipertextos. O termo (conta-nos nosso autor) foi cunhado na década de 1970 pelo especialista em computação Ted Nelson, para descrever o espaço narrativo não sequencial possibilitado pelos computadores. Nosso autor cita o romancista Robert Coover, que descreveu assim o hipertexto num artigo publicado no *New York Times*: "Não há hierarquias nessas redes sem parte de cima (e sem parte de baixo), na medida em que parágrafos, capítulos e outras divisões convencionais do texto são substituídas por blocos de texto e elementos gráficos do tamanho da janela, de valor semelhante e igualmente efêmeros".[18] O leitor de um hipertexto pode entrar no texto praticamente em qualquer ponto, pode mudar o curso da narrativa, exigir inserções, corrigir, expandir ou apagar. Esses textos também não têm fim, pois o leitor (ou o escritor) sempre pode continuar ou recontar um texto: "Se tudo está no meio, como saber que acabou, seja você o leitor ou o escritor?" — pergunta Coover. "Se a qualquer momento o autor é livre para levar a história a qualquer lugar e em quantas direções quiser, não se torna uma *obrigação* fazê-lo?" Entre parênteses, nosso autor questiona a liberdade implícita nessa obrigação.

A história da leitura, felizmente, não tem fim. Depois do último capítulo e antes do já mencionado índice copioso, nosso autor deixou várias páginas em branco para o leitor acrescentar mais pensamentos sobre a leitura, temas obviamente esquecidos, citações pertinentes, eventos e personagens ainda no futuro. Há algum consolo nisso. Imagino deixar o livro na mesinha de cabeceira, imagino abri-lo hoje à noite, amanhã à noite ou depois de amanhã, imagino que direi a mim mesmo: "Não acabou".

NOTAS

Não providenciei uma bibliografia à parte, uma vez que a maioria dos livros em que me baseei é mencionada nas notas que se seguem. De qualquer modo, a vastidão do assunto e as limitações do autor fariam uma tal lista, reunida sob o prestigioso título de "Bibliografia", parecer a um só tempo misteriosamente errática e irremediavelmente incompleta.

A ÚLTIMA PÁGINA

A ÚLTIMA PÁGINA [pp. 20-44]

1. Claude Lévi-Strauss, *Tristes Tropiques* (Paris, 1955). Lévi-Strauss chama as sociedades sem escrita de "sociedades frias", porque sua cosmologia tenta anular a sequência de eventos que constitui nossa noção de história.

2. Philippe Descola, *Les lances du crépuscule* (Paris, 1994).

3. Miguel de Cervantes Saavedra, *El ingenioso hidalgo Don Quixote de la Mancha*, 2 v., ed. Celina S. de Cortázar e Isaías Lerner (Buenos Aires, 1969), I: 9.

4. Gershom Scholem, *Kabbalah* (Jerusalém, 1974).

5. Miguel de Unamuno, soneto sem título, em *Poesía completa* (Madri, 1979).

6. Virginia Woolf, "Charlotte Brontë", em *The Essays of Virginia Woolf, v. 2: 1912-1918*, ed. Andrew McNeillie (Londres, 1987).

7. Jean-Paul Sartre, *Les Mots* (Paris, 1964).

8. Francisco Rodrigues Lobo, *Corte en aldea y noches de invierno* (1619), citado em Marcelino Menéndez y Pelayo, *Orígenes de la novela*, v. 1, pp. 370-1 (Madri, 1943).

9. James Hillman, "A Note on Story", em *Children's Literature: The Great Excluded*, v. 3, ed. Francelia Butler e Bennett Brockman (Filadélfia, 1974).

10. Robert Louis Stevenson, "My Kingdom", em *A Child's Garden of Verses* (Londres, 1885).

11. Michel de Montaigne, "Sur l'éducation des enfants", em *Les essais*, ed. J. Plattard (Paris, 1947).

12. Walter Benjamin, "A Berlin Chronicle", em *Reflections*, ed. Peter Demetz; trad. Edmund Jephcott (Nova York, 1978).

13. Samuel Butler, *The Notebooks of Samuel Butler* (Londres, 1912).

14. Jorge Luis Borges, "Pierre Menard, autor del *Quijote*", em *Ficciones* (Buenos Aires, 1944).

15. Espinosa, *Tractatus theologico-politicus*, trad. R. H. M. Elwes (Londres, 1889).

16. Citado em John Willis Clark, *Libraries in the Medieval and Renaissance Periods* (Cambridge, 1894).

17. Traditio Generalis Capituli of the English Benedictines (Filadélfia, 1866).

18. Jamaica Kincaid, *A Small Place* (Nova York, 1988).

19. Na época, nem Borges nem eu sabíamos que a mensagem em forma de trouxa apresentada por Kipling não era uma invenção. Segundo Ignace J. Gelb (*The History of Writing*, Chicago, 1952), no Turquestão oriental uma jovem mandou a seu amante uma mensagem que consistia de um pouco de chá, uma folha de erva, um fruto vermelho, um damasco seco, um pedaço de carvão, uma flor, um torrão de açúcar, um seixo, uma pena de falcão e uma noz. A mensagem significava: "Não posso mais beber chá, estou pálida como uma erva sem você, fico vermelha ao pensar em você, meu coração queima como um carvão, você é belo como uma flor e doce como o açúcar, mas será de pedra seu coração? Eu voaria para você se tivesse asas, sou sua como uma noz em sua mão".

20. Borges analisou a linguagem de Wilkins em um ensaio, "El idioma analítico de John Wilkins", em *Otras inquisiciones* (Buenos Aires, 1952).

21. Evelyn Waugh, "The Man Who Liked Dickens", capítulo de *A Handful of Dust* (Londres, 1934).

22. Ezequiel Martínez Estrada, *Leer y escribir* (México, D. F., 1969).

23. Jorge Semprún, *L'Écriture ou la vie* (Paris, 1994).

24. José Maria Eça de Queirós, *Os Maias* (Lisboa, 1888).

25. Jorge Luis Borges, resenha de *Men of Mathematics*, de E. T. Bell, em El hogar, Buenos Aires, 8 de julho de 1938.

26. P. K. E. Schmöger, *Das Leben der Gottseligen Anna Katharina Emmerich* (Freiburg, 1867).

27. Platão, *Phaedrus*, em *The Collected Dialogues*, ed. Edith Hamilton e Huntington Cairns (Princeton, 1961).

28. Hans Magnus Enzensberger, "In Praise of Illiteracy", em *Die Zeit*, Hamburgo, 29 de novembro de 1985.

29. Allan Bloom, *The Closing of the American Mind* (Nova York, 1987).

30. Charles Lamb, "Detached Thoughts on Books and Reading", em *Essays of Elia* (Londres, 1833).

31. Orhan Pamuk, *The White Castle*, trad. Victoria Holbrook (Manchester, 1990).

ATOS DE LEITURA

LEITURA DAS SOMBRAS [pp. 46-58]

1. Isso não quer dizer que toda a escrita tenha suas raízes nessas placas sumérias. É geralmente aceito que as escritas da China e da América Central, por exemplo, se desenvolveram independentemente. Ver Albertine Gaur, *A History of Writing* (Londres, 1984).

2. "Early Writing Systems", em *World Archeology* 17/3, Henley-on-Thames, fevereiro de 1986. A invenção mesopotâmica da escrita provavelmente influenciou outros sistemas de escrita: o egípcio, pouco depois de 3000 a.C., e o indiano, por volta de 2500 a.C.

3. Em 1819, William Wordsworth descreveu um sentimento similar: "Oh tu, que pacientemente exploras/ os destroços do saber de Herculano/ Que êxtase se pudesses pegar/ Algum fragmento tebano ou desenrolar/ Um rolo precioso e sensível/ De puro Simônides".

4. Cícero, *De oratore*, v. I, ed. E. W. Sutton e H. Rackham (Cambridge, Mass., e Londres, 1967), II, 87: 357.

5. Santo Agostinho, *Confessions* (Paris, 1959), x, 34.

6. M. D. Chenu, *Grammaire et théologie au XIIᵉ et XIIIᵉ siècles* (Paris, 1935--36).

7. Empédocles, Fragmento 84DK, citado em Ruth Padel, *In and Out of the Mind: Greek Images of the Tragic Self* (Princeton, 1992).

8. Epicuro, "Letter to Herodotus", in Diógenes Laércio, *Lives of Eminent Philosophers*, 10, citado em David C. Lindberg, *Studies in the History of Medieval Optics* (Londres, 1983).

9. Ibid.

10. Para uma explanação lúcida desse termo complexo, ver Padel, *In and Out of the Mind*.

11. Aristóteles, *De anima*, ed. W. S. Hett (Cambridge, Mass., e Londres, 1943).

12. Citado em Nancy G. Siraisi, *Medieval & Early Renaissance Medicine* (Chicago e Londres, 1990).

13. Santo Agostinho, *Confessions*, x, 8-11.

14. Siraisi, *Medieval & Early Renaissance Medicine*.

15. Kenneth D. Keele e Carlo Pedretti, eds., *Leonardo da Vinci: Corpus of the Anatomical Studies in the Collection of Her Majesty the Queen at Windsor Castle*, 3. (Londres, 1978-80).

16. Albert Hourani, *A History of the Arab Peoples* (Cambridge, Mass., 1991).

17. Johannes Pedersen, *The Arabic Book*, trad. Geoffrey French (Princeton, 1984).

18. Sadik A. Assaad, *The Reign of al-Hakim bi Amr Allah* (Londres, 1974).

19. Essas explicações bastante elaboradas são desenvolvidas em Saleh Beshara Omar, *Ibn al-Haytham's Optics: A Study of The Origins of Experimental Science* (Minneapolis e Chicago, 1977).

20. David C. Lindberg, *Theories of Vision from al-Kindi to Kepler* (Oxford, 1976).

21. Émile Charles, *Roger Bacon, sa vie, ses ouvrages, ses doctrines d'après des textes inédits* (Paris, 1861).

22. M. Dax, "Lésions de la moitié gauche de l'encéphale coïncidant avec l'oubli des signes de la pensée", *Gazette Hebdomadaire de Médecine et de Chirurgie*, 2 (1865), e P. Broca, "Sur le siège de la faculté du langage articulé", *Bulletin de la Societé d'Anthropologie*, 6337-93 (1865), em André Roch Lecours et al., " Illiteracy and Brain Damage (3): A Contribution to the Study of Speech and Language Disorders in Illiterates with Unilateral Brain Damage (Initial Testing)", *Neuropsychologia* 26/4 (Londres, 1988).

23. André Roch Lecours, "The Origins and Evolution of Writing", em *Origins of the Human Brain* (Cambridge, 1993).

24. Daniel N. Stern, *The Interpersonal World of the Infant: A View from Psychoanalysis and Developmental Psychology* (Nova York, 1985).

25. Roch Lecours et al., "Illiteracy and Brain Damage (3)".

26. Jonathan Swift, *Gulliver's Travels*, editado por Herbert Davis (Oxford, 1965).

27. Entrevista pessoal com André Roch Lecours, Montreal, novembro de 1992.

28. Émile Javal, oito artigos em *Annales d'Oculistique*, 1878-79, discutidos em Paul A. Kolers, "Reading", palestra realizada na reunião da Canadian Psychological Association, Toronto, 1971.

29. Oliver Sacks, "The President's Speech", em *The Man Who Mistook His Wife for a Hat* (*O homem que confundiu sua mulher com um chapéu*) (Nova York, 1987).

30. Merlin C. Wittrock, "Reading Comprehension", em *Neuropsychological and Cognitive Processes in Reading* (Oxford, 1981).

31. Cf. D. LaBerge e S. J. Samuels, "Toward a Theory of Automatic Information Processing in Reading", em *Cognitive Psychology* 6, Londres, 1974.

32. Wittrock, "Reading Comprehension".

33. E. B. Huey, *The Psychology and Pedagogy of Reading* (Nova York, 1908), citado em Kolers, "Reading".

34. Citado em Lindberg, *Theories of Vision from al-Kindi to Kepler*.

OS LEITORES SILENCIOSOS [pp. 59-73]

1. Santo Agostinho, *Confessions* (Paris, 1959), v, 12.

2. Donald Attwater, "Ambrose", em *A Dictionary of Saints* (Londres, 1965).

3. W. Ellwood Post, *Saints, Signs and Symbols* (Harrisburg, Pensilvânia, 1962).

4. Santo Agostinho, *Confessions*, VI, 3.

5. Em 1927, num artigo intitulado "Voces paginarum" (*Philologus* 82), o estudioso húngaro Josef Balogh tentou provar que a leitura silenciosa era quase completamente desconhecida no mundo antigo. Quarenta e um anos depois, em 1968, Bernard M. W. Knox ("Silent Reading in Antiquity", em *Greek, Roman and Byzantine Studies* 9/4, inverno de 1968) argumentou contra Balogh, sustentando que "os livros antigos eram normalmente lidos em voz alta, mas não há nada que mostre que a leitura silenciosa fosse algo extraordinário". Contudo, os exemplos oferecidos por Knox (vários dos quais cito aqui) parecem-me muito fracos para sustentar sua tese, sugerindo antes *exceções* à leitura em voz alta e não a regra.

6. Knox, "Silent Reading in Antiquity".

7. Plutarco, "On the Fortune of Alexander", Fragmento 340a em *Moralia*, v. IV, ed. Frank Cole Babbitt (Cambridge, Mass., e Londres, 1972): "Na verdade, está registrado que certa vez, quando rompera o selo de uma carta confidencial de sua mãe e a estava lendo em silêncio, Hefaistion colocou silenciosamente a cabeça ao lado de Alexandre e leu a carta junto com ele; Alexandre não poderia fazê-lo parar, mas tirou seu anel e pôs o selo sobre os lábios de Hefaistion".

8. Cláudio Ptolomeu, *On the Criterion*, discutido em *The Criterion of Truth*, ed. Pamela Huby e Gordon Neal (Oxford, 1952).

9. Plutarco, "Brutus", V, em *The Parallel Lives*, ed. B. Perrin (Cambridge, Mass., e Londres, 1970). Não é estranho que César tenha lido essa carta em silêncio. Em primeiro lugar, talvez não quisesse que uma carta de amor fosse escutada; em segundo, talvez fizesse parte de seu plano irritar o inimigo, Catão, e levá-lo a suspeitar de uma ação conspiratória — que foi exatamente o que aconteceu, segundo Plutarco. César foi forçado a mostrar o bilhete e Catão foi ridicularizado.

10. São Cirilo de Jerusalém, *The Works of Saint Cyril of Jerusalem*, v. I, trad. L. P. McCauley e A. A. Stephenson (Washington, 1968).

11. Sêneca, *Epistulae Morales*, ed. R. M. Gummere (Cambridge, Mass., e Londres, 1968), Carta 56.

12. O refrão *tolle, lege* não aparece em nenhuma brincadeira antiga de criança conhecida atualmente. Pierre Courcelle sugere que esta é uma das fórmulas usadas em adivinhação e cita *Life of Porphyrus*, de Marc le Diacre, no qual a fórmula é pronunciada por uma figura em um sonho, para induzir a consulta da Bíblia com propósitos adivinhatórios. Ver Pierre Courcelle, "L'Enfant et les 'sortes bibliques'", em *Vigiliae Christianae*, v. 7 (Nîmes, 1953).

13. Santo Agostinho, *Confessions*, IV, 3.

14. Santo Agostinho, "Concerning the Trinity", XV, 10: 19, em *Basic Writings of Saint Augustine*, ed. Whitney J. Oates (Londres, 1948).

15. Marcial, *Epigrams*, trad. J. A. Pott e F. A. Wright (Londres, 1924), I.38.

16. Cf. Henri Jean Martin, "Pour une histoire de la lecture", *Revue Française d'Histoire du Livre* 46, (Paris, 1977). Segundo Martin, o sumério (não o aramaico) e o hebraico não têm um verbo específico que signifique *ler*.

17. Ilse Lichtenstadter, *Introduction to Classical Arabic Literature* (Nova York, 1974).

18. Citado em Gerald L. Bruns, *Hermeneutics Ancient and Modern* (New Haven e Londres, 1992).

19. Julian Jaynes, *The Origin of Consciousness in the Breakdown of the Bicameral Mind* (Princeton, 1976).

20. Cícero, *Tusculan Disputations*, ed. J. E. King (Cambridge, Mass., e Londres, 1952), Disputa v.

21. Albertine Gaur, *A History of Writing* (Londres, 1984).

22. William Shepard Walsh, *A Handy-Book of Literary Curiosities* (Filadélfia, 1892).

23. Citado em M. B. Parkes, *Pause and Effect: An Introduction to the History of Punctuation in the West* (Berkeley e Los Angeles, 1993).

24. Suetônio, *Lives of the Caesars*, ed. J. C. Rolfe (Cambridge, Mass., e Londres, 1970).

25. T. Birt, *Aus dem Leben der Antike* (Leipzig, 1922).

26. Gaur, *A History of Writing*.

27. Pierre Riehé, *Les Écoles et l'enseignement dans l'Occident chrétien de la fin du Vᵉ siècle au milieu du XIᵉ siècle* (Paris, 1979).

28. Parkes, *Pause and Effect*.

29. Santo Isaac da Síria, "Directions of Spiritual Training", em *Early Fathers from the Philokalia*, ed. e trad. E. Kadloubovsky e G. E. H. Palmer (Londres e Boston, 1954).

30. Isidoro de Sevilha, *Libri sententiae*, III, 13: 9, citado em *Etimologías*, ed. Manuel C. Díaz y Díaz (Madri, 1982-83).

31. Isidoro de Sevilha, *Etimologías*, I, 3: 1.

32. David Diringer, *The Hand-Produced Book* (Londres, 1953).

33. Parkes, *Pause and Effect*.

34. Carlo M. Cipolla, *Literacy and Development in the West* (Londres, 1969).

35. Citado em Wilhelm Wattenbach, *Das Schriftwesen im Mittelalter* (Leipzig, 1896).

36. Alan G. Thomas, *Great Books and Book Collectors* (Londres, 1975).

37. Santo Agostinho, *Confessions*, VI, 3.

38. Salmos 91,6.

39. Santo Agostinho, *Confessions*, VI, 3.

40. David Christie-Murray, *A History of Heresy* (Oxford e Nova York, 1976).

41. Robert I. Moore, *The Birth of Popular Heresy* (Londres, 1975).

42. Heiko A. Oberman, *Luther: Mensch zwischen Gott und Teufel* (Berlim, 1982).

43. E.G. Léonard, *Histoire générale du protestantisme*, v. I (Paris, 1961-64).

44. Van Wyck Brooks, *The Flowering of New England,1815-1865* (Nova York, 1936).

45. Ralph Waldo Emerson, *Society and Solitude* (Cambridge, Mass., 1870).

O LIVRO DA MEMÓRIA [pp. 74-84]

1. Santo Agostinho, "Of the Origin and Nature of the Soul", IV, 7: 9, em *Basic Writings of Saint Augustine*, ed. Whitney J. Oates (Londres, 1948).

2. Cícero, *De oratore*, v. I, ed. E. W. Sutton e H. Rackham (Cambridge, Mass. e Londres, 1957), II, 86: 354.

3. Louis Racine, *Mémoires contenant quelques particularités sur la vie et les ouvrages de Jean Racine*, em Jean Racine, *Oeuvres complètes*, v. I, ed. Raymond Picard (Paris, 1950).

4. Platão, *Phaedrus*, em *The Collected Dialogues*, ed. Edith Hamilton e Huntington Cairns (Princeton, 1961).

5. Mary J. Carruthers, *The Book of Memory* (Cambridge, 1990).

6. Ibid.

7. Eric G. Turner, "I libri nell'Atene del V e IV secolo A.C.", em Guglielmo Cavallo, *Libri, editori e pubblico nel mondo antico* (Roma e Bari, 1992).

8. João 8,8.

9. Carruthers, *The Book of Memory*.

10. Ibid.

11. Aline Rousselle, *Porneia* (Paris, 1983).

12. Frances A. Yates, *The Art of Memory* (Londres, 1966).

13. Petrarca, *Secretum meum*, II, em *Prose*, ed. Cuido Martellotti et al. (Milão, 1951).

14. Victoria Kahn, "The Figure of the Reader in Petrarch's *Secretum*", em *Petrarch: Modern Critical Views*, ed. Harold Bloom (Nova York e Filadélfia, 1989).

15. Petrarca, *Familiares*, 2.8.822, citado em ibid.

16. Citado em Hubert Nyssen, *L'Éditeur et son double: Carnetsa 1989-1995* (Arles, 1997).

O APRENDIZADO DA LEITURA [pp. 85-101]

1. Claude Lévi-Strauss, *Tristes tropiques* (Paris, 1955).

2. A. Dorlan, "Casier descriptif et historique des rues & maisons de

Sélestat" (1926), em *Annuaire de la Société des Amis de la Bibliothèque de Sélestat* (Sélestat, 1951).

3. Citado em Paul Adam, *Histoire de l'enseignement secondaire à Sélestat* (Sélestat, 1969).

4. Herbert Grundmann, *Vom Ursprung der Universität im Mittelalter* (Frankfurt, 1957).

5. Ibid.

6. Edouard Fick, Introdução a *La Vie de Thomas Platter écrite par lui-même* (Genebra, 1862).

7. Paul Adam, *L'Humanisme à Sélestat: L'École, les humanistes, la bibliothèque* (Sélestat, 1962).

8. Thomas Platter, *La Vie de Thomas Platter écrite par lui-même*, trad. Edouard Fick (Genebra, 1862).

9. Israel Abrahams, *Jewish Life in the Middle Ages* (Londres, 1896).

10. Agradeço ao professor Roy Porter por esta advertência.

11. Mateo Palmieri, *Delta vita civile* (Bolonha, 1944).

12. Leon Battista Alberti, *I libri della famiglia*, ed. R. Romano e A. Tenenti (Turim, 1969).

13. Quintiliano, *The "Institutio Oratoria" of Quintilian*, trad. H. E. Butler (Oxford, 1920-22), i 12.

14. Citado em Pierre Riche e Daniele Alexandre-Bidon, *L'Enfance au Moyen Age*. Catálogo de exposição na Biblioteca Nacional, Paris, 26 de outubro de 1994-15 de janeiro de 1995 (Paris, 1995).

15. Ibid.

16. M. D. Chenu, *La Théologie comme science au XIIIᵉ siècle*, 3. ed. (Paris, 1969).

17. Dominique Sourdel e Janine Sourdel-Thomine, eds., *Medieval Education in Islam and the West* (Cambridge, Mass., 1977).

18. Alfonso el Sabio, *Las siete partidas*, ed. Ramón Menéndez Pidal (Madri, 1955), 2 31 iv.

19. Temos uma carta, mais ou menos da mesma época, de um estudante pedindo que sua mãe consiga alguns livros para ele, sem se preocupar com o custo: "Quero também que Paul compre as *Orationes Demosthenis Olynthiacae*, mande encaderná-las e despache-as para mim". Steven Ozment, *Three Behaim Boys: Growing Up in Early Modern Germany* (New Haven e Londres, 1990).

20. Adam, *Histoire de l'enseignement secondaire à Sélestat*.

21. Jakob Wimpfeling, *Isidoneus*, XXI, em J. Freudgen, *Jakob Wimphelings pädagogische Schriften* (Paderborn, 1892).

22. Isabel Suzeau, "Un écolier de la fin du XVᵉ siècle: à propos d'un cahier inédit de l'école latine de Sélestat sous Crato Hofman", em *Annuaire de la Société des Amis de la Bibliothèque de Sélestat* (Sélestat, 1991).

23. Jacques Le Goff, *Les Intellectuels au Moyen Age*, ed. rev. (Paris, 1985).

24. Carta de L. Guidetti a B. Massari datada de 25 de outubro de 1465,

340

em *La critica del Landino*, ed. R. Cardini (Florença, 1973). Citado em Anthony Grafton, *Defenders of the Text: The Traditions of Scholarship in an Age of Science, 1450-1800* (Cambridge, Mass., 1991).

25. Wimpfeling, *Isidoneus*, XXI.

26. Adam, *L'humanisme à Sélestat.*

27. Ibid.

28. No final, a preferência de Dringenberg prevaleceu: nos primeiros anos do século XVI, em reação à Reforma, os professores da escola latina eliminaram todos os escritores pagãos considerados "suspeitos", isto é, não "canonizados" por autoridades como santo Agostinho, e insistiram numa educação rigorosamente católica.

29. Jakob Spiegel, "Scholia in Reuchlin Scaenica progymnasmata", em G. Knod, *Jakob Spiegel aus Schlettstadt: ein Beitrag zur Geschichte des deutschen Humanismus* (Estrasburgo, 1884).

30. Jakob Wimpfeling, "Diatriba" IV, em G. Knod, *Aus der Bibliothek des Beatus Rhenanus: ein Beitrag zur Geschichte des Humanismus* (Sélestat, 1889).

31. Jerôme Gebwiler, citado em *Schlettstadter Chronik des Schulmeisters Hieronymus Gebwiler*, ed. J. Geny (Sélestat, 1890).

32. Nicolas Adam, "Vraie Manière d'apprendre une langue quelconque", em *Dictionnaire pédagogique* (Paris, 1787).

33. Keller, Helen, *The Story of My Life*, 3. ed. (Londres, 1903).

34. Citado em E. P. Goldschmidt, *Medieval Texts and Their First Appearance in Print*, supl. de *Biographical Society Transactions* 16 (Oxford, 1943).

35. A Igreja católica só revogou a proibição dos escritos de Copérnico em 1758.

A PRIMEIRA PÁGINA AUSENTE [pp. 102-12]

1. Franz Kafka, *Erzählungen* (Frankfurt, 1967).

2. Cf. Goethe (citado em Umberto Eco, *The Limits of Interpretation*, Bloomington e Indianápolis, 1990): "O simbolismo transforma a experiência numa ideia e uma ideia em imagem, de tal forma que a ideia expressa por meio da imagem permanece sempre ativa e inatingível e, embora expressa em todas as línguas, permanece inexprimível. A alegoria transforma a experiência em um conceito e um conceito em uma imagem, mas de tal forma que o conceito permanece sempre definido e exprimível pela imagem".

3. Paul de Man, *Allegories of Reading: Figural Language in Rousseau, Nietzsche, Rilke, and Proust* (New Haven, 1979).

4. Dante, *Le opere di Dante. Testo critico della Società Dantesca Italiana*, ed. M. Barbi et al. (Milão, 1921-22).

5. Ernst Pawel, *The Nightmare of Reason: A Life of Franz Kafka* (Nova York, 1984).

6. Franz Kafka, *Brief an den Vater* (Nova York, 1953).

7. Citado em Pawel, *The Nightmare of Reason*.

8. Gustav Janouch, *Conversations with Kafka*, trad. Goronwy Rees, 2. ed., revista e ampliada (Nova York, 1971).

9. Martin Buber, *Tales of the Hasidim*, 2 v., trad. Olga Marx (Nova York, 1947).

10. Marc-Alain Ouaknin, *Le Livre brûlé: Philosophie du Talmud* (Paris, 1986).

11. Pawel, *The Nightmare of Reason*.

12. Janouch, *Conversations with Kafka*.

13. Walter Benjamin, *Illuminations*, trad. Harry Zohn (Nova York, 1968).

14. Ibid.

15. Fiódor Dostoiévski, *The Brothers Karamazov*, trad. David Magarshack, v. I (Londres, 1958).

16. Janouch, *Conversations with Kafka*.

17. Eco, *The Limits of Interpretation*.

18. Pawel, *The Nightmare of Reason*.

19. Janouch, *Conversations with Kafka*.

20. Citado em Gershom Sholem, *Walter Benjamin: The Story of a Friendship*, trad. Harry Zohn (Nova York, 1981).

21. Marthe Robert, *La Tyrannie de l'imprimé* (Paris, 1984).

22. Jorge Luis Borges, "Kafka y sus precursores", em *Otras inquisiciones* (Buenos Aires, 1952).

23. Robert, *La Tyrannie de l'imprimé*.

24. Vladimir Nabokov, "Metamorphosis", em *Lectures on Literature* (Nova York, 1980).

25. Fernando Pessoa, "Autopsicografia", em *Cancioneiro*, em *Obras completas de Fernando Pessoa*, 3. ed. (Lisboa, 1963).

26. Pawel, *The Nightmare of Reason*.

LEITURA DE IMAGENS [pp. 113-24]

1. Luigi Serafini, *Codex Seraphinianus*, introdução de Italo Calvino (Milão, 1981).

2. John Atwatter, *The Penguin Book of Saints* (Londres, 1965).

3. K. Heussi, "Untersuchungen zu Nilus dera Asketem", em *Texte und Untersuchungen*, v. XLII, fasc. 2 (Leipzig, 1917).

4. Louis-Sébastien Le Nain de Tillemont, *Mémoires pour servir à l'histoire ecclésiastique des six premiers siècles*, v. XIV (Paris, 1693-1712).

5. *Dictionnaire de théologie catholique* (Paris, 1903-50).

6. São Nilo, *Epistula LXI*: "Ad Olympidoro Eparcho", em *Patrologia graeca*, LXXIX, 1857-66.

7. Citado em F. Piper, *Über den christlichen Biderkreis* (Berlim, 1852).

8. Citado em Claude Dagens, *Saint Grégoire le Grand: culture et experience chrétienne* (Paris, 1977).

9. Sínodo de Arras, capítulo 14, em *Sacrorum nova et amplissima Collectio*, ed. J. D. Mansi (Paris e Leipzig, 1901-27), citado em Umberto Eco, *Il problema estetico di Tommaso d'Aquino* (Milão, 1970).

10. Êxodo 20,4; Deuteronômio 5,8.

11. I Reis 6-7.

12. André Grabar, *Christian Iconography: A Study of Its Origins* (Princeton, 1968).

13. Mateus 1,22; e também Mateus 2,5; 2,15; 4,14; 8,17; 13,35; 21,4; 27,35.

14. Lucas 24,44.

15. *A Cyclopedic Bible Concordance* (Oxford, 1952).

16. Santo Agostinho, "In Exodum" 73, em *Quaestiones in Heptateuchum*, II, Patrologia latina, XXXIV, capítulo 625, 1844-55.

17. Eusébio de Cesareia, *Demostratio evangelium*, IV, 15, *Patrologia graeca*, XXII, capítulo 296, 1857-66.

18. Cf. "Pois todos beberam da pedra espiritual que os seguia; e essa pedra era Cristo", I Coríntios 10,4.

19. Grabar, *Christian Iconography*.

20. Citado em Piper, *Über den christlichen Bilderkreis*.

21. Allan Stevenson, *The Problem of the Missale Speciale* (Londres, 1967).

22. Cf. Maurus Berve, *Die Armenbibel* (Beuron, 1989). A *Biblia pauperum* está catalogada como Ms. 148 na biblioteca da Universidade de Heidelberg.

23. Gerhard Schmidt, *Die Armenbibeln des XIV Jahrhunderts* (Frankfurt, 1959).

24. Karl Gotthelf Lessing, *G. E. Lessings Leben* (Frankfurt, 1793-95).

25. G. E. Lessing, "Ehemalige Fenstergemälde im Kloster Hirschau", em *Zur Geschichte und Literatur aus der Herzoglichen Bibliothek zu Wolfenbüttel* (Braunschweig, 1773).

26. G. Heider, "Beitrage zur christlichen Typologie", em *Jahrbuch der K. K. Central-Comission zur Erforschung der Baudenkmale*, v. V (Viena, 1861).

27. Marshall McLuhan, *Understanding Media: The Extensions of Man* (Nova York, 1964).

28. François Villon, *Oeuvres complètes*, ed. P. L. Jacob (Paris, 1854).

29. Ibid., "Ballade que Villon fit à la requeste de sa mère pour prier Nostre-Dame", em *Le Grand testament*:

> *Femme je suis povrette et ancienne,*
> *Ne rien ne scay; oncques lettre ne leuz;*
> *Au monstier voy, dont suis parroissienne,*
> *Paradis painct, ou sont harpes et luz,*
> *Et ung enfer ou damnez sont boulluz:*
> *Lúng me faict paour; l'autre, joye et liesse.*

30. Berve, *Die Armenbibel*.

31. Sehmidt, *Die Armenbibeln des XIV Jahrhunderts*; também Elizabeth L. Einsenstein, *The Printing Revolution in Early Modern Europe* (Cambridge, 1983).

A LEITURA OUVIDA [pp. 125-40]

1. Philip S. Foner, *A History of Cuba and Its Relations with the United States*, v. II (Nova York, 1963).

2. José Antonio Portuondo, '*La Aurora*' *y los comienzos de la prensa y de la organización en Cuba* (Havana; 1961).

3. Ibid.

4. Foner, *A History of Cuba*.

5. Ibid.

6. Hugh Thomas, *Cuba: The Pursuit of Freedom* (Londres, 1971).

7. L. Glenn Westfall, *Key West: Cigar City USA* (Key West, 1984).

8. Manuel Deulofeu y Lleonart, *Martí, Cayo Hueso y Tampa: la emigración* (Cienfuegos, 1905).

9. Kathryn Hall Proby, *Mario Sánchez: Painter of Key West Memories* (Key West, 1981). Também entrevista pessoal, 20 de novembro de 1991.

10. T. F. Lindsay, *St Benedict, His Life and Work* (Londres, 1949).

11. O conto de Borges "O Aleph", em *El Aleph* (Buenos Aires, 1949), de onde foi tirada essa descrição, está centrado numa visão universal como essa.

12. García Colombas e Inaki Aranguren, *La regla de san Benito* (Madri, 1979).

13. "Assim, há dois livros de onde colho minha divindade: além daquele escrito por Deus, outro de sua serva Natureza, aquele manuscrito público e universal que se estende diante dos olhos de todos." Sir Thomas Browne, *Religio Medici* (Londres, 1642), I:16.

14. "The Rule of S. Benedict", em *Documents of the Christian Church*, ed. Henry Bettenson (Oxford, 1963).

15. John de Ford, em *Life of Wulfric of Haselbury*, compara esse "amor ao silêncio" com as súplicas da noiva pela quietude no Cântico dos Cânticos 2,7. Em Pauline Matarasso, ed., *The Cistercian World: Monastic Writings of the Twelfth Century* (Londres, 1993).

16. "Eu vos digo, irmãos, nenhuma desventura pode tocar-nos, nenhuma situação tão humilhante ou perturbadora pode surgir que não caia no nada ou se torne suportável, assim que as Santas Escrituras tomam conta de nós." Aelred of Rievaulx, "The Mirror of Charity", em Matarasso, ibid.

17. Cedric E. Pickford, "Fiction and the Reading Public in the Fifteenth Century", no *Bulletin of the John Rylands University Library of Manchester*, v. 45 II, Manchester, março de 1963.

18. Gaston Paris, *La Littérature française au Moyen Âge* (Paris, 1890).

19. Citado em Urban Tigner Holmes Jr., *Daily Living in the Twelfth Century* (Madison, Wisconsin, 1952).

20. Plínio, o Jovem, *Lettres I-IX*, ed. A. M. Guillemin, 3 v. (Paris, 1927--28), IX: 36.

21. J. M. Richard, *Mahaut, comtesse d'Artois et de Bourgogne* (Paris, 1887).

22. Iris Cutting Origo, *The Merchant of Prato: Francesco di Marco Datini* (Nova York, 1957).

23. Emmanuel Le Roy Ladurie, *Montaillou: Village occitan de 1294 a 1324* (Paris, 1978).

24. Madeleine Jeay, ed., *Les Évangiles des quenouilles* (Montreal, 1985). A roca, haste fendida que segura a lã ou o linho para fiar, simboliza o sexo feminino. Em inglês, "o lado da roca da família" significa "o ramo feminino".

25. Miguel de Cervantes Saavedra, *El ingenioso hidalgo Don Quijote de la Mancha* (Madri, 1605), I: 34.

26. Catorze capítulos antes, o próprio Dom Quixote reprovou Sancho por contar uma história "cheia de interrupções e digressões", em vez da narração linear que o livresco cavaleiro espera. A defesa de Sancho é que "é assim que contam histórias na minha terra natal; não conheço nenhuma outra maneira e não é justo que Sua Graça me peça para ter novas maneiras". Ibid., I: 20.

27. William Chambers, *Memoir of Robert Chambers with Autobiographic Reminiscences*, 10. ed. (Edimburgo, 1880). Essa maravilhosa anedota me foi passada por Larry Pfaff, bibliotecário da Art Gallery de Ontário.

28. Ibid.

29. Jean Pierre Pinies, "Du choc culturel à l'ethnocide: la pénétration du livre dans les campagnes languedociennes du XVIIe au XIXe siècles", em *Folklore* 44/3 (1981), citado em Martyn Lyons, *Le Triomphe du livre* (Paris, 1987).

30. Citado em Amy Cruse, *The Englishman and His Books in the Early Nineteenth Century* (Londres, 1930).

31. Denis Diderot, "Lettre à sa fille Angélique", 28 de julho de 1781, em *Correspondance littéraire, philosophique et critique*, ed. Maurice Tourneux, trad. P. N. Furbank (Paris, 1877-82), XV: 253-4.

32. Benito Pérez Galdós, "O'Donnell", em *Episodios nacionales, Obras completas* (Madri, 1952).

33. Jane Austen, *Letters*, ed. R. W. Chapman (Londres, 1952).

34. Denis Diderot, *Essais sur la peinture*, ed. Gita May (Paris, 1984).

A FORMA DO LIVRO [pp. 141-60]

1. David Diringer, *The Hand-Produced Book* (Londres, 1953).

2. Plínio, o Velho, *Naturalis historia*, ed. W. H. S. Jones (Cambridge, Mass., e Londres, 1968), XIII, 11.

345

3. O mais antigo códice grego existente em velino é uma *Ilíada* do século III d.C. (Biblioteca Ambrosiana, Milão).

4. Marcial, *Epigrammata*, XIV: 184, em *Works*, 2 v., ed. W. C. A. Ker (Cambridge, Mass., e Londres, 1919-20).

5. Francisco I, *Lettres de François I^{er}au Pape* (Paris, 1527).

6. John Power, *A Handy-Book about Books* (Londres, 1870).

7. Citado em Geo. Haven Putnam, *Books and Their Makers During the Middle Ages*, v. I (Nova York, 1896-97).

8. Janet Backhouse, *Books of Hours* (Londres, 1985).

9. John Harthan, *Books of Hours and Their Owners* (Londres, 1977).

10. Atualmente na Biblioteca Municipal de Sémur-en-Auxois, França.

11. Johannes Duft, *Stiftsbibliothek Sankt Gallen: Geschichte, Barocksaal, Manuskripte* (St. Gall, 1990). O antifonário está catalogado como Códice 541, *Antiphonarium officii* (pergaminho, 618 pp.), Biblioteca da Abadia, St. Gall, Suíça.

12. D. J. Gillies, "Engineering Manuals of Coffee-Table Books: The Machine Books of the Renaissance", in *Descant* 13, Toronto, inverno de 1975.

13. Benjamin Franklin, *The Autobiography of B. F.* (Nova York, 1818).

14. Elizabeth L. Eisenstein, *The Printing Revolution in Early Modern Europe* (Cambridge, 1983).

15. Victor Scholderer, *Johann Gutenberg* (Frankfurt, 1963).

16. Citado em Guy Bechtel, *Gutenberg et l'invention de l'imprimerie* (Paris, 1992).

17. Paul Needham, diretor do Departamento de Livros e Manuscritos da Sotheby's, Nova York, sugeriu duas outras reações possíveis do público de Gutenberg: surpresa pelo fato de o novo método usar tecnologia metalúrgica para produzir letras, em vez de pena ou junco, e também pelo fato de que essa "arte sagrada" vinha dos rincões da Alemanha bárbara e não da culta Itália. Paul Needham, "Haec sancta ars: Gutenberg's Invention As a Divine Gift", em *Gazette of the Grolier Club*, n. 42, 1990, Nova York, 1991.

18. Svend Dahl, *Historia del libro*, trad. Albert Adell, rev. Fernando Huarte Morton (Madri, 1972).

19. Konrad Haebler, *The Study of Incunabula* (Londres, 1953).

20. Warren Chappell, *A Short History of the Printed Word* (Nova York, 1970).

21. Sven Birkerts, *The Gutenberg Elegies: The Fate of Reading in an Electronic Age* (Boston e Londres, 1994).

22. Catálogo: Il Libro della Biblia, *Esposizione di manoscritti e di edizioni a stampa della Biblioteca Apostolica Vaticana dal secolo III al secolo XVI* (Cidade do Vaticano, 1972).

23. Alan G. Thomas, *Great Books and Book Collectors* (Londres, 1975).

24. Lucien Febvre e Henri-Jean Martin, *L'Apparition du livre* (Paris, 1958).

25. Marino Zorzi, introdução a *Aldo Manuzio e l'ambiente veneziano 1494-*

-*1515*, ed. Susy Marcon e Marino Zorzi (Veneza, 1994). Também: Martin Lowry, *The World of Aldus Manutius* (Oxford, 1979).

26. Anthony Grafton, "The Strange Deaths of Hermes and the Sibyls", em *Defenders of the Text: The Traditions of Scholarship in an Age of Science*, 1450--1800 (Cambridge, Mass., e Londres, 1991).

27. *Tarifa delle putane di Venezia*, Veneza, 1535.

28. Citado em Alan G. Thomas, *Fine Books* (Londres, 1967).

29. Citado em Eisenstein, *The Printing Revolution in Early Modern Europe* (sem identificação de fonte).

30. Febvre e Martin, *L'Apparition du livre*.

31. William Shenstone, *The Schoolmistress* (Londres, 1742).

32. Na exposição "Into the Heart of Africa", Royal Ontario Museum, Toronto, 1992.

33. Shakespeare, *The Winter's Tale*, ato IV, cena 4.

34. A palavra deriva aparentemente dos diaristas ou *chapmen* que vendiam esses livros; *chapel* era o termo coletivo usado para designar os diaristas de uma tipografia. Ver John Feather, ed., *A Dictionary of Book History* (Nova York, 1986).

35. John Ashton, *Chap-Books of the Eighteenth Century* (Londres, 1882).

36. Philip Dormer Stanhope, quarto conde de Chesterfield, "Letter of Feb. 22 1748", *Letters to His Son, Philip Stanhope, Together with Several Other Pieces on Various Subjects* (Londres, 1774).

37. John Sutherland, "Modes of Production", in *The Times Literary Supplement*, Londres, 19 de novembro de 1993.

38. Hans Schmoller, "The Paperback Revolution", em *Essays in the History of Publishing in Celebration of the 250th Anniversary of the House of Longman 1724--1974*, ed. Asa Briggs (Londres, 1974).

39. Ibid.

40. J. E. Morpurgo, *Allen Lane, King Penguin* (Londres, 1979).

41. Citado em Schmoller, "The Paperback Revolution".

42. Anthony J. Mills, "A Penguin in the Sahara", em *Archeological Newsletter of the Royal Ontario Museum*, II: 37, Toronto, março de 1990.

LEITURA NA INTIMIDADE [pp. 161-73]

1. Colette, *La Maison de Claudine* (Paris, 1922).

2. Claude e Vincenette Pichois (com Alain Brunet), *Album Colette* (Paris, 1984).

3. Colette, *La Maison de Claudine*.

4. Ibid.

5. Ibid.

6. W. H. Auden, "Letter to Lord Byron", in *Collected Longer Poems* (Londres, 1968).

7. André Gide, *Voyage au Congo* (Paris, 1927).

8. Colette, *Claudine à l'école* (Paris, 1900).

9. Citado em Gerald Donaldson, *Books: Their History, Art, Power, Glory, Infamy and Suffering According to Their Creators, Friends and Enemies* (Nova York, 1981).

10. *Bookmarks*, edição e introdução de Frederic Raphael (Londres, 1975).

11. Maurice Keen, *English Society in the Later Middle Ages, 1348-1500* (Londres, 1990).

12. Citado em Urban Tigner Holmes Jr., *Daily Living in the Twelfth Century* (Madison, Wisconsin, 1952).

13. Henry Miller, *The Books in My Life* (Nova York, 1952).

14. Marcel Proust, *Du Côté de chez Swann* (Paris, 1913).

15. Charles-Augustin Sainte-Beuve, *Critiques et portraits littéraires* (Paris, 1836-39).

16. Citado em N. I. White, *Life of Percy Bysshe Shelley*, 2 v. (Londres, 1947).

17. Marguerite Duras, entrevista em *Le Magazine Littéraire* 158, Paris, março de 1980.

18. Marcel Proust, *Journées de lecture*, ed. Alain Coelho (Paris, 1993).

19. Marcel Proust, *Le Temps retrouvé* (Paris, 1927).

20. Geoffrey Chaucer, "The Proem", *The Book of the Duchesse*, 44-51, em *Chaucer: Complete Works*, ed. Walter W. Skeat (Oxford, 1973).

21. Josef Skvorecky, "The Pleasures of the Freedom to Read", em *Anteus*, n. 59, Tânger, Londres e Nova York, outono de 1987.

22. Annie Dillard, *An American Childhood* (Nova York, 1987).

23. Hollis S. Barker, *Furniture in the Ancient World* (Londres, 1966).

24. Jerôme Carcopino, *La Vie quotidienne à Rome à l'apogée de l'empire* (Paris, 1939).

25. Petrônio, *The Satyricon*, trad. William Arrowsmith (Ann Arbor, 1959).

26. *Byzantine Books and Bookmen* (Washington, 1975).

27. Pascal Dibie, *Ethnologie de la chambre à coucher* (Paris, 1987).

28. C. Gray e M. Gray, *The Bed* (Filadélfia, 1946).

29. Keen, *English Society in the Later Middle Ages*.

30. Margaret Wade Labarge, *A Small Sound of the Trumpet: Women In Medieval Life* (Londres, 1986).

31. Eileen Harris, *Going to Bed* (Londres, 1981).

32. G. Ecke, *Chinese Domestic Furniture* (Londres, 1963).

33. Jean-Baptiste de la Salle, *Les Régles de la bienséance de la civilité chrétienne* (Paris, 1703).

34. Jonathan Swift, *Directions to Servants* (Dublin, 1746).

35. Van Wyck Brooks, *The Flowering of New England, 1815-1865* (Nova York, 1936).

36. Antoine de Courtin, *Nouveau traité de la civilité qui se pratique en France parmi les honnestes gens* (Paris, 1672).

348

37. Mrs. Haweis, *The Art of Housekeeping* (Londres, 1889), citado em Asa Briggs, *Victorian Things* (Chicago, 1988).

38. Leigh Hunt, *Men, Women and Books: A Selection of Sketches, Essays, and Critical Memoirs* (Londres, 1891).

39. Cynthia Ozick, "Justice (Again) to Edith Wharton", em *Art & Ardor* (Nova York, 1983).

40. R. W. B. Lewis, *Edith Wharton: A Biography* (Nova York, 1975), citado ibid.

41. Colette, *Lettres à Marguerite Moreno* (Paris, 1959).

42. Pichois e Vincenette, *Album Colette.*

43. Germaine Beaumont e André Parinaud, *Colette par elle-même* (Paris, 1960).

METÁFORAS DA LEITURA [pp. 174-85]

1. Walt Whitman, "Song of Myself', em *Leaves of Grass*, 1856, em *The Complete Poems*, ed. Francis Murphy (Londres, 1975).

2. Ibid.

3. Walt Whitman, "Song of Myself', em *Leaves of Grass*, 1860, ibid.

4. Goethe, "Sendscreiben", citado em E. R. Curtius, *Europäische Literatur und Lateinisches Mittelalter* (Berna, 1948).

5. Walt Whitman, "Shakespeare-Bacon's Cipher", em *Leaves of Grass*, 1892, em *The Complete Poems.*

6. Ezra Pound, *Personae* (Nova York, 1926).

7. Walt Whitman, "Inscriptions", em *Leaves of Grass*, 1881, em *The Complete Poems.*

8. Citado em Philip Callow, *Walt Whitman: From Noon to Starry Night* (Londres, 1992).

9. Walt Whitman, "A Backward Glance o'er Travel'd Roads", introdução a *November Boughs*, 1888, em *The Complete Poems.*

10. Walt Whitman, "Song of Myself", em *Leaves of Grass*, 1856, ibid.

11. Ibid.

12. Citado em Thomas L. Brasher, *Whitman as Editor of the Brooklyn "Daily Eagle"* (Detroit, 1970).

13. Citado em William Harlan Hale, *Horace Greeley, Voice of the People* (Boston, 1942).

14. Citado em Randall Stewart, *Nathaniel Hawthorne* (Nova York, 1948).

15. Citado em Arthur W. Brown, *Margaret Fuller* (Nova York, 1951).

16. Walt Whitman, "My Canary Bird", em *November Boughs*, 1888, em *The Complete Poems.*

17. Hans Blumenberg, *Schiffbruch mit Zuschauer* (Frankfurt, 1979).

18. Frei Luís de Granada, *Introducción al símbolo de la fe* (Salamanca, 1583).

349

19. Sir Thomas Browne, *Religio Medici*, ed. Sir Geoffrey Keynes (Londres, 1928-31). I: 16.

20. George Santayana, *Realms of Being*, v. II (Nova York, 1940).

21. Citado em Henri de Lubac, *Augustinisme et théologie moderne* (Paris, 1965). Pierre Bersuire, em *Repertorium morale*, estendeu a imagem para o Filho: "Pois Cristo é uma espécie de livro escrito sobre a pele da virgem. [...] Esse livro foi falado na disposição do Pai, escrito na concepção da mãe, exposto na clarificação da natividade, corrigido na paixão, apagado na flagelação, pontuado na impressão das feridas, adornado na crucificação acima do púlpito, iluminado no derramamento de sangue, encadernado na ressurreição e examinado na ascensão". Citado em Jesse M. Gellrich, *The Idea of the Book in the Middle Ages: Language Theory, Mythology, and Fiction* (Ithaca e Londres, 1985).

22. Shakespeare, Macbeth, ato I, cena 5.

23. Henry King, "An Exequy to His Matchlesse Never to Be Forgotten Friend", em *Baroque Poetry*, ed. J. P. Hill e E. Caracciolo-Trejo (Londres, 1975).

24. Benjamin Franklin, *The Papers of Benjamin Franklin*, ed. Leonard W. Labaree (New Haven, 1959).

25. Francis Bacon, "Of Studies", em *The Essayes or Counsels* (Londres, 1625).

26. Joel Rosenberg, "Jeremiah and Ezekiel", em *The Literacy Guide to the Bible*, ed. Robert Alter e Frank Kermode (Cambridge, Mass., 1987).

27. Ezequiel 2,9-10.

28. Revelação 10,9-11.

29. Elizabeth I, *A Book of Devotions: Composed by Her Majesty Elizabeth R.*, ed. Adam Fox (Londres, 1970).

30. William Congreve, *Love for Love*, ato I, cena 1, em *The Complete Works*, 4 v., ed. Montague Summers (Oxford, 1923).

31. James Boswell, *The Life of Samuel Johnson*, ed. John Wain (Londres, 1973).

32. Walt Whitman, "Shut Not Your Doors", em *Leaves of Grass, 1867*, em *The Complete Poems.*

OS PODERES DO LEITOR

PRIMÓRDIOS [pp. 188-97]

1. Joan Oates, *Babylon* (Londres, 1986).

2. Georges Roux, *Ancient Iraq* (Londres, 1964).

3. Ibid.

4. Mark Jones, ed., *Fake? The Art of Deception* (Berkeley e Los Angeles, 1990).

5. Alan G. Thomas, *Great Books and Book Collectors* (Londres, 1975).

6. A. Parrot, *Mission Archéologique à Mari* (Paris, 1958-59).

7. C. J. Gadd, *Teachers and Students in the Oldest Schools* (Londres, 1956).

8. C. B. F. Walker, *Cuneiform* (Londres, 1987).

9. Ibid.

10. William W. Hallo e J. J. A. van Dijk, *The Exaltation of Inanna* (New Haven, 1968).

11. Catálogo da exposição *Naissance de l'écriture*, Biblioteca Nacional, Paris, 1982.

12. M. Lichtheim, *Ancient Egyptian Literature*, v. 1 (Berkeley, 1973-76).

13. Jacques Derrida, *De la grammatologie* (Paris, 1976).

14. Roland Barthes, "Écrivains et écrivants", em *Essais critiques* (Paris, 1971).

15. Santo Agostinho, *Confessions* (Paris, 1959), XIII, 29.

16. Richard Wilbur, "To the Etruscan Poets", em *The Mind Reader* (Nova York, 1988), e *New and Collected Poems* (Londres, 1975).

ORDENADORES DO UNIVERSO [pp. 198-211]

1. Quinto Cúrcio Rufo, *The History of Alexander*, ed. e trad. John Yardley (Londres, 1984), 4.8.1-6.

2. Menandro, *Sententiae 657*, em *Works*, ed. W. G. Arnott (Cambridge, Mass., e Londres, 1969).

3. M. I. Rostovtzeff, *A Large Estate in Egypt in the Third Century B. C.* (Madison, 1922), citado em William V. Harris, *Ancient Literacy* (Cambridge, Mass., 1989).

4. *P. Col. Zen.* 3.4, mais *P. Cair. Zen.* 4.59687, em Harris, ibid.

5. Tenho certo orgulho pelo fato de até hoje Buenos Aires ser a única cidade do mundo fundada já com uma biblioteca. Em 1580, depois de uma primeira tentativa malograda, erigiu-se uma segunda cidade às margens do rio da Prata. Os livros do *adelantado* Pedro de Mendoza tornaram-se a primeira biblioteca da nova cidade, e os membros letrados da tripulação (incluindo o irmão mais novo de santa Teresa, Rodrigo Ahumada) puderam ler Erasmo e Virgílio sob o Cruzeiro do Sul. Ver Enrique de Gandia, introdução a Ruy Díaz de Guzmán, *La Argentina* (Buenos Aires, 1990).

6. Plutarco, "Life of Alexander", em *The Parallel Lives*, ed. B. Perrin (Cambridge, Mass., e Londres, 1970).

7. Ibid.

8. Ateneu, *Deipnosophistai*, v. I, citado em Luciano Canfora, *La biblioteca scomparsa* (Palermo, 1987).

9. Canfora, ibid.

10. Anthony Hobson, *Great Libraries* (Londres, 1970). Hobson observa que, em 1968, entraram 128 706 volumes na biblioteca do British Museum.

351

11. Howard A. Parsons, *The Alexandrian Library: Glory of the Hellenic World* (Nova York, 1967).

12. Ausônio, *Opuscules*, 113, citado em Guglielmo Cavallo, "Libro e pubblico alla fine del mondo antico", em *Libri, editori e pubblico nel mondo antico* (Roma e Bari, 1992).

13. James W. Thompson, *Ancient Libraries* (Hamden, Connecticut, 1940).

14. P. M. Fraser, *Ptolemaic Alexandria* (Oxford, 1972).

15. David Diringer, *The Alphabet: A Key to the History of Mankind*, 2 v. (Londres, 1968).

16. Christian Jacob, "La Leçon d'Alexandrie", em *Autrement*, n. 121, Paris, abril de 1993.

17. Prosper Alfaric, *L'Évolution intellectuelle de saint Augustin* (Tours, 1918).

18. Sidônio, *Epistolae*, II: 9.4, citado em Cavallo, "Libro e pubblico alla fine del mondo antico".

19. Edward G. Browne, *A Literary History of Persia*, 4 v. (Londres, 1902--24).

20. Alain Besson, *Medieval Classification and Cataloguing: Classification Practices and Cataloguing Methods in France from the 12th to 15th Centuries* (Biggleswade, Bedfordshire, 1980).

21. Ibid.

22. Quase quinze séculos depois, o bibliotecário americano Melvil Dewey aumentou o número de categorias em três, dividindo todo o conhecimento em dez grupos e designando para cada grupo uma centena de números com os quais qualquer livro poderia ser classificado.

23. Titus Burckhardt, *Die maurische Kultur in Spanien* (Munique, 1970).

24. Johannes Pedersen, *The Arabic Book*, trad. Geoffrey French (Princeton, 1984). Pedersen observa que al-Ma'mun não foi o primeiro a estabelecer uma biblioteca de traduções; diz-se que o filho de um califa omíada, Khalid ibn Yazid ibn Mu'awiya, o precedeu.

25. Jonathan Berkey, *The Transmission of Knowledge in Medieval Cairo: A Social History of Islamic Education* (Princeton, 1992).

26. Burckhardt, *Die maurische Kultur in Spanien*.

27. Hobson, *Great Libraries*.

28. Colette, *Mes Apprentissages* (Paris, 1936).

29. Jorge Luis Borges, "La Biblioteca de Babel", em *Facciones* (Buenos Aires, 1944).

LEITURA DO FUTURO [pp. 212-24]

1. Michel Lemoine, "L'Oeuvre encyclopédique de Vincent de Beauvais", em Maurice de Gandillac et al., *La Pensée encyclopédique au Moyen Age* (Paris, 1966).

2. *Voluspa*, ed. Sigurdur Nordal, trad. Ommo Wilts (Oxford, 1980).

3. Virgílio, *Aeneid*, ed. H. R. Fairclough (Cambridge, Mass., e Londres), VI: 48-9.

4. Petrônio, *Satyricon*, ed. M. Heseltine (Cambridge, Mass., e Londres, 1967), XV, 48.

5. Aulo Gélio, *Noctes Atticae*, ed. J. C. Rolfe (Cambridge, Mass., e Londres, 1952).

6. Pausânias, *Description of Greece*, ed. W. H. S. Jones (Cambridge, Mass., e Londres, 1948), x. 12-1; Eurípides, prólogo a *Lamia*, ed. A. S. Way (Cambridge, Mass., e Londres, 1965).

7. Em *The Greek Myths* (Londres, 1955), II. 132.5, Robert Graves observa que "a localização de Eriteia, também chamada Eritreia ou Erítria, é controvertida". Segundo Graves, poderia ser uma ilha no oceano ou ao largo da costa da Lusitânia, ou poderia ser um nome dado à ilha de Leon, onde foi construída a primeira cidade de Gades.

8. Pausânias, *Description of Greece*, x. 12.4-8.

9. Aureliano, *Scriptores Historiae Augustae*, 25, 4-6, citado em John Ferguson, *Utopias of the Classical World* (Londres, 1975).

10. Eusebius Pamphilis, *Ecclesiastical History: The Life of the Blessed Emperor Constantine, in Four Books* (Londres, 1845), cap. XVIII.

11. Ferguson, *Utopias of the Classical World*.

12. Bernard Botte, *Les Origines de la Noël et de l'épiphanie* (Paris, 1932). Apesar de uma referência no *Liber pontificalis* indicando que o papa Telésforo iniciou a celebração do Natal em Roma, entre 127 e 136, a primeira menção segura do dia 25 de dezembro como data do aniversário de Cristo está no *Deposito martyrum* do Calendário Filocaliano de 354.

13. O Edito de Milão, em Henry Bettenson, ed., *Documents of the Christian Church* (Oxford, 1943).

14. O romancista inglês Charles Kingsley fez da filósofa neoplatônica a heroína de seu atualmente esquecido romance *Hypatia, or New Foes with an Old Face* (Londres, 1853).

15. Jacques Lacarrière, *Les Hommes ivres de Dieu* (Paris, 1975).

16. C. Baur, *Der heilige Johannes Chrysostomus und seine Zeit*, 2 v. (Frankfurt, 1929-30).

17. Garth Fowden, *Empire to Commonwealth: Consequences of Monotheism in Late Antiquity* (Princeton, 1993). Ver também o notável Jacques Giès e Monique Cohen, *Sérinde, terre de Bouddha. Dix siècles d'art sur la Route de la Soie*. Catálogo da exposição no Grand Palais, Paris, 1996.

18. J. Daniélou e H. I. Marrou, *The Christian Centuries*, v. I (Londres, 1964).

19. Eusébio, *Ecclesiastical History*.

20. Cícero, *De Divinatione*, ed. W. A. Falconer (Cambridge, Mass., e Londres, 1972), II. 54.

353

21. Santo Agostinho, *The City of God*, v. VI, ed. W. C. Greene (Londres e Cambridge, Mass., 1963).

22. Lucien Broche, *La Cathédrale de Laon* (Paris, 1926).

23. Virgílio, "Eclogue IV", como citada em Eusébio, *Ecclesiastical History.*

24. Salman Rushdie, *The Wizard of Oz*, British Film Institute Film Classics (Londres, 1992).

25. Anita Desai, "A Reading Rat on the Moors", em *Soho Square III*, ed. Alberto Manguel (Londres, 1990).

26. Aelius Lampridius, *Vita Severi Alexandri*, 4.6, 14.5, citado em L. P. Wilkinson, *The Roman Experience* (Londres, 1975).

27. Cf. Helen A. Loane, "The Sortes Vergilianae" em *The Classical Weekly* 21/24, Nova York, 30 de abril de 1928. Loane cita De Quincey, segundo o qual a tradição sustentava que o nome do avô materno de Virgílio era Mago. Os habitantes de Nápoles, diz De Quincey, tomaram o nome por uma profissão e achavam que Virgílio "assumira por mera sucessão e direito de herança os poderes e conhecimentos infernais de seu depravado avô, que exerceu durante séculos, sem culpa e para benefício dos crentes". Thomas de Quincey, *Collected Writings* (Londres, 1896), III. 251-69.

28. Élio Esparciano, *Vita Hadriani*, 2.8, in *Scriptores historiae Augustae*, citado em Loane, "The Sortes Vergilianae". Virgílio não era o único a ser consultado dessa maneira. Cícero, escrevendo no século I a.C. (*De Natura Deorum*, II. 2) conta que o autor Tibério Semprônio Graco, em 162 a.C, "provocou a renúncia dos cônsules cuja eleição presidira no ano anterior, baseando sua decisão numa falha nos auspícios, que percebara 'ao ler os livros'".

29. William V. Harris, *Ancient Literacy* (Cambridge, 1989).

30. "Não se ache no meio de ti quem faça passar pelo fogo seu filho ou sua filha, nem quem se dê à adivinhação, à astrologia, aos agouros, ao feiticismo, à magia, ao espiritismo, à adivinhação ou à evocação dos mortos, porque o Senhor teu Deus abomina aqueles que se dão a essas práticas..." Deuteronômio 18,10-12.

31. Gaspar Peucer, *Les Devins ou Commentaire des principales sortes de devinations*, trad. Simon Goulard (?), (Sens [?], 1434).

32. Rabelais, *Le Tiers Livre de Pantagruel*, 10-12.

33. Manuel Mujica Láinez, *Bomarzo* (Buenos Aires, 1979), cap. II.

34. William Dunn Macray, *Annals of the Bodleian Library, A. D. 1598 to A. D. 1867* (Londres, 1868).

35. Daniel Defoe, *The Life and Strange Surprizing Adventures of Robinson Crusoe, of York, Mariner*, ed. J. D. Crowley (Londres e Oxford, 1976).

36. Thomas Hardy, *Far from the Madding Crowd* (Londres, 1874).

37. Robert Louis Stevenson (com Lloyd Osbourne), *The Ebb Tide* (Londres, 1894).

O LEITOR SIMBÓLICO [pp. 225-36]

1. André Kertész, *On Reading* (Nova York, 1971).

2. Michael Olmert, *The Smithsonian Book of Books* (Washington, 1992).

3. Beverley Smith, "Honres of the *1990s* to Stress Substance", *The Globe and Mail*, Toronto, 13 de janeiro de 1990.

4. Andrew Martindale, *Gothic Art from the Twelfth to Fifteenth Centuries* (Londres, 1967).

5. Citado em Réau, Louis, *Iconographie de l'art chrétien*, v. II (Paris, 1957).

6. *Marienbild in Rheinland und Westfalen*, catálogo de uma exposição na Villa Hugel, Essen, 1968.

7. George Ferguson, *Signs and Symbols in Christian Art* (Oxford, 1954).

8. *De Madonna in de Kunst*, catálogo de uma exposição, Antuérpia, 1954.

9. *The Lost Books of the Bible and the Forgotten Books of Eden*, intr. de Frank Crane (Nova York, 1974).

10. *Protoevangelion*, ibid., IX, 1-9.

11. Maria no poço e Maria na roca são as imagens mais comuns da Anunciação na arte cristã primitiva, especialmente nas representações bizantinas a partir do século V. Antes dessa época, os retratos da Anunciação são escassos e esquemáticos. A mais antiga representação que ainda existe de Maria com o anjo precede a Anunciação de Martini em dez séculos. Pintada com cores encardidas numa parede da catacumba de santa Priscila, nos arredores de Roma, mostra uma Virgem sem feições, sentada, ouvindo um homem de pé — um anjo sem asas e sem coroa.

12. João 1,14.

13. Robin Lane Fox, *Pagans and Christians* (Nova York, 1986).

14. *The Letters of Peter Abelard*, ed. Betty Radice (Londres, 1974).

15. Hildegard de Bingen, *Opera omnia*, em *Patrologia latina*, v. LXXII (Paris, 1844-55).

16. Citado em Carol Ochs, *Behind the Sex of God: Toward a New Consciousness — Transcending Matriarchy and Patriarchy* (Boston, 1977).

17. São Bernardino, *Prediche volgari*, em Creighton E. Gilbert, *Italian Art, 1400-1500: Sources and Documents* (Evanston, 1980).

18. Victor Cousin, ed., *Petri Abaelardi Opera*, 2 V. (Londres, 1849-59).

19. Cinco século depois, as coisas não pareciam ter mudado muito, como testemunha o sermão pronunciado pelo culto J. W. Burgon em 1884, por ocasião de uma proposta feita em Oxford para admitir mulheres na universidade: "Terá algum dos senhores a generosidade ou a franqueza de dizer [à Mulher] que criatura tão desagradável, na estima do Homem, ela inevitavelmente se tornará? Se ela quiser ter êxito ao competir com os homens por 'honras', deveis colocar os escritores clássicos da Antiguidade nas mãos delas, sem restrições — em outras palavras, deveis apresentá-las às obscenidades das literaturas grega e romana. Podeis seriamente pretender isso? [...] Despeço-me do tema com uma

355

pequena Alocução dirigida ao outro sexo. [...] Inferiores a nós Deus vos fez: e nossas inferiores até o fim dos tempos permanecereis". Citado em Jan Morris, ed., *The Oxford Book of Oxford* (Oxford, 1978).

20. S. Harksen, *Women in the Middle Ages* (Nova York, 1976).

21. Margaret Wade Labarge, *A Small Sound of the Trumpet: Women in Medieval Life* (Londres, 1986).

22. Janet Backhouse, *Books of Hours* (Londres, 1985).

23. Paul J. Achtemeier, ed., *Harper's Bible Dictionary* (San Francisco, 1985).

24. Isaías 7,14.

25. Anna Jameson, *Legends of the Madonna* (Boston e Nova York, 1898).

26. Provérbios 9,1, 9,3-5.

27. Martin Buber, *Erzählungen der Chassidim* (Berlim, 1947).

28. E. P. Spencer "L'Horloge de Sapience" (Bruxelas, Biblioteca Real, ms. IV 111), em *Scriptorium*, 1963, XVII.

29. C. G. Jung, "Answer to Job", em *Psychology and Religion, West and East* (Nova York, 1960).

30. Merlin Stone, *The Paradise Papers: The Suppression of Women's Rites* (Nova York, 1976).

31. Carolyne Walker Bynum, *Jesus as Mother: Studies in the Spirituality of the High Middle Ages* (Berkeley e Londres, 1982).

32. São Gregório de Tours, *L'Histoire des rois francs*, ed. J. J. E. Roy, pref. de Erich Auerbach (Paris, 1990).

33. Heinz Kahlen e Cyril Mango, *Hagia Sophia* (Berlim, 1967).

34. Em "The Fourteenth-Century Common Reader", trabalho não publicado apresentado na Conferência de Kalamazoo de 1992, referindo-se à imagem de Maria lendo no livro de horas do século XIV, Daniel Williman sugere que, "sem apologia, o livro de horas encarna a apropriação pelas mulheres de um *opus Dei* e da alfabetização".

35. Ferdinando Bologna, *Gli affreschi di Simone Martini ad Assisi* (Milão, 1965).

36. Giovanni Paccagnini, *Simone Martini* (Milão, 1957).

37. Colyn de Coter, *Virgin and Child Crowned by Angels, 1490-1510*, no Chicago Art Institute, a anônima *Madonna auf der Rasenbank*, Alto Reno, aproximadamente 1470-80, no Augustinermuseum, Freiburg, e muitas outras.

38. Plutarco, "On the Fortune of Alexander", 327: 4, em *Moralia*, v. IV, ed. Frank Cole Babbitt (Cambridge, Mass., e Londres, 1972). Também Plutarco, "Life of Alexander", VIII e XXVI, em *The Parallel Lives*, ed. B. Perrin (Cambridge, Mass., e Londres, 1970).

39. Ato II, cena II. George Steiner sugeriu que o livro é a tradução de Florio dos *Essais* de Montaigne ("Le trope du livre-monde dans Shakespeare", conferência na Biblioteca Nacional, Paris, 23 de março de 1995).

40. Miguel de Cervantes, *Don Quixote*, ed. Celina S. de Cortázar e Isaías Lerner (Buenos Aires, 1969), I: 6.

41. Martin Bormann, *Hitler's Table Talk*, intr. de Hugh Trevor-Roper (Londres, 1953).

LEITURA INTRAMUROS [pp. 237-48]

1. Thoas Hägg, *The Novel in Antiquity*, ed. em inglês (Berkeley e Los Angeles, 1983).

2. Platão, *Laws*, ed. Rev. R. G. Bury (Cambridge, Mass., e Londres, 1949), VII, 804 c-e.

3. William V. Harris, *Ancient Literacy* (Cambridge, Mass., 1989).

4. Ibid.

5. Reardon, *Collected Ancient Greek Novels*.

6. C. Ruiz Montero, "Una observación para la cronología de Caritón de Afrodisias", in *Estudios Clásicos* 24 (Madri, 1980).

7. Santa Teresa de Jesus, *Libro de la vida*, II: 1, em *Obras completas*, Biblioteca de Autores Cristianos (Madri, 1967).

8. Kate Flint, *The Woman Reader, 1837-1914* (Oxford, 1993).

9. Ivan Morris, *The World of the Shining Prince: Court Life in Ancient Japan* (Oxford, 1964).

10. "A grande maioria das mulheres na época de Murasaki labutava ardua-mente nos campos, era submetida a um tratamento grosseiro por seus homens, paria jovem e com frequência e morria cedo, sem ter dedicado seu pensamento à independência material ou à fruição cultural mais do que à possibilidade de visitar a Lua." Ibid.

11. Ibid.

12. Citado ibid.

13. Walter Benjamin, "Unpacking My Library", em *Illuminations*, trad. Harry Zohn (Nova York, 1968).

14. Ivan Morris, introdução a Sei Shonagon, *The Pillow Book of Sei Sho-nagon* (Oxford e Londres, 1967).

15. Citado em Morris, *The World of the Shining Prince*.

16. Sra. Sarashina, *As I Crossed a Bridge of Dreams* [Como atravessei uma ponte dos sonhos], editado por Ivan Morris (Londres, 1971).

17. Sei Shonagon, *The Pillow Book of Sei Shonagon*, trad. Ivan Morris (Oxford e Londres, 1967).

18. Citado em Morris, *The World of the Shining Prince*.

19. George Eliot, "Silly Novels by Lady Novelists", em *Selected Critical Writings*, ed. Rosemary Ashton (Oxford, 1992).

20. Rose Hempel, *Japan zur Heian-Zeit: Kunst und Kultur* (Freiburg, 1983).

21. Carolyn G. Heilbrun, *Writing a Woman's Life* (Nova York, 1989).

22. Mariana Alcoforado, *Cartas da sóror portuguesa* (Lisboa, 1669).

23. Edmund White, prefácio a *The Faber Book of Gay Short Stories* (Londres, 1991).

24. Oscar Wilde, "The Importance of Being Earnest", ato II, em *The Works of Oscar Wilde*, ed. G. F. Mayne (Londres e Glasgow, 1948).

ROUBO DE LIVROS [pp. 249-59]

1. Walter Benjamin, "Paris, Capital of the Nineteenth Century", em *Reflections*, ed. Peter Demetz; trad. Edmund Jephcott (Nova York, 1978).

2. François-René Chateaubriand, *Mémoires d'outre-tombe* (Paris, 1849-50).

3. Jean Viardot, "Livres rares et pratiques bibliophiliques", em *Histoire de l'édition française*, v. II (Paris, 1984).

4. Michael Olmert, *The Smithsonian Book of Books* (Washington, 1992).

5. Geo. Haven Putnam, *Books and their Makers During the Middle Ages*, v. I (Nova York, 1896-97).

6. Ibid.

7. P. Riberette, *Les Bibliothèques françaises pendant la Révolution* (Paris, 1970).

8. Bibliothèque Nationale, *Le Livre dans la vie quotidienne* (Paris, 1975).

9. Simone Balayé, *La Bibliothèque Nationale des origines à 1800* (Genebra, 1988).

10. Madeleine B. Stern e Leona Rostenberg, "A Study in 'Bibliokleptomania'", em *Bookman's Weekly*, n. 67, Nova York, 22 de junho de 1981.

11. Citado em A. N. L. Munby, "The Earl and the Thief: Lord Ashburnham and Count Libri, em *Harvard Literary Bulletin*, vol. XVII, Cambridge, Mass., 1969.

12. Gédéon Tallemant des Réaux, *Historiettes* (Paris, 1834).

13. Albert Cim, *Amateurs et voleurs de livres* (Paris, 1903).

14. Ibid.

15. Léopold Delisle, *Les Manuscrits des fonds Libri et Barrois* (Paris, 1888).

16. Marcel Proust, *Les Plaisirs et les jours* (Paris, 1896).

17. Munby, "The Earl and the Thief".

18. Philippe Vigier, "Paris pendant la monarchie de juillet 1830-1848", em *Nouvelle histoire de Paris* (Paris, 1991).

19. Jean Freustié, *Prosper Mérimée,1803-1870* (Paris, 1982).

20. Prosper Mérimée, *Correspondance*, estabelecida e anotada por Maurice Parturier, v. V: *1847-1849* (Paris, 1946).

21. Prosper Merimée, "Le Procès de M. Libri", em *Revue des Deux Mondes*, Paris, 15 de abril de 1852.

22. Delisle, *Les Manuscrits des fonds Libri et Barrois*.

23. Cim, *Amateurs et voleurs de livres*.

24. Lawrence S. Thompson, "Notes on Bibliokleptomania", em *The Bulletin of the New York Public Library*, Nova York, setembro de 1944.

25. Rudolf Buchner, *Bücher und Menschen* (Berlim, 1976).

26. Thompson, "Notes on Bibliokleptomania".

27. Cim, *Amateurs et voleurs de livres*.

28. Charles Lamb, *Essays of Elia*, segunda série (Londres, 1833).

O AUTOR COMO LEITOR [pp. 260-73]

1. Plínio, o Jovem, *Lettres I-IX*, ed. A. M. Guillemin, 3 v. (Paris, 1927--28), VI: 17.

2. Até o imperador Augusto comparecia a essas leituras "com boa vontade e paciência": Suetônio, "Augustus", 89: 3, em *Lives of the Twelve Caesars*, ed. J. C. Rolfe (Cambridge, Mass., e Londres 1948).

3. Plínio, o Jovem, *Lettres I-IX*, V: 12, VII: 17.

4. Ibid., I: 13.

5. Ibid., VIII: 12.

6. Juvenal, VII: 39-47, em *Juvenal and Persius: Works*, ed. G. G. Ramsay (Cambridge, Mass., e Londres, 1952).

7. Plínio, o Jovem, *Lettres I-IX*, II: 19.

8. Ibid., V: 17.

9. Ibid., IV: 27.

10. Horácio, "A Letter to Augustus", em *Classical Literary Criticism*, ed. D. A. Russell e M. Winterbottom (Oxford, 1989).

11. Marcial, *Epigrammata*, III: 44, em *Works*, ed. W. C. A. Ker (Cambridge, Mass., e Londres, 1919-20).

12. Plínio, o Jovem, *Lettres I-IX*, I: 13.

13. Ibid., IX: 3.

14. Ibid., IX: 23.

15. Ibid., IX: 11.

16. Ibid., VI: 21.

17. Segundo o poeta Louis MacNeice, depois de uma das leituras de Thomas "um ator que estava de pé nos bastidores disse-lhe espantado: 'Sr. Thomas, uma de suas pausas foi de cinquenta segundos!'. Dylan empertigou-se, ofendido (sua especialidade): 'Li o mais rápido que pude', disse altivamente'". John Berryman, "After Many a Summer: Memories of Dylan Thomas", em *The Times Literary Supplement*, Londres, 3 de setembro de 1993.

18. Erich Auerbach, *Literatursprache und Publikum in der lateinischen Spätantike und im Mittelalter* (Berna, 1958).

19. Dante, *De vulgare eloquentia*, trad. e ed. Vittorio Coletti (Milão, 1991).

20. Jean de Joinville, *Histoire de saint Louis*, ed. Noël Corbett (Paris, 1977).

21. William Nelson, "From 'Listen Lordings' to 'Dear Reader'", em *University of Toronto Quarterly* 47/2 (inverno de 1976-77).

22. Fernando de Rojas, *La Celestina: tragicomedia de Calisto y Melibea*, ed. Dorothy S. Severin (Madri, 1969).

23. María Rosa Lida de Malkiel, *La originalidad artística de La Celestina* (Buenos Aires, 1967).

24. Ludovico Ariosto, *Tutte le opere*, ed. Cesare Segre (Milão, 1964), I: XXXVIII, citado em Nelson, "From 'Listen Lordings' to 'Dear Reader'".

25. Ruth Crosby, "Chaucer and the Custom of Oral Delivery", em *Speculum: A Journal of Medieval Studies* 13, Cambridge, Mass., 1938.

26. Citado em M. B. Parkes, *Pause and Effect: An Introduction to the History of Punctuation in the West* (Berkeley e Los Angeles, 1993).

27. Thomas Love Peacock, *Nightmare Abbey* (Londres, 1818).

28. Samuel Butler, *The Notebooks of Samuel Butler*, ed. Henry Festing Jones (Londres, 1921).

29. P. N. Furbank, *Diderot* (Londres, 1992).

30. Peter Ackroyd, *Dickens* (Londres, 1991).

31. Paul Turner, *Tennyson* (Londres, 1976).

32. Charles R. Saunders, "Carlyle and Tennyson", *PMLA* 76 (março de 1961), Londres.

33. Ralph Wilson Rader, *Tennyson's Maud: The Biographical Genesis* (Berkeley e Los Angeles, 1963).

34. Charles Tennyson, *Alfred Tennyson* (Londres, 1950).

35. Ralph Waldo Emerson, *The Topical Notebooks*, ed. Ronald A. Bosco (Nova York e Londres, 1993).

36. Kevin Jackson, resenha da palestra de Peter Ackroyd "London Luminaries and Cockney Visionaries" no Victoria and Albert Museum, em *The Independent*, Londres, 9 de dezembro de 1993.

37. Ackroyd, *Dickens.*

38. Richard Ellman, *James Joyce*, ed. rev. (Londres, 1982).

39. Dámaso Alonso, "Las conferencias", em *Insula* 75, 15 de março de 1952, Madri.

40. Stephen Jay Gould, *The Panda's Thumb* (Nova York, 1989).

O TRADUTOR COMO LEITOR [pp. 274-92]

1. Rainer Maria Rilke, carta a Mimi Romanelli, 11 de maio de 1911, em *Briefe 1907-1914* (Frankfurt, 1933).

2. Louise Labé, *Oeuvres poétiques*, ed. Françoise Charpentier (Paris, 1983).

3. Carl Jacob Burckhardt, *Ein Vormittag beim Buchhandler* (Basileia, 1944).

4. O poema de Racine, uma tradução somente da segunda metade do Salmo 36, começa assim: "Grand Dieu, qui vis les cieux se former sans matière".

5. Citado em Donald Prater, *A Ringing Glass: The Life of Rainer Maria Rilke* (Oxford, 1986).

360

6. Alta Lind Cook, *Sonnets of Louise Labé* (Toronto, 1950).

7. Labé, *Oeuvres poétiques.*

8. Rainer Maria Rilke, "Narcissus", em *Sämtliche Werke*, ed. Rilke-Archiv (Frankfurt, 1955-57).

9. Citado em Prater, *A Ringing Glass.*

10. Natalie Zemon Davis, "Le Monde de l'imprimerie humaniste: Lyon", em *Histoire de l'édition française*, I (Paris, 1982).

11. George Steiner, *After Babel* (Oxford, 1973).

12. Paul de Man, *Allegories of Reading: Figural Language in Rousseau, Nietzsche, Rilke, and Proust* (New Haven e Londres, 1979).

13. D. E. Luscombe, *The School of Peter Abelard: The Influence of Abelard's Thought in the Early Scholastic Period* (Cambridge, 1969).

14. Citado em Olga S. Opfell, *The King James Bible Translators* (Jefferson, Carolina do Norte, 1982).

15. Ibid.

16. Citado ibid.

17. Ibid.

18. Rudyard Kipling, "Proofs of Holy Writ", em *The Complete Works of Rudyard Kipling*, "Uncollected Items", v. XXX, Sussex Edition (Londres, 1939).

19. Alexander von Humboldt, *Über die Verschiedenheit des menschlischen Sprachbaues und ihren Einflub auf die geistige Entwicklung des Menschengeschlechts*, citado em Umberto Eco, *La ricerca della lingua perfetta* (Roma e Bari, 1993).

20. De Man, *Allegories of Reading.*

LEITURAS PROIBIDAS [pp. 293-303]

1. James Boswell, *The Life of Samuel Johnson*, ed. John Wain (Londres, 1973).

2. T. B. Macaulay, *The History of England*, 5 v. (Londres, 1849-61).

3. Não obstante, Carlos foi considerado um rei digno pela maioria de seus súditos, para os quais os pequenos vícios dele compensavam os grandes. John Aubrey conta sobre um certo Arise Evans que "tinha um Nariz fungoso, e disse que lhe foi revelado que a Mão do Rei o curaria: E na primeira ida do Rei Carlos II ao St. James's Park, ele beijou a Mão do Rei, e esfregou seu Nariz nela, o que perturbou o Rei, mas curou-o". John Aubrey, *Miscellanies*, em *Three Prose Works*, ed. John Buchanan-Brown (Oxford, 1972).

4. Antonia Fraser, *Royal Charles: Charles II and the Restoration* (Londres, 1979).

5. Janet Duitsman Cornelius, *When I Can Read My Title Clear: Literacy, Slavery, and Religion in the Antebellum South* (Columbia, Carolina do Sul, 1991).

6. Citado ibid.

7. Ibid.

361

8. Ibid.

9. Ibid.

10. Frederick Douglass, *The Life and Times of Frederick Douglass* (Hartford, Connecticut, 1881).

11. Citado em Duitsman Cornelius, *When I Can Read My Title Clear*.

12. Peter Handke, *Kaspar* (Frankfurt, 1967).

13. Voltaire, "De l'horrible danger de la lecture", em *Mémoires, suivis de mélanges divers et precédés de "Voltaire Démiurge" par Paul Souday* (Paris, 1927).

14. Johann Wolfgang von Goethe, *Dichtung und Wahrheit* (Stuttgart, 1986), IV: I.

15. Margaret Horsfield, "The Burning Books", em "Ideas", CBC Rádio Toronto, programa de 23 de abril de 1990.

16. Citado em Heywood Broun e Margaret Leech, *Anthony Comstock: Roundsman of the Lord* (Nova York, 1927).

17. Charles Gallaudet Trumbull, *Anthony Comstock, Fighter* (Nova York, 1913).

18. Citado em Broun e Leech, *Anthony Comstock*.

19. Ibid.

20. Ibid.

21. Ibid.

22. H. L. Mencken, "Puritanism as a Literary Force", em *A Book of Prefaces* (Nova York, 1917).

23. Jacques Dars, Introdução a *En mouchant la chandelle* (Paris, 1986).

24. Gustave Flaubert, *Madame Bovary*, II, 7 (Paris, 1857).

25. Edmund Gosse, *Father and Son* (Londres, 1907).

26. Ibid.

27. Joan DelFattore, *What Johnny Shouldn't Read: Textbook Censorship in America* (New Haven e Londres, 1992).

28. Citado do *The Times* de Londres, 4 de janeiro de 1978, reproduzido no Prefácio de Nick Caistor a *Nunca más: A report by Argentina's National Commission on Disappeared People* (Londres, 1986).

29. Em *Nunca más*.

O LOUCO DOS LIVROS [pp. 304-17]

1. Patrick Trevor-Roper, *The World Through Blunted Sight* (Londres, 1988).

2. Jorge Luis Borges, "Poema de los dones", em *El hacedor* (Buenos Aires, 1960).

3. Royal Ontario Museum, *Books of the Middle Ages* (Toronto, 1950).

4. Trevor-Roper, *The World Through Blunted Sight*.

5. Plínio, o Velho, *Natural History*, ed. D. E. Eichholz (Cambridge, Mass., e Londres,1972), Livro XXXVII: 16.

6. A. Bourgeois, *Les Besicles de nos ancêtres* (Paris, 1923) (Bourgeois não dá dia nem mês e erra o ano). Ver também Edward Rosen, "The Invention of Eyeglasses", em *The Journal of the History of Medicine and Allied Sciences* 11 (1956).

7. Redi, *Lettera sopra l'invenzione degli occhiali di nazo* (Florença, 1648).

8. Rosen, "The Invention of Eyeglasses".

9. Rudyard Kipling, "The Eye of Allah", em *Debits and Credits* (Londres, 1926).

10. Roger Bacon, *Opus maius*, ed. S. Jebb (Londres, 1750).

11. René Descartes, *Traité des passions* (Paris, 1649).

12. W. Poulet, *Atlas on the History of Spectacles*, v. II (Godesberg, 1980).

13. Hugh Orr, *An Illustrated History of Early Antique Spectacles* (Kent, 1985).

14. E. R. Curtius, citando F. Messerschmidt, *Archiv fur Religionswissenschaft* (Berlim, 1931), observa que os etruscos, no entanto, representavam vários de seus deuses como escribas ou leitores.

15. Charles Schmidt, *Histoire littéraire de l'Alsace* (Estrasburgo, 1879).

16. Sebastian Brant, *Das Narrenschiff*, ed. Friedrich Zarncke (Leipzig, 1854).

17. Geiler von Kaysersberg, *Nauicula siue speculum fatuorum* (Estrasburgo, 1510).

18. Sêneca, "De tranquillitate", em *Moral Essays*, ed. R. M. Gummere (Cambridge, Mass., e Londres, 1955).

19. Ibid.

20. John Donne, "The Extasie, em *The Complete English Poems*, ed. C. A. Patrides (Nova York, 1985).

21. Gérard de Nerval, "Sylvie, souvenirs du Valois" em *Autres chimères* (Paris, 1854).

22. Thomas Carlyle, "The Hero as Man of Letters", em *Selected Writings*, ed. Alan Shelston (Londres, 1971).

23. Jorge Manrique, "Coplas a la muerte de su padre", em *Poesías*, ed. F. Benelcarría (Madri, 1952).

24. Antônio José da Silva, *Obras do diabinho da mão furada* (Lisboa, 1744).

25. Roger Rosenblatt, "Memories of Pol Pot", em *Time*, 18 de agosto de 1997.

26. Sêneca, "De vita beata", em *Moral Essays*.

27. John Carey, *The Intellectuals and the Masses: Pride and Prejudice Among the Literary Intelligentsia, 1880-1939* (Londres, 1992).

28. Matthew Arnold, *Culture and Anarchy* (Londres, 1932). Para ser justo com Arnold, seu argumento continua: "mas somos a favor da transformação de cada um e de todos esses de acordo com a lei da perfeição".

29. Aldous Huxley, "On the Charms of History", em *Music at Night* (Londres, 1931).

30. Thomas Hardy escrevendo em 1887, citado em Carey, *The Intellectuals and the Masses*.

31. Sigmund Freud, "Writers and Day-Dreaming", em *Art and Literature*, v. 14 da Pelican Freud Library, trad. James Strachey (Londres, 1985).

32. Mesmo dom Quixote não está inteiramente perdido na ficção. Quando ele e Sancho montam no cavalo de pau, convencidos de que se trata do corcel alado Clavileño, e o incrédulo Sancho quer tirar o lenço que cobre seus olhos para verificar se estão realmente no ar e perto do sol, dom Quixote o proíbe de fazer isso. A ficção seria destruída pela prova prosaica. (*Don Quixote*, II, 41.) A suspensão da descrença, como Coleridge apontou com razão, deve ser voluntária; para além dessa voluntariedade está a loucura.

33. Rebecca West, "The Strange Necessity', em *Rebecca West — A Celebration* (Nova York, 1978).

PÁGINAS DE GUARDA

PÁGINAS DE GUARDA [pp. 320-32]

1. Ernest Hemingway, "The Snows of Kilimanjaro", em *The Snows of Kilimanjaro and Other Stories* (Nova York, 1927).

2. Rainer Maria Rilke, *Die Aufzeichnungen des Malte Laurids Brigge*, ed. Erich Heller (Frankfurt, 1986).

3. Richard de Bury, *The Philobiblon*, ed. e trad. Ernest C. Thomas (Londres, 1888).

4. Virginia Woolf, "How Should One Read a Book", em *The Commom Reader*, segunda série (Londres, 1932).

5. Gerôncio, *Vita Melaniae Janioris*, trad. e ed. Elizabeth A. Clark (Nova York e Toronto, 1984).

6. Jonathan Rose, "Rereading the English Common Reader: A Preface to a History of Audiences", no *Journal of the History of Ideas*, 1992.

7. Robert Irwin, *The Arabian Nights: A Companion* (Londres, 1994).

8. Miguel de Cervantes Saavedra, *El ingenioso hidalgo Don Quijote de la Mancha*, 2 v., ed. Celina S. de Cortázar & Isaías Lerner (Buenos Aires, 1969).

9. Marcel Proust, *Journées de lecture*, ed. Alain Coelho (Paris, 1993).

10. Michel Butor, *La Modification* (Paris, 1957).

11. Wolfgang Kayser, *Das Sprachliche Kunstwerk* (Leipzig, 1948).

12. Citado em Thomas Boyle, *Black Swine in the Sewers of Hampstead: Beneath the Surface of Victorian Sensationalism* (Nova York, 1989).

13. Jane Austen, *Northanger Abbey* (Londres, 1818), XXV.

14. Graham Balfour, *The Life of Robert Louis Stevenson*, 2 v. (Londres, 1901).

15. "Talvez impropriamente", comenta a professora Simone Vauthier, da Universidade de Estrasburgo, numa resenha do livro. "Esperaríamos antes a 'Síndrome do rei Shahryar', ou, se dermos atenção à outra ouvinte de Sherazade, sua irmã mais moça, como o romancista americano John Barth, a 'Síndrome de Dunyazade'."

16. John Wells, *Rude Words: A Discursive History of the London Library* (Londres, 1991).

17. Marc-Alain Ouaknin, *Bibliothérapie: lire, c'est guerir* (Paris, 1994).

18. Robert Coover, *"The End of Books"*, em *The New York Times*, 21 de junho de 1992.

ÍNDICE REMISSIVO

Abadia de Northanger, A (Austen), 139, 329
Abelardo, Pedro, 229, 230, 284
abreviaturas, 95
adivinhação, 221-4
Adormecimento (morte da Virgem), 308
Adriano, imperador, 221
al-Ghazali, Hamid Muhammad, 65
al-Hakam, califa omíada, 208
al-Hakim, califa fatímida, 51, 57
al-Haytham, al-Hasan ibn (Alhazen), 51-3, 55, 57-8, 208
al-Ma'mun, califa, 207
Alberti, Leon Battista, 91
Alberto, o Grande, 208
alegoria, 102, 104
Alexandre, o Grande, 61, 189, 198, 218, 235
Alexandria: biblioteca de, 61, 67, 80, 110, 142, 200-4, 320; fundação, 198-200
alfabetização, 24, 85, 132, 293-6
Alfonso, o Sábio, rei da Espanha, 93
Alfredo, o Grande, rei dos saxões ocidentais, 92
Alice no país das maravilhas (Carrol), 13, 26
Alípio, 62, 63
Allingham, William, 270
Alonso, Dámaso, 272
Ambrósio, santo, bispo de Milão, 59-61, 63, 70-1, 73, 75, 117
Amundsen, Roald, 331
Ana da Bretanha, 146

Ana, rainha de Ricardo II, 267
Ana, santa, 169-70
Andorran, Guillaume, 133
antifonários, 146
Antilo, 79
antologias, 325
Anunciação (Giotto), 234
Anunciação (Martini), 227-31, 234-5
Apolônio de Rodes, 202
Apolônio (ministro egípcio das finanças), 199
Aquino, santo Tomás de, 47, 80, 104, 123, 208, 229, 308
Ardachir, rei sassânida, 218
Argentina, repressão na, 302
Ariosto Ludovico, 266
Aristófanes de Bizâncio, 67
Aristóteles, 14, 40, 57, 151, 199, 204, 304, 323; Abelardo sobre, 284; al-Haytham e, 51; classificação, 201; coleção de livros, 200; influência sobre o escolasticismo, 92; lendo, 20, 78; os árabes estudam, 207-8; Roger Bacon sobre, 208; santo Agostinho sobre, 59, 308; sobre a escrita, 63; sobre o efeito da educação, 97; sobre os sentidos e o *splanchna*, 48-51
Arnold, Matthew, 315
Arras, sínodo de (1205), 116
Ars de octo partibus orationis (Donat), 89, 94
Art of Housekeeping, The [Arte de administrar o lar, A] (Haweis), 171-2

367

Ashburnham, Bertram, quarto conde de, 255-6
Associação dos Editores (britânica), 155
Associação dos Livreiros (britânica), 155
Assur, Assíria, 141
Assurbanipal, rei assírio, 61
Ateneu de Náucratis, 199
Auden, W. H., 40, 163
Aurora, La (periódico cubano), 126-8
Ausônio, Décimo Magno, 201
Austen, Jane, 40, 138-9, 239, 329
Autobiographical Memoir (Martineau), 137
autores: identificação de, 194-5; leituras por, 260-73
Averróis, 207
Avicena, 207-8

Babel, torre de, 188, 291
Babilônia, 107, 188-9, 306
Bacon, Francis, 182
Bacon, Roger, 52-3, 208-10, 306-7
Balbiani, Valentina, 20
Bancroft, Richard, arcebispo da Cantuária, 286-8
Barrois, Joseph, 256
Barthes, Roland, 196
Beaune, Hospice de, 225
Beauvais, Vincent de, 212
Becker, May Lamberton, 30
Bede, Venerável, 211
Belsazar, rei da Babilônia, 189
Benedito XIV, papa, 257
Benengeli, Cide Hamete, 326
Benjamin, Walter, 29, 109-10, 242, 250
Bento de Núrsia, são, 130-2, 136
Bergson, Henri, 329
Bernardino de Siena, são, 229-31
Bernardo de Clarivaux, são, 227
Bertran de Born, senhor de Hautefort, 132

Bertrand, Éloise, 327
Berve, Maurus, 124
Bíblia: continuidade na, 117; "dos pobres" (*Biblia pauperum*), 119-24; imagens pictóricas da, 116-23; impressa, 149; leituras judaicas da, 107-8; traduções, 87-8, 284-91
Biblia pauperum (Heidelberg), 120
Biblioteca Real da Bélgica, 209
bibliotecas: e o sistema de Calímaco, 203; particulares, 155-6, 249, 251; públicas, 156; *ver também* Alexandria
Birds of America (Audubon), 159
Birkerts, Sven, 150
Bizâncio. *Ver* Constantinopla
Black, Leonard, 294
Blake, William, 43
Blanche de Lancaster, 266
Blessington, Marguerite, condessa de, 269
Bloom, Allan, 43
Blumenberg, Hans, 179
Blyton, Enid, 26, 31
Boccaccio, Giovanni, 299
Boilas, Eustácio, 168
Bomarzo (Láinez), 222
Book of the Duchesse, The [Livro da duquesa, O] (Chaucer), 166, 266
Borges, Jorge Luis, 13, 21, 31, 40; cegueira, 305; lê Kafka, 111; o autor lê para, 35-9; sobre a biblioteca universal, 210-1; sobre a história da matemática, 42; sobre a necessidade de livros, 41; sobre Thomas à Kempis, 32
Boswell, James, 184
Bourges, Clémence de, 278
Brant, Sebastião, 309-12
Brecht, Bertolt, 111, 297
Broca, Paul, 53
Brod, Max, 106, 109-10

368

Brontë, Emily, 220-1, 239
Broughton, Hugh, 286
Browne, sir Thomas, 130, 180
Browning, Robert, 272
Buda, 78
Buenos Aires, 29-31, 33-4, 64, 74, 79, 83, 86, 102, 110, 203, 210, 226, 237, 239, 305
Buoninsegna, Duccio di, 234
Burckhardt, Carl Jacob, 276-7, 290
Bury, Richard de, bispo de Durham, 322
Butler, Samuel, 31, 268, 324
Butor, Michel, 327

Cairo: biblioteca fatímida, 208; Dar al-Ilm, 51-52
caligrafia, 97, 99, 150
Calígula, imperador romano, 296
Calímaco de Cirene, 202-5
Calvino, Italo, 73, 113
Calw, abade Johan von, 121
camas e quartos, para ler, 166-73
Campbell, George, 328
Canfora, Luciano, 200
Capela, Marciano, 207
Capito, Ticínio, 261
Carden, sir R. W., 328
Carey, John, 314
Carlos I, rei da Inglaterra, 222
Carlos II, rei da Inglaterra, 293-4, 297
Carlos V, sacro imperador romano, 72
Carlos Magno, imperador, 93-4, 101
Carlota em Weimar (Mann), 39
Carlyle, Jane Welsh, 270, 330
Carlyle, Thomas, 313, 330
Carolina do Sul, 294
Carothers, Belle Myers, 294
Cartago, 59, 61, 74-5
Casares, Adolfo Bioy, 36
Castelo branco, O (Pamuk), 44
catalogação, 202-9; por assunto, 205-7; ver também classificação, de livros
Catão, 61
Catarina de Aragão, rainha de Henrique VIII, 287
Catarina II, a Grande, imperatriz da Rússia, 226
Catarina, santa, 122, 153
Cavaleiros, Os (Aristófanes), 61
Céleste (Céleste Alabaret), criada de Proust, 327
Celestina, La (Rojas), 266
censura, 40, 296, 298-303
cérebro, aprender a falar e escrever e, 52-3, 55-7, 65
Cervantes Saavedra, Miguel de, 24, 135, 326, 328
César, Júlio, 61, 67
Céspedes, Carlos Manuel de, 128
Challis, John, 328-9
Chambers, Robert, 135
Chambers, William, 135
chapbooks, 155
Chartres, catedral de, 209
Chasles, Michel, 256
Chateaubriand, visconde François-René de, 127, 250-1
Chaucer, Geoffrey, 166, 266-8
Chesterfield, Philip Dormer Stanhope, quarto conde de, 155
Chi Huang-ti, imperador da China (conf), 296
China, livros proibidos na, 296, 301
Cícero, 47, 59, 65-8, 75, 80-1, 97, 217, 251, 256, 308
Cipião Emiliano, 74
Cirilo de Jerusalém, são, 61
Cirilo, patriarca, 215
Clark, Edward, 177
Clark, James B., 177
classificação, de livros, 202-6, 208
Clemente IV, papa, 52, 209
Clemente V, papa, 81

Clergue, Pierre, 133
Clóvis, rei dos francos, 233
Clube das Edições Limitadas de No-
va York, 160
Codex aureus, 257
Codex Seraphinianus, 113
códice, como forma, 67, 141-5
Colette, 162-3, 172-3, 210, 300
Colines, Simon de, 153
colofão, 195
Comstock, Anthony, 297-301
concordia discordantium, 92
Confúcio 301
Consolatione philosophiae, De (Boécio),
92
Constâncio, imperador romano, 216
Constantino, o Grande, imperador
romano, 59, 154, 213-23
Constantino V, imperador bizantino,
116
Constantinopla: cristianismo em,
215; fundação, 213-4; Hagia
Sofia (catedral), 233-4; queda
de (1453), 151
Coover, Robert, 331-2
Corão, 25, 57, 64-5, 155
Cory, William, 202
Cousin, Gilbert, 21
Coverdale, Miles, 287-8
Crísipo, 91
Cristina de Pisa, 231
Cromwell, Thomas, 287
Cuba e cubanos, 126-31
Cumes, 212, 217
cuneiforme, escrita, 193
Cuore (Amicis), 26
Curtis, Tony, 313-4

Daily Eagle (jornal), 178
Dakhleh, oásis de, Saara, 160
Dámaso I, papa, 204
Dante Alighieri, 31, 39, 43, 81, 103-5,
107, 152, 177, 222-3, 265, 280

Darwin, Erasmus, 330
Davies, Robertson, 264
Da Vinci, Leonardo, 50, 53
Dax, Michel, 53
De Fournival, Richard, 78-81, 205-7
Delessert, Edouard, 255
Delisle, Léopold, 256
Della Scala, Can Grande (Francesco
Scaliger), 103
Demétrio de Falero, 199
Demóstenes, 61, 68, 263
Derrida, Jacques, 195
Desai, Anita, 220
Descartes, René, 307
Descola, Philippe, 24
Diálogos (Platão), 73
Diário do fim do verão ("Mãe de Mi-
chitsuna"), 246
Dickens, Catarina, 269
Dickens, Charles, 21, 31, 38, 109, 157,
269-71
Dickinson, Emily, 35, 321
Diderot, Denis, 137, 139, 247, 286,
300
Diderot, Nanette, 137
Dillard, Annie, 167
ditaduras, proibição de livros, 296
Doctrinale puerorum (Villedieu), 94,
96
Dom Quixote (Cervantes), 13, 34, 137,
300, 326
Domiciano, imperador romano, 91
Domingos, são, 20
Donat, Aelius, 89, 94, 96
Donne, John, 313
Doré, Gustave, 155
Dostoiévski, Fiódor, 109
Douglass, Frederick, 294
Dowdy, Doc Daniel, 294
Dringenberg, Louis, 96-7, 101
Duras, Marguerite, 164
Dürer, Albrecht, 309-10

Eakins, Thomas, 174
Ebb Tide, The [Maré vazante, A] (Stevenson), 223
Eco, Umberto, 111, 258
Eduardo III, rei da Inglaterra, 164, 266
Egito, 50-1, 76, 104, 118, 142-3, 145, 189, 195, 198, 256, 323; *ver também Cairo*
Eleanora da Aquitânia, rainha de Henrique II, 132, 162
Elegias a Gutenberg (Birkerts), 150
Eliot, George, 245, 246, 248, 328
Eliot, T.S., 264
Elzevir (impressores holandeses), 153, 155
Emerson, Ralph Waldo, 73, 178, 270
Emmerich, Anna Katharina, 42
Empédocles, 47
encadernações, 30, 155, 226, 257, 312
Encyclopédie (Diderot e D'Alembert), 286
Enheduanna, princesa de Acad, 194
Enzensberger, Hans Magnus, 43
Epicuro, 47-8, 50
Epistolae (Delphinus), 251
Erasmo, Desidério, 20, 86, 152, 285
Eritreia, Sibila, 213, 217-8
escolas, 92, 94-5
escolástica, 92-3, 95, 101
escravos, alfabetização de, 293-6
escrever, 26, 90, 97, 189-94
escribas: irlandeses, 192; métodos de trabalho, 68-71; na Mesopotâmia, 191-6
escrita: direção da, 66; divisão em palavras e frases, 67-8; etrusca, 197; rolos, 67, 143-5
Espartiano, Élio, 221
Estados Unidos, censura nos, 297-300
Estienne, Robert, 153
Estrabão, 200

estudantes, status medieval, 89, 91-4
Etimologias (Sevilha), 69, 100
Euclides, 47-8, 50
Eusébio de Cesareia, 117
Évangiles des quenouilles [Evangelhos das rocas], 134
Ezequiel, o sacerdote, 183

Fahrenheit 451 (Bradbury), 44, 84
fala, aprendizado da, 53-7
Falkland, Lucius Cary, segundo visconde, 222
Fedro, 76-7, 103
Fide concubinarum, De (Olearius), 310
Filácio, 67
Filipe Augusto, rei da França, 88
Filipe II, rei da Macedônia, 199
Filla, Emil, 110
Filo de Alexandria, 117
Fleck, Tam, 135
Flint, Kate, 239
Foligno, Gentile da, 49
formatos, 144
França, bibliotecas privadas e colecionadores, 251-2
Francesca. *Ver* Paolo e Francesca
Francisco I, rei da França, 53, 144
Franklin, Benjamin, 147-8, 181
Frederico Barba-Roxa, sacro imperador romano, 88
Frederico II, sacro imperador romano, 72
Freud, Sigmund, 297, 316
Frye, Northrop, 43
Fuller, Margaret, 178-9

Galeno, 48-50, 54
Galo, Cornélio, 296
Garbo, Greta, 321
García Márquez, Gabriel, 330
Geiler von Kaysersberg, Johann, 311-3
Geniza (coleção), 325

371

Gerôncio, 323
Gide, André, 163
Giordano da Rivalto, 306
Gisenheim, Guillaume, 86-7, 97, 99-100
Glyn, Elinor, 110
Goebbels, Paul Joseph, 297
Goethe, J. W. von, 84, 109, 157, 175, 296, 304
Golden Treasury [Tesouro dourado] (Palgrave), 325
Golding, William, 272
Gonzaga, Isabela, 266
Gosse, sir Edmund, 174, 301-2
Gould, Stephen Jay, 272
Grafton, Anthony, 152
Granada, frei Luís de, 180
Gregório de Nissa, são, 117
Gregório I, o Grande, são, papa, 115, 147
Griffo, Francesco, 152-3
Grosseteste, Robert, bispo de Lincoln, 306
Gryphius, Andreas, 153
Guérin, Maurice de, 278
Guidetti, Lorenzo, 95-6
Guillaume da Aquitânia, 132
Guizot, François Pierre Guillaume, 255
Gulliver, Lemuel (personagem de ficção de Swift), 55
Gutenberg, Johann, 16, 99, 148-51, 153, 308
Gutenberg, Projeto, 80

Hamlet (Shakespeare), 26, 37, 235
Hamurabi, rei da Babilônia, 188
Hanani (erudito talmúdico), 25
Hanbal, Ahmad ibn Muhammad ibn, 64
Handke, Peter, 296
Hardy, Thomas, 315
Harris, William V., 238

Harun al-Rashid, califa, 207
Hathaway, Anne, 169
Hawkins, condado do Tennessee, 302
Hawthorne, Nathaniel, 178
Haynes, William, 299
Haytham 55
Hebel, Johann Peter, 290
Hegel, Georg Wilhelm Friedrich, 329
Heilbrun, Carolyn G., 247
Heine, Heinrich, 36, 84
Heine, Maurice, 43
Helena, santa, 214
Heloísa (abadessa do Paracleto), 229
Helst, Bartholomeus van der, 159
Henrique II, rei da Inglaterra, 88
Henrique VIII, rei da Inglaterra, 285, 287
Heráclito de Halicarnasso, 202
heréticos (cristãos), 71-3
Hermannus Alemannus, 207
Hermes Trismegisto, 322
Heródoto, 164, 265
Hildegard de Bingen, 229, 231
Hillman, James, 28
Hilton, Joanna, 169
Hipatia, 215
hipertextos, 331
Hipólito (Eurípedes), 61
História de Genji, A (Murasaki), 241-4, 246-7
Histórias velhas e novas (chinesas), 301
Hitler, Adolf, 235
Hofman, Crato, 96-101
Homero, 143, 153, 177, 199, 235, 305, 315; obras queimadas de, 296
hornbooks, 154
Hoshaiah (erudito talmúdico), 25
Hoym, Charles Henry, conde d', 251
Huey, E.B., 58
Hugo de São Vítor, 205
Hugo de St. Cher, cardeal, 307
Hugo, Victor, 161

Humboldt, Alexander von, 291
Hunt, Leigh, 172
Huxley, Aldous, 315
Hyde, Douglas, 327

iconoclastia, 116
Idílios (Teócrito), 328
Igmil-Sin (professor de escrita), 193
Igreja cristã: ascensão, 213-20; ico-
    nografia e símbolos, 116-9, 119-
    24; primeiros livros desenha-
    dos, 308; seitas e heresias, 71-3
Ilíada (Homero), 106, 143, 189, 235
Importância de ser sério, A (Wilde),
    248
imprensa, invenção e desenvolvi-
    mento, 148-50, 152-4
incunabula, 149
Índice dos livros proibidos (Igreja cató-
    lica), 300
Innes, John, 235
Innes, Michael, 166
Inocêncio II, papa, 229
Inquisição, 133, 266, 300
Institutio oratoria (Quintiliano), 91
Irmãos Karamázov, Os (Dostoiévski),
    109
Isaac da Síria, santo, 68
Isabel I, rainha, 183
Ismael, Abdul Kassem, grão-vizir da
    Pérsia, 205
Isócrates, 160
itálico, tipo, 153

Jacob, Christian, 203
Janouch, Gustav, 111
Japão, 240-8
Javal, Émile, 56
Jaynes, Julian, 65
Jefferson, Thomas, 171
Jerônimo, são, 20, 68, 285
Jerusalém, biblioteca judaica de, 296
jesuítas, 209

Jesus Cristo, 62, 78, 91, 104, 109,
    116-8, 120, 204, 214-5, 217-20,
    228-9, 233-4, 302, 308
João Crisóstomo, são, 114, 215
João de Gorce, 208
João, são, 183, 189
Jogo da amarelinha, O (Cortázar), 331
jograis, 132
Johnson, Samuel, 184, 281, 293, 304,
    315
Johnson, Thomas, 295
José II, imperador da Áustria, 105
Joseph, rabino Akiba ben, 284
Joyce, James, 32, 39, 272, 305
judeus: leitura da Bíblia, 106-7; no
    Sacro Império Romano, 105-6;
    representações artísticas, 116
Jung, Carl Gustav, 233
Justina, imperatriz de Teodósio I, 60
Justiniano, imperador romano, 233

Kafka, Franz, 102, 105-11
Keller, Helen, 98
Kempis, Thomas à, 32-3, 163
Kertész, André, 225-6
Keynes, sir Geoffrey, 43
Key West, Flórida, 128-9
Khayyam, Omar, 164
Kincaid, Jamaica, 33
King, Henry, 181
Kipling, Rudyard, 14, 31, 34, 36-8,
    288, 305, 307
Klostermann (encadernador russo),
    226
Kock, Paul de, 330
Koldewey, Robert, 188
Krantz, Judith, 110

La Fontaine, Jean de, 290
La Salle, João Batista de, são, 170
La Tour Landry Geoffroy, cavaleiro
    de, 92
Labé, Louise, 274-5, 278-84, 292

373

Labirintos (Borges), 226
Lactâncio, 212
Lamb, Charles, 43, 258
Lancaster, Joseph, 176
Lane, Allen, 158
Le Puy, catedral de, França, 205
Leão III, imperador bizantino, 116
Lebach, Lily, 33-4
Lecours, André Roch, 11, 54-5
lectores, 127-30
leitura: aprendizado, 21-5, 85, 90-100, 293-5; atos de, 46-7, 54-6, 58, 63-5, 82; banida e censurada, 295-302; como metáfora, 179-85; e a intelectualidade, 308-9, 311-3, 316-7; e memorização, 75-6, 79-80, 82-3; em mosteiros, 130-1, 140; em silêncio e em voz alta, 61-2, 64-71, 75; e tomar notas, 79-82; mesas e dispositivos, 147-8; natureza da, 25-33; pública, 66, 127, 129-32, 134-8, 260-71; *ver também* livros
Lenoir, Alexandre, 250
Lessing, Gotthold Ephraim, 121
Lester, Richard, 147
Lévi-Strauss, Claude, 85
Libri, conde Guglielmo, 253-6, 258-9
Libro de buen amor (Ruiz), 328
Licínio, imperador romano, 213-4, 216
língua inglesa, 268; tradução da Bíblia para a, 284-90
língua latina, 265
linguagem: aprendizado da, 53-4; primordial, 291; vernacular, 265
Lísias, 76, 103
Literatura europeia e Idade Média latina (Curtius), 180
Lívio, 110, 296
livro de horas, 145-6, 231, 234
Livro de travesseiro, O (Sei Shonagon), 243-4, 247

livros: armazenagem de, 144-5; como decoração, 226-7; e memória, 78-80; iluminados, 145-7; impressos, 148-51, 153-4; miniatura e curiosos, 159-60; nas escolas, 93-4; organização de, 39-40; proibidos e queimados, 296-302; roubo de, 254-9
Locher, Jacques, 309
Lombardo, Pedro, 207
London Library, 12, 330
Long Island Patriot (jornal), 177
Long Islander (jornal), 178
Lovecraft, Howard Phillips, 37
Love for Love (Confreve), 184
Luís XI, rei da França, 123
Lukács, György, 111
Lutero, Martinho, 72-3, 87, 293, 304
Luzia, santa, 304

Macaulay, Thomas Babington, barão de, 293
Macbeth (Shakespeare), 181
Macready, William Charles, 269
Madden, sir Frederic, 253
Mahaut, condessa de Artois, 133
Mandeville, sir John, 329
maniqueísmo, 216
Manishtushu, rei de Acad, 192
Man, Paul de, 103, 284, 291
Manrique, Jorge, 313
Manual de retórica (Pedro, o Espanhol), 94
Manutius, Aldus, 151-3, 156
Marcial, 63, 143, 262
Maria, Virgem: Adormecimento ou Morte da Virgem, 308; Anunciação, 120, 145, 227, 229, 231, 234; ensina Cristo a ler, 91; nascimento, 169; poderes de leitura e intelectuais, 230-5
Maria I (Tudor), rainha da Inglaterra, 147

Maria da França, 231
Maria Madalena, 21, 256, 278
Martínez Estrada, Ezequiel, 39
Martínez, Saturnino, 126-7
Masson, Paul, 210
Maud (Tennyson), 270
Mautner, Fritz, 105
Maximino, imperador romano, 215
May, Karl, 31, 235
Mazzei, Ser Lapo, 133
McLuhan, Marshall, 122
Melania, a Jovem, 323-4
Melfi, Constituições de (1321), 72
Méliador (Froissart), 266
memória, 75-80, 82-4
Menandro, 198
Mencken, H.L., 300
Mérimée, Prosper, 255
Merlin, Jacques-Simon, 252
Mesopotâmia, tabuletas e escrita, 141-2, 189-97
Mestre de Jean Rolin, 232
metáforas, 179-83
Meynell, sir Francis, 153
Michelangelo Buonarroti, 218
Midrash, 106
Mil e uma noites, As, 177, 326
Milão: Biblioteca Ambrosiana de, 12, 61-2; edito de (313), 214, 216, 219
Miller, Henry, 164
Modena, Tommaso da. *Ver* Tommaso da Modena
Modificação, A (Butor), 327
Moisés, o legislador, 78, 90, 104, 106, 116-8, 218
Molière, Jean-Baptiste Poquelin, 268
Monroe, Marilyn, 314
Montaigne, Michel de, 13, 28
Montaillou, 133
Montchenu, Jean de, 159
Moorhouse, William Sefton, 31
Morris, William, 156

Morro dos ventos uivantes, O (Brontë), 220
mulheres: aprendem a ler, 92; como professoras de leitura, 90-1; educação das, 229; leem para, 133-4, 137; livros para, 238-9, 241, 245-8; no Japão, 240-3, 245-8; *ver também* Maria, Virgem
Museu dos Monumentos Franceses, 250

Nabokov, Vladimir, 30, 111
Nabucodonosor, rei da Babilônia, 188-9
Napoleão I (Bonaparte), imperador da França, 250
Nau dos insensatos, A (Brant), 309
nazistas, queima de livros por, 297
Neleu de Scepsis, 200
Nelson, Ted, 331
Nero, imperador romano, 256, 306
neurolinguística, 53-6
Neves do Kilimanjaro, As (Hemingway), 320
New Arabian Nights [Novas noites árabes] (Stevenson), 36
New York World, 300
Niceia: Primeiro Concílio (325), 219; Sétimo Concílio (787), 119
Nietzsche, Friedrich, 292
Nightmare Abbey [Abadia do pesadelo, A] (Peacock), 268
Nilo de Ancira, são, 114-5, 117-9
Nisaba (deusa mesopotâmica), 191
Nome da rosa, O (Eco), 258
Norwich, Juliana de, 231
Novare, Philippe de, 92
Novo tratado de civilidade tal como praticada na França por gente honesta (Courtin), 171

óculos, 304-10, 313-4, 317

375

Olimpidoro, bispo, 115
Onganía, general Juan Carlos, 40
Opúsculos (Ausônio), 201
ordem alfabética, 203-4
Orígenes, 117
Orléans, Charles, príncipe d', 266
Orwell, George, 159
Ovídio, 32, 97, 99, 151, 266, 296, 323
Ozick, Cynthia, 172

Pacômio (monge copta), 256
Pall Mall Gazette, 324
Paolo e Francesca, 20
papel, desenvolvimento do, 142
papiro, 142
parágrafos, 69
Paris: Biblioteca Nacional de, 62, 155, 204, 210, 276; Concílio de (829), 221
Parker, Dorothy, 314
Pascal, Blaise, 73, 320
Pauker, Hans, 297
Paulino, Valério, 263
Paulo, são: admiração por Virgílio, 223; *Epístolas*, 62-3, 67, 285; sobre a sabedoria, 233-4
Pawel, Ernst, 111
Pedro Pictor, 132
Penguin Books, 32, 158-9, 188
Pensées (Pascal), 73
Pérez, Benito, 138
pergaminho, 142
Pérgamo, 142
Perrin, Ennemond, 281
Persky, Stan, 11, 26
Petrarca, Francesco, 74-5, 81-3, 152-4, 280-1
Peucer, Gaspar, 221
Philobiblon (Bury), 322
Piccolomini, Enea Silvio (papa Pio II), 149
Pickering, William, 155
Pico della Mirandola, Giovanni, 151

Pilgrim's Progress (Bunyan), 32
Pinochet, general Augusto, 300
Pio II, papa.. *Ver* Piccolomini, Enea Silvio
Plantin, Christophe, 153
Platão, 14, 26, 73, 79, 103, 151, 157, 238, 301, 329
Plath, Sylvia, 320
Platter, Thomas, 89
Playfair Book of Hours, 169
Plínio, o Jovem, 43, 133, 260-5, 268-9, 271-2
Plínio, o Velho, 142, 260, 306
Plotino, 204
Plutarco, 61
Polenta, Guido Novello da, 265
Polião, Gaio Asínio, 218
Polignac, Jeanne, princesa de, 173
Pollak, Oskar, 111
Polychronicon, 268
pontuação, desenvolvimento da, 67-9, 95
Pound, Ezra, 35, 175
Practical Magazine, 129
Prescott, Clifford, 159
Prierias, Silvester, 72
profecias, 220-3
Projeto Federal dos Escritores (EUA), 294
Protágoras, 296
protestantismo, 72-3
Protoevangelion (Tiago Menor), 228
Proust, Marcel, 164-6, 173, 254, 297, 326-7
Ptolomeu (o cosmógrafo), 51, 53; *Almagesto* 101
Ptolomeu I, faraó, 142-3, 199
Ptolomeu II, faraó, 200, 310
Ptolomeu III, 200
Quanto mais quente melhor (filme), 314

Rabelais, François, 137, 222, 299

Racine, Jean, 76, 225, 277
Rainolds, John, 285
Ramelli, Agostino, 147
Rashi. *Ver* Yitzhak, rabino Shlomo
Reclam, editores, Leipzig, 157
Religio Medici (Browne), 180
Restituto, Cláudio, 260
Revolução Francesa, 218, 250
Revolutionibus orbium coelestium, De [Do movimento dos corpos celestes] (Copérnico), 101
Rhenanus, Beatus, 86-9, 95, 97-101
Ricardo II, rei da Inglaterra, 267
Ricci, Franco Maria, 113
Rilke, Rainer Maria, 35, 274-84, 290-2, 322
Robert, Marthe, 111
Rodin, Auguste, 274
Rogers, Bruce, 160
Rolin. *Ver* Mestre de Jean Rolin
Roma, igreja de Santa Sabina, 118
romances, 238-40
Ronsard, Pierre de, 277, 281
Rose, Jonathan, 325
Rossetti, Dante Gabriel, 270, 305
Rousseau, Jean-Jacques, 269, 325
rubricas, 69
Rufo, Quinto Cúrcio, 198
Rushdie, Salman, 220, 235-6

Sacks, Oliver, 56
Sade, Donatien Alphonse François, marquês de, 43
Sainte-Beuve, Charles Augustin, 41, 164, 313
Saint Gall, abadia de, 146
Salvino degli Armati, 307
Sánchez, Mario, 129
Santayana, George, 181
Sargão I, rei de Acad, 194
Sarraute, Nathalie, 264
Sartre, Jean-Paul, 26
Satíricon (Petrônio), 167

Scaliger. *Ver* Della Scala, Can Grande
Schoolmistress, The [Professora, A] (Shenstone), 154
Scot, Michael, 207
Secretum meum (Petrarca), 74, 81-2
Sefer Yezirah, 25
Sefirot, 25
Sélestat, França, 12, 85-7, 89-90, 92-4, 96, 98, 100-1
Semprún, Jorge, 39
Sêneca, 62, 311-2, 314
Senhora Sabedoria, 232-3
Septem narrationes de caede monarchorum et de Theodulo filio, 114
Serafini, Luigi, 113-4, 118
Sérvio Mário Honorato, 67
sete artes 209
sete artes liberais, 207, 209
Sforza, Francesco Maria, duque de Milão, 145
Sforza, Gian Galeazzo, duque de Milão, 145
Shakespeare, William, obras em disquete, 80
Shelley, Percy Bysshe, 164
sibilas, 212-3, 217-8
Sidônio, Caio Sólio Apolinário, bispo de Auvergne, 145, 204, 265
Sillitoe, Alan, 164
símbolos, 102, 116
Skvorecky, Josef, 166
Smith, Henry Walton e Anna, 156
Smith & Son, W.H., 157
Sobre o critério (Ptolomeu), 61
Sociedade dos Autores, 155
Sociedade para a Extinção do Vício, Nova York, 297
Sócrates: e Fedro, 76-7; e o texto escrito, 77-8; sobre livros como impedimento, 43; sobre saber e ler, 103, 315
soletrar, 98
Sordello (trovador), 133

377

Speculum majus (Beauvais), 212

Spina (monge), 306

Sprachliche Kunstwerk, Das [Análise e interpretação da obra de arte literária] (Kayser), 327

Steiner, George, 281

Stendhal (Marie-Henri Beyle), 14, 330

Stevenson, Robert Louis, 14, 28, 30, 36, 39, 223, 329-30

Suetônio, 67, 97, 262

Tabennisi, mosteiro no Egito, 256

tabuletas, 61-3, 65, 75, 94, 141-2, 144, 164, 168, 190-5, 218, 308

Tácito, 211, 263

Talmude, 25, 106-7, 109

Tarquínio, o Soberbo, rei de Roma, 212

Tauchnitz, Christian Bernhard, 157

Tchekov, Anton, 31

Tell Brak, Síria, 46

Tennyson, Alfred, primeiro barão, 270, 304

Teodósio I, o Grande, imperador bizantino, 59, 114

Teódulo (filho de são Nilo), 114-5

Teófilo, imperador bizantino, 116

Teófilo, patriarca de Alexandria, 215

Teofrasto, 199-200, 238

Teresa, santa, 239

Terry, Ellen, 327

Tertuliano, 117

Thomas, Alan G., 151

Thomas, Dylan, 35, 264

Thompson, Lawrence S., 256

Tirant lo Blanc (Martorell), 235

Toleranzpatent (edito imperial de 1782), 105

Tommaso da Modena, 307

Torá, 90, 106

Tournes, Jean de, 278, 280

Tractatus theologico-politicus (Espinosa), 32

tradução, 274-92

Trajano, imperador romano, 221

Três mosqueteiros, Os (filme de 1974), 147

Trevisa, John de, 268

Trevor-Roper, Patrick, 306

Tripitaka coreana, 21

Tristram Shandy (Sterne), 32, 331

trovadores, 132-3

Trustworthy Method of Learning Any Language Whatsoever, A [Método confiável para aprender qualquer língua, Um] (Adam), 97

Tucídides, 151, 201

Tudo o que Tucídides deixou de dizer (Crátipo), 201

Tyndale, William, 87, 287

Ulisses (Joyce), 272, 330

Ulster, Elizabeth, condessa de, 266

Unamuno, Miguel de, 25, 305

Universal-Bibliothek, 157

Valéry, Paul, 110

Vega, Garcilaso de la, 280, 328

Vega, Lope de, 40

Veneza, 151

Vero, Lúcio Aurélio, imperador romano, 213

Versalhes, 171

Versos satânicos (Rushdie), 236

Vida de são Luís (Joinville), 266

Videla, general Jorge Rafael, 302

Viena, mosteiro de Neuberg, 308

Vigil, Constancio C., 237

Villon, François, 123-4, 266

Virgílio, 99, 151, 153, 204, 218-23, 266, 293, 296, 315

Viris illustribus, De [Sobre homens ilustres] (Petrarca), 81, 83

virtudes, femininas, 229

visão (sentido), 47-9, 52, 304-7; *ver também* óculos

378

Voltaire, François-Marie Arouet de, 204, 226, 296, 300, 324
Vrain-Lucas, falsário (Lucas Vrain--Denis), 256

Wagner, Richard, 235
Waley, Arthur, 243
Walton, Izaak, 21
Walt Whitman (Dutton), 176
Waugh, Evelyn, 38
Wells, H.G., 26, 297
West, dame Rebecca, 316
Westhus, Jean de, 96
Wharton, Edith, 172
White, Edmund, 247
Whitman, Walt, 174-9, 181, 184, 299
W.H. Smith & Son, 157

Wilbur, Richard, 197
Wilde, Oscar, 179, 248, 299, 324
Wilkins, John, 37
Wimpfeling, Jakob, 94-5
Wittrock, Merlin C., 57-8
Woolf, Virginia, 26, 323
Wycliffe, John, 284

Xenofonte, 79

Yitzhak, rabino Levi, de Berdichev, 107
Yitzhak, rabino Shlomo (Rashi), 108
Yorio, padre Orlando Virgílio, 302

Zimri-Lim, rei de Mari, 193
Zoroastro, 218

ALBERTO MANGUEL nasceu em Buenos Aires, na Argentina, em 1948. Filho do primeiro embaixador argentino em Israel, viveu parte da infância em Tel Aviv, onde aprendeu inglês e alemão — suas primeiras línguas. Apenas aos sete anos, ao voltar para a Argentina com a família, aprendeu espanhol. Na adolescência, entre 1964 e 1968, Manguel passava parte dos seus dias na casa de Jorge Luis Borges lendo em voz alta para o escritor, que ficara cego. A relação cultivada ao longo daqueles anos com o autor de *O aleph* foi primordial para a formação de Manguel como intelectual da leitura.

Com o agravamento da repressão ditatorial argentina, Manguel saiu do país no final dos anos 1960 e buscou abrigo na Europa, vivendo em países como França, Inglaterra e Itália. Na década de 1980, se estabeleceu em Toronto, no Canadá, onde criou seus três filhos e se tornou cidadão canadense.

Referência em teorias e práticas de leitura, Alberto Manguel é um bibliófilo assíduo e escritor apaixonado. Dele, a Companhia das Letras já lançou *Encaixotando minha biblioteca*, *Uma história natural da curiosidade*, *Todos os homens são mentirosos*, *A biblioteca à noite*, *Os livros e os dias*, entre outros.

1ª edição Companhia das Letras [1997] 4 reimpressões
2ª edição Companhia das Letras [2001] 2 reimpressões
1ª edição Companhia de Bolso [2021]

Esta obra foi composta pela Verba Editorial
em Janson Text e impressa pela Gráfica Bartira em ofsete
sobre papel Pólen Soft da Suzano S.A.

A marca FSC® é a garantia de que a madeira utilizada na fabricação do papel deste livro provém de florestas que foram gerenciadas de maneira ambientalmente correta, socialmente justa e economicamente viável, além de outras fontes de origem controlada.